한국어문회가 직접 발간한 한자능력시험 교재

古典 漢文의 理解

어문회
출판교재

古典 漢文의 理解

| 머리말 |

金萬重은 『西浦漫筆』에서 “今我國詩文 捨其言而學他國之言 設令十分相似 只是鸚鵡之人言(지금 우리나라 詩文은 우리말을 버려두고 다른 나라의 말을 배워서 쓴다. 설령 그것이 아주 비슷하다 하더라도 다만 이는 앵무새가 사람의 말을 하는 것이라 할 것이다.)”이라 하였다.

사람들은 이 말을 金科玉條처럼 떠받든다. 실로 그러하다. 도시 알아듣거나 보기 어려운 글자와 문장으로 범벅이 되면 누군들 좋다할 것인가? 그런데 이를 漢字와 漢文을 비판한 것이라고 하고, 한글 말 또는 순우리말을 높인 말이라고 하면 불가하다. 역시 金萬重이 ‘左海眞文章’이라 극찬한 松江의 작품을 보면 우리말과 더불어 漢字語가 많이 출현하니 西浦가 우리말만의 어문생활을 추구한 사람이 아닌 것만은 분명하다. 우리말이든 한자말이든 알아듣거나 보기에 어려운 것은 피하고 익숙하고 쉬운 것으로 둘이 조화를 이루면 최상인 것이다.

현대 한국인은 이제 漢文을 常用하지는 않지만 현대 한국어에서 여전히 쓰이는 漢字語의 태반은 다 그 근원이 漢文 古典에 있는 것이어서 漢文을 모르고서 한자말 語義를 깊게 이해한다는 것은 애당초 불가능한 것이다. 이제 시대가 또 바뀌었으니 西浦가 말하기를 漢文을 버리고서 한자어를 말하는 것은 앵무새가 사람 말하는 것과 다름이 없다고 할 것이다. 버릴 수 없는 것이고, 사람으로서 앵무새에 그칠 수는 없으니 오직 배워야 할 일이다.

한국인으로서 漢字와 漢文을 배우지 않는 것은 不通의 사람이 되는 일이다. 일찍이 孔子는 ‘困而不學 民斯爲下矣(사리 不通인데도 배우지 않으면 사람으로서 이는 하등이 된다.)’라고 하였다. 응당 알아야 함에도 모른다면 얼마나 피곤한 일인가? 피곤한데도 불구하고 배우지 않는다면 어찌할 것인가? 서로 배움의 기쁨을 누릴 것을 기약하면서 孔子의 말씀을 음미하면서 머리말을 맺는다.

江原大學校 人文大學 國語國文學科 南 基 卓

| 일러 두기 |

○ 본서는 (社)韓國語文會와 韓國漢字能力檢定會가 主管 施行하는 特級Ⅱ와 特級에 出題되는 漢文 시험에 대비할 수 있도록 하였다.

○ 본서 출현 漢字는 (社)韓國語文會와 韓國漢字能力檢定會가 主管 施行하는 特級Ⅱ와 特級 配定漢字 범위를 벗어나는 것도 더러 있으나 전체 문맥을 고려하여 삭제하거나 대체하지는 않고, 그대로 두었다.

○ 동 시험은 『論語』, 『三國遺事』, 『三國史記』의 名文이 대상이 되므로 본서 또한 위 3書에서 문장을 발췌하였다.

○ 본서는 漢文 학습 및 漢文 시험 대비용으로 편찬하였다. 따라서 문장의 解釋과 註釋은 歷史나 哲學 또는 文學的 解釋에 깊이 나아가지 아니하고 漢文의 理解에 焦點을 맞추었다.

○ 본서의 飜譯은 가능한 直譯을 위주로 하여 문장 構造를 밝히고자 하였다. 그러나 直譯만으로는 의미 전달이 충분하지 못하거나 오해의 소지가 있는 경우에는 意譯하기도 하였으며, 필요하다고 판단되는 경우에는 註釋을 달았다.

○ 본서는 매 문장마다 일일이 文法을 설명하지는 않았다. 서두에 漢文의 理解篇을 두어 기본적 文法과 주요 虛辭 내지는 實辭의 쓰임을 설명한 것으로 대신하였고, 드문드문 필요하다고 판단되는 경우에만 語句 설명을 곁들였다.

○ 附錄에는 최근 旣出問題의 漢文篇을 두어 학습자가 시험 경향을 파악하고 본인의 학습 정도를 가늠하여 볼 수 있도록 하였다.

| 차례 |

漢文의 理解

1. 漢文의 構造
2. 漢文의 文型
3. 漢字語의 構造
4. 주요 虛詞 및 實詞의 이해

01

古典 漢文의 理解

제1편

漢文의 理解

1 漢文의 構造

1) 基本 構造

(1) 主述 構造 : 主語+敍述語

① 주어+서술어(명사) : 孔子 ‖ 聖人也(공자는 성인이다) 世宗 ‖ 聖君也(세종은 성군이다)

② 주어+서술어(동사) : 日 ‖ 出(해가 뜬다) 花 ‖ 開(꽃이 핀다)

③ 주어+서술어(형용사) : 山 ‖ 高(산이 높다) 夜 ‖ 深(밤이 깊다)

(2) 主述目 構造 : 主語+敍述語+目的語

臣 ‖ 事 | 君(신하가 임금을 섬기다)
仁者 ‖ 樂 | 山(어진 사람은 산을 좋아한다)
子路 ‖ 好 | 勇(자로는 용기를 좋아한다)
富 ‖ 潤 | 屋, 德 ‖ 潤 | 身(부는 집을 윤택하게 하고, 덕은 몸을 빛나게 한다)

(3) 主述補 構造 : 主語+敍述語+補語

月 ‖ 出/於東山之上(달이 동쪽 산 위로 뜬다)

百聞 ‖ 不如/一見(백번 듣는 것이 한번 보는 것만 못하다)

少年 ‖ 易/老, 學 ‖ 難/成(소년은 늙기가 쉽고, 학문은 이루기 어렵다)

父子 ‖ 有/親, 君臣 ‖ 有/義(아버지와 아들은 친함이 있고, 임금과 신하는 의로움이 있다)

(4) 主述目補 構造 : 主語+敍述語+目的語+補語

世人 ‖ 爲 | 我/道人(세상 사람들은 나를 도인이라고 한다)

學生 ‖ 稱 | 汝/先生(학생들이 당신을 선생이라 칭한다)

季康子 ‖ 問 | 政/於孔子(계강자가 공자에게 정치를 물었다)

2) 擴張 構造

基本 構造에 修飾語가 添加된 문장 構造를 말한다. 修飾語에는 用言을 修飾하는 副詞語와 體言을 修飾하는 冠形語가 있다.

(1) 主述 擴張 構造 : 冠+主 ‖ 副+述

大器 ‖ 晩成(큰 인재는 늦게 이루어진다)

初志 ‖ 不變(처음의 뜻이 변하지 않는다)

綠水 ‖ 益深(푸른 물이 더욱 깊다)

紅花 ‖ 滿開(빨간 꽃이 활짝 피었다)

(2) 述目 擴張 構造 : 冠+主 ‖ 述 | 冠+目

達人 ‖ 觀 | 物外之物(통달한 사람은 사물 밖의 사물을 본다)

忠臣 ‖ 不事 | 二君(충성스런 신하는 두 임금을 섬기지 않는다)

男兒 ‖ 須讀 | 五車書(남자는 반드시 다섯 수레의 책을 읽어야 한다)

(3) 述補 擴張 構造 : 冠+主 ‖ 述 / 冠+補

父母之恩 ‖ 如/大海(부모의 은혜는 큰 바다와 같다)

黃葉 ‖ 滿落/於前庭(노란 잎이 앞뜰에 가득히 떨어졌다)

天時 ‖ 不如/地利(하늘의 때는 땅의 이로움만 같지 못하다)

積惡之家 ‖ 必有/後患(악행을 쌓은 집은 반드시 뒷날의 근심이 있다)

2 漢文의 文型

1) 平敍形

문장 끝에 '也 · 焉 · 矣 · 也已 · 也已矣' 등을 사용하여 어떤 사실을 있는 그대로 서술하는 문장의 형식을 말한다.

也 :

信者 人之大寶也. 믿음이란 사람의 큰 보배이다.

焉 :

三人行 必有我師焉. 세 사람이 길을 가면 반드시 내 스승이 있다.

矣 :

我知之矣. 나는 그것을 안다.

吾嘗終日而思矣. 나는 일찍이 종일토록 생각했다.

也已 :

可謂好學也已. 가히 배움을 좋아한다고 말할 수 있다.

也已矣 :

泰伯其可謂至德也已矣. 태백은 덕이 지극한 사람이라고 말할 수 있다.

2) 不定形

(1) 單純否定

어떠한 사물의 행위 · 상태 · 사실 · 존재를 부정하는 뜻을 나타내기 위하여 '無 · 不 · 弗 · 未 · 非 · 莫 · 毋 · 亡' 등의 否定詞를 사용한다.

無 : '~이(가) 없다'

◦ 今無一人還. 지금 한 사람도 돌아옴이 없다.

◦ 不及黃泉 無相見也. 황천에 다다르지 못하면 서로 볼 수가 없다.

◦ 學問之道 無他 求其放心而已矣. 학문의 방도란 다른 것이 없고, 그 내쳐진 마음을 구할 따름이다.

◦ 君子 食無求飽 居無求安. 군자란 먹음에 배부름을 구함이 없으며, 거처함에 편안함을 구함이 없다.

◦ 仁者 無敵. 어진 사람은 적이 없다.

◦ 無所爲. 하는 바가 없다.

不 : '~하지 아니하다'

◦ 積功之塔 不墮. 공들여 쌓은 탑은 무너지지 않는다.

◦ 不憤 不啓. 분발하지 아니하면 가르쳐 주지 않는다.

◦ 才或不足 非所患也. 재주가 혹 부족하여도 근심할 바가 아니다.

◦ 人不堪其憂 回也不改其樂. 사람들은 그 걱정을 견디지 못하거늘 안회는 (빈곤함 속에서도 도를 닦는) 즐거움을 고치지 않았다.

◦ 仰不愧於天 俯不怍於人. 우러러 하늘에 부끄럽지 아니하고, 숙여서 사람에게 부끄럽지 아니하다.

◦ 仁者不憂 知者不惑 勇者不懼. 어진 자는 근심하지 아니하고, 지혜로운 자는 미혹되지 아니하며, 용기 있는 자는 두려워하지 아니한다.

不可 : '가히 ~할 수 없다'

◦ 福之爲禍 禍之爲福 化不可極 深不可測也. 복이 재앙이 되고 재앙이 복이 되는 것은 변화를 밝힐 수도 없고, 깊이를 헤아릴 수도 없다.

不能 : '능히 ~할 수 없다'

◦ 此何遽不能爲禍乎. 이것이 어찌 문득 재앙이 될 수 없겠는가?

不如 : '~보다 못하다 · ~만 같지 못하다'

◦ 雖有智慧 不如乘勢 雖有鎡基 不如待時. 비록 지혜가 있으나 권세에 편승하는 것만 같지 못하고, 비록 호미가 있으나 때를 기다리는 것만 같지 못하다.

弗 : '~하지 아니하다'

◦ 飢者弗食 勞者弗息. 배고픈 사람이 먹지 못하고, 피곤한 사람이 쉬지도 못한다.

◦ 雖有嘉肴 弗食 不知其旨 雖有至道 弗學 不知其善也. 비록 좋은 안주가 있더라도 먹지 않으면 그 맛을 알지 못하고, 비록 지극한 도가 있더라도 배우지 않으면 그 좋음을 알지 못한다.

未 : '(아직)~지 아니하다 · ~지 않다'

◦ 未有仁而後其親者也. 어질면서도 그 부모를 소홀히 하는 자는 있지 아니하다.

◦ 見牛 未見羊也. 소는 보고 양은 아직 보지 않았다.

◦ 七十者 衣帛食肉 黎民不饑不寒 然而不王者 未之有也. 일흔 살 된 노인이 비단옷을 입고 고기를 먹으며, 백성들이 굶주리지 않고 추위에 떨지 않게 되니, 그러고도 왕노릇하지 못하는 자는 있지 않았다.

未嘗(曾) : '일찍이 ~한 적이 없다'

◦ 自我爲汝家婦 未嘗聞汝先古之有貴者. 내가 당신 집의 며느리가 된 이래로 일찍이 당신 선조 가운데 고귀한 분이 있었다는 말을 들어본 적이 없다.

◦ 未曾有封侯之賞. 일찍이 제후에 봉해지는 상이 있은 적이 없다.

非 : '~가 아니다'

◦ 非先王之德行 不敢行. 선왕의 덕행이 아니면 감히 행하지 아니하다.

◦ 子非魚 安知魚之樂. 자네가 물고기가 아닐진대 어찌 물고기의 즐거움을 알겠는가?

◦ 非獨賢者有是心也 人皆有之. 오직 어진 사람만 이 마음을 지니고 있는 것이 아니라 사람들 모두가 지니고 있다.
◦ 我非生而知之者. 나는 태어나면서부터 아는 자가 아니다.

莫 : '(보다 더) ~함이 없다 · ~이 아니다'
◦ 群臣莫對. 뭇 신하들 중에 대답하는 자가 없었다.
◦ 吾盾之堅 莫能陷也. 내 방패의 견고함은 무너뜨릴 수 없다.
◦ 過而能改 善莫大焉. 허물이 있어 고칠 수 있다면 이보다 더 큰 일이 없다.
◦ 莫見乎隱 莫顯乎微. 숨어있는 것보다 더 잘 보이는 것이 없으며, 미세한 것보다 더 잘 드러나는 것이 없다.
◦ 其計秘 世莫得聞. 그 계획은 비밀이라서 세상 사람들이 들을 수가 없다.

莫如 : '~만 같지 못하다'
◦ 一年之計 莫如樹穀 十年之計 莫如樹木 終身之計 莫如樹人. 일 년의 계획은 곡식을 심는 것만 같음이 없고, 십 년의 계획은 나무를 심는 것만 같음이 없고, 평생의 계획은 사람을 심는 것만 같음이 없다.
◦ 交友之道 莫如信義. 벗을 사귀는 도리는 신의보다 더한 것이 없다.

毋 : '~이 없다'
◦ 子絕四 毋意 毋必 毋固 毋我. 공자께서는 네 가지를 끊으셨는데 망령되이 생각함이 없었으며, 반드시 하겠다고 함이 없었으며, 고집함이 없었으며, 자기를 끝까지 주장함이 없으셨다.

亡 : '~이 없다'
◦ 民者 在上所以牧之 趨利如水走下 四方亡擇也. 백성이란 윗자리에 있는 자가 길러주는 까닭에 이익을 좇는 것이 마치 물이 아래로 흐름과 같아서 동서남북을 가릴 수 없다.
◦ 天積氣耳 亡處亡氣 奈何憂崩墜乎. 하늘은 기운으로 채워져 있을 뿐이어서 어느 곳인들 기운이 없는 곳이 없는데 어찌하여 무너질 것을 걱정하는가?

(2) 二重否定

하나의 문장 안에 '無不 · 無非 · 無~無 · 無~不(不~不 · 未~不) · 無所不 · 非不 · 莫不(非)' 등처럼 否定詞를 두 번 써서 강한 肯定의 뜻을 나타낸다.

無不 : '~하지 아니함이 없다'

◦ 苟無恒心 放辟奢侈 無不爲已. 진실로 항심이 없으면 방벽하고 사치하여 하지 못함이 없다.
◦ 吾矛之利 於物無不陷也. 내 창의 날카로움은 사물을 뚫지 못하는 것이 없다.

無非 : '~이 아님이 없다'

◦ 始臣之解牛之時 所見無非牛者 三年之後 未嘗見全牛也. 처음 신이 소를 잡았을 때에는 보이는 것이 소가 아님이 없었는데, 3년 뒤에는 일찍이 온전한 소를 본 적이 없었습니다.

無~無~ : '~도 없고 ~도 없다 · ~에 관계없이'

◦ 無人無患. 근심 없는 사람은 없다.
◦ 無貴無賤 無長無少 道之所存 師之所存也. 귀하고 천함에 관계없이, 나이의 많고 적음에 관계없이, 도가 존재하는 곳이 스승이 존재하는 곳이다.

無~不(不~不 · 未~不) : '~아니함이 없다'

◦ 無遠不至. 멀다하여 도달하지 아니함이 없다.
◦ 千取百焉 不爲不多矣. 천에서 백을 취하는 것이 많지 않다고 할 수 없다.
◦ 吾未嘗不得見也. 나는 일찍이 보지 않은 것이 없다.

無所不 : '~하지 않은 것이 없다'

◦ 小人閒居爲不善 無所不至. 소인이 한가롭게 지낼 적에 착하지 않은 짓을 하여 이르지 않는 데가 없다.

非不 : '~하지 않은 것이 아니다'

◦ 非不說子之道也. 선생님의 도를 기뻐하지 않은 것이 아니다.
◦ 城非不高也 池非不深也 兵革非不堅利也. 성이 높지 않은 것이 아니며, 못이 깊지 않은 것이 아니며, 무기와 갑옷이 견고하고 날카롭지 않은 것이 아니다.

莫不(非) : '~하지 않음이 없다'

- 人莫不飮食也 鮮能知味也. 사람이 마시고 먹지 않음이 없으나, 그 맛을 아는 이는 드물다.
- 君仁莫不仁 君義莫不義. 임금이 어질면 어질지 아니한 사람이 없고, 임금이 의로우면 의롭지 아니한 사람이 없다.
- 普天之下 莫非王土 率土之濱 莫非王臣. 온 하늘의 아래가 왕의 영토가 아님이 없으며, 온 나라가 왕의 신하가 아님이 없다.

(3) 部分否定

'不必 · 未必 · 不常' 처럼 '必 · 常'이란 副詞 앞에 否定詞가 쓰여 사실이나 상황을 부분적으로 否定한다.

不必 : '반드시 ~하지는 아니하다'

- 仁者必有勇 勇者不必有仁. 인자는 반드시 용기가 있으나, 용자는 반드시 인이 있지는 아니하다.
- 有言者 不必有德 勇者 不必有仁. 말이 있는 사람이 반드시 덕이 있는 것은 아니며, 용맹한 사람이 반드시 인이 있는 것은 아니다.
- 師不必賢於弟子. 스승이 제자보다 반드시 어진 것은 아니다.

未必 : '반드시 ~하지는 못한다'

- 未必子孫能盡守. 반드시 자손이 다 지키지는 못한다.

不常 : '항상 ~하지는 아니하다'

- 千里馬常有 而伯樂不常有. 천리마는 항상 있으나, 백락(周나라 사람으로 말〈馬〉 감정〈鑑定〉을 잘하였으므로 널리 말에 관한 일에 밝은 사람의 뜻으로 쓰임)이 항상 있는 것은 아니다.
- 家貧不常得油. 집이 가난하여 항상 기름을 얻지는 못하였다.

(4) 全體否定

'必不 · 常不 · 皆不'처럼 '必 · 常 · 皆'란 副詞 다음에 否定詞가 쓰여 사실이나 상황 전체를 否定한다.

必不 : '반드시 ~하지 않는다'

◦ 鳳鳥必不食死肉. 봉황새는 반드시 죽은 고기를 먹지 않는다.

常不 : '항상 ~하지 못하다'

◦ 家貧常不得油 집이 가난하여 항상 기름을 얻지는 못하였다.

皆不 : '모두 ~하지 못하다'

◦ 皆不生. 모두 살지 못하였다.

3) 禁止形

'莫 · 勿 · 不 · 無 · 毋' 등을 動詞 앞에 사용하여 禁止의 뜻을 나타내는 문장의 형식을 말하며, 命令의 의미도 있다.

莫 : '~지 말라'

◦ 疑人莫用 用人勿疑. 의심나는 사람은 쓰지 말고, 쓴 사람은 의심하지 말라.

◦ 君有急病見於面 莫多飮酒. 그대에게 위급한 병이 있음이 얼굴에 보이니, 술을 많이 마시지 말라.

◦ 莫道人之短. 사람의 단점을 말하지 말라.

勿 : '~지 말라'

◦ 非禮勿視 非禮勿聽 非禮勿言 非禮勿動. 예가 아니면 보지 말며, 예가 아니면 듣지 말며, 예가 아니면 말하지 말며, 예가 아니면 움직이지 말라.

◦ 勿謂今日不學而有來日. 오늘 배우지 아니하고 내일이 있다고 말하지 말라.

◦ 過則勿憚改. 잘못이 있으면 고치는 것을 꺼려하지 말라.

◦ 己所不欲 勿施於人. 자기가 하고 싶지 않은 것을 남에게 베풀지 말라.

不 : '~지 말라'

◦ 耳不聞人之非. 귀로 남의 잘못을 듣지 말라.

◦ 不患人之不己知 患不知人也. 남이 자기를 알아주지 않는 것을 근심하지 말고, (자기가) 남을 알아주지 못하는 것을 근심하라.

無 : '~지 말라'

◦ 無道人之短. 남의 단점을 말하지 말라.

毋 : '~지 말라'

◦ 毋友不如己者. 자기만 같지 못한 자를 벗하지 말라.

◦ 臨財毋苟得 臨難毋苟免. 재물에 임하여 구차히 얻지 말며, 어려움에 임하여 구차히 면하지 말라.

4) 疑問形

平敍形의 문장 첫머리 또는 중간에 '誰 · 何 · 孰 · 安 · 奚 · 盍(何~不)' 등의 疑問詞나, 문장 끝에 '乎 · 耶(邪) · 哉 · 歟(與) · 諸 · 何如(如何 · 如~何 · 若何 · 奈何) · 幾何' 등의 疑問終結詞, 또는 '何以~耶' 등이 쓰여 疑問의 뜻을 나타내는 문장의 형식을 말한다.

誰 : '누구'

◦ 追我者 誰也. 나를 따르는 사람은 누구인가?

◦ 漢陽中 誰最富. 한양에서 누가 제일 부자인가?

◦ 飛來飛去 落誰家. 날아왔다 날아가서 누구의 집에 떨어질까?

◦ 誰知烏之雌雄. 누가 새의 암수를 아는가?

◦ 誰能爲我折花而來. 누가 나를 위하여 꽃을 꺾어 오겠는가?

◦ 誰怨誰咎. 누구를 원망하고 누구를 탓하겠는가?

何 : '어찌 · 무엇 · 누구 · 어느'

◦ 今是何世. 지금은 어느 세상인가?

◦ 大洞江水 何時盡. 대동강 물은 어느 때나 마를꼬?

◦ 讀書何爲. 책을 읽어서 무엇합니까?

◦ 然則何時而樂也. 그렇다면 어느 때나 즐길 것인가?

◦ 客何好. 손님은 무엇을 좋아하십니까?

◦ 何爲其然也. 어찌 하여 그렇게 되었는가?

◦ 汝何不受乎. 너는 어찌 받지 않았는가?

◦ 何處春風來. 어느 곳에서 봄바람이 불어오는가?
◦ 何花最好. 어느 꽃이 가장 아름다운가?
◦ 何以謂仁內 義外也. 어찌하여 인을 안이라 하고, 의를 밖이라 말합니까?

孰 : '누구 · 무엇 · 어찌 · 어느'
◦ 禮與食 孰重. 예와 먹는 것 중 어느 것이 중요합니까?
◦ 弟子孰爲好學. 제자 가운데 누가 학문을 좋아합니까?
◦ 獨樂樂 與人樂樂 孰樂. 홀로 음악을 즐기는 것과 남과 더불어 음악을 즐기는 것 중에서 어느 것이 더 즐거운가?

安 : '어디 · 무엇'
◦ 蛇安在. 뱀은 어디에 있는가?
◦ 泰山其頹 則吾將安仰. 태산이 무너지면 나는 장차 무엇을 우러를까?

奚 : '어느(무엇)'
◦ 衛君待子而爲政 子將奚先. 위나라 임금께서 그대를 기다려 정치를 하신다면, 그대는 장차 무엇을 먼저 하겠는가?

盍(何~不) : '어찌 ~하지 않는가?'
◦ 子盍爲我言之. 그대는 어찌 나를 위하여 이를 말하지 아니하는가?
◦ 盍反其本矣. 어찌하여 그 근본으로 돌아가지 않는가?

乎 · 耶(邪) · **哉 · 歟**(與) : 의문종결사.
◦ 賢者亦樂此乎. 어진 사람도 역시 이를 즐기는가?
◦ 朝三而暮四 足乎. 아침에 세 개, 저녁에 네 개면 충분한가?
◦ 客亦知夫水與月乎. 손님도 또한 그 물과 달을 아는가?
◦ 學而時習之 不亦說乎. 배우고서 때때로 익히면 또한 기쁘지 아니한가?
◦ 觀百獸之見我 而敢不走乎. 보아라. 온갖 짐승들이 나를 보고 감히 달아나지 않는가를?
◦ 君子亦有窮乎. 군자도 또한 궁함이 있습니까?
◦ 其信然耶. 그 진실로 그러한가?
◦ 是何意耶. 이것이 무슨 뜻인가?

◦ 所謂天道 是耶 非耶. 이른바 천도란 옳은 것인가? 그른 것인가?

◦ 言有窮而情不可終 汝其知也 其不知耶. 말은 다함이 있으나 정은 끝이 없다. 너는 이것을 아느냐, 모르느냐?

◦ 天之蒼蒼 其正色邪. 하늘이 파란 것은 그의 본래 색인가?

◦ 觚不觚 觚哉 觚哉. 모난 술잔이 모나지 않았다면 모난 술잔이냐? 모난 술잔이냐?

◦ 吾言之而聽者 誰歟 내가 이를 말하더라도 듣는 자가 누구일까?

◦ 管仲非仁者與. 관중은 어진 자가 아닌가?

◦ 君子人與. 군자다운 사람인가?

◦ 是誰之過與. 이것이 누구의 잘못이냐?

◦ 王之所大欲 可得聞與. 왕께서 크게 하시고자 하는 바를 들을 수 있겠습니까?

諸 : '之乎'의 준말.

◦ 堯以天下與舜 有諸. 요임금이 천하를 순임금에 주었다는데 그런 일이 있습니까?

◦ 定公問 一言而可以興邦有諸 정공이 "한마디 말로 나라를 흥하게 할 수 있는 그런 것이 있습니까?"라고 물었다.

何如(如何 · 如~何 · 若何 · 奈何) : '어찌 하리오? · 어찌 되겠는가?'

◦ 以子之矛 陷子之盾 何如. 자네의 창으로써 자네의 방패를 무너뜨린다면 어찌 되겠는가?

◦ 以五十步笑百步 如何. 오십 보로써 백 보를 비웃는다면 어떻겠습니까?

◦ 桓魋 其如予何. 환퇴가 나를 어떻게 하겠는가?

◦ 不能正其身 如正人何. 능히 그 몸을 바로 하지 못하면, 어떻게 남을 바로 하겠습니까?

◦ 萬國尙戎馬 故園今若何. 모든 나라가 전쟁을 숭상하니 고향이 이제 어찌 되겠는가?

◦ 工未素學 奈何. 공업은 본디 배우지 아니하였으니 어찌 하겠는가?

幾何 : '그 얼마인가?'

◦ 浮生若夢 爲歡幾何. 덧없는 인생이 꿈과 같으니 기뻐함이 그 얼마이겠는가?

何以~耶 : '무엇으로 ~할까?'

◦ 何以豊財耶. 무엇으로 재산을 풍부하게 할까?

5) 反語形

어떠한 사실을 判定하거나 구체적인 사실을 强調하기 위하여 疑問形을 빌려 나타내는 문장의 형식이다. 疑問詞 '孰 · 豈(安 · 曷 · 何 · 胡) · 惡(奈 · 奈何) · 奚(焉) · 豈惟 · 盍(何不)' 등을 사용한다. 또는 '豈~哉(乎) · 寧(焉)~乎 · 安(何 · 奚)~哉 · 何~焉 · 況~乎 · 不亦~ '와 같이 호응되어 '또한 ~하지 아니한가? · 더불어 ~할 수 있겠는가? · 하물며 ~함에 있어서랴?' 등의 反問의 의미를 나타내기도 한다.

孰 : '누구 · 어찌'

◦ 人孰不知. 사람이 누가 알지 못하겠는가?
◦ 孰敢不正. 누가 감히 바르지 않겠는가?
◦ 其如是 孰能禦之. 그것이 이와 같다면 누가 그것을 막을 수 있으리오?
◦ 百姓足 君孰與不足 百姓不足 君孰與足. 백성이 풍족한데 임금이 어찌 부족하겠으며, 백성이 부족한데 임금이 어찌 풍족하리오?

豈(安 · 曷 · 何 · 胡) : '어찌 · 무엇 · 누구 · 어느'

◦ 一心精到 豈不成功. 한 마음으로 정성이 이르면 어찌 공을 이루지 않으리오?
◦ 不入虎穴 安得虎子. 호랑이 굴에 들어가지 않으면, 어찌 호랑이 새끼를 얻을 수가 있겠는가?
◦ 蛇固無足 子安能爲之足. 뱀은 본디 발이 없는데, 그대는 어찌 능히 이것의 발을 그릴 수 있겠는가?
◦ 民不樂生 尙不避死 安能避罪. 백성들이 생을 즐기지 못하고, 오히려 죽음도 피하지 않거늘 어찌 죄를 피하겠는가?

◦ 天曷不降威. 하늘은 어찌 위엄을 내리지 않는가?
◦ 曷虐我民. 어찌 우리 백성을 학대하겠는가?
◦ 精神一到 何事不成. 정신을 한군데 집중하면 무슨 일인들 이루지 못하겠는가?
◦ 何憂何懼. 무엇을 근심하고, 무엇을 두려워하랴?
◦ 田園將蕪 胡不歸. 전원이 장차 황폐해지려는데 어찌 돌아가지 않으리오?

惡(奈 · 奈何) : '어찌 · 어떻게'
◦ 惡能治國家. 어찌 능히 국가를 다스릴 수 있으리오?
◦ 惟無形者 無可奈也. 오직 형태가 없는 것은 어찌할 수 없다.
◦ 民不畏死 奈何以死懼之. 백성들이 죽음을 두려워하지 않는데 어떻게 죽음으로써 그들을 두렵게 하리오?

奚(焉) : '어찌 · 어떻게 · 어디 · 무엇'
◦ 從道而出 猶以一易兩也 奚喪 離道而內自擇 是猶以兩易一也 奚得. 도를 좇아서 간다면 하나로써 둘을 바꾸는 것과 같으리니 어찌 잃을 것인가? 도를 떠나서 안으로 스스로 선택한다면 이는 둘로써 하나를 바꾸는 것과 같으리니 어찌 얻을 것인가?
◦ 割鷄焉用牛刀. 닭을 가르는데 어찌 소 가르는 칼을 쓰리오?
◦ 焉得爲大丈夫乎 어찌 대장부라고 할 수 있겠는가?
◦ 未知生 焉知死. 삶을 알지 못하는데 어찌 죽음을 알겠는가?

豈惟 : '어찌 ~뿐이리오? · 어찌 ~에 그치겠는가?'
◦ 君能有終 則社稷之固也 豈惟群臣賴之. 임금이 끝을 둘 수 있다면 사직이 견고하리니 어찌 뭇 신하들이 의지하는 것뿐이리오?

盍(何不) : '어찌 ~하지 않는가?'
◦ 盍各言爾志. 어찌 각각 너희 뜻을 말하지 않는가?
◦ 何不曰 柳色絲絲綠 桃花點點紅. 어찌 버들 빛은 가지마다 푸르고 복숭아꽃은 꽃잎마다 붉다고 말하지 못하는가?

豈~哉(乎) : '어찌(어떻게) ~하겠는가?'
◦ 初豈樂爲哉. 어찌 처음부터 즐겨 하겠는가?

◦ 豈害我哉. 어찌 나를 해치겠는가?
◦ 其爲害豈不多哉. 그 해됨이 어찌 많지 않으리오?
◦ 公豈敢入乎. 공이 어찌 감히 들어가는가?
◦ 日夜望軍至 豈敢反乎. 밤낮으로 장군이 이르기를 바랐는데, 어찌 감히 배반하겠는가?
◦ 豈可忘其恩乎. 어찌 은혜를 잊을 수가 있겠는가?

寧(焉 · 安 · 何 · 奚)~**乎**(哉 · 焉) : '어찌 ~하겠는가?'

◦ 王侯將相 寧有種乎. 임금과 제후와 장수와 재상이 어찌 종자가 있었겠느냐?
◦ 使牛聞之 寧無不平之心乎. 소로 하여금 듣게 한다면 어찌 불평하는 마음이 없겠는가?
◦ 民焉有不仁者乎. 백성이 어찌 어질지 못한 자가 있으리오?
◦ 焉得爲大丈夫乎. 어찌 대장부라 할 수 있겠는가?
◦ 燕雀安知鴻鵠之志哉. 제비와 참새가 어찌 기러기와 고니의 뜻을 알겠는가?
◦ 吾何畏彼哉. 내가 어찌 그를 두려워하겠는가?
◦ 奚暇致禮義哉. 어느 겨를에 예와 의를 다스리겠는가?
◦ 雖大 何畏焉. 비록 크지만 어찌 두려워하겠습니까?
◦ 有何別焉. 무슨 차이가 있겠는가?

況~乎 : '하물며 ~하겠는가?'

◦ 善則千里之外應之 況其邇乎. 좋으면 천리 밖에서도 응하는데, 하물며 가까운데 서랴?

不亦~乎 : '또한 ~지 아니한가?'

◦ 學而時習之 不亦說乎. 배우고 때에 맞춰 익히면 또한 즐겁지 아니한가?
◦ 有朋自遠方來 不亦樂乎. 벗이 있어 멀리서 오면 또한 기쁘지 아나한가?
◦ 人不知而不慍 不亦君子乎. 남이 나를 알아주지 않아도 노여워하지 않으면 또한 군자가 아니겠는가?

6) 比較形

둘 또는 그 이상의 사물을 다른 것과 比較하여, 그 상태나 성질의 程度나 優劣을 나타내는 문장의 형식이다. 前置詞 '於(于 · 乎) · 如 · 若 · 猶' 등이 形容詞 뒤에 위치하여 '~보다 ~하다'는 비교의 뜻을, '不若 · 不如'의 형태로 劣等 比較를, '與(其) A 寧 B · 與(其) A 不如(若) B · 與其 A 孰若 B' 등의 형태로 選擇形 比較를, 그리고 '不如 · 莫(無)如 · 莫若 · 莫善 · 莫~於(乎)~'의 형태로 最上級 比較를 나타내기도 한다.

(1) 前置詞 '於 · 于 · 乎 · 如 · 若 · 猶' 등을 써서 比較의 대상을 나타낸다.

於 :

- 苛政猛於虎也. 가혹한 정치는 호랑이보다 더 무섭다.
- 青出於藍 青於藍. 청은 쪽에서 나왔으나 쪽빛보다 푸르다.
- 國之語音 異乎中國. 나라의 말소리가 중국과 다르다.
- 氷水爲之而寒於水. 어름은 물이 그것을 만들지만 물보다 차갑다.

于 :

- 天下莫柔弱于水. 천하에 물보다 더 유약한 것은 없다.

乎 :

- 生乎吾前 其聞道也 固先乎吾 吾從而師之. 나보다 앞서 태어나서 그가 도를 들은 것이 진실로 나보다 먼저라면, 나는 그를 좇아 스승으로 삼을 것이다.

如 :

- 學問如逆水行舟. 학문은 물을 거슬러 배를 저어 가는 것과 같다.
- 惡言如刀. 나쁜 말은 칼과 같다.

若 :

- 隣國之民仰之 若父母矣. 이웃 나라의 백성들이 그를 우러르기를 부모와 같이할 것이다.
- 君子之交 淡若水. 군자의 사귐은 담담하기가 물과 같다.

◦ 子之廢學 若吾斷此織也. 네가 학문을 그만두는 것은 내가 이 천을 끊어버리는 것과 같다.

猶 :

◦ 士之失位也 猶諸侯之失國家. 선비가 벼슬을 잃은 것은 제후가 국가를 잃는 것과 같다

(2) '不若(不如)'의 형태로 劣等 比較를 나타낸다.

不若 :

◦ 不若投諸江而忘之. 그것을 강에 던져 잊는 것만 못하다.
◦ 不恥不若人. 남만 못한 것을 부끄러워하지도 않다.

不如 :

◦ 好之者不如樂之者. 좋아하는 사람은 즐기는 사람만 같지 못하다.
◦ 百聞不如一見. 백 번 듣는 것은 한 번 보는 것만 못하다.
◦ 遠親不如近隣. 먼 친척은 가까운 이웃만 못하다.
◦ 天時不如地利 地利不如人和. 하늘이 준 때는 땅의 이로움만 못하고, 땅의 이로움은 사람의 화목함만 못하다.
◦ 言不中理 不如不言 一言不中 千語無用. 말이 이치에 맞지 않으면 말하지 않은 것만 못하며, 한마디 말이라도 맞지 않으면 천 마디의 말이라도 쓸모가 없다.

(3) '與(其) A 寧 B · 與(其) A 不如(若) B · 與其 A 孰若 B' 등을 사용하여 'A하기 보다는 차라리 B하는 편이 더 낫다'는 比較 選擇의 의미를 나타내기도 한다.

與(其) A 寧 B :

◦ 禮與其奢也 寧儉. 예는 사치스러운 것보다는 차라리 검소한 편이 더 낫다.
◦ 與其禽獸也 寧死也. 새나 짐승보다는 차라리 죽은 것이 더 낫다.
◦ 與爲人妻 寧爲夫子妾. 남의 아내가 되기보다는 차라리 선생의 첩이 되리라.
◦ 與其不遜也 寧固. 공손하지 못하기보다는 차라리 고루한 것이 낫다.

與(其) A 不如(若) B :

- 與其生辱 不如死快. 살아서 욕됨은 죽어서 쾌함과 같지 못하다.
- 與其生而無義 固不如烹. 살아서 의롭지 못한 것보다는 진실로 삶아지는 것이 더 낫다.
- 與其富而畏人 不若貧而無屈. 부자이면서 남을 두려워하기보다는 가난하면서 비굴함이 없는 편이 낫다.

與其 A 孰若 B :

- 與其有譽於前 孰若無憂於其後. 앞에 명예를 가진 것이 뒤에 근심이 없는 것과 같겠는가?
- 與其有樂於身 孰若無憂於其心. 몸에 즐거움이 있기보다는 차라리 마음에 근심이 없는 것이 낫다.

(4) '不如 · 莫(無)如 · 莫若(善) · '莫~於(乎)~'의 형태로 최상급의 비교를 나타내기도 한다.

不如 :

- 黃金滿筐 不如敎子一書. 황금을 광주리에 채워주는 것이 자식에게 책 한 권 주는 것만 같지 못하다.
- 吾嘗終日而思矣 不如須臾之所學也. 내가 일찍이 하루 종일 생각하는 것이 잠깐 동안 배우는 것만 같지 못하였다.

莫(無)如 :

- 至樂莫如讀書. 지극한 즐거움은 독서만한 것이 없다.
- 交友之道 莫如信義. 친구 사귀는 도리는 신의만한 것이 없다.
- 一年之計 莫如樹穀. 일 년의 계획은 곡식을 심는 것만 못하다.
- 知臣莫如君. 신하를 아는 데는 임금만한 이가 없다.
- 至樂莫如讀書 至要莫如敎子. 지극히 즐거운 것에는 책읽기만 같음이 없고, 지극히 중요한 것에는 자식 교육만 같음이 없다.
- 樂事無如讀書. 즐거운 일은 독서와 같은 것이 없다.

莫若(善) :

- 衣莫若新 人莫若故. 옷은 새 옷만한 것이 없고, 사람은 오랜 친구만한 이가 없다.
- 養心莫善於寡慾. 마음을 기르는 데는 욕심을 적게 하는 것보다 좋은 것은 없다.

莫~於(乎)~ :

- 道莫大於仁義. 도는 인의보다 큰 것이 없다.
- 夫學莫先於立志. 무릇 학문은 뜻을 세우는 것보다 앞서는 것이 없다.
- 禍莫大於從己之欲. 화는 자기의 욕심을 따르는 것보다 큰 것이 없다.
- 莫顯乎微. 은미한 것보다 다 잘 나타나는 것은 없다.

7) 使役形

어느 한 사물이 다른 사물에게 동작을 시키는 뜻을 나타내는 문장의 형식을 말한다. '使 · 令 · 遣 · 敎 · 俾' 등의 虛詞나, '命 · 召 · 勸 · 助' 등의 使役動詞를 사용하여 '~으로 하여금 ~하게 한다'의 문장을 만든다. 그리고 의미상 · 문맥상 使動인 경우도 있다.

使 :

- 使人讀書. 사람으로 하여금 책을 읽게 하다.
- 使人視之. 사람을 시켜 그것을 살펴보게 하였다.
- 名實不虧 使其喜怒哉. 명분과 실질이 어그러지지 않았는데, 기쁘게도 하고 성나게도 하는구나.
- 使民衣食有餘 自不爲盜. 백성으로 하여금 의식에 남음이 있게 한다면 스스로 도둑질을 하지 않을 것이다.
- 長使英雄淚滿襟. 오래도록 영웅으로 하여금 눈물로 옷깃을 적시게 한다.
- 欲使人人易習 便於日用耳. 모든 사람으로 하여금 쉽게 익혀 날로 씀에 편하게 하고자 할 따름이다.

◦ 使王女二人各率部內女子. 왕녀 두 사람으로 하여금 부내의 여자를 각각 인솔하게 하다.

◦ 天帝使我長百獸. 천제께서 나로 하여금 모든 짐승의 우두머리가 되게 하였다.

◦ 如有周公之才之美 使驕且吝 其餘不足觀也已. 만일 주공의 재주와 같은 미덕을 지녔으면서도 교만하고 인색하다면 그 나머지는 볼 것이 없다.

令 :

◦ 賢婦令夫貴. 현명한 지어미는 지아비를 귀하게 만든다.

◦ 朱蒙 知其駿者 而減食令瘦 駑者 善食令肥. 주몽이 그 준마를 알아서 먹이를 줄여 여위게 하고, 노둔한 말은 잘 먹여 살찌게 하였다.

◦ 何故深思高擧 自令放爲. 무슨 까닭으로 심오한 생각을 하고 고상하게 행동하여 스스로 쫓겨남을 당하게 하였는가?

◦ 令諸君知之. 모든 사람으로 하여금 이를 알게 하다.

遣 :

◦ 遣往理之. 가서 그것을 다스리게 하였다.

◦ 太守卽遣人隨往 태수가 곧 사람을 시켜 따라가게 하였다.

◦ 遣舜臣防禦 (이)순신을 보내어 방어하게 하였다.

◦ 遣婢買肉而來. 노비를 보내 고기를 사오게 하였다.

◦ 遣從者 懷璧 間行先歸 身待命於秦 좇아온 사람으로 하여금 옥을 품고서 샛길로 먼저 돌아가게 하고 자신은 진나라의 (昭王에게) 명을 기다렸다.

敎 :

◦ 病中敎醫師急來. 병중에 의사를 급히 오게 하였다.

◦ 不敎胡馬度陰山. 오랑캐 말이 음산을 건너지 못하게 하였다.

俾 :

◦ 俾民不惑. 백성으로 하여금 미혹되지 않게 하다.

◦ 俾民遵法. 백성으로 하여금 법을 지키게 하다.

◦ 俾予從欲治. 나로 하여금 다스리고자 하는 대로 따르게 하였다.

命 :

◦ 命虞美人起舞. 우미인에게 명하여 일어나 춤추게 하였다.

◦ 命善射者射之. 활을 잘 쏘는 사람에게 명하여 그것을 맞히게 했다.

召 :

◦ 召儒臣 講經義. 유학하는 선비를 불러 경전의 뜻을 강론하게 하다.

勸 :

◦ 勸蒙讀書. (여)몽에게 권하여 책을 읽도록 하다.

◦ 勸羽殺沛公. (항)우에게 권해서 패공을 죽이게 했다.

助 :

◦ 予助苗長. 내가 도와서 싹이 자라도록 하겠다.

의미상 · 문맥상 사동인 경우

◦ 動天地 感鬼神. 천지를 진동케 하고 귀신을 감동케 하다.

◦ 死孔明走生仲達. 죽은 공명이 살아 있는 중달을 달아나게 했다.

◦ 臨別飮友酒. 이별에 임하여 친구에게 술을 마시게 하였다.

◦ 苦其心志 勞其筋骨. 그 마음을 괴롭히고 그 몸을 수고롭게 하다.

8) 被動形

다른 사물에 의해서 어떤 동작을 받게 되는 뜻을 나타내는 문장의 형식을 말한다. '被 · 見' 등의 被動詞가 쓰이거나, '於 · 乎 · 爲 · 爲~所' 등에 의해 被動의 구조를 이루어 '~을(를) 입다 · ~을(를) 당하다 · ~을(를) 받다' 등으로 해석한다. 그리고 의미상 · 문맥상 被動인 경우도 있다.

被 :

◦ 我被人罵. 내가 사람들에게 욕을 먹다.

◦ 韓信被戮於未央宮. 한신이 미앙궁에서 죽임을 당하였다.

◦ 閔妃被殺. 민비가 죽음을 당하였다.

◦ 爲私鬪者 各以輕重被刑. 사적으로 싸움을 한 자는 각각 경중으로써 형벌을 받다.

見 :

◦ 匹夫見辱 拔劍而起. 보통 사내는 욕을 당하면 칼을 뽑아 일어선다.

◦ 今西面而事之 見臣於秦. 지금 서쪽을 향하여 섬긴다면 진나라에게 신하 대접을 받을 것이다.

◦ 信而見疑 忠而被謗 能無怨乎. 신실했으나 의심을 받았고, 충성했으나 비방을 받았으니 원망함이 없을 수 있겠는가?

◦ 吾嘗三仕 三見逐於君. 내가 일찍이 세 번 벼슬에 나가서 세 번 임금에게 쫓김을 당하였다.

◦ 言而見用 終身無難. 충언을 하여 받아들여지면, 종신토록 환난이 없다.

於 :

◦ 勞心者治人 勞力者治於人. 마음을 수고롭게 하는 자는 남을 다스리고, 힘을 수고롭게 하는 자는 남에게 다스려질 것이다.

◦ 用力者 勞於人. 힘을 쓰는 자는 남에게 노역을 당한다.

乎 :

◦ 不信乎朋友 不獲於上矣. 친구에게 신임을 받지 못하면 윗사람에게 신임을 얻지 못한다.

爲 :

◦ 卒爲天下笑. 마침내 천하의 웃음거리가 되었다.

◦ 彼伍子胥父兄爲戮於楚. 저 오자서의 부형이 초나라에게 죽임을 당하였다.

爲~所 :

◦ 諸君必爲凶徒所害. 제군들은 반드시 흉악한 무리에게 해를 입을 것이다.

◦ 無爲人所容. 사람들에게 용서받지 아니한다.

◦ 太祖爲流矢所中. 태조가 날라 오는 화살에 맞았다.

◦ 先卽制人 後卽爲人所制. 먼저 하면 남을 제압하고, 뒤에 하면 남에게 제압당할 것이다.

의미상 · 문맥상 피동인 경우

◦ 有功亦誅 無功亦誅. 공이 있어도 죽임을 당하고, 공이 없어도 죽임을 당한다.
◦ 仁則榮 不仁則辱. 어질면 영화롭게 되고, 어질지 못하면 욕을 당한다.
◦ 狡免死 走狗烹. 교활한 토끼가 죽으면 달리던 개는 삶아진다.

9) 假定形

어떤 사실이나 상황을 假定하여 예상되는 결과를 서술하는 형태의 문장이다. 假定의 뜻을 나타내는 '若 · 如 · 使 · 設 · 猶 · 儻 · 縱 · 假 · 苟 · 雖 · 則' 등의 漢字나, '假使(令) · 若使 · 萬一 · 如使 · 設令 · 縱使' 등의 熟語를 사용하며, 문맥상 假定인 경우도 있다.

若(如 · 使 · 設 · 猶) : '만일 ~한다면'

◦ 春若不耕 秋無所望. 봄에 만약 밭을 갈지 않으면 가을에 바랄 바가 없다.
◦ 若嗣子可輔 輔之. 만약 뒤를 이를 아들을 보좌할 만하다면 보좌하라.
◦ 若賢士在位 能者在職 則國家閑暇. 만일 어진 선비가 벼슬자리에 있고, 능력 있는 사람이 관직에 있으면, 나라의 정사가 한가롭다.
◦ 龜何龜何 首其現也 若不現也 燔灼而喫也. 거북아 거북아 머리를 내어놓아라. 만약 내어놓지 않으면 구워 먹겠다.
◦ 如或知爾 則何以哉. 만일 어떤 사람이 너를 안다면 무엇 때문이겠는가?
◦ 如不可求 從吾所好. 만약에 구할 수 없다면 내가 좋아하는 바를 따르겠다.
◦ 如有王者 必世而後仁. 만약 참다운 왕이 나타난다면 반드시 한 세대 이후에는 세상에 인이 행해질 것이다.
◦ 如詩不成 罰依金谷酒數. 만약 시를 이루지 못하면 금곡의 술잔 수로써 벌하리라.
◦ 使我有洛陽負郭田二頃 豈能佩六國相印乎. 만일 내가 낙양에서 부곽전 두 이랑을 가지고 있다면, 어찌 여섯 나라 재상의 인장을 차겠는가?

◦ 使民衣食有餘 自不爲盜. 만일 백성의 옷과 식량을 여유 있게 한다면 스스로 도적질을 하지 않을 것이다.
◦ 設其必爾 民何望乎. 만일 반듯하다면 백성들이 무엇을 바라겠는가?
◦ 設百歲後 是屬寧有可信者乎. 만일 백 세 후에 이런 사람이 어찌 신임 받을 수 있겠는가?
◦ 猶有鬼神 此必敗也. 만약 귀신이 있다면, 이번 싸움은 반드시 실패할 것이다.

儻 : '혹시'
◦ 儻或過 則宜速改之. 혹시 잘못했다면 마땅히 빨리 그것을 고쳐라.
◦ 儻泛孤舟 萬里煙波 擧目有江山之恨. 혹시 혼자서 배를 타고 안개가 아득한 파도 위를 가면서 멀리 바라볼지라도 강산에는 한이 남아있다.

縱 : '설령~하더라도 · 비록 ~할지라도'
◦ 縱江東父兄 憐而王我 我何面目 復見. 비록(설령) 강동지방의 부형들이 불쌍히 여겨 나를 왕으로 삼더라도, 내가 무슨 면목으로 다시 그들을 보겠는가?
◦ 縱我不往 子寧不來. 설사 내가 가지 않더라도, 그대는 어찌하여 오지 않는가?
◦ 縱不悉全 決不盡敗. 설사 모두 보존하지 못할지라도 결코 완전히 실패하지는 않을 것이다.

假 : '설령~이라도 · 만일 ~가 된다면'
◦ 向萬物之美而不能嗛也 假而得間而嗛之則不能離也. 만물의 아름다움에 대하여 만족할 수 없고, 설령 잠시 얻어서 만족하더라도 (근심을) 떨쳐버릴 수 없다.

苟 : '가령(진실로) ~라면'
◦ 苟不得聖人君子而與之 與其得小人 不若得愚人. 가령 성인 군자를 얻어서 그와 함께 할 수 없다면, 소인을 얻기보다는 차라리 어리석은 사람을 얻는 것이 낫다.
◦ 苟非吾之所有 雖一毫而莫取. 진실로 나의 소유가 아니면, 비록 터럭 하나라도 취하지 말 것이다.

◦ 苟有過 人必知之. 만일 허물이 있다면 사람들이 반드시 그것을 알 것이다.
◦ 苟爲同心 何必富貴然後 可共乎. 진실로 한 마음이 된다면, 어찌 반드시 부귀한 뒤라야만 함께 할 수 있겠습니까?

雖 : '비록 ~라고 하더라도'

◦ 雖有至道 弗學不知其善也. 비록 지극한 도가 있더라도, 배우지 않으면 그 좋음을 알지 못한다.
◦ 國雖大 好戰必亡. 나라가 비록 크더라도, 전쟁을 좋아하면 반드시 망한다.
◦ 人雖至愚 責人則明. 사람이 비록 지극히 어리석더라도, 남을 책망함에는 현명하다.
◦ 雖畜物 其心與人同也. 비록 가축이라도 그 마음은 사람과 같다.

則 : '~하면'

◦ 國亂 則思賢臣. 나라가 어지러워지면 어진 신하를 생각한다.
◦ 見小利 則大事不成. 작은 이익을 탐내면 큰 일을 이룰 수 없다.
◦ 欲速 則不達. 빠르고자 하면 도달하지 못한다.

假使(令) : '가령 ~하여금 ~하게 한다면'

◦ 假使臣 得同行於箕子. 가령 신으로 하여금 기자와 동행할 수 있게 한다면.
◦ 假使禹爲君 舜爲臣 亦如此而已矣. 가령 우가 임금이 되고 순이 신하가 되었다고 하더라도 이와 같을 따름이다.
◦ 假使釋氏能與人爲禍福. 가령 부처가 사람에게 재앙과 행복을 만들어 줄 수 있다면.
◦ 假令當時有其書 遷豈不見耶. 만일 당시에 그 책이 있었다면 사마천(司馬遷)이 어찌 보지 않았겠는가?

若使 · 萬一 · 如使 · 設令 · 縱使 : '만일 ~하다면 · 가령 ~하다면'

◦ 若使天下兼相愛 愛人若愛其身 猶有不孝者乎. 만일 세상 사람들이 서로 사랑하여 남을 사랑하는 것이 마치 자신을 사랑하는 것과 같다면 오히려 효도하지 않는 자가 있겠는가?

◦ 與君萬一爲交代 留取甘棠三兩枝. 그대와 더불어 만일 교대한다면 감당(팥배나무) 두 세 가지를 간직하리라.

◦ 如使予欲富 辭十萬而受萬 是爲欲富乎. 만일 내가 부자가 되려고 하였다면 십만을 버리고 일만을 받았는데, 이것이 부유하고자 한 것일까?

◦ 設令十分相似 只是鸚鵡人言. 설령 십분 비슷하다 해도 단지 그것은 앵무새가 사람 말을 하는 짓이다.

◦ 縱使得仙 終當有死. 설사 신선이 될 수 있을 지라도 결국 죽어야 한다.

의미상 · 문맥상 假定인 경우

◦ 不入虎穴 不得虎子. 호랑이 굴에 들어가지 않으면 호랑이 새끼를 잡을 수 없다.

◦ 忍一時之憤 免百日之憂. 한 때의 분함을 참으면 백일의 근심을 면한다.

◦ 幼而不學 老無所知. 어려서 배우지 않으면 늙어서 아는 바가 없다.

10) 抑揚形

문장의 의미가 낮은 정도를 먼저 내어놓고 거기에 높은 정도를 대비시켜 표현하는 문장 형식으로, '況~乎 · 猶(尙)~況~乎 · 且~況~乎 · 且猶~而況~乎' 등의 관용구를 사용한다.

況~乎 : '하물며 ~이랴'

◦ 富貴則親戚懼之 貧賤則輕易之 況衆人乎. 부귀하면 친척들이 두려워하고 빈천하면 가벼이 여기니, 하물며 여러 사람들에게 있어서랴.

◦ 行仁爲義 聖人未之盡也 而況於予乎. 인을 행하고 의를 하는 것은 성인도 다 하지 못했거늘, 하물며 나에게 있어서랴.

◦ 曲藝且然 況聖人之道乎. 곡예도 또 그러한데 하물며 성인의 도에 있어서랴.

猶(尙)~況~乎 : '오히려 ~이거늘 · 하물며 ~이랴'

◦ 蔓草猶不可除 況君之寵弟乎. 덩굴풀도 오히려 제거할 수 없거늘 하물며 인군의 총애 받는 동생일까 보냐?

◦ 布衣之交 尙不相欺 況大國乎. 보통 사람의 사귐에도 오히려 서로 속이지 않거늘 하물며 큰 나라에 있어서일까 보냐?

◦ 庸人尙羞之 況於將相乎. 용렬한 사람도 오히려 부끄러워하거늘 하물며 장수나 재상일까 보냐?

且~況~乎 : '또한 ~이거늘 · 하물며 ~이랴'

◦ 死馬且買之 況生者乎. 죽은 말도 또한 샀거늘, 하물며 살아있는 말일까 보냐?

且猶~而況~乎 : '또한 오히려 ~이거늘 · 하물며 ~이랴'

◦ 管仲且猶不可召 而況不爲管仲者乎. 관중도 또한 오히려 부를 수 없거늘, 하물며 관중이 되지 못한 자일까 보냐?

11) 限定形

사물이나 행동의 범위 및 정도를 限定하는 뜻을 나타내는 문장이다. 限定形에는 '唯 · 惟 · 但 · 只 · 特 · 直 · 獨' 등 限定의 뜻을 가지는 副詞를 사용하는 경우와 '耳 · 爾 · 而已 · 而已矣 · 焉耳矣' 등이 문장 끝에 쓰여 '~일 뿐이다'로 해석되는 경우가 있다.

唯(惟) : '오직'

◦ 秋風唯苦吟. 가을 바람에 오직 괴롭게 시를 읊는다.

◦ 唯漢高帝爲不可及也夫. 오직 한나라 고제란 임금만은 미칠 수가 없다.

◦ 不唯善詩 可以作賦. 오직 시를 잘할 뿐 아니라 부도 지을 수 있다.

◦ 學者所患 唯有立志不誠. 학자가 근심할 바는 오직 뜻을 세움이 정성스럽지 못한 가에 있다.

◦ 無恒産而有恒心者 惟士爲能. 일정한 생업이 없는데도 일정한 마음이 있는 자는 오직 선비라야 할 수 있다.

◦ 豈惟不用於朝廷 亦見棄於鄕里. 어찌 오직 조정에만 쓰이지 않았을 뿐이겠는가? 또한 향리에서도 버림을 당하였다.

但(只 · 特 · 直) : '다만'

- 空山不見人 但聞人語響. 빈 산에는 아무도 보이지 않는데, 다만 사람 소리가 메아리쳐 들려온다.
- 四無人跡 但聞風聲. 사방에 인적이 없고, 다만 바람소리만 들린다.
- 非但君當知臣 臣亦當知君. 다만 인군이 마땅히 신하를 알아야 할 뿐만 아니라, 신하도 역시 마땅히 인군을 알아야 한다.
- 只在此山中. 다만 이 산 가운데 있다.
- 只在爲學 立志如何耳. 다만 학문하는 것은 입지가 어떠하냐에 달려 있을 따름이다.
- 孟嘗君特鷄鳴狗盜之雄耳. 맹상군은 다만 계명구도(맹상군이 닭이 우는 흉내를 내는 자의 도움으로 함곡관을 빠져 나오고, 개의 흉내를 내는 자로 하여금 도둑질하게 한 고사. 전하여 사대부가 취하지 아니하는 천한 기예를 가진 사람을 비유함)의 영웅일 따름이다.
- 直不百步耳 是亦走也. 다만 백 보가 아닐 뿐이지 이것도 역시 도망친 것이다.

獨 : '오직 · 홀로'

- 人皆有兄弟 我獨亡. 사람들 모두 형제가 있거늘 나만 홀로 없다.
- 非獨賢者有是心也 人皆有之. 오직 현명한 자만이 이런 마음을 가지고 있을 뿐 아니라 사람들 모두 가지고 있다.

耳 · 爾 : '~할 뿐이다 · ~할 따름이다'

- 欲使人人易習 便於日用耳. 사람들로 하여금 쉽게 익히게 하여 날마다 사용함에 편리하게 할 뿐이다.
- 不敢請耳 固所願. 감히 청하지 못할 뿐이지 진실로 바라던 바이다.
- 凡人之窮達 所遇亦各有時爾. 범인의 빈궁과 영달은 만나는 바에 또한 각각 때가 있을 뿐이다.

而已 · 而已矣 · 焉耳矣 : '~할 따름이다 · ~할 뿐이다'

- 夫子之道 忠恕而已. 부자의 도는 충직하여 동정심이 많을 따름이다.
- 隨事各得其當而已. 일에 따라 그 마땅함을 얻을 따름이다.

◦ 王何必曰利 亦有仁義而已 왕께서는 하필이면 이로움만을 말씀하십니까? 역시 인의가 있을 따름입니다.

◦ 我知種樹而已 管理非吾業也 나는 나무 심는 것만 알 뿐이다. 관리하는 것은 나의 일이 아니다.

◦ 有仁義而已矣 인의가 있을 뿐이다.

◦ 子誠齊人也 知管仲晏子而已矣. 그대는 진실로 제나라 사람일지니, 단지 관중과 안자를 알 뿐이다.

◦ 學問之道 無他 求其放心而已矣. 학문의 도는 다름이 아니라 그 잃어버린 마음을 구하는 것일 따름이다.

◦ 寡人之於國也 盡心焉耳矣. 과인이 나라에 있어서 마음을 다할 뿐이다.

12) 感歎形

感歎詞를 사용하여 찬미 · 증오 · 환희 · 비애 등의 感情을 표현하는 문장의 형식을 말한다. '噫 · 惡 · 唏 · 嗚呼 · 嗟呼 · 嗟夫 · 於乎(呼) · 惜乎' 등의 感歎詞를 쓰거나, 感歎形 終結語尾 '矣 · 哉 · 夫 · 也與(歟)' 등을 쓴다.

噫 :

◦ 噫 甚矣 其無愧而不知耻也. 아! 심하도다. 부끄러움도 수치도 모르는 것이여.

◦ 噫 天喪予' 天喪予. 아아! 하늘이 나를 버리셨도다. 하늘이 나를 버리셨도다.

◦ 噫 微斯人 吾誰與歸. 아! 이 사람이 아니라면 내 뉘와 함께 돌아갈꼬?

惡 :

◦ 惡 是何言也. 아! 이 무슨 말인가?

唏 :

◦ 唏 菊之愛 陶後鮮有聞. 아! 국화를 사랑하는 것은 도(연명) 이후에는 거의 들은 적이 없도다.

嗚呼 :

◦ 嗚呼 言有窮而情不可終. 아아! 말은 다함이 있으나 정은 끝이 없구나.

◦ 嗚呼 老矣 是誰之愆. 아아! 늙었도다. 이는 누구의 허물인가?

◦ 嗚呼 哀哉 嗚呼 痛哉. 아아! 슬프도다. 아아! 아프구나.

◦ 嗚呼 孰知賦斂之毒有甚是蛇者乎. 아아! 누가 조세 징수의 잔혹함이 이 독사보다 심하다는 것을 알겠는가.

◦ 嗚呼 師道之不復可知矣. 아! 스승의 도가 회복되지 않았음을 알만 하구나.

嗟呼 :

◦ 嗟呼 燕雀安知鴻鵠之志哉. 아아! 제비 참새가 어찌 기러기 고니의 뜻을 알겠는가?

◦ 嗟呼 師道之不傳也久矣. 아! 스승의 도가 전해지지 않은 지 오래되었구나.

嗟夫 :

◦ 嗟夫 使六國各愛其人 則足以拒秦. 아아! 여섯 나라로 하여금 그 백성들을 사랑하게 한다면 진나라를 물리칠 수 있을 것이다.

於乎(呼) :

◦ 死生決矣 於乎歸矣. 죽고 사는 것은 결정되었습니다. 아아! 돌아가소서.

◦ 於呼 國恥民辱至於此乎. 아아! 나라의 부끄러움과 백성의 욕됨이 여기에 이르렀구나.

惜乎 :

◦ 惜乎 吾見其進也 未見止也. 애석하도다! 나는 그가 정진하는 것을 보았으나, 그치는 것을 보지 못했도다.

◦ 惜乎 吾讀書本期十年 今七年矣. 안타깝구나! 내가 책읽기를 10년을 기약했는데, 지금 7년이구나.

矣 :

◦ 甚矣 吾衰也. 심하도다. 나의 노쇠함이여.

哉 :

◦ 賢哉 回也. 어질구나, (안)회여.

◦ 善哉 夫子之言. 훌륭하도다! 선생님의 말씀은.

夫 :

◦ 逝者如斯夫 不舍晝夜. 가는 것이 이와 같도다. 밤낮으로 그치지 않는구나.

也與(歟) :

◦ 無爲而致者 其舜也與. 인위적 노력 없이 다스린 자는 순임금이로다!
◦ 今其智乃反不能及 可怪也歟. 지금 그들의 지혜는 도리어 미칠 수 없으니 정말 이상하구나.

3 漢字語의 構造

漢文 문장의 構造를 이해하면 漢字語의 構造도 쉽게 이해할 수 있다. 漢字語의 構造를 유형별로 살펴보면 다음과 같다.

1) 竝列關係

(1) 相對 : 뜻이 서로 상대되는 글자가 모인 구조

明暗(명암) : 밝고 어두움
多少(다소) : 많고 적음
喜怒(희로) : 기쁨과 슬픔
雌雄(자웅) : 암컷과 수컷
往來(왕래) : 오고 감
長短(장단) : 길고 짧음
天地(천지) : 하늘과 땅
父母(부모) : 아버지와 어머니

(2) 對等 : 뜻이 서로 대등한 글자가 모인 구조

富貴(부귀) : 부하고 귀함
草木(초목) : 풀과 나무
貴重(귀중) : 귀하고 중함
魚貝(어패) : 물고기와 조개
桃李(도리) : 복숭아와 오얏

(3) 類似 : 뜻이 서로 같거나 유사한 글자가 모인 구조

海洋(해양) : 바다
存在(존재) : 있음

永久(영구) : 오램

到達(도달) : 다다름

希望(희망) : 바람

樹木(수목) : 나무

2) 修飾關係

(1) 形容詞+名詞

淸風(청풍) : 맑은 바람

秋月(추월) : 가을 달

恩師(은사) : 은혜로운 스승

吉夢(길몽) : 좋은 꿈

明月(명월) : 밝은 달

家事(가사) : 집안 일

白雲(백운) : 흰 구름

流水(유수) : 흐르는 물

(2) 副詞+形容詞

至高(지고) : 지극히 높다

極甚(극심) : 아주 심하다

甚難(심난) : 매우 어렵다

最低(최저) : 가장 낮다

大吉(대길) : 매우 길하다

極貧(극빈) : 극히 가난하다

(3) 副詞+動詞

力走(역주) : 힘껏 달리다

高飛(고비) : 높이 날다

廣告(광고) : 널리 알리다

徐行(서행) : 천천히 가다

必勝(필승) : 반드시 이기다

過食(과식) : 지나치게 먹다

博愛(박애) : 널리 사랑하다

3) 主述關係 : '~가(이) ~이다', '~은(는) ~하다' 등으로 해석

天 ‖ 高(천고) : 하늘이 높다

水 ‖ 明(수명) : 물이 맑다

夜 ‖ 深(야심) : 밤이 깊다

日 ‖ 出(일출) : 해가 뜨다

心 ‖ 弱(심약) : 마음이 약하다

年 ‖ 少(연소) : 나이가 젊다

地 ‖ 震(지진) : 땅이 진동하다

4) 述目關係 : '!을(를) ~하다'로 해석

讀 | 書(독서) : 책을 읽다
求 | 職(구직) : 직장을 구하다
失 | 望(실망) : 희망을 잃다
正 | 心(정심) : 마음을 바르게 하다
受 | 業(수업) : 학업을 받다
作 | 文(작문) : 글을 짓다
成 | 功(성공) : 공을 이루다
飮 | 酒(음주) : 술을 마시다

5) 述補關係 : '~으로 ~하다', '~에(서) ~하다' 등으로 해석

登/山(등산) : 산에 오르다
報/國(보국) : 나라에 보답하다
多/情(다정) : 정이 많다
有/識(유식) : 아는 것이 있다
歸/家(귀가) : 집으로 돌아가다
難/解(난해) : 풀기 어렵다
無/情(무정) : 정이 없다

4 주요 虛詞 및 實詞의 이해

실질적인 의미를 갖고 있는 實詞와는 달리, 주로 우리말의 語尾나 토와 같은 역할을 하여 문장의 妙味를 더하는 漢字가 있는데, 이를 虛詞라고 한다. 漢文을 이해하는 데 있어서 虛詞의 용법을 熟知하는 것은 무엇보다도 중요하므로 중복되는 것이 있더라도 다시 살펴보기로 한다. 虛詞的 용법을 지닌 實詞도 일부 다루었다.

1) 可

① '~할 수 있다 · ~하면 된다'

◦ 今戰而勝之 齊之半可得 何爲止 〈史記 淮陰侯列傳〉 지금 싸워서 이기면 제나라의 반을 얻을 수 있는데 어찌하여 그치는가?

◦ 可見其人之愚 가히 그 사람의 어리석음을 볼 수 있다

② 可以 : '~로써 ~할 수 있다'

◦ 學不可以已 배움이란 멈출 수 없다.

◦ 滄浪之水淸兮 可以濯吾纓 〈漁父辭〉 창랑의 물이 맑으면 (그 물로써) 나의 갓끈을 씻을 수 있다.

◦ 五畝之宅 樹之以桑 五十者 可以衣帛矣 〈孟子 梁惠王 上〉 오백 이랑의 택지에 뽕나무를 심으면 쉰 살이 된 사람이 비단옷을 입을 수 있다.

③ '좋다'

◦ 朝聞道 夕死可矣 〈論語〉 아침에 도를 들으면 저녁에 죽어도 좋다.

④ '대략'

◦ 飮可五六斗 徑醉矣 대략 대 여섯 말을 마시자 마침내 취했다.

2) 假

① '빌리다'

◦ 狐假虎威 〈戰國策 楚策〉 여우가 호랑이의 위세를 빌려 으스대다.

② '설령~이라도 · 만일 ~가 된다면'

◦ 向萬物之美而不能嗛也 假而得間而嗛之 則不能離也 〈荀子 正名〉 만물의 아름다움에 대해 만족할 수 없고, 설령 잠시 얻어서 만족해도 (근심을) 떨쳐 버릴 수 없다.

3) 却 : '도리어 · 문득 · 다시'

◦ 無端更渡桑乾水 却望并州是故鄕 〈賈島 度桑乾〉 이유 없이 다시 상건수를 건너서 문득 병주를 바라보니 이것이 고향이로다.

◦ 何當共剪西窓燭 却話巴山夜雨時 〈李商隱 夜雨寄北〉 언제쯤 서쪽 창가에 앉아 함께 촛불 심지를 자르면서 다시 파산의 밤비 오던 때를 이야기할런가.

◦ 眼穿落日長亭晩 多少行人近却非 〈崔斯立 待人〉 노을 지는 긴 정자에서 눈 빠지게 (친구를) 늦도록 기다리는데, 몇몇 행인들이 가까이 오자 도리어 아니로구나.

4) 更

① '다시 · 또한 · 따로 · 별도로'

◦ 欲窮千里目 更上一層樓 〈王之煥 登灌鳥雀樓〉 눈으로 천리 밖을 보려면 다시 한층 다락을 더 올라가야 하리.

◦ 室中更無人 惟有乳下孫 〈杜甫 石壕吏〉 집안에는 따로 사람이 없고 오직 젖먹는 손자만 있구나.

② 更~ 更~ : '~하면 할수록 ~하다'

◦ 離恨恰如春草 更行更遠還生 〈李煜 淸平樂〉 이별의 한은 마치 봄날의 풀과 같아 멀리 가면 갈수록 도리어 자라난다.

5) 遣 : '~으로 하여금 ~하게 하다'

◦ 遣從者 懷璧 間行先歸 身待命於秦 〈十八史略〉 좇아온 사람으로 하여금 옥을 품고서 샛길로 먼저 돌아가게 하고 자신은 진나라에서 (昭王에게) 명을 기다렸다.

◦ 太守卽遣人隨往 태수가 곧 사람을 시켜 따라가게 했다.

◦ 遣舜臣防禦 (이)순신을 보내어 방어하게 하였다.

6) 見 : '~을 당하다 · ~을 입다 · ~을 받다'

◦ 信而見疑 忠而被謗 能無怨乎 〈史記 屈原列傳〉 신실했으나 의심을 받았고, 충직했으나 비방을 받았으니 원망하지 않을 수 있으리오?

◦ 吾嘗三仕 三見逐於君 〈史記 管晏列傳〉 나는 일찍이 세 번 벼슬에 나가서 세 번 모두 임금에게 쫓김을 당하였다.

◦ 吾長見笑於大方之家 나는 덕을 닦는 사람에게 영원히 비웃음을 당할 것이다.

7) 固

① '진실로 · 본래 · 당연히 · 반드시'

◦ 百姓皆以王爲愛也 臣固知王之不忍也 〈孟子 梁惠王 上〉 백성들은 모두 왕

을 아낀다 여기지만, 신은 진실로 왕께서 차마 못하신다는 것을 잘 알고 있습니다.

② '잠깐 · 잠시'

◦ 其事未究 固試往 復問之 〈淮南子 人間訓〉 그 일은 구명하지 못했으니 진실로 시험 삼아 다시 가서 다시 물어 보아라.

8) 故

① '고의로 · 일부로 · 짐짓'

◦ 他物若買故賤 賣故貴 皆坐贓 爲盜 〈漢書 景帝紀〉 다른 물건을 만약 일부로 싸게 사 비싸게 판다면, 모두 속여 비싸게 판 죄로 도적이 될 것이다.

② '원래 · 본래'

◦ 凡禮義者 是生於聖人之僞 非故生於人之性也 〈荀子 性惡〉 무릇 예의라는 것은 성인의 거짓에서 생긴 것이요, 본래 사람의 성정에서 생긴 것은 아닌 것이다.

9) 顧 : '도리어 · 마침내 · 오히려'

◦ 故仲尼 反爲臣 而哀公 顧爲君 〈韓非子〉 그런 까닭에 중니는 도리어 신하가 되었는데, 애공은 오히려 임금이 되었다.

◦ 足反居上 首顧居下 〈漢書 賈誼傳〉 발은 도리어 위에 있고, 머리는 오히려 아래에 있다.

10) 恐 : '~할까 염려 된다 · 아마도 ~할 것이다'

◦ 此惟救死而恐不贍 奚暇治禮義哉 〈孟子 梁惠王 上〉 이는 오직 죽음을 구하려 하지만 (구하기에) 넉넉하지 못할까 염려되는 것이니 어느 겨를에 예의를 다스리겠습니까?

◦ 將限其食 恐衆狙之不馴於己 〈列子〉 장차 그 식량을 한정하려 했는데, 뭇 원숭이들이 나에게 순종하지 않을까 염려가 되었다.

11) 果 : '과연(진실로) ~라면'

◦ 天果積氣 日月星宿 不當墜乎 〈列子〉 하늘이 과연 공기로 찼다면 해와 달과 별이 마땅히 떨어지지 않겠지?

◦ 果爲亂弗誅 後爲子孫憂 〈史記 晋世家〉 과연 난리를 일으키는 자를 죽이지 않는다면 훗날 자손의 우환이 될 것이다.

12) 苟

① '잠시 · 잠깐 · 구차히'

◦ 一日之苟安 數百年之大患也 〈陳亮 上孝宗皇帝第一書〉 하루의 잠시(구차히) 편안함이 수 백 년의 큰 근심이 될 것이다.

② '가령(만일) ~라면'

◦ 苟不得聖人君子而與之 與其得小人 不若得愚人 〈資治通鑑〉 가령 성인군자를 얻어 함께 하지 못한다면, 소인을 얻기보단 차라리 어리석은 사람을 얻는 것이 나을 것이다.

③ 苟爲 : '진실로 ~라면'

◦ 苟爲同心 何必富貴然後 可共乎 〈三國史記〉 진실로 한 마음이 된다면, 어찌 반드시 부귀한 뒤에라야 함께 할 수 있겠습니까?

13) 克 : '(충분히) ~할 수 있다'

◦ 如其克諧 天下可定也 〈資治通鑑〉 만일 일이 조화로울 수 있다면 천하가 평정될 수 있을 것이다.

◦ 克勤于邦 克儉于家 나라에 근면할 수 있고, 가정에 검소할 수 있을 것이다.

14) 及 : '~및 · ~와 · ~에 미쳐서 · ~에 이르러'

◦ 予及汝 偕亡 나와 너가 함께 망하리라.

◦ 及解夫婁薨 金蛙嗣位 〈三國史記〉 해부루가 죽음에 미쳐서(이르러) 금와가 왕위를 이었다.

◦ 及反 市罷 遂不得履 〈韓非子〉 돌아올 때에 이르러 시장이 끝나 마침내 신을 사지 못했다.

15) 其 : '그 · 아마도 · 혹 · 아니면 · 또한 · 어찌'

① '그'

◦ 爾愛其羊 我愛其禮 〈論語 八佾〉 너는 그 양을 아끼지만 나는 그 예를 아낀다.

◦ 莫知其誰者 그가 어떠한 사람인지 알지 못했다.

② '아마도 · 혹'

◦ 微管仲 吾其被髮左衽矣 〈論語 憲問〉 관중이 아니었으면 우리는 아마도 머리를 풀고 왼쪽 옷깃을 열어 젖혔을 것이다.

◦ 孝弟也者 其爲仁之本與 효와 제라는 것은 인을 행하는 근본일 것이다.

③ '아니면 · 또한'

◦ 誠愛趙乎 其實憎齊乎 〈史記 趙世家〉 진실로 조나라를 사랑하는가? 아니면 진실로 제나라를 미워하는가?

④ '어찌'

◦ 子其怨我乎 〈左傳〉 자네는 어찌 나를 원망하는가?

16) 豈

① 豈~乎 : '어찌 ~하는가?'

◦ 日夜望軍至 豈敢反乎 〈史記 項羽本紀〉 밤낮으로 장군이 이르기를 바랐는데, 어찌 감히 배반할 수 있겠는가?

② 豈~哉 : '어찌 ~하리오?'

◦ 其爲害 豈不多哉 〈資治通鑑〉 그 해됨이 어찌 많지 않으리?

◦ 設學養士之意 豈不美哉 학교를 세우고 선비를 양성하는 뜻이 어찌 아름답지 않겠는가?

③ **豈惟** : '어찌 ~뿐이리오? · 어찌 ~에 그치겠는가?'

◦ 君能有終 則社稷之固也 豈惟群臣賴之 〈左傳〉 임금이 능히 끝을 둘 수 있으면 사직이 견고할 것이니 어찌 뭇 신하들이 의지하는 것 뿐이리오?

17) 諾 : '좋다 · 그렇다.' 천천히 대답하는 것을 말함.

◦ 孔子曰 諾 吾將仕矣 〈論語 陽貨〉 공자께서 말씀하시기를, "좋다, 내가 장차 벼슬하리라."하셨다.

◦ 父命呼 唯而不諾 〈禮記〉 부모님께서 부르시거든 빨리 대답하되 느리게 대답하지 않는다.

18) 乃

① '너(너희들)'

◦ 今欲發之 乃能從我乎 〈漢書 翟義傳〉 지금 떠나려는데 너는 나를 따를 수 있느냐?

◦ 各修乃職 각자가 너희들의 직무를 다해야 한다.

② '바로 · 곧'

◦ 吾乃梁人也 〈戰國策〉 내가 바로 양나라 사람이다.

③ '이에 · 단지 · 겨우'

◦ 漢追及之 至東城 乃有二十八騎 〈十八史略〉 한나라 (유방의 군사)가 추격하여 동성에 이르렀는데, 이에(겨우) 28명의 기병만 남았다.

④ '만약 ~하면'

◦ 乃所願 則學孔子也 원하는 바로 말하면 공자를 배우는 것이다.

19) 奈 : '어찌 · 어떻게(=奈何)'

◦ 民不畏死 奈何以死懼之 〈老子〉 백성들은 죽음을 두려워하지 않는데, 어떻게 죽음으로 그들을 두렵게 하겠는가?

20) 寧

① '차라리 ~할지언정'

◦ 寧爲鷄口 無爲牛後 〈史記〉 차라리 닭의 입이 될지언정 소의 꼬리는 되지 않겠다.

② **寧~乎** : '어찌 ~하겠는가?'

◦ 王侯將相 寧有種乎 〈史記〉 왕후장상인들 어찌 다른 종자가 있던가?

③ **寧~不**(無) : '차라리 ~을 할지언정 ~하지는 않는다.'

◦ 吾寧鬪智 不能鬪力 〈史記〉 나는 차라리 지혜와 싸울지언정 힘과는 싸우지 않겠다.

◦ 寧我搏人 無人搏我 차라리 우리가 적을 잡길 원하지, 다른 사람으로 하여금 우리를 잡게 하지는 않는다.

④ **與其~寧** : '~하기 보다는 차라리 ~하는 편이 더 낫다'

◦ 與其害其民 寧我獨死 백성을 해치느니 차라리 나 한 사람 죽는 게 낫겠다.

21) 能 : '~할 수 있다(능력 · 조건)'

◦ 唯仁者 能好人能惡人 오직 어진 사람이 사람을 좋아할 수도, 미워할 수도 있다

◦ 內無賢父母 外無賢師友 而能有成者 鮮矣 안으로 어진 부모가 없고 밖으로 어진 스승과 친구도 없으면서 능히 이룸이 있을 수 있는 자는 적다.

22) 但 : '다만 · 단지 · 겨우'

◦ 我州 但有斷頭將軍 無有降將軍也 〈三國志 蜀書〉 나의 고을에는 다만 목숨을 바칠 장군은 있고 항복할 장군은 없다.

23) 亶 : '헛되이 · 쓸데없이'

◦ 亶費精神於此 〈漢書 揚雄傳〉 쓸데없이 여기에 정신을 낭비했다.

24) 當 : '마땅히 ~해야 한다 · 당하다'

◦ 丈夫爲志 窮當益堅 老當益壯 〈後漢書 馬援傳〉 대장부가 뜻을 가졌다면 곤궁함에 있어 마땅히 더욱 굳어야 하고, 늙음에 있어 마땅히 더욱 씩씩해야 한다.

◦ 少壯眞當努力 젊고 건장할 때 정말로 마땅히 노력해야 한다.

◦ 大丈夫不惜千金 當斬吾馬佐酒 대장부란 천금을 아끼지 아니하니 당연히 내 말의 목을 베어 술안주로 삼으리라.

◦ 當是時 楚兵冠諸侯 이때를 당해 초나라 군대는 각국 제후 중에서 으뜸을 차지하였다.

25) 倘 : '혹시(=儻, 黨) · 오히려(=猶)'

◦ 倘泛孤舟 萬里煙波 擧目有江山之恨 〈駱賓王 與程將軍書〉 혹시 혼자 배를 타고 안개가 아득한 파도 위를 달리며 멀리 바라볼지라도 강산엔 한이 남아있다.

◦ 雖無老成人 倘有典刑 〈詩經〉 비록 노련하고 성숙한 사람들은 없을지라도 오히려 법률과 형벌이 있다.

26) 大抵 : '대개 · 대체로(=大蓋 · 大底 · 大凡)'

◦ 詩三百篇 大底聖賢發憤之所爲作也 〈司馬遷 報任安書〉 『시경』 3백 편이란 대저 성현께서 마음의 울분을 드러내서 지으신 것이다.

27) 徒

① '헛되이 · 부질없이'

◦ 齊師徒歸 〈左傳〉 제나라 군사는 헛되이 돌아갔다.

② '다만 · 겨우'

◦ 取金之時 不見人 徒見金 〈列子〉 황금을 취할 때 사람은 보이지 않고, 단지 황금만 보였다.

28) 獨 : '오직 · 다만'

◦ 此獨其將欲叛 恐其士卒不從 〈漢書 高帝紀〉 이는 오직 장수들이 모반하려는 것이니, 그 병사들이 좇지 않을까 염려하는 것이다.

29) 得 : '시러곰 ~할 수 있다(=能)'

◦ 民實瘠矣 君安得肥 〈國語 楚語上〉 백성들이 진실로 수척하니 임금이 어찌 살찔 수 있겠는가?

◦ 吾得見漢使 나는 한나라 사신을 만날 수 있다.

30) 良 : '꽤 · 매우 · 참으로 · 정말로'

◦ 秦始皇黙然良久 〈史記〉 진시황은 말없이 꽤 오래 있었다.

◦ 古人秉燭夜遊 良有以也 〈李白 春夜宴桃李園序〉 옛사람이 등불을 밝히고 밤에 노닌 것은 참으로 까닭이 있었다.

31) 令 : '가령 ~한다면 · 하여금 ~하게 하다'

◦ 利令智昏 이익은 지혜 있는 자로 하여금 혼미하게 하다.

◦ 夜則令瞽誦詩 밤이면 소경으로 하여금 시를 외우게 하였다.

◦ 朱蒙 知其駿者 而減食令瘦 駑者 善食令肥 〈三國史記〉 주몽은 준마를 알아서 먹이를 줄여 여위게 하고, 노둔한 말은 잘 먹여 살지게 하였다.

32) 聊 : '애오라지(마음이 부족하나마 겨우) · 오직'

◦ 優哉游哉 聊以卒歲 〈詩經〉 자유롭게 노닐면서 애오라지 세월을 보내리라.

◦ 登大墳以遠望兮 聊以舒吾憂心 〈楚辭〉 높은 언덕에 올라 멀리 바라보며, 오직 나의 근심을 풀어보리라.

33) 莫

① '~하지 말라'

◦ 君有急病 見於面 莫多飮酒 〈三國志 魏書〉 그대에게 급한 병이 있어 얼굴에 나타나니 술을 많이 마시지 마시오.

② '보다 더 ~함이 없다' 〈莫~焉, 莫~乎〉

◦ 過而能改 善莫大焉 〈左傳〉 허물이 있어 고칠 수만 있다면 이보다 더 큰 것이 없다.

◦ 莫見乎隱 莫顯乎微 〈中庸〉 숨은 것보다 더 잘 보이는 것이 없으며, 미세한 것보다 더 잘 드러나는 것이 없다.

③ '~이 아니다 · ~없다'

◦ 其計秘 世莫得聞 〈史記〉 그 계획은 비밀이기에 세상 사람들이 알 수 없다.

◦ 吾有老父 身死 莫之養也 나에게 연로하신 아버님이 계신데, 내가 죽으면 그를 봉양할 사람이 없다.

◦ 一旦早起出戶 莫知其所歸 하루는 아침 일찍 일어나 문을 나간 후 간 곳을 알지 못했다.

◦ 風俗之奢靡 莫甚於今日 풍속의 사치가 오늘보다 심한 적이 없었다.

④ 莫如 : '~만 같지 못하다'

◦ 一年之計 莫如樹穀 十年之計 莫如樹木 終身之計 莫如樹人 〈管子 權修〉 일년의 계획은 곡식을 심는 것만 같지 못하고, 십년의 계획은 나무를 심는 것만 같지 못하며, 평생의 계획은 사람을 심는 것만 같지 못한 것이다.

◦ 莫如以吾所長 攻敵所短 우리의 장점으로 적군의 단점을 공격하는 것만 못한 것이다.

34) 亡 : '없을 망(무 = 無)'

◦ 民者 在上所以牧之 趨利如水走下 四方亡擇也 〈晁錯 論貴粟疏〉 백성이란 자들은 윗자리에 있는 자가 길러주기에 이익을 좇는 것이 마치 물이 아래로 흐르는 것과 같아, 동서남북을 선택할 수 없다.

◦ 天積氣耳 亡處亡氣 奈何憂崩墜乎 〈列子〉 하늘은 기운으로 채워져 있을 뿐만 아니라, 어느 곳인들 기운이 없는 곳이 없으니 어찌 무너질 것을 걱정하겠는가?

◦ 請問 蹈水有道乎 曰亡 吾無道 묻기를, 물을 건너는 데 방법이 있습니까? 하니, 대답하기를, '없습니다. 나는 방법이 없습니다.'라 했다.

35) 無

① '~이 없다'

◦ 學問之道 無他 求其放心而已矣 〈孟子〉 학문의 방도는 다른 것이 없다. 내버려진 마음을 구할 따름이다.

② '~하지 말라 · ~하지 않다'

◦ 君子 食無求飽 居無求安 〈論語 學而〉 군자는 먹음에 배부름을 구하지 않고, 거처함에 편안함을 구하지 않는다.

◦ 與爾三矢 爾其無忘乃父之志 너에게 세 개의 활을 주줄 것이니, 너는 부친의 뜻을 잊어서는 안 된다.

③ 無非 : '(단지) ~이 아님이 없다'

◦ 始臣之解牛之時 所見無非牛者 三年之後 未嘗見全牛也 〈莊子〉 처음 신이 소를 잡을 때 보였던 것은 단지 소가 아님이 없었는데, 3년 뒤에는 일찍이 본 적이 없는 완전한 소였습니다.

④ 無~無~ : '~에 관계없이 · ~도 없고 ~도 없다'

◦ 無貴無賤 無長無少 道之所存 師之所存也 〈韓愈 師說〉 귀천에 관계없이, 나이의 많고 적음에 관계없이 도가 존재하는 곳이 스승이 존재하는 곳이다.

36) 毋 : '~하지 말라(=勿) · ~함이 없다(=無)'

◦ 子絕四 毋意 毋必 毋固 毋我 〈論語 子罕〉 공자께서 네 가지를 끊으셨다. 망령되이 생각하지 않으며, 반드시 하겠다고 하지 않으며, 고집하지 않으며, 자기를 끝까지 주장하지 않으셨다.

◦ 臨財毋苟得 臨難毋苟免 〈禮記 曲禮〉 재물에 임하여 구차히 얻으려 말며, 어려움에 임하여 구차히 면하지 말라.

◦ 毋論是非 옳고 그름을 논하지 말라.

37) 勿 : '~하지 말라'

◦ 己所不欲 勿施於人 〈論語 衛靈公〉 자기가 하고 싶지 않은 것을 남에게 베풀지 말라.

◦ 非禮勿視 非禮勿聽 非禮勿言 非禮勿動 〈論語 顔淵〉 예가 아니면 보지 말며, 예가 아니면 듣지 말며, 예가 아니면 말하지 말며, 예가 아니면 움직이지 말라.

◦ 附耳之言 勿聽焉 戒洩之談 勿言焉 귀에 대고 하는 말은 듣지 말고, 발설을 경계하는 이야기는 말하지 말라.

38) 未

① '아직 ~하지 아니하다'

◦ 七十者 衣帛食肉 黎民不饑不寒 然而不王者 未之有也 〈孟子 梁惠王 上〉 일흔살 노인들이 비단옷 입고 고기를 먹으며, 백성들이 굶주리지 않고 추위에 떨지 않게 될 것이니, 그러고도 왕노릇 하지 못하는 자는 (아직) 있지 않았다.

◦ 吾未見好惡者 나는 악을 좋아하는 사람을 보지 못하였다.

② **未嘗** : '일찍이~함이 없다(=未曾)'

◦ 自我爲汝家婦 未嘗聞汝先古之有貴者 〈史記 項羽本紀〉 내가 당신 집 며느리가 된 이후로 일찍이 당신의 선조 중에 귀한 분이 있다는 말을 들어본 적이 없다.

◦ 今引未曾有之禍 誓於子路 子路安肯曉解而信之 지금까지 일어난 적이 없던 재난을 인용하여 자로에게 맹세하면, 자로는 어떻게 의혹을 풀고 믿을 수 있겠는가?

39) 微

① '남몰래 · 비밀리에 · 은밀히'

◦ 諸將微聞其計 以告項羽 〈史記〉 여러 장수들이 은밀히 그 계획을 듣고 항우에게 말하였다.

② '~이 아니다'

◦ 雖讀禮傳 微愛屬文 〈顔氏家訓〉 비록 예전을 읽었지만 글 짓는 것을 좋아하지 않는다.

③ '만일 ~이 없다면'

◦ 微斯人 吾誰與歸 〈范仲淹 岳陽樓記〉 만일 이 사람이 없었다면 나는 누구와 더불어 돌아갈꼬?

40) 靡 : '~이 없다 · ~지 못하다'

◦ 四海之內 靡不受獲 전국 각지에서 은혜를 입지 않음이 없다.

◦ 古布衣俠 靡得而聞已 고대에 민간의 협객이 있었다는 말을 듣지 못했다.

41) 彌 : '더욱 · 한층'

◦ 仰之彌高 鑽之彌堅 〈論語 子罕〉 우러르니 더욱 높고 뚫으려하니 더욱 굳다.

42) 方 : '바야흐로 · 마침 · 막 ~하려 하다 · ~에 이르러'

◦ 及其壯也 血氣方剛 戒之在鬪 〈論語 季氏〉 장성함에 미쳐 혈기가 바야흐로 강해지리니, 남과 다투는 것을 경계해야 한다.

◦ 方今之務 莫若使民務農而已矣 오늘에 이르러 백성들로 하여금 농업에 힘쓰도록 하는 것보다 중요한 것은 없다.

43) 凡 : '대체로 · 무릇 · 대개'

◦ 凡舉事無爲親厚者所痛 而爲見讎者所快 〈後漢書〉 무릇 모든 일이란 친후한

자에게도 고통스러운 바가 되지 말고, 원수처럼 보는 자에게도 즐거운 바가 되어야 한다.

◦ 凡人莫不貪生惡死 대개 사람이란 삶을 탐하고 죽음을 미워하지 않음이 없다.

44) 夫

① **'대저 · 무릇 · 대개'**

◦ 夫戰 勇氣也 〈左傳〉 대저 전쟁이란 용기이다.

◦ 夫大國難測也 무릇 대국으로 2015년 2월 13일 그 행동을 추측하기 어려운 것이다.

② **'그**(그녀) · **그들**(그녀들)'

◦ 我皆有禮 夫猶鄙我 〈左傳〉 우리는 모두 예의가 있는데, 그들은 오히려 우리를 비루하게 여긴다.

③ **'~로구나! · ~는가?'**

◦ 子在川上曰 逝者如斯夫 不舍晝夜 〈論語 子罕〉 공자께서 냇가에 계시면서 말씀하시기를, "가는 것이 이와 같구나! 밤낮으로 쉬지 않는구나."라고 하셨다.

◦ 吾歌 可夫 내가 노래를 부르려는데 괜찮겠는가?

45) 不

① **'~하지 않다**(=弗)'

◦ 得之則生 弗得則死 그것을 얻으면 살고, 얻지 않으면 죽는다.

◦ 仁者不憂 知者不惑 勇者不懼 〈論語 憲問〉 어진 자는 근심하지 않고, 지혜로운 자는 미혹되지 않으며, 용기 있는 자는 두려워하지 아니한다.

◦ 雖有嘉肴 弗食 不知其旨也 雖有至道 弗學 不知其善也 〈禮記 學記〉 비록 맛있는 안주가 있어도 먹지 않으면 그 맛을 알지 못하며, 비록 지극한 도가 있어도 배우지 않으면 그 좋음을 알지 못한다.

② **不可**(不能) : '~할 수 없다'

◦ 福之爲禍 禍之爲福 化不可極 深不可測也 〈淮南子〉 복이 재앙이 되고 재앙이 복이 되는 것은 변화를 밝힐 수 없고, 깊이도 헤아릴 수도 없다.

③ **不如** : '~보다 못하다 · ~만 같지 못하다(=不若)'

◦ 雖有智慧 不如乘勢 雖有鎡基 不如待時 〈孟子 公孫丑 上〉 비록 지혜가 있어도 권세에 편승하는 것만 같지 못하고, 비록 호미가 있어도 때를 기다리는 것만 같지 못하다.

◦ 以我爲婢 不如死之速也 나 때문에 종이 되었으니, 빨리 죽는 것만 못하다.

④ **不亦~乎** : '또한 ~하지 아니한가?'

◦ 學而時習之 不亦說乎 〈論語 學而〉 배우고서 때때로 익히면 또한 기쁘지 아니한가?

46) 非

① '~이 아니다'

◦ 子非魚 安知魚之樂 〈莊子 秋水〉 자네는 물고기가 아닌데, 어찌 물고기의 즐거움을 알겠는가?

◦ 一善未明非孝 一善未行非孝也 한 가지 선이 밝지 아니한 것도 효도가 아니고, 한 가지 선을 행하지 아니하는 것도 효도가 아니다.

② **非但**(非獨) : '~뿐만 아니라 · ~일 뿐더러'

◦ 非但君當知臣 臣亦當知君 〈三國志 魏書〉 임금은 마땅히 신하를 알아야 할 뿐 아니라, 신하도 역시 마땅히 임금을 알아야 한다.

◦ 非獨賢者有是心也 人皆有之 〈孟子 告子 下〉 다만 어진 사람만이 이러한 마음을 지녔을 뿐 아니라, 사람 모두가 지니고 있다.

③ **非不** : '~ 지 않는 것이 없다'

◦ 城非不高也 池非不深也 兵革非不堅利也 米粟非不多也 〈孟子 公孫丑 下〉 성곽이 높지 않은 것이 아니고, 연못이 깊지 않은 것이 아니고, 병기와 갑옷이 날카롭지 않은 것이 아니고, 식량이 많지 않은 것도 아니다.

④ 非~不~ : '~이 아니면 ~ 할 수 없다'

◦ 民非水火不生活 백성들은 물과 불이 없으면 생활할 수 없다.

⑤ 非~無 : '~이 아니면 ~이 없다'

◦ 必欲爭天下 非信無所與計事者 반드시 천하를 쟁취하려면 (한)신이 아니면 함께 일을 계획할 만한 사람이 없다.

⑥ 非~莫~ : '~이 아니면 ~이 없다'

◦ 非劉豫州莫可以當曹操者 유예주가 아니면 조조를 대적할 수 있는 사람이 없다.

47) 俾 : '~으로 하여금 ~하게 하다'

◦ 俾城壞 성이 파괴되게 하였다.

◦ 俾爲師者 知所以教 而弟子 知所以學 선생된 자로 하여금 가르칠 바를 알게 하고, 제자로 하여금 배울 바를 알게 하다.

48) 使 : '만일 ~한다면 · ~로 하여금 ~하게 하다'

◦ 如有周公之才之美 使驕且吝 其餘不足觀也已 〈論語 泰伯〉 만일 주공과 같은 재주의 미덕을 지녔으면서도 교만하고 인색함이 있다면, 그 나머지는 볼만한 것이 없으리.

◦ 名實不虧 使其喜怒哉 〈列子 皇帝〉 명분과 실질이 어그러지지 않았는데도 기쁘게 하고 성나게 하는구나.

◦ 王不聽 使之養馬 왕은 듣지 않고 그로 하여금 말을 기르도록 했다.

◦ 先生使弟子勉學 선생이 제자로 하여금 학문에 힘쓰도록 했다.

49) 斯 : '이 · 이런 · 이것 · 이에'

◦ 斯人也 而有斯疾也 〈論語 雍也〉 이 사람이 이런 병이 걸리다니!

◦ 得見君子者 斯可矣 〈論語 述而〉 군자를 볼 수 있다면 이에 괜찮도다.

50) 庶 : '바라건대'

◦ 庶竭駑鈍 攘除奸凶 興復漢室 還於舊都 〈諸葛亮 出師表〉 바라옵기는, 노둔한 힘을 다해 간사하고 흉악한 적을 물리쳐 없애 버리고 한나라의 왕실을 일으켜 옛 도읍으로 돌아오고자 합니다.

51) 設 : '만일 ~한다면(=設令·設使)'

◦ 設其必爾 民何望乎 〈三國志 吳書〉 만일 반듯하다면 백성들이 무엇을 바라겠는가?

52) 所

① '~하는 바'

◦ 有道之士 貴以近知遠 以今知古 以所見知所不見 〈呂氏春秋 察今〉 도덕을 갖춘 선비는 가까운 것으로 먼 것을 알고, 현재로 옛날을 알며, 보이는 것으로 보이지 않는 것을 알아내는 것을 귀중하게 여긴다.

◦ 己所不欲 勿施於人 〈論語〉 자기가 싫은 것을 남에게 베풀지 말라.

② 所以 : '~때문에(이다)'

◦ 君子居必擇鄕 游必就士 所以防邪僻而近中正也 〈荀子 勸學〉 군자는 거처함에 반드시 마을을 가려야 하고, 노님에 반드시 선비에게 나아가야 하는 것은 사악하고 편벽됨을 막아 치우치지 않고 바른 것을 가까이 하는 까닭이기 때문이다.

53) 雖 : '비록 ~이나'

◦ 人雖至愚 責人則明 사람이 비록 지극히 어리석어도 남을 꾸짖음에는 총명해야 한다.

◦ 國雖大 好戰必亡 〈孟子〉 나라가 비록 크더라도 전쟁을 좋아하면 반드시 망한다.

54) 須 : '마땅히 ~해야 한다'

◦ 適有事務 須自經營 마침 일이 생기면 마땅히 스스로 처리해야 한다.

◦ 白日放歌須縱酒 淸春作伴好還鄕 대낮에 멋대로 노래 부르고, 모름지기 마음대로 술 마시며, 화창한 봄날을 친구로 삼아 고향으로 잘 돌아갔다.

◦ 暫伴月將影 行樂須及春 잠시 달과 그림자를 벗해 잘 놀고, 즐겁게 지내려면 봄이 오기를 기다려야 한다.

55) 孰 : '누구 · 무엇 · 어찌'

◦ 孰與君少長 당신과 비교하면 누가 젊고 늙었습니까?

◦ 獨樂樂 與人樂樂 孰樂 〈孟子 梁惠王 下〉 홀로 음악을 즐기는 것과 남과 함께 음악을 즐기는 것 가운데 어느 것이 더 즐거운가?

◦ 畵孰最難者 무엇을 그리는 것이 가장 어려운가?

◦ 百姓足 君孰與不足 百姓不足 君孰與足 〈論語 顔淵〉 백성들이 풍족한데 임금이 어찌 부족하겠으며, 백성이 부족한데 임금이 어찌 풍족하리오?

56) 是

① '이 분(이것)'

◦ 是吾師也 〈左傳 襄公〉 이 분이 나의 스승이다.

② 是故 : '이런 까닭으로', '때문에'

◦ 吾師道也 夫庸知其年之先後生於吾乎 是故無貴無賤 無長無少 道之所存 師之所存也 〈韓愈 師說〉 나는 도를 스승으로 삼는 것이니, 어찌 나이가 나보다 앞뒤로 태어남을 따지겠는가? 이런 까닭에 귀함도 없고 천함도 없고, 어른도 없고 아이도 없으니, 도가 있는 곳만이 스승이 있는 곳이다.

57) 惡 : '어찌 · 어떻게 · 어디에' 〈音'오'〉

◦ 君子去仁 惡乎成名 〈論語 里仁〉 군자가 인을 버리면 어찌 명성을 이룰 수 있겠는가?

58) 安

① '무엇 · 어디'

◦ 泰山其頹 則吾將安仰 〈禮記 檀弓 上〉 태산이 무너지면 나는 장차 무엇을 우러르리?

② 安~哉 : 반문

◦ 燕雀安知鴻鵠之志哉 〈史記 陳涉世家〉 제비와 참새가 어찌 기러기와 고니의 뜻을 알리?

59) 也

① '단정 · 의문 · 감탄 · 주어 강조 · 호칭'

◦ 李白 詩仙也 이백은 시선이다.

◦ 追我者 誰也 나를 쫓는 자는 누구인가?

◦ 愚哉 汝也 어리석구나, 너는

◦ 欲人之無惑也 難矣 사람이 의혹이 없고자 함은 어렵다.

◦ 鳥之將死 其鳴也哀 人之將死 其言也善 새는 죽을 때 그 울음소리가 슬프고, 사람은 막 죽으려 할 때 그 말이 선하다.

◦ 賜也 女以予爲多學而識之者歟 사야, 너는 내가 많이 배워서 아는 사람이라고 생각하느냐?

② 也與(也歟) : '~입니까? · ~이지요'

◦ 子曰 舜其大知也與 공자가 말하기를, "순은 가장 지혜로운 사람이지요!"라고 했다.

③ 也已 : '~하구나 · ~이다'

◦ 晏子可謂知禮也已 안자는 예를 안다고 말할 수 있구나!

④ 也哉 : '~하구나 · 인가?'

◦ 九世之卿族 一擧而滅之 可哀也哉 9대가 (대대로) 벼슬을 하였는데, 한 번에 멸망되었으니 가히 슬프구나!

⑤ **也乎** : '~입니까? · ~이지요'

◦ 女亦知吾望爾也乎 당신은 또한 내가 당신에게 바라는 것을 압니까?

60) 若

① '너 · 비로소 · 만약 ~하면 · 마치 ~와 같다'

◦ 與若芧 朝三而暮四 足乎 〈列子 皇帝〉 너희에게 도토리를 줄 때 아침에 세 개로 하고, 저녁에 네 개로 하면 만족하겠는가?

◦ 必有忍也 若能有濟也 반드시 인내심이 있다면 비로소 구제 받음이 있을 것이다.

◦ 若不義之物 則不取也 만일 의롭지 않은 물건이라면 취하지 않겠다.

② **若使** : '만일 ~이라면'

◦ 若使天下兼相愛 愛人若愛其身 猶有不孝者乎 〈墨子 兼愛 上〉 만일 세상 사람들이 서로 사랑하여 남을 사랑하는 것이 마치 자신을 사랑하는 것과 같다면 (그러고도) 오히려 효도하지 않는 자가 있겠는가?

61) 於 : '에 · 에게 · 에서(으로 : 장소) · ~로부터 · 보다(비교) · 피동'

◦ 一日之計 在於朝 하루의 계획은 아침에 있다.

◦ 己所不欲 勿施於人 자기가 싫어하는 것을 남에게 베풀지 말라.

◦ 勞心者治人 勞力者治於人 마음을 수고롭게 하는 자는 사람을 다스리지만, 힘을 수고롭게 하는 자는 사람에게 다스려진다.

◦ 故有備則制人 無備則制於人 그런 까닭에 준비하면 사람을 제어할 수 있지만, 준비가 없으면 다른 사람에게 통제를 받게 된다.

◦ 忠臣出於孝子之門 충신은 효자의 가문에서 나온다.

◦ 河內凶則移其民於河東 황하 이북이 흉작이면 그곳의 백성을 황하 동쪽으로 옮긴다.

◦ 靑出於藍而靑於藍 푸른빛은 남으로부터 나왔으나 남빛보다 푸르다.

◦ 中重於正 〈周易〉 지나치거나 모자람이 없는 것이 바르게 하는 것보다 중하다.

◦ 苛政猛於虎也 〈禮記 檀弓 下〉 가혹한 정치는 호랑이보다 사납다.
◦ 停車坐愛楓林晩 霜葉紅於二月花 수레를 멈추고 늦은 단풍 숲을 바라보자니 서리 맞은 나뭇잎이 2월에 핀 꽃보다 붉구다.
◦ 人固有一死 或重於泰山 或輕於鴻毛 인간이란 본래 한 번 죽는데, 어떤 죽음은 태산보다 무겁고 어떤 죽음은 큰 기러기 털보다 가볍다.
◦ 勞力者治於人 몸을 수고로이 하는 자는 남에게 다스림을 당한다.

62) 焉

① '어찌 · 그것 · 누구'

◦ 人焉瘦哉 人焉瘦哉 〈論語 爲政〉 사람이 어찌 숨기리? 사람이 어찌 숨기리오?
◦ 不入虎穴 焉得虎子 〈後漢書 班超傳〉 호랑이 굴에 들어가지 않으면 어찌 호랑이 새끼를 얻겠는가?
◦ 衆好之 必察焉 衆惡之 必察焉 모든 사람이 좋아하는 것도 반드시 그것을 살피고, 모든 사람이 싫어하는 것도 반드시 그것을 살펴야 한다.
◦ 吾將焉致乎魯國 내가 장차 누구에게 노나라를 넘겨주면 좋겠소?

② '於之'의 축약형

◦ 三人行 必有我師焉 세 사람이 감에 반드시 내 스승이 그 곳에 있다.

63) 如 : '~와 같다 · 만약 ~한다면 · 가다 · ~과'

◦ 學問 如逆水行舟 不進則退 학문이란 물을 거슬러서 배를 타고 가는 것과 같아, 나가지 않으면 물러가고 만다.
◦ 如或知爾 則何以哉 〈論語 先進〉 만일 어떤 사람이 너를 안다면 무엇 때문이겠는가?
◦ 文公如齊 惠公如秦 〈左傳 成公〉 문공은 제나라에 갔고, 혜공은 진나라에 갔다.
◦ 公如大夫入其門 공이 대부와 함께 그 문에 들어갔다.

64) 與 : '찬성하다 · ~와 · ~와 더불어 · 주다 · 위하여 · 추측 또는 의문종결사'

◦ 與其進也 不與其退也 그가 진격하는 것을 찬성하고, 그가 물러나는 것을 찬성하지 않는다.

◦ 富人如窮人 부자와 가난한 사람.

◦ 嘗與鮑叔賈 分財利 多自與 〈史記 管晏列傳〉 일찍이 포숙과 더불어 장사함에 재물에 대한 이익을 나누는데 있어 스스로 많이 주었다.

◦ 與君歌一曲 請君爲我側耳聽 그대를 위해 노래 한가락 부르자니, 청컨대 그대는 날 위해서 귀 기울여 듣게.

◦ 孝悌也者 其爲仁之本與 효도하고 공경하는 것은 아마도 '인'의 근본이 될 것인가?

◦ 子非大夫與 〈屈原 漁父詞〉 그대는 대부가 아닌가?

65) 烏 : '어찌 · 어떻게'

◦ 不知言之人 烏可與言 〈韓愈 言箴〉 말을 알지 못하는 사람이 어찌 더불어 말할 수 있으리오?

66) 欲 : '~을 하려고 하다 · 마땅히 ~하여야 한다'

◦ 欲忘而難忘 잊어버리려고 하지만 잊기 어렵다.

◦ 公心欲逐之 而恐蛇驚傷人 木石然不敢動 공은 마음속으로 그것을 쫓아버리고 싶었지만, 뱀이 놀라 사람을 상하게 할까 두려워서 목석처럼 감히 움직이지 않았다.

◦ 膽欲大而心欲小 담력은 커야 하고, 마음은 세심해야 한다.

67) 于 : '~까지 · ~에'

◦ 三歲之習 至于八十 〈旬五志〉 세살 버릇이 여든까지 간다.

◦ 吾十有五而志于學 〈論語 爲政〉 내가 열다섯 살이 되어서 학문에 뜻을 두었다.

68) 爲 : '~을(를) 하다 · ~이다 · ~이 되다 · ~을(를) 위하여 · ~때문에 · 만들다 · 다스리다' · '爲所 · 爲~所〈피동〉'

◦ 見義不爲 의를 보고도 하지 않는다.

◦ 子爲誰 曰爲仲由 그대는 누구인가? 말하기를, 중유입니다.

◦ 子游爲武城宰 자유가 무성의 우두머리가 되었다.

◦ 卒爲天下笑 〈戰國策〉 마침내 천하의 웃음거리가 되었다.

◦ 多多益善 何以爲我禽 많을수록 더욱 좋다면 어째 나에게 사로잡혔는가?

◦ 爲人謀而不忠乎 〈論語 學而〉 남을 위하여 일을 도모함에 충성을 다 하지 않았는가?

◦ 誰能爲我折花而來 누가 능히 나를 위하여 꽃을 꺾어 오겠는가?

◦ 仕非爲貧也 벼슬하는 것은 가난 때문은 아니다.

◦ 老妻畵紙爲碁局 늙은 부인은 종이 위에다 선을 그려서 바둑판을 만들었다.

◦ 禮以爲民 예로써 백성을 다스리다.

◦ 前王有子在 恐爲所殺 이전 왕께서는 아들이 있으니 살해당할까 두려워했다.

◦ 劉岱爲黃巾所殺 유대는 황건적에 의해서 살해되었다.

69) 猶 : '오히려 · ~와 같다'

◦ 今君雖終 言猶在耳 〈左傳 文公〉 지금 임금이 세상을 떠났으나 말은 오히려 귀에 남아있다.

◦ 過猶不及 〈論語 先進〉 지나친 것은 미치지 못한 것과 같다.

70) 惟 : '오직(=唯 · 維)'

◦ 將恐將懼 維予與女 〈詩經 小雅 谷風〉 두렵기도 하고 무섭기도 한데 오직 나는 너와 함께 하는구나.

◦ 方今唯秦雄天下 〈戰國策〉 바야흐로 지금은 오직 진나라만이 천하에 영웅으로 자처한다.

71) 矣 : '단정 · 감탄'

◦ 朝聞道夕死可矣 〈論語 里仁〉 아침에 도를 들으면 저녁에 죽어도 좋다.

◦ 必助趙矣 반드시 조나라를 도울 것이다.

◦ 俎豆之事 則嘗聞之矣 軍旅之事 則未嘗學也 예의에 관한 일은 일찍이 들은 적 있지만, 군대에 관한 일은 일찍이 배운 적이 없다.

◦ 噫甚矣 其無愧而不知恥也 아아, 심하구나! 그가 부끄러워함이 없고, 수치를 알지 못함이여.

72) 以 : '~으로써(수단 · 도구) · ~에 · 생각하다 · 까닭'

◦ 以子之矛 陷子之盾 如何 〈韓非子 說難〉 그대의 창으로써 그대의 방패를 무너뜨린다면 어떠하겠는가?

◦ 以其一 與兄 〈新增東國輿地勝覽〉 그 하나로써 형에게 주다.

◦ 以四百里之地見信于天下 君猶得也 사백 리 땅을 갖고서 천하 사람들에게 신임 받으니, 임금께서는 오히려 천하를 얻을 수 있습니다.

◦ 爲善者 天報之以福 선을 행하는 자 하늘이 복으로 이를 보답한다.

◦ 文以五月五日生 문은 5월 5일에 태어났다.

◦ 皆以美於徐公 모두 서공보다 훌륭하다고 생각하다.

◦ 古人秉燭夜游 良有以也 〈李白 春夜宴桃李園序〉 옛사람들이 촛불을 밝히고 밤에 놀은 것은 참으로 까닭이 있는 것이다.

73) 而

① '너 · ~하여 · ~하되 · 그러나 · 가정'

◦ 而忘越人之殺而父耶 너는 월나라 사람이 네 아비를 죽인 것을 잊었느냐?

◦ 登高山而望四海 높은 산에 올라 온 세상을 바라보다

◦ 敏於事而愼於言 〈論語 學而〉 일에는 민첩하되 말에는 신중하다.

◦ 君子有勇而無禮爲亂 小人有勇而無禮爲盜 군자란 용기가 있어야 하되 무례하면 혼란을 만들고, 소인도 용기는 있지만 무례하다면 도적이 된다.

◦ 人不知而不慍 不亦君子乎 남들이 나를 알아주지 않더라도 화를 내지 아니하니 또한 군자가 아니겠는가?
◦ 人而無志 終身無成 사람으로서 뜻이 없으면 몸을 마치도록 이룸이 없으리라.

② **而已**(而已矣) : '~할 뿐이다(한정)'

◦ 王何必日利 亦有仁義而已 〈孟子〉 왕께서는 하필이면 이로움만을 말씀하십니까? 역시 인의가 있을 따름입니다.
◦ 我知種樹而已 管理非吾業也 나는 나무 심는 것만 알 뿐이다. 관리하는 것은 나의 일이 아니다.
◦ 隨事各得其當而已 일에 따라 각각 그 마땅함을 얻을 뿐이다.
◦ 有仁義而已矣 인의가 있을 뿐이다.
◦ 夫子之道 忠恕而已矣 공자의 도는 '충성'과 '용서'일 뿐이다.

74) 爾 : '너 · 너희 · ~일 뿐이다'

◦ 由射於百步之外也 其至 爾力也 〈孟子 萬章 下〉 오히려 백 걸음 밖에서 쏘아 그것에 이르면 너의 힘이다.

75) 耳 : '~일 뿐이다'

◦ 且壯士不死則已 死卽擧大名耳 〈史記 陳涉世家〉 장차 장사란 죽지 않으면 그만이고, 죽으면 크게 명성을 드날릴 뿐이다.
◦ 直不百步耳 是亦走也 다만 백 걸음이 아닐 뿐, 이것도 역시 도망친 것이다.
◦ 欲使人人 便於日用耳 사람들로 하여금 날마다 쓰는 데에 편리하게 하고자 할 따름이다.
◦ 立志如何耳 뜻을 세움이 어떠한가에 달려 있을 따름이다.

76) 自 : '스스로 · ~에서 · ~로부터(=從 · 由) · 시작'

◦ 知人者智 自知者明 〈老子〉 남을 아는 자는 지혜롭고, 스스로 아는 자는 현명하다.

◦ 自古至今 所由來遠矣 〈史記 三王世家〉 예로부터 지금까지 유래한 바가 멀다.

◦ 有朋自遠方來 不亦樂乎 〈論語 學而〉 벗이 먼 곳으로부터 오니 또한 즐겁지 아니한가?

◦ 心定者言寡 定心自寡言始 마음이 안정된 사람은 말이 적으니, 마음을 안정시키는 것은 말을 적게 하는 데에서 시작한다.

◦ 自古至今 所由來遠矣 옛날부터 지금까지 유래하는 바가 멀다.

◦ 自去年九月已(以)來 地百八十震 작년 9월 이래로 땅이 백 팔십 번이나 진동했다.

77) 者: '사람 · 가정 · 존재(사물) · 시간 · 장소'

◦ 仁者不憂 知者不惑 勇者不懼 어진 자는 근심하지 않고, 지혜로운 자는 의심하지 않고, 용기 있는 자는 두려워하지 않는다.

◦ 伍奢有二子 不殺者 爲楚國患 오사에게 두 아들이 있는데, 죽이지 않는다면 초나라의 우환이 될 것이다.

◦ 農者 天下之大本也 농사는 천하의 큰 바탕이다.

◦ 天地者 萬物之逆旅 천지는 만물이 쉬어 가는 여관이다.

◦ 今者 吾見兩頭蛇 오늘 나는 머리 둘 달린 뱀을 보았다.

◦ 昔者 高氏居于漢水北 옛날에 고씨가 한강 이북에 살았다.

◦ 水淺者 大魚不遊 물이 얕은 곳에서는 큰 고기가 노닐지 않는다.

78) 將 : '거느리다 · 장차 ~하다'

◦ 陛下善將將 폐하는 장수를 잘 거느리신다.

◦ 聖人明察在上位 將使天下無奸也 〈韓非子 難一〉 성인이 명철하게 윗자리에 있다면, 장차 천하로 하여금 간사함이 없게 할 수 있다.

◦ 非子定社稷 其將誰也 그대가 나라를 평정하지 않으면 장차 누가 할 수 있으리?

79) 哉

① '감탄'

◦ 善哉 民之主也 훌륭하도다! 백성의 주인이여

◦ 君位爲相國 功第一 可復加哉 그대의 지위는 오든 관리의 어른이다. 공로도 제일이니 무엇을 더 보탤 수 있겠는가?

② 何~哉 : 의문

◦ 足下何以得此聲於梁楚間哉 선생께서 어떻게 이런 명성을 양나라와 초나라의 땅에서 얻으셨습니까?

◦ 此何鳥哉 이것은 무슨 새 입니까?

80) 適 : '정말 · ~하기에 꼭 알맞다 · 가다'

◦ 富貴而不知道 適足以爲患 〈呂氏春秋 本生〉 부유하고 귀하면서 도를 알지 못한다면, 정말 우환이 되기에 충분하다.

81) 諸

① '모두〈音'제'〉

◦ 諸大夫皆曰 賢 未可也 여러 대부가 모두 현명한 일이라 하나 그럴 수 없는 것이다.

② '의문〈之乎의 축약, 音'저'〉'

◦ 有美玉於斯 求善價而沽諸 여기에 아름다운 옥이 있는데, 좋은 값을 받고 그것을 팔까?

③ '之於(乎)'의 축약〈音'저'〉

◦ 君子求諸己 小人求諸人 〈論語 衛靈公〉 군자는 자기 자신에게 구하고, 소인은 남에게 구한다.

82) 足 : '~할 수 있다(능력 · 조건)'

◦ 足以治四海 충분히 천하를 다스릴 수 있다.

◦ 匹夫見辱 拔劍而起 挺身而鬪 此不足爲勇也 필부들은 치욕을 당하면 칼을 뽑아 일어나 몸을 던져서 싸우는데, 이를 용감하다 할 수 없다.

83) 縱 : '설령~하더라도 · 비록 ~할지라도'

◦ 縱江東父兄 憐而王我 我何面目 復見 〈十八史略〉 비록(설령) 강동 지방의 부형들이 불쌍히 여겨 나를 왕으로 세우더라도 내가 무슨 면목으로 다시 그들을 뵙겠는가?

84) 從 : '~부터(＝自)'

◦ 是吾劒 所從墜也 〈呂覽 察今〉 이곳이 내 칼이 떨어진 곳이다.

◦ 吾家貧 欲有所以試 願從君借萬金 〈朴趾源 許生傳〉 나는 집이 가난하여 시험해 보고자 하는 것 있으니, 그대에게 만금을 빌리기 원합니다.

85) 則 : '바로 · 곧 · ~하면(라면)'

◦ 此則寡人之罪也 〈孟子 公孫丑 上〉 이는 곧 나의 죄입니다.

◦ 過則勿憚改 〈論語 學而, 子罕〉 허물이 있으면 고치기를 꺼려하지 말라.

◦ 道善則得之 不善則失之矣 방법이 좋으면 그를 얻을 것이되, 나쁘면 그를 잃을 것이다.

◦ 弟子入則孝 出則悌 배우는 사람은 들어와 효도하고 나가서는 공경한다.

86) 卽 : '곧 · 즉시 · 바로 · 만일 ~한다면 · 설사 ~하더라도'

◦ 民死亡者 非其父兄 卽其子弟 〈左傳 襄公〉 백성들 가운데 죽은 자는 그 부형이 아니라 바로 그 자제였다.

◦ 卽有所取者 是商賈之人也 〈戰國策〉 만일 취하려는 자가 있다면, 이는 장사하는 사람일 것이로다.

87) 曾 : '일찍이 · 심지어 ~조차도'

◦ 以君之力 曾不能損魁父之丘 如太行玉屋何 〈列子 湯問〉 그대의 힘으로는 일찍이 괴보같은 작은 언덕도 무너뜨릴 수 없었는데 태행과 옥옥과 같은 큰 산을 어찌 하겠는가?

88) 之 : '~의 · ~하는 · ~을(를) · 이(가) · 가다 · 과 · 그(이)것'

◦ 君子之言寡 小人之言多 군자의 말은 적고, 소인의 말은 많다.

◦ 天命之謂性 率性之謂道 修道之謂敎 〈中庸〉 천명을 성이라 이르고, 성을 좇는 것을 도라 이르며, 도를 닦는 것을 가르침이라 이른다.

◦ 古之學者 必有師 〈韓愈 師說〉 옛날 배우는 사람들은 반드시 스승을 두었다.

◦ 富與貴 是人之所欲也 부유함과 귀함, 이것이 사람이 바라는 것이다.

◦ 先生將何之 선생께서는 장차 어디로 가실 예정입니까?

◦ 得之不得 日 有命 얻는 것과 얻지 못하는 것은 '명에 있다'라 말한다.

◦ 易王母 與蘇秦私通 燕王知之 역왕의 모친이 소진과 왕래하였는데 연왕이 이를 알게 되었다.

◦ 異哉 之歌者非常人也 기이하도다! 이 노래를 부른 사람은 보통사람이 아니다.

89) 且 : '장차 ~하려고 하다 · 또 · 잠시 · 오히려 · 거의'

◦ 一人 蛇先成 引酒且飮之 〈戰國策〉 한 사람이 뱀을 먼저 그리고는 술을 당겨 장차 마시려고 하였다.

◦ 邦有道 貧且賤焉 恥也 〈論語 泰伯〉 나라에 도가 있는데도 가난하고 또 비천한 것은 부끄러운 일이다.

◦ 不義而富且貴 於我如浮雲 의롭지 아니한데 또 부귀까지 한 것은 나에게 뜬구름과 같다.

◦ 民勞未可 且待之 백성들이 고달파 어렵습니다. 잠시 기다려야 할 것입니다.

◦ 獸相食 且人惡之 짐승이 서로 잡아먹는 것을 오히려 사람들은 미워한다.

◦ 覆三國之軍 取其地 且天下之半 세 나라의 군대를 뒤엎고, 그 땅을 빼앗은 것이 거의 천하의 반이다.

90) 特 : '단지 · 겨우 · 특히'

◦ 特與嬰兒戱耳 〈韓非子〉 다만 어린아이와 함께 장난을 하였을 뿐이다.

◦ 河東 吾股肱郡 故特召君耳 〈史記 季布列傳〉 하동지방은 나에게 팔과 다리 같은 고을이기에, 특히 그대를 부른 것이다.

91) 被 : '~을 당하다 · ~을 하게 하다'

◦ 寧被笑於今人 無爲後人所笑 차라리 지금 사람들로부터 웃음을 당할지언정, 후세 사람들에게 웃음거리는 되지 않겠다.

◦ 信而見疑 忠而被謗 能無怨乎 신실했지만 의심을 받고, 충성스러웠지만 비방 당했으니, 능히 원한이 없을 수 있겠는가?

92) 盍 : '어찌 ~하지 않는가(=何不)'

◦ 盍各言爾志 〈論語 公冶長〉 어찌 각각 너희 뜻을 말하지 않는가?

93) 奚 : '어찌 · 어디 · 무엇(=何 · 胡)'

◦ 從道而出 猶以一易兩也 奚喪 離道而內自擇 是猶以兩易一也 奚得. 〈荀子 正名〉 도를 좇아서 간다면 하나로 둘을 바꾸는 것과 같은데 어찌 잃은 것이리? 도를 떠나서 안으로 스스로 선택한다면 이는 둘로써 하나를 바꾸는 것과 같으니 어찌 얻을 수 있겠는가?

94) 乎 : '~에 · ~에서 · ~로부터 · 의문 · 반어 · 호격 · 비교 · 피동'

◦ 擢之乎賓客之中 그를 빈객 중에서 발탁하였다.

◦ 出乎爾者 反乎爾 너로부터 나온 것은 너에게 돌아간다.

◦ 天地之間 萬物之衆 惟人最貴 所貴乎人者 以其有五倫也 천지 사이와 만물 무리 가운데서 오직 사람만이 가장 귀하니, 사람에게 귀한 바의 것이란

그 다섯 가지 윤리가 있기 때문이다.

- 傷人乎 사람을 상하게 하는가?
- 謀之二十一年 一旦而棄之 可乎 도모한지 21년, 하루아침에 그것을 버려도 되는가?
- 牧爲民有乎 民爲牧生乎 수령이 백성을 위해서 있는가? 백성이 수령을 위해서 있는가?
- 天乎 吾無罪 하늘이여, 저는 죄가 없습니다.
- 國之語音 異乎中國 與文字不相流通 나라 말소리가 중국과 달라 문자와 더불어 서로 통하지 못한다.
- 不信乎朋友 不獲於上矣 벗들에게 신용을 받지 못하면 윗사람에게도 얻지 못한다.

95) 況 : '하물며'

- 況陽春召我以煙景 〈李白 春夜宴桃李園序〉 하물며 따뜻한 봄날 아름다운 경치로 나를 부르리라.

論語

- 學而篇
- 爲政篇
- 八佾篇
- 里仁篇
- 公冶長篇
- 雍也篇
- 述而篇
- 泰伯篇
- 子罕篇
- 鄕黨篇
- 顔淵篇
- 子路篇
- 憲問篇
- 衛靈公篇
- 季氏篇
- 陽貨篇
- 微子篇
- 子張篇
- 堯日篇

02

제2편
論語

學而篇

1

學而時習之 不亦說乎 有朋自遠方來 不亦樂乎 人不知而不慍 不亦君子乎

배우고 때때로 그것을 익히면 또한 즐겁지 아니한가? 벗이 먼 곳에서 찾아온다면 또한 기쁘지 아니한가? 다른 사람이 알아주지 않아도 서운해 하지 않으면 또한 군자가 아니겠는가?

2

君子務本 本立而道生 孝弟[1]也者 其爲仁之本與[2]

군자는 근본에 힘쓰므로 근본이 서면 道가 생겨난다. 孝와 弟라는 것은 仁을 행하는 근본이다.

1) 孝弟: 孝悌. 어버이에게 효도하고 어른을 공경하는 것.
2) 其~與(歟): 단정하지 않는 약간의 추정적 의미를 지닌다.

3

巧言令色[3] 鮮矣仁

말을 듣기 좋게 하고 얼굴빛을 곱게 하는 사람 중에 어진 이는 드물다.

4

吾日三省吾身 爲人謀而不忠乎 與朋友交而不信乎 傳[4]不習乎

나는 매일 세 가지로 내 몸을 살피는데, '다른 사람을 위해 도모함에 있어 충성스럽지 못했는가?', '친구와 사귐에 있어 신뢰가 없었는가?', '배운 것을 익히지는 않았는가?'이다.

5

弟子立則孝 出則弟 謹而信 汎愛衆 而親仁 行有餘力 則以學文

젊은 사람들은 들어가 곧 孝를 행하고 나와 공경하며, 삼가며 성실하고, 널리 사람을 사랑하되 어진 이들과 친해야 하니, 이를 행하고도 여력이 있으면 글을 배워야 한다.

6

君子 食無求飽 居無求安 敏於事而愼於言 就有道而正焉 可謂好學也已

군자는 먹되 배부름을 구하지 않으며, 거처하되 편안함을 구하지 않으며, 일에 민첩하되 말을 삼가면서, 도가 있는 사람에게 가서 올바름을 구한다면 가히 학문을 좋아한다고 말할 만하다.

7

子貢曰 貧而無諂 富而無驕 何如 子曰 可也 未若貧而樂富而好禮者也

---

3) 巧言令色: 말을 듣기 좋게 하고 얼굴빛은 환하게 하는 것이다. '巧'는 '好', '令'은 '善'의 뜻으로 다 꾸미어 좋게 한다는 뜻이다.

4) 傳: 스승에게서 배운 것.

子貢이 말했다. "가난하지만 아첨하지 않으며, 부유하지만 교만하지 않으면 어떠합니까?" 孔子가 말했다. "괜찮다. (그러나) 가난하면서도 즐거워하며 부유하면서도 예를 좋아하는 것만은 못하다."

8

不患人之不己知 患不知人也[5)]

다른 사람이 자신을 알아주지 못함을 걱정하지 말고, 자신이 다른 사람을 알지 못함을 걱정해라.

9

詩三百 一言以蔽之 曰思無邪

『詩經』 3백 편을 한 마디로 포괄할 수 있으니 '생각에 간사함이 없다.'이다.

10

吾十有五[6)]而志于學 三十而立 四十而不惑 五十而知天命 六十而耳順 七十而從心所欲不踰矩

나는 열다섯에 학문에 뜻을 두었고, 서른에는 마음에 확고한 뜻을 세웠다. 마흔에 의혹되지 않았으며, 쉰에 天命을 알았고, 예순에 귀가 순해졌으며, 일흔에는 마음에 하고자 하는 바를 따랐어도 법도에 어긋나지 않았다.

11

生事之以禮 死葬之以禮 祭之以禮

---

5) 人~己: 한문에서는 人은 他人, 己는 自己를 가리키는 경우가 대부분이다.
6) 十有五: 十에 五를 더 가진 것이니, 十五가 된다. '有'는 '또', '더하다' 쯤의 뜻으로 보면 된다.

살아계실 때는 禮로 섬기고, 돌아가시면 禮로 장사지내며 제사지낼 때도 禮로 지낸다.

12

視其所以[7] 觀其所由 察其所安 人焉廋哉

그 하는 바를 보고, 그 말미암은 바를 살피며, 그 편안히 여기는 바를 살피면, 사람이 어찌 숨길 수 있겠는가!

13

溫故而知新 可以爲師矣

옛 것을 익히고 새것을 알면 가히 스승이 될 수 있다.

14

君子不器[8]

군자는 그릇과 같지 않다.

15

(君子) 先行其言 而後從之

(군자는) 먼저 그 말을 행하고 그 뒤에 (말이 행동을) 따라오게 한다.

16

君子周而不比 小人比而不周

군자는 널리 관심을 갖되 편협하지 않으며, 소인은 편협하고 널리 관심을 갖지 않는다.

---

7) 所以: 보통 '까닭'의 뜻이나 여기의 '以'는 '爲'로 '所爲'의 뜻이다.
8) 君子不器: 그릇은 그 크기와 모양에 따라 쓰임이 국한된다. 君子는 국한되지 않는 존재임을 말한 것이다.

17

學而不思則罔 思而不學則殆

배우고 생각하지 않으면 (얻는 것이) 없고, 생각하고 배우지 않으면 위태롭게 된다.

18

知之爲知之 不知爲不知 是知也

아는 것을 안다고 하고 모르는 것을 모른다고 하는 것, 이것이 아는 것이다.

19

多聞闕疑[9] 愼言其餘則寡尤 多見闕殆 愼行其餘則寡悔 言寡尤 行寡悔 祿[10]在其中矣

많이 듣되 의심되는 것을 빼고 그 남은 것을 삼가 말하면 실수가 적어질 것이며, 많이 보되 위태로운 것을 빼고 그 남은 것을 삼가 행하면 후회가 적어질 것이니, 말에 실수가 적고 행실에 후회가 적으면 祿이 그 가운데 있게 된다.

20

惟孝[11] 友于兄弟 施於有政[12] 是亦爲政 奚其爲爲政

(書經에) 효도하며 형제간에 우애 있게 하는 것은 政事에 베풂이 있는 것이라고 하였는데, 이 또한 政事를 하는 것이니 어찌 政事를 하는 것만 (政事로) 삼을 수 있겠는가.

9) 闕疑: 의심나는 것은 뺀다(제쳐둔다)는 뜻. 補闕選擧 등에서의 '闕'과 마찬가지로 '闕'에는 '빠지다, 빼다'의 뜻이 있다.
10) 祿: 벼슬아치 등의 祿俸.
11) 惟孝: 효도를 생각하다. 효도를 하도록 꾀하다(이끌다)의 뜻으로 보아 좋을 것이다.
12) 有政: '有'는 發語辭로 별다른 뜻이 없다.

21

見義不爲 無勇也

義를 보고 행하지 않음은 용맹함이 없는 것이다.

八佾篇

22

禮與其奢也 寧儉 喪與其易[13)]也 寧戚[14)]

예는 사치하는 것보다는 차라리 검소해야 하는 것이며, 喪은 (격식에 맞춰) 잘 치르는 것보다는 차라리 슬퍼해야 하는 것이다.

23

君使臣以禮 臣事君以忠

임금은 禮로써 신하를 부리고, 신하는 忠으로써 임금을 섬겨야 한다.

24

盡美矣 又盡善也 盡美矣 未盡善也.

지극히 아름답다. 또한 지극히 좋다. 지극히 아름답다. (그러나) 지극히 좋은 것은 아니다.

25

居上不寬 爲禮不敬 臨喪不哀 吾何以觀之哉

높은 자리에 있으되 관대하지 않고, 禮를 행하되 공경함이 없으며, 喪에 임하되 슬퍼하지 않으면, 내가 무엇으로 그를 관찰하겠는가?

---

13) 易: 治와 같다. 상례에 맞도록 격식을 갖추는 것을 말한다.
14) 與~寧: ~하기 보다는 차라리 하는 것이 좋다.

26

不仁者 不可以久處約[15] 不可以長處樂 仁者安仁 知者利仁

어질지 못한 사람은 오랫동안 窮困함에 처할 수 없으며 긴 시간 즐거움에 처할 수 없으니, 仁者는 仁을 편하게 여기고 智者는 仁을 이롭게 여긴다.

27

惟仁者 能好人 能惡人

오직 어진 사람만이 사람을 좋아할 수 있고 사람을 미워할 수 있다.

28

苟志於仁矣 無惡也

진실로 仁에 뜻을 두면 악함이 없다.

29

富與貴 是人之所欲也 不以其道得之 不處也 貧與賤 是人之所惡也 不以其道得之 不去也

富貴는 사람들이 바라는 바이나 올바른 방법으로 얻지 않았으면 처하지 말아야 하며, 貧賤은 사람들이 싫어하는 것이나 올바른 방법으로 얻지 않았더라도 버리지 말아야 한다.

30

我未見好仁者惡不仁者 好仁者 無以尚[16]之 惡不仁者 其爲仁矣 不使不仁者加乎其身 有能一日用其力於仁矣乎 我未見力不足者 蓋[17]有之矣 我未之見也

15) 處約: '約'은 '困窮'으로 곤궁함에 처한다는 뜻이다.
16) 尚: 加와 같다. '더하다, 보태다'의 뜻이다.
17) 蓋: '아마' 정도의 의미로 추정의 뜻을 나타낸다.

나는 仁을 좋아하는 사람과 不仁을 싫어하는 사람을 보지 못했다. 仁을 좋아하는 사람은 더할 것이 없고, 不仁을 싫어하는 사람은 그가 仁을 행할 때 不仁한 것이 몸에 더해지지 못하게 한다. 능히 하루를 仁에 힘썼던 일이 있었던가? 나는 아직 힘이 부족한 사람을 보지 못하였다. 아마 (그런 사람이) 있을 텐데 나는 아직 보지 못하였다.

31

朝聞道 夕死 可矣

아침에 도를 듣는다면 저녁에 죽어도 좋다.

32

士志於道 而恥惡衣惡食者 未足與議也

선비가 道에 뜻을 두고도 좋지 않은 옷과 좋지 않은 음식을 부끄러워한다면 더불어 道를 의논할 만하지 못하다.

33

君子懷德 小人懷土[18) 君子懷刑 小人懷惠[19)

君子는 德을 생각하고 小人은 자기 땅을 생각하며, 君子는 刑法을 생각하고 小人은 이득을 생각한다.

34

不患無位 患所以立 不患莫己知 求爲可知也

지위가 없음을 근심하지 말고 (지위에) 설 것을 근심하며, 자신을 알아주는 사람이 없음을 근심하지 말고 알려질 만하기를 구해야 한다.

---

18) 懷土: 자기 사는 곳의 安樂함만을 생각함.
19) 懷惠: 자기에게 惠澤이 되는 바〈利得〉를 생각함.

35

吾道一以貫之

나의 도는 한 줄기로 통한다.

36

夫子[20]之道忠恕而已矣

夫子의 道는 忠과 恕일뿐이다.

37

君子喩於義 小人喩於利

君子는 義에 밝고 小人은 利에 밝다.

38

見賢思齊焉 見不賢而內自省也

어진 이를 보면 그와 같아질 수 있기를 생각하며, 어질지 못한 이를 보면 안으로 自省해야 한다.

39

事父母 幾諫[21] 見志不從 又敬不違[22] 勞而不怨

부모를 섬김에 있어 조심스럽게 諫해야 하는 것이니, 뜻이 받아들여지지 않더라도 또한 공경하며 어기지 않아야 하고, 수고롭더라도 원망해서는 안 된다.

---

20) 夫子: 제자가 스승을 높여 이르는 말로, 여기서는 孔子를 지칭한다.
21) 幾諫: 微諫. 부모가 노여워하지 않도록 부드럽고 조심스럽게 諫하는 것이다.
22) 不違~不怨: 부모님의 뜻을 거슬러서는 안 된다는 것이나 최종적으로는 분위기를 보아가며 다시 諫하라는 것이고, 幾諫을 아예 그만두라는 뜻은 아니다.

40

父母在 不遠遊 遊必有方[23)]

부모가 살아 계시거든 멀리 가서 놀지 말며, 놀더라도 반드시 있는 곳을 부모가 알 수 있어야 한다.

41

父母之年 不可不知也 一則以喜 一則以懼

부모의 나이는 기억하여 알지 않으면 안 되는 것이니, 한 살을 더 드시면 그로써 기쁜 것이고, 한 살을 더 드시면 그로써 슬픈 것이다.

42

君子欲訥於言而敏於行

君子는 말은 어눌하게 하되, 행실은 민첩해야 한다.

43

德不孤 必有隣

德은 외롭지 않고 반드시 이웃이 있다.

44

事君數 斯辱矣 朋友數 斯疏矣[24)]

임금을 섬김에 있어 자주 간하면 辱을 당하고, 친구 간에 자주 충고하면 소원해진다.

---

23) 有方: 방향이 있어야 한다는 데서, 부모가 所在를 알 수 있는 곳에 있어야 함을 말한다.
24) 數: '자주 삭'.

45

邦有道 不廢 邦無道 免於刑戮[25]

나라에 道가 있으면 버려지지 않을 것이고, 나라에 道가 없으면 刑戮을 면할 것이다.

46

我不欲人之加諸[26]我也 吾亦欲無加諸人

나는 남이 나에게 (원치 않는 바를) 加하기를 원하지 않고, 나 또한 남에게 (원치 않는 바를) 加함이 없고자 한다.

47

有君子之道四焉 其行己[27]也恭 其事上也敬 其養民也惠 其使民也義

君子의 道는 네 가지가 있으니, 몸가짐이 공손하며, 윗사람을 섬김에 공경스러우며, 백성을 기름에 은혜로우며, 백성을 부림에 의로운 것이다.

48

願無伐[28]善 無施勞[29]

잘하는 것을 자랑하지 않고 功勞를 과시하지 않기를 원한다.

49

老者安之 朋友信之 少者懷之

늙은이는 편안하게 해주고, 친구에게는 믿음을 주고, 어린 사람은 감싸준다.

---

25) 刑戮: 죄지은 사람을 형법에 따라 죽임.
26) 諸(저): 之於(乎)의 合字.
27) 行己: 處身.
28) 伐: 誇. 자랑하여 보인다는 뜻이다.
29) 無施勞: 功勞를 誇示하지 않음. 또는 남에게 수고스러운 일을 행하지 않음.

50

吾未見能見其過而內自訟者也

나는 (자신의) 허물을 보고 내심 스스로 自責하는 사람을 보지 못했다.

51

非不說[30)]子之道 力不足也

夫子의 道를 좋아하지 않는 것은 아니지만, 힘이 부족하다.

52

力不足者 中道而廢 今女[31)]劃

힘이 부족한 사람은 中道에 그만두기 마련이다. 지금 너는 (스스로 한계선을) 긋는 것이다.

53

行不由徑 非公事未嘗至偃之室[32)]也

길을 다닐 때 지름길〈샛길〉로 다니지 않으며, 公事가 아니면 일찍이 제 방에 오지 않았다.

54

質勝文則野 文勝質則史 文質彬彬[33)]然後君子

---

30) 說(열): 悅의 뜻.
31) 女: 汝의 뜻.
32) 偃之室: 偃의 방. 偃은 공자 제자 子游의 이름.
33) 文質彬彬: 문채와 바탕이 조화를 이루어 훌륭함. 質이 勝하면 野人처럼 아름다운 모양이나 격식을 갖추지 못하게 되고, 文이 勝하면 史官처럼 修飾은 뛰어날지라도 혹 바탕 또는 정성의 不備가 나타날 수 있으므로, 둘이 조화를 이루어 빛나도록 하여야 함을 말한 것이다.

質(본바탕)이 文(겉꾸밈)을 이기면 野人(촌사람)같고, 文이 質을 이기면 史人(文筆에 종사하는 사람)같으니, 文과 質이 조화를 이룬 연후에야 君子라고 할 수 있다.

55

人之生也直 罔[34)]之生也 幸而免

사람이 사는 이치는 정직한 것이니, 정직하지 못한데 사는 것은 요행히 (화를) 면한 것이다.

56

知之者不如好之者 好之者不如樂之者

(道를) 아는 사람은 좋아하는 사람만 못하고, 좋아하는 사람은 즐기는 사람만 못하다.

57

務民之義 敬鬼神而遠之 可謂知矣

백성으로서 지켜야 할 도리에 힘쓰고, 鬼神을 공경하면서도 멀리한다면 지혜롭다고 말할 수 있다.

58

仁者先難而後獲[35)] 可謂仁矣

어진 사람은 어려운 일을 먼저하고 얻는 것을 뒤에 하니, 어질다 말할 수 있다.

---

34) 罔: 不直. 정직하지 못함을 뜻한다.

35) 先難而後獲: '難'은 사람으로서 지켜야 할 道理. 또는 자기의 욕심을 이기는 것, 즉 克己를 뜻한다. '獲'은 '得'으로 '얻다'의 뜻이다. 도리에 힘쓰되 갖추지 못한 상태에서 얻을 것을 바라서는 아니 됨을 경계한 것이다.

59

知者[36)]樂[37)]水 仁者樂山 知者動 仁者靜 知者樂 仁者壽

知者는 물을 좋아하고, 仁者는 산을 좋아하며, 知者는 動的이고 仁者는 靜的이며, 知者는 (道를) 즐기고 仁者는 (道가) 오래간다.

60

觚不觚 觚哉觚哉[38)]

모난 술그릇이 모나지 않으면 모난 술그릇인가? 모난 술그릇인가?

61

君子博學於文 約[39)]之以禮 亦可以不畔[40)]矣夫

君子가 글을 널리 배우고 禮로써 이를 단속한다면 (道에) 어긋나지 않을 것이다.

62

夫仁者 己欲立而立人 己欲達而達人

무릇 仁者는 자신이 서고자 하면 다른 사람도 세워주며, 자신이 통달하고자 하면 다른 사람도 깨닫게 해준다.

述而篇

63

述而不作

(옛 일을 사실대로) 傳述하기만 하고 創作하지 않는다.

---

36) 知者: 事理에 통달하여 두루 막힘이 없는 사람.
37) 樂: 좋아할 요.
38) 觚: 모난 술그릇. 술그릇이 술그릇 역할을 못하면 술그릇이겠는가? 임금이 임금답지 못하면 임금이겠는가?
39) 約: 要約. '要約'은 지금 쓰는 뜻과 다르게 制約하거나 團束한다는 뜻이 강하다.
40) 畔: 背反. '등지다'의 뜻이다.

64

德之不修 學之不講 聞義不能徙 不善不能改 是吾憂也

德을 닦지 못하는 것과, 학문을 익히지 못하는 것과, 義를 듣고 옮겨가지 못하는 것과, 不善을 고치지 못하는 것, 이것이 나의 근심이다.

65

志於道 據於德 依於仁 游於藝[41)]

道에 뜻을 두며, 德을 굳게 지키며, 仁에 의지하며, 藝에서 노닌다.

66

求仁而得仁 又何怨

仁을 구하여 仁을 얻었으니, 또 무엇이 원망스럽겠는가?

67

我非生而知之者 好古敏以求之者也

나는 나면서부터 안 사람이 아니라, 옛것을 좋아해서 힘써 그것을 구한 사람이다.

68

三人行 必有我師焉[42)] 擇其善者而從之 其不善者而改之

세 사람이 길을 가면 이에는 반드시 나의 스승이 있다. 그 중 선한 사람을 선택하여 따르고, 그 중 선하지 못한 사람을 보고 (자신의 잘못을) 고쳐야 한다.

---

41) 藝: 六藝(禮樂射御書數)를 말한다. 禮度, 音樂, 활쏘기, 말타기, 글쓰기, 셈하기의 옛사람들이 움직이거나 쉴 때 일상에서 늘 접하던 분야이다.

42) 焉: '於之'의 축약형.

69

聖人 吾不得而見之矣 得見君子者 斯可矣 善人 吾不得而見之矣 得見有恒者 斯可矣

聖人을 내가 만나보지 못하였다. 君子를 만나본 것이라면 이것은 그렇다고 할 수 있다. 善人을 내가 만나보지 못하였다. 恒心이 있는 사람을 만나본 것이라면 이것은 그렇다고 할 수 있다.

70

奢則不孫[43] 儉則固 與其不孫也 寧固

사치하면 恭順하지 못하고 검소하면 고루한데, 불손한 것보다는 차라리 고루한 것이 낫다.

71

君子 坦蕩蕩 小人 長戚戚[44]

君子는 (순리를 따르므로) 한결같이 마음이 너그럽고 크며, 小人은 (이익을 좇으므로) 오래도록 근심하고 걱정한다.

72

子溫而厲[45] 威而不猛 恭而安

孔子께서는 온화하면서도 엄숙하시고, 위의가 있으면서도 사납지 않으시며, 공손하면서도 차분하시다.

43) 孫: 遜. 恭遜하고 溫順한 것을 말한다.
44) 戚戚: 慼慼.
45) 厲: 嚴肅하다는 뜻이다.

泰伯篇

73

恭而無禮則勞 愼而無禮則葸 勇而無禮則亂 直而無禮則絞

공손하더라도 禮가 없으면 수고롭기만 하고, 신중하더라도 禮가 없으면 두렵기만 하고, 용맹스럽더라도 禮가 없으면 혼란스럽기만 하고, 강직하더라도 禮가 없으면 얽매이기만 한다.

74

君子篤於親 則民興於仁 故舊[46]不遺 則民不偸[47]

君子가 친한 이들에게 돈독히 하면 백성들이 仁을 일으키고, 오래 알고 지낸 이들을 버리지 않는다면 백성들이 야박해지지 않는다.

75

鳥之將死 其鳴也哀 人之將死 其言也善

새가 죽으려 할 때에는 그 울음이 애처롭고, 사람이 죽으려 할 때에는 그 말이 착하다.

76

君子所貴乎道者三 動容貌 斯遠暴慢矣 正顔色 斯近信矣 出辭氣 斯遠鄙倍[48]矣.

君子가 道에 대해 귀하게 여기는 것이 세 가지 있다. 용모를 움직이는 것, 이것은 사납고 태만한 기운을 멀리하며, 안색을 바로하는 것, 이것은 信實함에 가깝게 하며, 말소리를 내는 것, 이것은 비루하거나 도리에 어긋나는 것을 멀리하는 것이다.

---

46) 故舊: 오랜 親舊.
47) 偸: 偸薄 내지는 野薄하다는 뜻이다.
48) 倍: 背反의 뜻이다.

77

以能問於不能 以多問於寡 有若無 實若虛 犯而不校[49] 昔者吾友 嘗從事於斯矣

능한 처지로 능하지 못한 이에게 물으며, 학식이 많으면서 적은 이에게 물으며, 있어도 없는 것처럼 하고, 가득해도 빈 것처럼 하며, 잘못을 범하여도 따지지 않는 것, 옛날 내 벗이 일찍이 이러함을 좇고 일삼았다.

78

可以託六尺之孤[50] 可以寄百里之命 臨大節[51]而不可奪也 君子人與 君子人也

六尺(15세)의 아비 없는 어린 임금을 맡길 만하고, 百里 되는 땅에 사는 백성의 운명을 맡길 만하며, 생사의 큰 고비에 임해서 (절개를) 빼앗을 수 없다면, 君子다운 사람인가? 君子다운 사람이다.

79

士不可以不弘毅 任重而道遠

선비는 도량이 크고 뜻이 굳세지 않으면 안 된다. 책임이 무겁고 (갈) 길이 멀기 때문이다.

80

仁以爲己任 不亦重乎 死而後已 不亦遠乎

仁으로 자기의 책임을 삼으니 또한 막중하지 않은가? 죽은 뒤에야 그칠 것이니 또한 멀지 않은가?

---

49) 校: 計校. 따진다는 뜻이다.
50) 六尺之孤: 15세 정도의 고아. '尺'은 나이로는 약 2.5세를 말한다.
51) 臨大節: 큰 절개를 지켜야 할 때에 이른다는 뜻으로 목숨을 바쳐 충성하여야 할 때를 만남을 이른다.

81

興於詩 立於禮 成於樂

(배움은) 詩에서 일어나, 禮에서 자립하며, 樂에서 완성된다.

82

篤信好學 守死善道

독실하게 믿고 배움을 좋아하며, 도를 지켜 죽음에 이를지라도 도를 좋아한다.

83

危邦不入 亂邦不居 天下有道則見[52] 無道則隱

위태로운 나라에는 들어가지 말고, 어지러운 나라에는 살지 말며, 천하에 道가 있으면 나아가 벼슬을 하고, 道가 없으면 숨어서 산다.

84

邦有道 貧且賤焉 恥也 邦無道 富且貴焉 恥也

나라에 道가 있는데도 가난하고 천하게 지내는 것은 부끄러운 일이며, 나라에 道가 없는데도 부자가 되고 귀한 인물이 되는 것은 부끄러운 일이다.

85

學如不及 猶恐失之[53]

배움이 마치 목적지에 이르지 못한 것과 같은데, 머뭇거리고 두려워하면 배움의 길을 잃어버리게 된다.

---

52) 見: 나타날 현. 뵈올 현. 세상에 자기를 드러낸다는 뜻이다.

53) 學如不及 猶恐失之 : 보통은 배움의 길은 끝이 없으므로 다 못 배울 듯이 하고, 오히려 배워야 할 시기 또는 배운 것을 잃어버림을 두려워하라는 뜻으로 풀이한다. 필자는 문맥 기준으로 조금 다르게 풀어 보았다. 그러나 전체적인 뜻은 배움의 길은 끝이 없으므로 계속 배워야 하고, 배움의 기회를 놓쳐서는 안 된다는 뜻에는 변함이 없다.

86

吾有知乎哉 無知也 有鄙夫問於我 空空如也 我叩其兩端而竭焉

내가 아는 것이 있는가? 아는 것이 없다. 비루한 사내가 나에게 묻는 일이 있더라도 (나는) 텅 빈 것과 같아서, 나는 그 (本末이나 終始의) 兩端을 두드리며 최선을 다한다.

87

法語之言能無從乎 改之爲貴 巽與之言能無說[54]乎 繹之爲貴 說而不繹 從而不改 吾末如之何也已矣

삶의 본보기가 되는 옛사람의 語錄의 말을 능히 따르지 않을 수 있겠는가? 잘못된 행실을 고치는 것이 중요하다. 은근하고 부드러운 말을 능히 기뻐하지 않을 수 있겠는가? 그 말의 참뜻의 실마리를 찾는 것이 중요하다. 기뻐하기만 하고 실마리를 찾지 않으며, 따르기만 하고 고치지 않으면, 내가 어찌할 수가 없도다.

88

主忠信 無友不如己者 過則勿憚改

忠과 信을 위주로 하되, 자기만 같지 못한 사람을 벗 삼지 말고, 잘못이 있으면 고치기를 꺼려하지 말아야 한다.

89

三軍可奪帥也 匹夫不可奪志也

三軍이라도 장수를 빼앗을 수 있지만, 匹夫라도 그 뜻을 빼앗을 수는 없다.

---

54) 說: 悅.

90

歲寒然後 知松栢之後彫[55]也

날씨가 추워진 연후에야 소나무와 잣나무가 늦게 시듦을 알 수 있다.

91

知者不惑 仁者不憂 勇者不懼

知者는 현혹되지 않고, 仁者는 근심하지 않으며, 勇者는 두려워하지 않는다.

92

可與共學 未可與適道 可與適道 未可與立 可與立 未可與權[56]

더불어 함께 배울 수는 있어도 더불어 道로 나아갈 수는 없으며, 더불어 道로 나아갈 수는 있어도 더불어 설 수는 없으며, 더불어 설 수는 있어도 더불어 저울질할 수는 없다.

鄕黨篇

93

揖所與立 左右手 衣前後襜如也

더불어 서있는 이에게 揖하되, 손을 좌우로 하고 옷의 앞뒤 자락을 단정히 한다.

94

立不中門 行不履閾

서있을 때에는 문의 가운데 서지 않고, 다닐 때에는 문턱을 밟지 않는다.

55) 彫: 凋.
56) 權: 저울질하다. 사물의 輕重을 아는 것, 政事가 義에 부합하는지를 아는 것 등을 말한다.

95

食不語 寢不言

음식을 먹으며 말을 하지 않으며, 잠을 자면서 말을 하지 않는다.

96

朋友死 無所歸 曰於我殯 朋友之饋 雖車馬 非祭肉 不拜

친구가 죽어서 돌아갈 곳이 없으면, "우리 집에 빈소를 차리라." 한다. 친구의 선물은 비록 수레와 말(과 같은 중대한 물건)이라도 제사지낸 고기가 아니면 절하고 받지 않는다.

先進篇

97

夫人 不言 言必有中

저 사람이 말을 하지 않을지언정, 말을 하면 반드시 사리에 들어맞음이 있다.

98

過猶不及

지나침은 미치지 못함과 같다.

顔淵篇

99

克己復禮爲仁 一日克己復禮 天下歸仁焉 爲仁由己而由人乎哉

자신의 욕심을 극복하고 禮로 돌아가는 것이 仁을 하는 것이니, 하루라도 克己復禮하면 세상이 仁으로 돌아간다. 仁을 행하는 것은 자신으로부터 말미암은 것이니 다른 사람으로부터 말미암은 것이겠는가?

100

非禮勿視 非禮勿聽 非禮勿言 非禮勿動

禮가 아니면 보지 말고, 禮가 아니면 듣지 말며, 禮가 아니면 말하지 말고, 禮가 아니면 행동하지 말라.

101

出門如見大賓 使民如承大祭 己所不欲 勿施於人 在邦無怨 在家無怨

문을 나갔을 때는 큰 손님을 뵌 듯 하고, 백성들을 부릴 때는 큰 제사를 받들 듯 하며, 자신이 하고자 하지 않는 것은 다른 사람에게도 베풀지 말아야 하니, (그리하면) 나라에 있어서도 원망함이 없으며, 집안에 있어서도 원망함이 없을 것이다.

102

仁者 其言也訒

仁者는 그 말함에 있어서 더듬는다(함부로 말하지 않는다).

103

君子 不憂不懼

君子는 걱정하지 않으며 두려워하지 않는다.

104

死生有命 富貴在天

死와 生은 命에 달려있고, 富와 貴는 하늘에 달려있다.

105

君子敬而無失 與人恭而有禮 四海之內 皆兄弟也 君子何患乎無兄弟也

君子가 (사람을 대함에) 공경하여 (공경을) 잃음이 없고, 남과 함께 있을 때 공손하고 예의가 있으면, 四海의 안이 모두 형제인데, 君子가 어찌 형제가 없음을 근심하겠는가?

106

子貢問政 子曰 足食 足兵 民信之矣 子貢曰 必不得已而去 於斯三者 何先 曰去兵 子貢曰 必不得已而去 於斯二者 何先 曰去食 自古皆有死 民無信不立

子貢이 政事에 대해 물었다. 孔子가 말씀하셨다. "양식을 충분히 갖추고, 병사를 충분히 갖추면 백성들이 믿을 것이다." 子貢이 말했다. "부득이하여 버린다면 이 세 가지 중에 무엇을 먼저 합니까?" 孔子가 말씀하셨다. "병사를 버린다." 子貢이 말했다. "부득이하여 버린다면 이 두 가지 중에 무엇을 먼저 합니까?" 孔子가 말씀하셨다. "양식을 버린다. 自古로 사람은 모두 죽으나 백성이 믿지 않으면 (나라가) 존립하지 못하느니라."

107

君君臣臣父父子子

임금은 임금다워야 하며, 신하는 신하다워야 하고, 아버지는 아버지다워야 하며, 자식은 자식다워야 한다.

108

信如君不君 臣不臣 父不父 子不子 雖有粟 吾得而食諸[57)]

진실로 임금이 임금답지 못하고, 신하가 신하답지 못하며, 아버지가 아버지답지 못하고, 자식이 자식답지 못하면, 비록 곡식이 있더라도 내가 (어찌 마음 편히) 먹을 수 있겠습니까?

109

子張問政 子曰 居之無倦 行之以忠

子張이 政事에 대해 물었다. 孔子가 말씀하셨다. "처함에 게으름이 없으며, 행함에 忠으로 하는 것이다."

---

57) 諸: 之乎의 合字. 이 문장 전체는 齊景公의 말이다. 그러나 그는 끝내 孔子의 君君의 가르침을 깨달아 시행하지는 못하고 죽었다.

110

君子博學於文 約之以禮 亦可以弗畔矣夫[58)]

君子가 글을 널리 배우고 禮로써 이를 단속한다면 (道에) 어긋나지 않을 것이다.

111

君子成人之美 不成人之惡 小人反是

君子는 다른 사람의 아름다움을 이루어주되, 다른 사람의 악을 이루어주지 않으니, 小人은 이와 반대이다.

112

政者正也 子[59)]帥以正 孰敢不正

政事란 바로잡는다는 뜻이니, 그대가 바름으로 거느린다면 누가 감히 바르지 않겠는가?

113

子爲政 焉用殺 子欲善而民善矣 君子之德風 小人之德草 草上之風必偃

그대가 政事를 행하는데 어찌 殺人을 활용하겠는가? 그대가 善하고자 하면 백성들 또한 善해질 것이다. 君子의 德은 바람이요, 小人의 덕은 풀이니, 풀에 바람이 더해지면 풀은 반드시 쓰러지는 것이다.

114

夫達也者[60)] 質直而好義 察言而觀色 慮以下人 在邦必達 在家必達

무릇 '達'이라는 것은 질박하고 곧으면서 義를 좋아하며, 남의 말을 잘 살피면서 얼굴빛을 관찰하되, 깊이 생각하여 다른 사람에게 자기를 낮추는 것이니,

---

58) 61 참고. 한 번 나온 내용. 論語에도 거듭 나왔다.
59) 子: 이인칭대명사. 그대.
60) 達: 여기의 '達'은 그 仁德을 사람들이 믿어 의심치 않으므로 言行에 제약이 없는 것을 말한다.

(그리하면) 나라에 있더라도 반드시 '達'하며 집안에 있더라도 반드시 '達'하는 것이다.

115

夫聞也者[61) 色取仁而行違 居之不疑 在邦必聞 在家必聞

무릇 '聞'이라는 것은 겉으로는 仁을 취하나 행실은 어긋나고, (옳다고) 자처하면서 의심하지 않는 것이니, 나라에 있어도 반드시 '聞'하며, 집안에 있어도 반드시 '聞'하는 것이다.

116

先事後得 非崇德與[62) 攻其惡 無攻人之惡 非修慝與 一朝之忿 忘其身 以及其親 非惑與

일을 먼저하고 이익을 얻는 것을 뒤로 함이 덕을 높이는 것이 아니겠는가? 자기의 惡을 다스리고 다른 사람의 惡을 다스리지 않는 것은 사특한 마음을 닦는 것이 아니겠는가? 하루아침의 분노로 자신을 잊어서 부모에까지 (화가) 미치게 하는 것은 제정신을 못 차린 것이 아니겠는가?

117

子貢問友 子曰 忠告而善道之 不可則止 無自辱焉

子貢이 친구 사귐에 대해 묻자 孔子가 말씀하셨다. "忠告하며 잘 인도하되 불가능하다면 그만두어 스스로를 욕되게 하지 말아야 한다."

118

君子 以文會友 以友輔仁

君子는 文으로써 벗과 만나고, 벗으로써 仁을 돕는다.

---

61) 聞: 여기의 '聞'은 仁德이 있다고 소문나는 것이나 그 言行에는 미덥지 못한 바가 있는 것이다.

62) 與: 歟. 의문사.

119

君子於其所不知 蓋闕如也[63]

君子는 자신이 알지 못하는 것에 대해서는 대개 말하지 않는다.

120

名不正 則言不順 言不順 則事不成

명분이 바르지 못하면 말이 순하지 못하고, 말이 순하지 못하면 일이 성사되지 않는다.

121

事不成 則禮樂不興 禮樂不興 則刑罰不中 刑罰不中 則民無所措手足

일이 성사되지 못하면 禮樂이 흥하지 못하고, 禮樂이 흥하지 못하면 刑罰이 알맞지 못하고, 刑罰이 알맞지 못하면 백성들이 손발을 놀릴 길이 없어진다.

122

君子名之 必可言也 言之必可行也 君子於其言 無所苟而已矣

君子가 이름을 붙일 때는 반드시 (그렇다고) 말할 수 있는 것이며, 말한다면 반드시 행할 수 있는 것이니, 君子는 그 말함에 있어 구차한 바가 없을 따름이다.

123

上好禮 則民莫敢不敬 上好義 則民莫敢不服 上好信 則民莫敢不用情 夫如是 則四方之民 襁負其子而至矣 焉用稼

윗사람이 禮를 좋아하면 백성들이 감히 공경하지 않는 사람이 없고, 윗사람이 義를 좋아하면 백성들이 감히 복종하지 않는 사람이 없고, 윗사람이 信을

---

63) 闕如: 빠트림. 제쳐놓음. 전체적으로 잘 모르는 것, 의심나는 것은 제쳐놓고 말하지 않는다는 뜻.

좋아하면 백성들이 감히 情을 다하지 않는 사람이 없으니, 무릇 이와 같이 된다면 四方의 백성들이 자식을 포대기에 업고 이를 것이니, 어찌 농사짓는 법만을 쓰겠는가?

124

其身正 不令而行 其身不正 雖令不從

자기 자신이 바르면 명령하지 않아도 행해지고, 자기 자신이 바르지 않으면 명령해도 (백성이) 따르지 않는다.

125

善人爲邦百年 亦可以勝殘[64)]去殺矣

善人이 나라를 백 년 동안 다스리면 잔인한 사람을 교화시키고 死刑을 없앨 수 있다.

126

苟正其身矣 於從政乎 何有 不能正其身 如正人何[65)]

진실로 자신을 바르게 한다면 政事에 종사함에 무슨 어려움이 있겠으며, 자신을 바르게 하지 못한다면 어떻게 다른 사람을 바르게 할 수 있겠는가?

127

吾黨之直者 異於是 父爲子隱 子爲父隱 直在其中矣

우리 무리의 정직한 사람은 이와 달라서, 아버지가 자식을 위하여 숨겨주고, 자식이 아버지를 위하여 숨겨주니, 정직함은 그 가운데 있는 것이다.

---

64) 勝殘: 잔인하고 포악한 사람을 이기는 것(敎化시키는 것)을 말한다.
65) 如~何: '어찌 여', '어찌 하'로, '어찌 ~할 수 있겠는가?'의 뜻이다.

128

樊遲問仁 子曰 居處恭 執事敬 與人忠 雖之夷狄[66] 不可棄也

樊遲가 仁을 묻자 孔子가 대답하였다. "居處함에 공손히 하며, 일을 집행함에 공경함이 있으며, 사람을 대함에 충성함이 있어야 하니, 비록 夷狄의 나라에 가더라도 버릴 수 없는 것이다."

129

子貢問曰 何如 斯可謂之士矣 子曰 行己有恥 使於四方 不辱君命 可謂士矣

子貢이 물어 "어떻게 해야 선비라 이를 만합니까?" 孔子가 대답하였다. "행동할 때에 부끄러움을 (아는 바가) 있으며, 四方에 使臣으로 가서 임금의 命을 욕되게 하지 않으면 선비라 말할 만하다."

130

不得中行而與之 必也狂狷乎 狂者進取 狷者有所不爲也

中道를 지키는 사람을 얻어 함께 할 수 없다면 반드시 狂者(행동이 앞서는 사람)나 狷者(행동을 머뭇거리는 사람)와 함께 할 것이다. 狂者는 진취적이고, 狷者는 하지 않는 바가 있다.

131

君子 和而不同 小人 同而不和

君子는 섞이되 같아지지 아니하며, 小人은 같아지되 섞이지 않는다.

132

君子 易事而難說[67]也 說之不以道 不說也 及其使人也 器之 小人 難事而易說也 說之雖不以道 說也 及其使人也 求備焉

---

66) 夷狄: 보통 오랑캐라 번역하나 '夷' 등이 오랑캐의 뜻으로 쓰인 것은 비교적 후대의 일이다. 여기서는 中國 밖의 나라를 지칭한 정도로 보면 된다.

67) 說: 悅.

君子는 섬기기는 쉽지만 기뻐하게 하기는 어렵다. 기뻐하게 하기를 道로 하지 않으면 기뻐하지 않으며, 사람을 부릴 때에는 그릇에 따라 한다. 小人은 섬기기는 어려워도 기뻐하게 하기는 쉽다. 기뻐하게 하기를 비록 道로 하지 않아도 기뻐하며, 사람을 부릴 때에는 갖추고 있기를 바란다.

133

君子泰而不驕 小人驕而不泰

君子는 泰然하나 교만하지 않고, 小人은 교만하나 태연하지 못하다.

134

剛毅木[68]訥 近仁

강하고 굳세고 질박하고 語訥한 것이 仁에 가까운 것이다.

135

切切偲偲 怡怡如也 可謂士矣 朋友切切偲偲 兄弟怡怡

간절히 善行을 勸勉하고 화합하며 즐거워하면 선비라 이를 만하다. 벗과는 간절히 善行을 勸勉하고, 형제간에는 화합하며 즐거워하여야 한다.

憲問篇

136

邦有道穀[69] 邦無道穀 恥也

나라에 道가 있는데 祿만 먹으며, 나라에 道가 없는데 祿만 먹는 것은 수치스러운 일이다.

---

68) 木: 朴(樸). 가공하지 않은 통나무 그대로의 자연스러움으로 質朴(樸)하다는 뜻이다.
69) 穀: 곡식. 여기서는 俸祿의 뜻이다.

137

士而懷居 不足以爲士矣

선비로서 편하게 거처할 것을 생각한다면 선비라고 하기에 부족하다.

138

邦有道 危言危行 邦無道 危行言孫[70)]

나라에 道가 있을 때에는 준엄하게 말하고 준엄하게 행동하며, 나라에 道가 없을 때에는 준엄하게 행동하되 말은 공손하게 해야 한다.

139

有德者 必有言 有言者 不必有德 仁者必有勇 勇者不必有仁

덕이 있는 사람은 반드시 훌륭한 말을 하지만, 훌륭한 말을 하는 사람이 반드시 덕이 있는 것은 아니다. 어진 사람은 반드시 용맹하지만, 용맹하다고 해서 반드시 어짊이 있는 것은 아니다.

140

貧而無怨難 富而無驕易

가난하면서 원망이 없기는 어렵고, 부유하면서 교만이 없기는 쉽다.

141

見利思義 見危授命 久要[71)] 不忘平生[72)]之言 亦可以爲成人矣

이익을 보면 떳떳함을 생각하며, (나라가) 위태로움을 보면 목숨을 바쳐 구하며, 오래전부터의 약속에 대해서 평상시의 말을 잊지 않는다면, 또한 成人(全人)이라고 할 수 있다.

---

70) 孫: 遜.
71) 久要: 舊約. 오래전부터의 약속이라는 뜻이다.
72) 平生: 生平. 평상시의 뜻이다.

142

其言之不怍 則爲之也難

그 말하는 것을 부끄러워하지 않는다면 행동하는 것이 어려울 것이다.

143

古之學者爲己 今之學者爲人[73]

옛날에 배우는 이들은 爲己하였는데, 지금의 배우는 이들은 爲人한다.

144

君子恥其言而過其行[74]

君子는 그 말을 부끄럽게 여기고, 행실은 넘치도록 한다.

145

君子道者三 我無能焉 仁者不憂 知者不惑 勇者不懼[75]

君子의 道는 세 가지인데, 나는 능한 것이 없다. 仁者는 걱정하지 않고, 知者는 의혹하지 않고, 勇者는 두려워하지 않는다.

146

不患人之不己知 患其不能也

다른 사람이 나를 알아주지 못함을 걱정하지 말고, 내가 능하지 못함을 걱정해야 한다.

---

73) 爲己~爲人: 여기의 '爲己'는 자기의 배움과 인격을 완성시키는 것이고, '爲人'은 학식과 덕망이 있다고 남에게 소문나기를 바라는 것을 말한다.

74) 혹 도리에 어긋날까 말은 다하지 않고 삼가고 조심하며, 말한 바를 실천함에 있어서는 힘써 남음이 있도록 함을 말함이다.

75) 91 참조. 거듭 나왔다. '仁者不憂 知者不惑 勇者不懼'는 論語에도 거듭 나온다.

147

不逆[76]詐 不億不信 抑亦先覺者 是賢乎

(남이 나를) 속일까 지레짐작하지 않고, (남이 나를) 믿지 않는다고 豫斷하지 않아야 하지만, 그렇더라도 또한 미리 깨닫는 것이 현명한 것이리라.

148

鄙哉 硜硜乎 莫己知也 斯已而已矣 深則厲 淺則揭.

비루하구나, 그 뜻의 단단함이여! 자기를 알아주는 이가 없다면 곧 그만두어야할 뿐이다. 물이 깊으면 옷을 벗고 건너고, 물이 얕으면 옷을 걷고 건너야 함이라.

149

君子固窮 小人窮斯濫[77]矣

君子는 곤궁함을 固守하나, 小人은 곤궁하면 넘친다.

150

知德者鮮矣

덕을 아는 사람이 드물다.

151

言忠信 行篤敬 雖蠻貊[78]之邦 行矣 言不忠信 行不篤敬 雖州里[79] 行乎哉

---

76) 逆: 未至而迎之. 아직 이르지 않았는데 이를 맞이하다. 여기서는 '億'과 마찬가지로 '지레짐작'의 뜻이다.
77) 濫: 넘친다는 뜻이니, 여기서는 법도를 벗어나는 행동을 하게 됨을 이른다.
78) 蠻貊: 夷狄과 같다. 중국 밖의 나라와 종족을 지칭한 것으로 보면 된다.
79) 州里: 고을과 마을. 여기서는 나라에 비해 그 규모가 작은 지역을 이른 것이다.

말이 忠信하고 행실이 篤敬하면 비록 蠻貊의 나라라 하더라도 (그 뜻이) 행해질 수 있으나, 말이 忠信하지 못하고 행실이 篤敬하지 못하면 비록 州里라 하더라도 행해질 수 있겠는가?

152

可與言而不與之言 失人 不可與言而與之言 失言 知者不失人 亦不失言

함께 말할 만한데도 함께 말하지 않으면 사람을 잃고, 함께 말할 만하지 않은데도 함께 말하면 말을 잃으니, 지혜로운 자는 사람을 잃지 않으며 또한 말을 잃지 않는다.

153

志士仁人 無求生以害人 有殺身以成仁

志士와 仁人은 살기 위해 다른 사람을 해치지 않으며, 자신을 희생하여 仁을 이룬다.

154

工欲善其事 必先利其器 居是邦也 事其大夫之賢者 友其士之仁者

장인이 그 일을 잘하고자 하면 반드시 먼저 그 연장을 날카롭게 하는 것이다. 이 나라에 살면서 大夫 중에서도 賢者를 섬길 것이며, 선비 중에서도 仁者를 벗할 것이다.

155

人無遠慮 必有近憂

사람이 멀리 내다보는 생각이 없으면 반드시 가까운 시일에 근심이 생긴다.

156

躬自厚而薄責於人 則遠怨矣

자신에게 책망하기를 두텁게 하고 다른 사람에게 책망하기를 엷게 하면 원망이 멀어질 것이다.

157

不曰如之何如之何者 吾末如之何也已矣

'어찌할까', '어찌할까' 하고 말하지 않는 사람은 나도 어찌할 수가 없을 따름이다.

158

群居終日 言不及義 好行小慧[80] 難[81]矣哉

여러 사람이 거처하며 하루를 보내면서, 말이 義에 미치지 못하고 작은 지혜를 행하기 좋아한다면 어려울 것이다.

159

君子 義以爲質 禮以行之 孫[82]以出之 信以成之 君子哉

君子는 義로 바탕을 삼고, 禮로 義를 행하며, 謙遜으로 義를 표출하고, 信으로 義를 이루니, 君子로구다.

160

君子病無能焉 不病人之不己知也

君子는 자신의 無能을 병으로 여기나, 다른 사람이 자신을 알아주지 못함을 병으로 여기지는 않는다.

161

君子求諸[83]己 小人求諸人[84]

君子는 자신에게서 찾고, 小人은 다른 사람에게서 찾는다.

---

80) 小慧: 작은 지혜. 여기서는 약간의 利益이나 요행을 바라는 행동을 일컫는다.
81) 難: 어렵다. 德을 이루지도 못하고, 앞날이 순탄하지도 못할 것임을 에둘러 표현한 것이다.
82) 孫: 遜.
83) 諸: 之於 또는 之乎의 合字.
84) 求: 찾는다. 허물을 찾는 것일 수도 있고, 남이 자기를 알아주지 않는 원인을 찾는 것일 수도 있다.

162

君子 矜[85]而不爭 群而不黨

君子는 씩씩하되 다투지 않으며, 무리를 짓되 偏黨하지 않는다.

163

君子 不以言擧人 不以人廢言

君子는 말로(말이 훌륭하다고 하여) 그 사람을 천거하지 않으며, 사람으로(사람이 나쁘다고 하여) 그 말을 버리지 않는다.

164

子貢問曰 有一言而可以終身行之者乎 子曰 其恕乎[86] 己所不欲勿施於人

子貢이 물었다. "한 말씀으로 종신토록 행할 만한 것이 있는지요?" 孔子가 대답했다. "恕이니라. 자신이 하고 싶지 않은 것을 다른 사람에게 베풀지 말아야 한다."

165

巧言亂德 小不忍則亂大謀

巧言은 德을 어지럽히며, 작은 일을 참지 못하면 큰 꾀를 어지럽힌다.

166

衆惡之 必察焉 衆好之 必察焉

많은 사람들이 (그를) 미워하여도 반드시 살펴보며, 많은 사람들이 (그를) 좋아해도 반드시 살펴보아야 한다.

---

85) 矜: 莊. 씩씩하고 굳세다는 뜻이다.
86) 其~乎: 아마 ~이리라. 단정하지 않는 약간의 머뭇거림 내지는 추측이 가미된 글.

167

人能弘道 非道弘人

사람이 道를 넓히는 것이지, 道가 사람을 넓히는 것이 아니다.

168

過而不改 是謂過矣

허물이 있어도 고치지 않는 것, 이것을 허물이라 이른다.

169

吾嘗終日不食 終夜不寢以思 無益 不如學也

나는 일찍이 종일토록 밥을 먹지 않으며, 밤새도록 잠을 자지 않고 생각했으나, 유익함이 없었다. 배우는 것만 같지 못했다.

170

君子謀道 不謀食 耕也 餒在其中矣 學也 祿在其中矣 君子憂道 不憂貧

君子는 道를 도모하되 밥을 도모하지 않는다. 밭을 갊에 굶주림이 그 가운데 있고, 학문을 함에 祿이 그 가운데 있으니, 君子는 道를 근심하되 가난함을 근심하지 않는다.

171

知及之 仁不能守之 雖得之 必失之

도리를 앎에 미치더라도 仁이 그것을 지켜내지 못하면, 비록 얻었다 하더라도 반드시 잃게 된다.

172

知及之 仁能守之 不莊以涖之 則民不敬

도리를 앎에 미치고 仁이 그것을 지켜내더라도, 장엄함으로 임하지 않으면 백성들이 공경하지 않는다.

173

知及之 仁能守之 莊以涖之 動之不以禮 未善也

도리를 앎에 미치고 仁이 그것을 지켜내며 장엄함으로 임하더라도, (백성들을) 움직이는 것을 禮로써 하지 않는다면 善하지 못한 것이다.

174

君子不可小知[87]而可大受也 小人不可大受而可小知也

君子는 작은 일을 맡아 다스리게 할 수는 없어도 큰 책임을 맡도록 할 수 있으며, 小人은 큰 책임을 맡도록 할 수는 없어도 작은 일은 맡아 다스리게 할 수 있다.

175

民之於仁也 甚於水火 水火吾見蹈而死者矣 未見蹈仁而死者也

백성들의 仁에 대한 것은 물과 불보다 심하니 물과 불은 내가 밟아서 죽은 사람을 보았지만, 仁을 밟아서 죽은 사람은 보지 못했다.

176

當仁不讓於師[88]

仁에 당하여서는 스승에게도 사양하지 못하는 것이다.

177

君子貞而不諒[89]

君子는 올바르고 곧되 諒하지 않는다.

---

87) 小知: 작은 일을 알게 하다. 작은 일을 맡아 다스리게 하다.

88) 當仁: 곧 爲仁으로 어진 행동을 하는 것이다. 仁德은 본래의 어진 마음이 나오는 것이니, 자연스러운 것이어서 양보할 수가 없는 것이다. 양보한다면 남에게 보이기 위함일 것인데, 그것은 이미 仁이 아닐 것이다. 따라서 사양하지 않는 것이 아니라 본래 사양할 수가 없는 것이다.

89) 諒: 是非를 가리지 않고 믿는 것. 또는 작은 의리를 지키는 것이다.

178

事君 敬其事而後其食[90)]

임금을 섬김에 있어 그 일을 공경하고, 俸祿을 그 뒤로 한다.

179

道不同 不相爲謀

道가 같지 않으면 서로 모의하지 않는다.

180

虎兕出於柙 龜玉毁於櫝中 是誰之過與[91)]

범과 들소가 우리에서 나오며 거북이(등껍질)과 玉이 궤 속에서 망가졌다면, 이것은 누구의 잘못이겠는가?

181

君子疾夫舍曰欲之 而必爲之辭[92)]

君子는 저 하고 싶다고 말하지 아니하고 반드시 이 때문이라고 하는 말을 미워한다.

182

有國有家者 不患寡而患不均 不患貧而患不安 蓋均無貧 和無寡 安無傾

---

90) 食: 밥. 여기서는 俸祿의 뜻이다.
91) 與: 歟. 의문조사.
92) 夫舍曰欲之而必爲之辭: '夫'는 發語辭로 특별한 뜻이 없다고 보아도 좋고, '저' 정도의 지시사로 보아도 좋을 것이다. '舍'는 '捨'로 보아도 좋고, '廢', '匿', '止' 등으로 보아도 좋을 것이다. 결국 '舍曰欲之'는 하고 싶다고 말하지 않는다는 뜻이다. '必爲之'는 반드시 (욕심을 감추고 다른 이유를 들어) 이 때문이라고 한다는 뜻으로 본다. '夫~辭(저 말)' 사이에 '辭'의 내용으로서 '舍曰欲之 而必爲之'가 들어왔다고 본다.

나라를 소유하고 집을 소유한 사람은 (백성이나 식솔이) 적음을 근심하지 않고 고르지 못함을 근심하며, 가난함을 근심하지 않고 편안하지 못함을 근심한다. 대개 고르면 가난함이 없고, 화합하면 적음이 없고, 편안하면 기울어짐이 없다.

183

天下有道 則禮樂征伐自天子出 天下無道 則禮樂征伐自諸侯出 自諸侯出蓋十世[93)]希不失矣 自大夫出五世希不失矣 陪臣[94)]執國命[95)]三世希不失矣

天下에 道가 있으면 禮樂과 征伐이 天子로부터 나오고, 天下에 道가 없으면 禮樂과 征伐이 諸侯로부터 나온다. 諸侯로부터 나오면 대개 10世에 잃지 않은 경우가 드물고, 大夫로부터 나오면 5世에 잃지 않은 경우가 드물며, 陪臣이 國命을 잡으면 3世에 잃지 않는 경우가 드물다.

184

天下有道 則政不在大夫 天下有道 則庶人不議

天下에 道가 있으면 政事가 大夫에 있지 않고, 天下에 道가 있으면 庶人이 (政事를) 議論하지 않는다.

185

益者三友 損者三友 友直友諒友多聞 益矣 友便辟[96)]友善柔友便佞[97)] 損矣

유익한 것은 세 가지 벗이요, 손해되는 것도 세 가지 벗이다. 벗이 곧고 미더우며 見聞이 많으면 이롭고, 벗이 성실하지 못하고 유순하기만 하며 말만 잘하면 해롭다.

---

93) 十世: 권력의 승계가 때에 따라 다르겠지만 평균 30년을 1世로 한다면 300년 정도 되는 기간이다.
94) 陪臣: 諸侯의 家臣.
95) 執國命: 執國權. 나라의 통치 권력을 잡는 것.
96) 便辟: '便'은 '習熟'으로 익숙한 것이고, '辟'은 '허물'인데, 견문이 적고 실속이나 정성이 부족한 것이다. '便辟'은 겉으로 드러나는 예의범도에 익숙하기만 하고, 정성이 부족한 것이다.
97) 便佞: '便'은 '習熟'으로 익숙한 것이고, '佞'은 아첨(阿諂)하는 것이다. '便佞'은 아첨하는데 익숙한 것으로, 말은 잘하는데, 정직하지 못한 것이다.

186

益者三樂 損者三樂 樂節禮樂[98] 樂道[99]人之善 樂多賢友 益矣 樂驕樂[100] 樂佚遊[101] 樂宴樂[102] 損矣 操守

이로운 것으로 세 가지 즐거움이 있고, 해로운 것으로도 세 가지 즐거움이 있다. 禮樂을 따르기를 즐기며 사람의 善을 말하기를 즐기며 어진 벗이 많음을 즐기면 이롭고, 사치와 방종을 즐기며 편안하게 노는 것만 즐기며 향락을 즐기면 해롭다.

187

侍於君子 有三愆 言未及之而言 謂之躁 言及之而不言 謂之隱 未見顔色而言 謂之瞽

君子를 모시는 데에 세 가지 허물이 있다. 말씀이 미치지 않았는데 말하는 것을 '성급함(躁)'이라 이르고, 말씀이 미쳤는데 말하지 않는 것을 '숨김(隱)'이라 하며, 얼굴빛을 보지 않고 말하는 것을 '어두움(瞽)'이라 한다.

188

君子有三戒 少之時 血氣未定 戒之在色 及其壯也 血氣方剛 戒之在鬪 及其老也 血氣旣衰 戒之在得

君子는 세 가지 경계함이 있다. 어릴 때에는 血氣가 아직 安定되지 않았으므로 경계함이 女色에 있고, 장성함에 미쳐서는 血氣가 한창 강하므로 경계함이 싸움에 있고, 늙음에 미쳐서는 血氣가 이미 쇠잔해지었으므로 경계함이 老慾에 있다.

---

98) 節禮樂: 예법을 지키고, 음악을 즐기다. '節'은 '操守'로 절개나 지조 따위를 '지키다'의 뜻이 있고, '裁斷'으로, '마름질하다'의 뜻이 있고, '和樂'으로 음악 소리의 조화를 이룬다는 뜻 등이 있다.

99) 道: 말하다.

100) 驕樂: 교만하게 즐기는 것이니, 즐기는 데 있어서의 奢侈와 放縱을 말한다.

101) 佚遊: 편안하게 노는 것이니, 노는 데 있어서의 편안함만을 추구하여 責善이나 충고 따위를 싫어하는 것이다.

102) 宴樂: 술잔치하며 즐기는 것이니, 향락에 빠져 도리에 어긋난 일을 하거나 소인배와 지나치게 친하게 지내는 허물이 생길 수 있다.

189

君子有三畏 畏天命 畏大人 畏聖人之言

君子에게는 세 가지 두려움이 있다. 天命을 두려워하며, 大人을 두려워하며, 聖人의 말씀을 두려워한다.

189-1

生而知之者 上也 學而知之者 次也 困[103)]而學之 又其次也 困而不學 民斯爲下矣[104)]

태어나면서 아는 사람은 상등이며, 배워서 아는 사람은 그 다음이며, 사리에 통하지 못하여 배우는 경우는 또 그 다음이고, 통하지 못하는 데도 배우지 않는 것은 사람으로서 이것은 하등이 된다.

190

君子有九思 視思明 聽思聰 色思溫 貌思恭 言思忠 事思敬 疑思問 忿思難 見得思義

君子는 아홉 가지 생각이 있다. 볼 때는 밝음을 생각하고, 들을 때는 귀 밝음을 생각하며, 얼굴색은 온화함을 생각하며, 용모는 공손함을 생각하며, 말은 진실함을 생각하며, 일은 공경함을 생각하며, 의심은 물을 것을 생각하며, 성냄은 어려워질 것을 생각하며, 얻는 것을 볼 때에는 의로움을 생각한다.

---

103) 困: 不通. 이치를 알지 못하여 피곤한 것을 나타냄이니 事理에 통하지 못함의 뜻이다.
104) 困而不學 民斯爲下矣: 보통은 困而不學한다면 백성으로서 하등이 된다고 풀이한다. 그러면 결국 '民(백성)'은 하등이라는 말과 같다. '民(백성)'의 개념과 관련하여 무언가 조금 어색하다. 그런데, '民'에는 백성이 아닌 '人'의 뜻도 있으니, 여기서는 '사람'으로 풀었다. 또는 困而不學民 斯爲下矣로 끊어 읽어도 좋지 않을까 한다.

191

割鷄焉用牛刀

닭을 자르는 데 어찌 소 잡는 칼을 쓰랴?

192

恭寬信敏惠 恭則不侮 寬則得衆 信則人任焉 敏則有功 惠則足以使人

(仁은) 공손함, 너그러움, 미더움, 민첩함, 은혜로움이다. 공손하면 업신여김을 받지 않고, 너그러우면 많은 사람을 얻게 되고, 미더움이 있으면 다른 사람들이 의지하게 되고, 민첩하면 공적이 있게 되며 은혜로우면 족히 다른 사람을 부릴 수 있다.

193

好仁不好學 其蔽也愚 好知不好學 其蔽也蕩 好信不好學 其蔽也賊 好直不好學 其蔽也絞 好勇不好學 其蔽也亂 好剛不好學 其蔽也狂[105)]

仁만 좋아하고 배우는 것을 좋아하지 않으면 그 폐단으로 어리석어지는 것이며, 지혜만 좋아하고 배우는 것을 좋아하지 않으면 그 폐단으로 방탕하게 되고, 믿음만 좋아하고 배우기를 좋아하지 않으면 그 폐단으로 해침을 당하게 되고, 정직한 것만 좋아하고 배우기를 좋아하지 않으면 그 폐단으로 (융통성이 없어) 얽매이게 되고, 용맹만 좋아하고 배우기를 좋아하지 않으면 그 폐단으로 어지러워지며, 강한 것만 좋아하고 배우기를 좋아하지 않으면 그 폐단으로 조급해지는 것이다.

194

詩可以興 可以觀 可以群[106)] 可以怨 邇之事父 遠之事君 多識於鳥獸草木之名

105) 狂: 참을 줄 모르고 급하고 가볍다는 뜻.
106) 群: 다른 사람과 섞이어(和) 무리(群黨)를 이루는 것이다. 그러나 무리를 이루더라도 모든 일에 合流하는 것은 아니다.

詩는 흥을 일으킬 수 있고, (得失을) 살필 수 있고, 무리를 이룰 수 있고, 원망할 수 있으며, 가까이로는 어버이를 섬길 수 있게 하며, 멀리로는 임금을 섬길 수 있게 하고, 禽獸와 草木의 이름을 많이 알게 한다.

195

其未得之也 患得之 旣得之 患失之 苟患失之 無所不至矣[107)]

얻기 전에는 얻을 것을 걱정하고, 얻은 뒤에는 잃을 것을 걱정하니, 진실로 잃을 것을 걱정하면, 이르지 못하는 곳이 없게 된다.

196

巧言令色 鮮矣仁[108)]

말을 듣기 좋게 하고 얼굴빛을 곱게 하는 이로 어진 이는 드물다.

197

君子義以爲上 君子有勇而無義爲亂 小人有勇而無義爲盜

君子는 義를 으뜸으로 삼는다. 君子가 용맹함만 있고 義가 없으면 亂을 일으키고, 小人이 용맹함만 있고 義가 없으면 도적질을 한다.

微子篇

198

楚狂接與 歌而過孔子曰 鳳兮鳳兮 何德之衰[109)] 往者不可諫 來者猶可追[110)] 已而[111)]已而 今之從政者 殆而 孔子下 欲與之言 趨而辟[112)]之 不得與之言

---

107) 無所不至: 財物의 得失에 연연한다면 못할 언행이 없음을 말한 것이다.
108) 3 참조. 거듭 나왔다. 論語에도 거듭 나온다.
109) 鳳兮鳳兮 何德之衰: 봉새는 천하에 道가 행해지면 나타나고, 道가 행해지지 않으면 숨는다고 한다. 孔子를 봉새에 비유하여 無道한 시대인데, 어찌 나타났느냐는 것으로 孔子를 인정하면서도 또한 은둔하지 않은 것을 덕이 쇠약해졌다고 기롱한 것이다.
110) 來者猶可追: 앞으로는 봉새의 덕에 맞게 은둔하여 사는 것이 가능함을 말한 것이다.
111) 而: 여기서는 감탄형 종결 어조사로 쓰인 것이다.

楚나라의 狂人 接輿가 노래하며 孔子를 지나쳤다. "봉새여! 봉새여! 어찌 德이 쇠약하여졌느냐? 지난 일은 諫할 수 없고 앞으로의 일은 오히려 좇을 수 있음이라. 그만둘지라. 그만둘지라. 지금의 政事를 좇는 일은 위태함이라." 孔子가 (수레에서) 내려 더불어 말하고자 하였는데, 성큼성큼 걸어 피하므로 더불어 말하지 못하였다.

子張篇

199

士見危致命 見得思義 祭思敬 喪思哀 其可已矣[113)]

선비는 (나라가) 위태로움을 보고 목숨을 바치며, 이득을 보고 義를 생각하며, 祭祀에 공경함을 생각하고, 喪事에 슬픔을 생각하면, 괜찮을 것이다.

200

日知其所亡[114)] **月無忘其所能 可謂好學也已矣**

날마다 모르는 것을 알며, 달마다 능한 바를 잊지 않으면, 가히 배우기를 좋아하는 사람이라 이를 만할 따름이다.

201

博學而篤志 切問而近思 仁在其中矣

널리 배우며 뜻을 독실하게 하고, 절실하게 묻고 가까운 것부터 생각하면, 仁이 그 가운데 있다.

---

112) 辟: 避.

113) 其可已矣: '其~已矣'는 '아마 ~할 것이다.'로 단정하지 않는 추정의 의미를 내포하고 있다.

114) 亡: 音은 '무'이고 뜻도 '無'와 같다. 여기서는 '無知'의 뜻이다.

202

君子有三變 望之儼然 卽之也溫 聽其言也厲[115)]

君子에게는 세 가지의 바뀜이 있다. 바라보면 의젓해 보이고, 나아가 보면 온화해 보이며, 그 말씀을 들으면 단호해 보인다.

203

仕而優則學 學而優則仕

벼슬을 하다가 힘이 남으면 배우고, 배우다가 힘이 남으면 벼슬을 한다.

204

君子之過也 如日月之食焉[116)] 過也 人皆見之 更也 人皆仰之

君子의 허물은 해와 달이 가려지는 것과 같아, 허물이 생기면 사람들이 다 이를 보고, (허물을) 고치면 사람들이 다 우러러본다.

堯曰篇

205

寬則得重[117)] 信則民任焉 敏則有功 公則說[118)]

너그러우면 어깨가 무거워지고, 미더움이 있으면 백성들이 의지하고, 민첩하면 공적이 생기고, 공평하면 기뻐한다.

206

不知命 無以爲君子也 不知禮 無以立也 不知言 無以知人也

天命을 알지 못하면 君子가 될 수 없고, 禮를 알지 못하면 설 수 없으며, 말을 알지 못하면 사람을 알 수가 없다.

---

115) 厲: 말이 確固不動한 것이다.

116) 如日月之食焉: 日食(日蝕; 해가 달에 가려짐), 月食(月蝕; 달이 지구에 가려짐)과 같다.

117) 寬則得重: 192 참조. 비슷한 말씀이 있는데, 寬則得衆이라 하였으니, '重'은 곧 거느리는 사람이 많아져 어깨가 무거워짐을 나타낸 것이다.

118) 說: 悅.

제3편 三國遺事

03

古典 漢文의 理解

제3편 三國遺事

1

古記[1]云 昔有桓因[2] 庶子桓雄[3] 數意天下 貪求人世 父知子意 下視三危太伯[4] 可以弘益人間 乃授天符印[5]三箇 遣往理之 雄率徒三千 降於太伯山頂(卽太伯今妙香山) 神壇樹下 謂之神市 是謂桓雄天王也 將風伯雨師雲師[6]而主穀主命主病主刑主善惡 凡主人間三百六十餘事 在世理化

『古記』에 "예전 桓因의 庶子 桓雄이 자주 천하에 뜻을 두고 인간 세상을 탐하여 구하고자 하였다. 아버지[桓因]가 아들[桓雄]의 뜻을 알고 三危太伯을 내려 보니 널리 인간 세상을 이롭게 할 만하였다. 이에 天符印 세 개를 주어 가서 다스리게 하였다. 환웅은 무리 삼천 명을 이끌고 太伯山 정상(곧 太伯은 지금의 妙香山이다.)의 神壇樹 아래로 내려와 神市라 이르고 桓雄天王이라 불

---

1) 古記: 檀君과 관련한 가장 오래된 史籍. 『檀君古記』를 의미한다는 견해도 있으며, 단지 '옛 기록의 총칭'을 의미하는 것이라는 의견도 있다.
2) 桓因: 하늘을 다스리는 天帝.
3) 桓雄: 桓因의 庶子.
4) 三危太伯: 三危는 세 개의 높은 산이고, 太伯은 그 중 하나이다. 또 三危山과 太伯山의 둘로 보기도 하며, 그 위치에 대하여는 여러 설이 있다.
5) 天符印: 天帝의 아들인 桓雄의 성스러움을 상징하는 符印.
6) 風伯雨師雲師: 風伯 · 雨師 · 雲師. 바람 · 비 · 구름을 관장하는 존재.

렀다. 風伯 · 雨師 · 雲師를 거느리며 곡식 · 생명 · 질병 · 형벌 · 선악을 관장하면서, 인간 세상의 360여 가지 일을 주관하였고 세상에 머물며 다스리고 교화하였다.

時有一熊一虎 同穴而居 常祈于神雄 願化爲人 時神遺靈艾一炷 蒜二十枚 曰 爾輩食之 不見日光百日 便得人形 熊虎得而食之 忌三七日[7] 熊得女身 虎不能忌 而不得人身 熊女者無與爲婚 故每於壇樹下 呪願有孕 雄乃假化而婚之 孕生子 號曰壇君[8]王儉 <紀異 第二 古朝鮮 中>

이때 한 마리 곰과 한 마리 호랑이가 있어 같은 굴에 살면서, 항상 신이한 존재인 환웅에게 사람이 되게 해달라고 기원하였다. 이때 신이한 존재인 환웅이 영험한 쑥 한 줌과 마늘 20쪽을 주면서, '너희가 이것을 먹고 백일동안 햇빛을 보지 않으면 사람의 모양을 얻을 수 있다.'고 말하였다. 곰과 호랑이는 그것을 받아먹으며 三七日을 금기하여 곰은 여자의 몸을 얻었으나 호랑이는 금기하지 못해 사람의 몸이 되지 못하였다. 여자가 된 곰은 혼인할 상대가 없었으므로 매번 壇樹 아래에서 임신하기를 빌었다. 환웅이 이에 잠시 변하여 혼인하고 아들을 낳았으니, 壇君王儉이라 불렀다."라고 하였다.

2

高句麗 卽卒本扶餘也 或云今和州[9] 又成州[10]等 皆誤矣 卒本州在遼東[11]界

高句麗는 곧 卒本夫餘이다. 혹은 지금의 和州 또는 成州 등이라고 하는데 모두 오류이다. 卒本州는 遼東의 경계에 있다.

---

7) 三七日: 세이레(21일)로 보기도 하고, 三日(동쪽에 뜨는 해)과 七日(서쪽에 지는 해)로 보는 설 등 여러 설이 있다.
8) 壇君: 三國遺事에는 檀君이 아닌 壇君으로 되어 있다.
9) 和州: 지금의 永興 지방.
10) 成州: 지금의 平安南道 成川 지방.
11) 遼東: 中國 遼河의 동쪽이란 뜻. 遼寧省 南東部 一帶.

國史 高麗本記[12]云 始祖東明聖帝姓高氏 諱朱蒙 先是 北扶餘王解夫婁[13] 旣避地于東扶餘 及夫婁薨 金蛙[14]嗣位 于時得一女子於太伯山南優渤水 問之云我是河伯[15]之女 名柳花 與諸弟出遊 時有一男子 自言天帝子解慕漱 誘我於熊神山[16]下鴨淥邊室中 私之而往不返 父母責我無媒而從人 遂謫居于此

『國史』「高句麗本紀」에 "始祖 東明聖帝는 성이 高氏이고 이름은 朱蒙이다. 이에 앞서 北扶餘의 왕 解夫婁가 東扶餘로 땅을 옮기고, 夫婁가 죽자 金蛙가 왕위를 계승하였다. 이때에 太伯山 남쪽 優渤水에서 한 여자를 만나 묻자 대답하기를, "저는 본래 河伯의 딸이고 이름은 柳花입니다. 여러 동생들과 더불어 나와 노니는데, 그때 한 남자가 스스로 天帝의 아들 解慕漱라고 말하고 나를 熊神山아래 鴨淥江邊 집으로 꾀어 私通하고 돌아오지 않았습니다. 부모님은 내가 중매도 없이 다른 사람을 따른 것을 책망하여 결국 이곳에 謫居하게 되었습니다."라고 하였다.

金蛙異之 幽閉於室中 爲日光所照 引身避之 日影又逐而照之 因而有孕 生一卵 大五升許 王棄之與犬猪 皆不食 又棄之路 牛馬避之 棄之野 鳥獸覆之 王欲剖之而不能破 乃還其母 母以物裹之 置於暖處 有一兒破殼而出 骨表英奇 年甫七歲 岐嶷異常 自作弓矢 百發百中 國俗謂善射爲朱蒙 故以名焉

金蛙가 이상하게 여겨 집안에 幽閉시켰는데, 햇빛이 비추면서, 몸을 이끌어 피하면 빛이 또 따라와 비췄다. 이로 인해 잉태하여 알 하나를 낳았으니 크기가 닷 되 쯤 되었다. 왕은 그것을 버려 개와 돼지에게 주었으나 모두 먹지 않았고, 또 길에 버렸지만 소와 말이 피해 가고, 들에 버렸지만 새와 짐승이 이를 덮어주었다. 왕이 이를 깨트리려다 깨트리지 못하고 그 어미에게 돌려주었다. 어미가 물건으로 그 알을 싸서 따뜻한 곳에 두었더니 한 아이가 껍

12) 國史高麗本記: 『三國史記』「高句麗本紀」.
13) 解夫婁: 天帝子 解慕漱의 아들.
14) 金蛙: 解夫婁의 아들. 解夫婁는 늦도록 後嗣가 없었는데 우연히 鯤淵의 큰 돌 밑에서 얻은 아들이 金蛙라고 한다.
15) 河伯: 물의 神.
16) 態神山: 압록강 근처에 있었다는 사실을 감안하여 백두산으로 추정하는 견해가 있다.

질을 깨고 나왔는데 생김새가 영특하고 기이하였다. 나이 겨우 일곱 살에 조숙하여 평범치 않았고 혼자 활과 살을 만들어 백번 쏘면 백번 맞추었다. 나라 속담에 활 잘 쏘는 사람을 朱蒙이라 하였으므로 그렇게 이름하였다.

金蛙有七子 常與朱蒙遊戲 技能莫及 長子帶素言於王曰 朱蒙非人所生 若不早圖 恐有後患 王不聽 使之養馬 朱蒙知其駿者 減食令瘦 駑者善養令肥 王自乘肥 瘦者給蒙 王之諸子與諸臣將謀害之

金蛙는 일곱 명의 아들이 있었는데 항상 朱蒙과 더불어 놀았으나 技能이 따르지 못하였다. 큰아들 帶素가 왕에게, "朱蒙은 사람의 所生이 아닙니다. 만약 일찍 처치하지 않으면 後患이 있을까 두렵습니다."라고 하였다. 왕이 듣지 않고 말을 기르게 하였다. 朱蒙은 駿馬를 알아보고 적게 먹여 마르게 하고 駑馬는 잘 먹여서 살찌게 하였다. 왕 자신은 살찐 말을 타고 마른 말은 朱蒙에게 주었다. 왕의 모든 아들들과 신하들이 장차 朱蒙을 해하고자 모의를 하였다.

蒙母知之 告曰 國人將害汝 以汝才略何往不可 宜速圖之 於是蒙與烏伊等三人爲友 行至淹水[17] 告水曰 我是天帝子河伯孫 今日逃遁 追者垂及 奈何 於是魚鼈成橋 得渡而橋解 追騎不得渡 至卒本州 遂都焉 未遑作宮室 但結廬於沸流水[18]上居之 國號高句麗 因以高爲氏 時年十二歲 漢孝元帝建昭二年甲申歲[19] 卽位稱王 高麗全盛之日 二十一萬五百八戶 <紀異 第二 高句麗 中>

朱蒙의 어머니가 이를 알고 "國人이 장차 너를 해치려고 하는데 너의 재략으로 어디를 간들 못살겠느냐, 속히 도망가라." 하였다. 이에 朱蒙은 烏伊 등 세 사람과 벗을 삼아 淹水에 이르러 물에 고하기를, "나는 天帝의 아들이고 河伯의 손자이다. 오늘 도망을 가고 있는데 뒤쫓는 자가 거의 닥쳤으니 어찌하면 좋겠는가?" 하였다. 이때에 물고기와 자라가 다리를 만들어 건너게 하고 곧 다리가 해체되니 뒤쫓던 기병이 건너지 못하였다. 卒本州에 이르러 도

---

17) 淹水: 一然 또한 그 위치를 알 수 없다고 하였다.
18) 沸流水: 『高麗史』에는 平壤의 北東쪽에 있다고 되어 있다.
19) 漢孝元帝建昭二年甲申: 漢나라 孝元帝 建昭 2년 甲申. 곧 紀元前 37년.

읍을 삼았으나 미처 宮室을 지을 겨를이 없어, 다만 沸流水 위쪽에 임시 거처를 짓고 살았다. 국호를 高句麗라 하고 인하여 高로 성씨를 삼았다. 이때 나이는 십이 세였으며 漢孝元帝 建昭二年甲申에 즉위하여 왕이라 일컬었다. 고구려 전성기 때에는 22만 580호였다.

3

前漢地節元年壬子[20] 三月朔 六部祖各率子弟 俱會於閼川[21]岸上 議曰 我輩上無君主臨理蒸民[22] 民皆放逸 自從所欲 盍覓有德人 爲之君主 立邦設都乎 於是乘高南望 楊山[23]下蘿井[24]傍 異氣如電光垂地 有一白馬跪拜之狀 尋撿之 有一紫卵 馬見人長嘶上天 剖其卵得童男 形儀端美 驚異之 浴於東泉[25] 身生光彩 鳥獸率舞 天地振動 日月淸明 因名赫居世王

<紀異 第二 新羅始祖 赫居世王 中>

前漢 地節元年 壬子 3월 초하루에 六部의 祖上들이 각기 子弟들을 인솔하여 閼川 언덕위에 함께 모여 의논하기를, "우리들이 위로는 백성을 다스릴 군주가 없으므로 백성들이 모두 放逸하여 자기가 하고자 하는 대로 행하니, 어찌 德이 있는 사람을 찾아 임금으로 모셔 나라를 세우고 도읍을 정하지 아니하겠는가?" 하였다. 이에 높은 곳에 올라 남쪽을 바라보자 楊山 아래 蘿井 곁에 이상한 기운이 電光처럼 땅에 비치면서, 白馬 한 마리가 꿇어앉아 절을 하는 형상을 하고 있었다. 그곳을 찾아가 보자 붉은 알이 하나있었는데, 말이 사람을 보고는 길게 울다가 하늘로 올라가 버렸다. 그 알을 깨어 童子를 얻었는데 그 형상이 단정하고 아름다웠다. 경이롭게 여겨 東泉에서 목욕시키자 몸에서 광채가 나고 새와 짐승이 따라 춤추며 천지가 진동하고 日月이 청명하였다. 인하여 赫居世王이라 이름 지었다.

---

20) 前漢地節元年壬子: 地節은 中國 漢 宣帝의 年號. 곧 紀元前 69년.
21) 閼川: 지금의 경주 北天에 해당되는 지역.
22) 蒸民: 백성.
23) 楊山: 慶州 南山.
24) 蘿井: 慶州 塔正洞에 있다.
25) 東泉: 一然에 따르면 東泉寺는 詞腦野 북쪽에 있었다.

4

第八阿達羅王[26]卽位四年丁酉 東海濱有延烏郎·細烏女夫婦而居 一日延烏歸海採藻 忽有一巖(一云一魚) 負歸日本 國人見之曰 此非常人也 乃立爲王 細烏怪夫不來歸尋之 見夫脫鞋 亦上其巖 巖亦負歸如前 其國人驚訝 奏獻於王 夫婦相會 立爲貴妃

제8대 阿達羅王 즉위 4년 丁酉에 東海 가에 延烏郎과 細烏女 夫婦가 살고 있었다. 하루는 延烏가 바다에 가서 해조를 따고 있는데 홀연 한 바위가 있어(혹은 한 마리 물고기라 함) 싣고는 일본으로 가버렸다. 나라 사람들이 이를 보고, "非常한 사람이다."라고 말하며 왕으로 삼았다. 細烏는 남편이 돌아오지 않는 것을 괴이하게 여겨 찾아보았다. 남편이 벗어놓은 신이 있었고 또한 그 바위에 올라가자, 바위가 또한 전과 같이 싣고 갔다. 그 나라 사람들이 놀라서 왕에게 아뢰자 夫婦가 서로 만나 貴妃가 되었다.

是時新羅日月無光 日者奏云 日月之精 降在我國 今去日本 故致斯怪 王遣使來二人 延烏曰 我到此國 天使然也 今何歸乎 雖然 朕之妃有所織細綃 以此祭天可矣 仍賜其綃 使人來奏 依其言而祭之 然後日月如舊 藏其綃於御庫爲國寶 名其庫爲貴妃庫 祭天所名迎日縣 又都祈野[27]

<紀異 第二 延烏郎 細烏女 中>

이때 신라에서는 해와 달이 광채를 잃었다. 日官이 아뢰기를, "해와 달의 精이 우리나라에 있다가 지금은 일본으로 간 까닭에 이런 일이 일어났다."고 하였다. 왕이 使臣을 보내 두 사람을 찾았는데 延烏가 "내가 이 나라에 온 것은 하늘이 시킨 것이라, 이제 어찌 돌아가겠는가. 비록 그렇지만 짐의 妃가 짠 細綃가 있으니 이것으로써 하늘에 제사를 지내는 것이 옳을 것이다." 하고 그 비단을 주었다. 사신이 돌아와 아뢰자, 그 말에 따라 제사를 지내니 과연 해와 달이 예전과 같았다. 그 비단을 御庫에 두어 국보로 삼고, 그 창고를 이름 하여 貴妃庫라 하였으며, 하늘에 제사를 지낸 곳을 迎日縣 또는 都祈野라고 하였다.

---

26) 阿達羅王: 新羅 第八代 王. 재위 기간은 154~184년이다.
27) 都祈野: 迎日郡의 한 지역.

. 5

第十七那密王卽位三十六年庚寅[28] 倭王遣使來朝曰 寡君聞大王之神聖 使臣等以告百濟之罪於大王也 願大王遣一王子 表誠心於寡君也 於是王使第三子美海 以聘於倭 美海年十歲 言辭動止猶未備具 故以內臣朴娑覽爲副使而遣之 倭王留而不送三十年

제17대 那密王이 즉위 36년 庚寅에 倭王이 사신을 보내 來朝하여 “우리 임금이 대왕의 신성함을 듣고 신들에게 百濟의 죄를 대왕에게 아뢰도록 하였습니다. 원컨대 대왕은 왕자 한 명을 보내 우리 임금에게 성의를 표하기를 바랍니다.”라고 하였다. 이에 왕이 셋째 아들 美海를 시켜 倭를 방문하게 하였다. 美海는 나이가 10살이라 말이나 행동이 아직 갖춰지지 못하여 내신 朴娑覽을 副使로 삼아 같이 보냈는데, 倭王이 억류하여 30년 동안 돌려보내지 않았다.

至訥祇王卽位三年己未 句麗長壽王遣使來朝云 寡君聞大王之弟寶海秀智才藝 願與相親 特遣小臣懇請 王聞之幸甚 因此和通 命其弟寶海 道於句麗 以內臣金武謁爲輔而送之 長壽王又留而不送

訥祇王 즉위 3년 己未에 高句麗의 長壽王이 사신을 보내 來朝하여 “우리 임금이 대왕의 아우인 寶海가 지혜롭고 재주가 있음을 듣고 서로 친하기를 원해서 특별히 소신을 보내 간청하는 바입니다.”라고 하였다. 왕이 이 말을 듣고 매우 다행이라고 여겨 이로 인하여 화친을 맺고, 아우 寶海에게 명하여 高句麗에 가도록 하고, 內臣 金武謁을 보좌로 삼아 보냈다. 長壽王도 또한 억류하여 보내지 않았다.

至十年乙丑 王召集群臣及國中豪俠 親賜御宴 進酒三行 衆樂初作 王垂涕而謂群臣曰 昔我聖考 誠心民事 故使愛子東聘於倭 不見而崩 又朕卽位已來 隣兵甚熾 戰爭不息 句麗獨有結親之言 朕信其言 以其親弟聘於句麗 句麗亦留而不送 朕雖處富貴 而未嘗一日暫忘而不哭 若得見二弟 共謝於先主之廟 則能報恩於國人 誰能成其謀策

---

28) 那密王卽位三十六年庚寅: 서기 390년.

訥祗王 10년 乙丑에 왕이 신하들과 국내의 호걸·협객을 불러 모아 친히 연회를 베풀었다. 술이 세 번 돌고 여러 음악이 시작되자, 왕이 눈물을 흘리며 여러 신하에게 "전에 아버님께서 성심으로 백성을 위한 政事를 하셨기 때문에 사랑하는 아들을 동쪽 倭國에 사절로 보냈다가 다시 보지 못하고 돌아가셨다. 또 내가 즉위한 이래 이웃 나라의 군사가 심히 강성하여 전쟁이 그치지 않았는데, 高句麗만이 친교를 맺자는 말을 하므로 내가 그 말을 믿고 내 아우를 高句麗에 보냈더니, 高句麗 역시 억류해두고 보내지 않았다. 내가 비록 부귀를 누리지만 하루라도 잊고 울지 않은 적이 없었다. 만약 두 아우를 만나서 함께 선왕의 사당에 참배할 수 있게 된다면 나라 사람들에게 은혜를 갚을 것이니 누가 능히 그 계책을 이룰 수 있겠는가."라고 하였다.

時百官咸奏曰 此事固非易也 必有智勇方可 臣等以爲歃羅郡[29] 太守堤上可也 於是王召問焉 堤上再拜對曰 臣聞主憂臣辱 主辱臣死 若論難易而後行 謂之不忠 圖死生而後動 謂之無勇 臣雖不肖 願受命行矣 王甚嘉之 分觴而飮 握手而別

이 때 백관이 모두 아뢰기를, "이 일은 결코 쉽지 않으니 반드시 지혜와 용기가 있는 사람만이 가능할 것입니다. 신들은 歃羅郡 太守 堤上이 좋다고 봅니다."라고 하였다. 이에 왕이 불러 묻자 堤上이 두 번 절하고 대답하여 아뢰기를, "신이 듣기를 '임금에게 근심이 있으면 신하가 욕되고, 임금이 욕되면 신하는 죽어야 한다.'고 했습니다. 만약 일이 어렵고 쉬운 것을 헤아린 후에 행한다면 그것은 충성되지 못하다고 할 것이요, 죽고 사는 것을 도모한 후에 움직인다면 그것은 용기가 없다고 할 것입니다. 신은 비록 불초하지만 왕명을 받들어 행하고자 합니다."라고 하였다. 왕이 심히 가상히 여겨 술을 나누어 마시고 손을 잡고 작별하였다.

---

29) 歃羅郡: 지금의 경상남도 양산시. 옛 歃羅國 자리이다.

堤上簾前受命 徑趨北海之路 變服入句麗 進於寶海所 共謀逸期 先以五月十五日 歸泊於高城[30]水口而待 期日將至 寶海稱病 數日不朝 乃夜中逃出行到高城海濱 王知之 使數十人追之 至高城而及之 然寶海在句麗 常施恩於左右 故其軍士憫傷之 皆拔箭鏃而射之 遂免而歸

堤上은 왕 앞에서 명령을 받고 곧장 北海의 길로 가서 변복을 하고 高句麗에 들어갔다. 寶海가 있는 곳으로 들어가서 함께 도망할 날짜를 모의하고, 먼저 5월 15일 高城의 수구로 돌아와 기다렸다. 약속한 기일이 가까워지자 寶海가 병을 핑계로 며칠 동안 조회에 나가지 않다가 밤중에 몰래 도망쳐 高城의 해변에 이르렀다. 왕이 이를 알고 수십 명을 시켜 뒤쫓게 하여 高城에 이르러 따라 잡았다. 그러나 寶海가 高句麗에 있을 때에 항상 상종하는 사람에게 은혜를 베풀었으므로 군사들이 그를 매우 동정하여 모두 화살촉을 뽑고 쏘았으므로 마침내 살아서 돌아왔다.

王旣見寶海 益思美海 一欣一悲 垂淚而謂左右曰 如一身有一臂 一面一眼雖得一而亡一 何敢不痛乎 時堤上聞此言 再拜辭朝而騎馬 不入家而行 直至於栗浦[31]之濱 其妻聞之 走馬追至栗浦 見其夫已在舡上矣 妻呼之切懇堤上但搖手而不駐

왕이 寶海를 보게 되자 더욱 美海의 생각이 나서 한편으로는 기쁘면서도 한편으로는 슬퍼서 눈물을 흘리며 좌우에게 “마치 한 몸에 팔 하나와 한 얼굴에 눈 하나만 있는 것만 같아 비록 하나는 얻었으나 다른 하나가 없으니 어찌 슬프지 않겠는가?”라고 하였다. 이 때 堤上이 이 말을 듣자 재배하고는 조정에 하직하면서 말을 타고 집에 들르지도 않은 채 길을 떠나 곧장 栗浦의 해변에 이르렀다. 그 아내가 소문을 듣고 말을 달려 栗浦까지 쫓아갔지만, 남편은 이미 배를 타고 있었다. 아내가 안타깝게 불렀으나 남편은 손을 흔들 뿐 멈추지 않았다.

---

30) 高城: 지금의 강원도 고성군.
31) 栗浦: 지금의 울산광역시.

行至倭國 詐言曰 雞林王以不罪殺我父兄 故逃來至此矣 倭王信之 賜室家而安之 時堤上常陪美海遊海濱 逐捕魚鳥 以其所獲 每獻於倭王 王甚喜之而無疑焉

倭國에 이르러 거짓으로 "鷄林王이 아무 죄도 없이 나의 아버지와 형제들을 죽였기 때문에 여기로 도망해 왔습니다."라고 하였다. 倭王은 그 말을 믿고 집을 주어 편히 살게 하였다. 이 때 提上은 항상 美海를 모시고 해변에서 놀면서 새와 물고기를 잡았는데, 그 잡은 것을 매번 倭王에게 바치자, 왕이 무척 기뻐하여 의심하지 않았다.

適曉霧濛晦 堤上曰 可行矣 美海曰 然則偕行 堤上曰 臣若行 恐倭人覺而追之 願臣留而止其追也 美海曰 今我與汝如父兄焉 何得棄汝而獨歸 堤上曰 臣能救公之命 而慰大王之情則足矣 何願生乎 取酒獻美海 時雞林人康仇麗在倭國 以其人從而送之 堤上入美海房

때마침 새벽안개가 자욱하게 끼어 앞을 분간할 수 없었다. 提上이 "떠나가실 만합니다." 라고 하였더니 美海가, "그러면 같이 가자."고 하였다. 提上이 "신이 만약 간다면 倭人이 알고 쫓아올까 염려되니, 원컨대 신은 이 곳에 남아서 그들이 쫓는 것을 막을까 합니다."라고 하였다. 美海가, "지금 나와 그대 사이는 父兄과 같은데, 어찌 그대를 버리고 혼자만 돌아가겠는가?"라고 하자, 提上이 말하길, "신은 공의 목숨을 구하여 대왕의 마음을 위로할 수 있으면 만족합니다. 어찌 살기를 바라겠습니까?"라 하고는 술을 따라 美海에게 바쳤다. 이 때 鷄林 사람 康仇麗가 倭國에 와 있었으므로, 그에게 美海를 따라 호송하게 하고, 提上은 美海의 방에 들어가 있었다.

至於明旦 左右欲入見之 堤上出止之曰 昨日馳走於捕獵 病甚未起 及乎日昃 左右怪之而更問焉 對曰 美海行已久矣 左右奔告於王 王使騎兵逐之 不及

이튿날 아침이 되어 좌우의 倭人들이 들어가 美海를 보고자 하였으나, 堤上이 나와 그들을 제지하면서 "어제 사냥을 하면서 마구 다녔기 때문에 몹시 고단하여 일어나지 못하십니다."라고 하였다. 한낮이 지나자 倭人들이 이상하게 여겨 다시 묻자, 대답하기를, "美海가 떠난 지 이미 오래되었다."라고 하였다. 倭人들이 급히 왕에게 아뢰자, 왕이 기병으로 쫓게 했으나 따라잡지 못하였다.

於是囚堤上問曰 汝何竊遣汝國王子耶 對曰 臣是雞林之臣 非倭國之臣 今欲成吾君之志耳 何敢言於君乎 倭王怒曰 今汝已爲我臣 而言雞林之臣 則必具五刑 若言倭國之臣者 必賞重祿 對曰 寧爲雞林之犬狏 不爲倭國之臣子 寧受雞林之箠楚 不受倭國之爵祿 <紀異 第二 柰勿王 金堤上 中>

이에 提上을 가두고 묻기를, "너는 어찌하여 몰래 너의 나라 왕자를 보냈느냐?"라고 하자, 대답하기를, "나는 鷄林의 신하이지 倭國의 신하가 아니다. 지금 내 임금의 뜻을 이루려 한 것뿐이니, 감히 무엇을 그대에게 말하겠는가?"라고 하였다. 倭王이 노하여 "지금 너는 이미 나의 신하가 되었다. 그런데도 鷄林의 신하라고 말한다면 반드시 五刑을 받을 것이다. 만약 倭國의 신하라고 말하면 반드시 후한 녹으로 상을 주겠노라."라고 하였다. 대답하기를, "차라리 鷄林의 개·돼지가 될지언정 倭國의 신하는 될 수 없으며, 차라리 鷄林의 형장을 받을지언정 倭國의 작록은 받을 수 없다."고 하였다.

6

第二十一毗處王卽位十年戊辰[32) 幸於天泉亭 時有烏與鼠來鳴 鼠作人語云 此烏去處尋之 王命騎士追之 南至避村 兩猪相鬪 留連見之 忽失烏所在 徘徊路旁 時有老翁自池中出奉書 外面題云 開見二人死 不開一人死

제21대 毗處王 즉위 10년 戊辰에 天泉亭에 행차했다. 이때 까마귀와 쥐가 와서 울면서 쥐가 사람의 말로 이르기를, "이 까마귀가 가는 곳을 찾아오시오." 했다. 왕은 騎士에게 명하여 까마귀를 따르게 했다. 남쪽 避村에 이르러 보자 돼지 두 마리가 싸우고 있다. 이것을 한참 쳐다보다가 문득 까마귀가 날아간 곳을 잊고 서성거리고 있었다. 이때 한 늙은이가 못 속에서 나와 글을

---

32) 毗處王卽位十年戊辰: 서기 488년.

올렸다. 그 글 겉봉에는, "이 글을 떼어 보면 두 사람이 죽을 것이요, 떼어 보지 않으면 한 사람이 죽을 것입니다." 하였다.

使來獻之 王曰 與其二人死 莫若不開 但一人死耳 日官奏曰 二人者庶民也 一人者王也 王然之開見 書中云 射琴匣 王入宮見琴匣射之 乃內殿焚修僧[33] 與宮主[34]潛通而所奸也 二人伏誅

使者(騎士)가 돌아와 毗處王에게 드리자 왕이 "두 사람을 죽게 하느니보다는 차라리 떼어 보지 않아 한 사람만 죽게 하는 것이 낫겠다." 하였다. 이때 日官이 아뢰었다. "두 사람이라 한 것은 庶民을 말한 것이요, 한 사람이란 바로 왕을 말한 것입니다." 왕이 그 말을 옳게 여겨 글을 열어 보자 "琴匣을 쏘라." 고 했다. 왕은 곧 궁중으로 들어가 거문고 匣을 쏘았는데, 거기에는 內殿에서 焚香修道하고 있던 중이 宮主와 은밀히 奸通하고 있었다. 이에 두 사람을 형벌에 처해 죽게 하였다.

自爾國俗 每正月上亥上子上午[35]等日 忌愼百事 不敢動作 以十五日爲烏忌之日[36] 以糯飯祭之 至今行之 俚言怛忉[37] 言悲愁而禁忌百事也 命其池曰 書出池[38]

<紀異 第二 射琴匣>

그 뒤로 나라 풍속에 해마다 정월 上亥·上子·上午日에는 모든 일을 조심하고, 감히 움직이지 않았다. 그리고 15일을 '烏忌日'이라 하여 찰밥을 지어 제사지냈으며 지금도 행해지고 있다. 俚言에 이를 '怛忉'라고 한다. 슬퍼하고 근심하며 모든 일을 금하고 꺼린다는 말이다. 또 노인이 나온 못을 書出池라 이름 했다.

---

33) 焚修僧: 부처 앞에 향불을 피우고 불도를 닦는 승려를 말한다.
34) 宮主: 왕의 후궁.
35) 上亥上子上午: 그 달의 첫 亥日·子日·午日.
36) 烏忌之日: 정월 15일.
37) 怛忉: 매년 정월 亥日·子日·午日에 百事를 조심하는 풍속.
38) 書出池: 경상북도 경주시 남산동에 있는 연못이다.

7

沙梁部[39]之庶女 姿容艶美 時號桃花娘[40] 王聞而召致宮中欲幸之 女曰 女之所守 不事二夫 有夫而適他 雖萬乘之威 終不奪也 王曰 殺之何 女曰 寧斬于市 有願靡他 王戱曰 無夫則可乎 曰可 王放而遣之

沙梁部 庶女가 자색이 곱고 아름다워 당시 사람들이 桃花娘이라 불렀다. 왕이 듣고 궁중에 불러들여 관계를 갖고자 하자 여자가 “여자가 지켜야 하는 일은 두 남자를 섬기지 않는 것입니다. 남편이 있는데 어찌 남에게 가겠습니까. 비록 제왕의 위엄이라 할지라도 정조는 빼앗지 못할 것입니다.” 그러자 왕이 “죽이겠다면 어찌 할 것이냐?”라고 하자, “차라리 거리에서 목이 베일지언정 다른 마음을 먹을 수는 없습니다.” 왕이 기롱하며 “남편이 없으면 되겠느냐?”라고 하자, “가능합니다.” 하였다. 왕은 그 여자를 놓아 보내주었다.

是年王見廢而崩 後二年 其夫亦死 浹旬忽夜中 王如平昔來於女房曰 汝昔有諾 今無汝夫 可乎 女不輕諾 告於父母 父母曰 君王之敎 何以避之 以其女入於房 留御七日 常有五色雲覆屋 香氣滿室 七日後 忽然無蹤 女因而有娠 月滿將産 天地振動 産得一男 名曰鼻荊[41] <紀異 第二 桃花女鼻刑郎 中>

이 해에 왕이 폐위되어 죽었는데, 2년 후에 그 남편도 죽었다. 열흘 뒤에 갑자기 밤중에 왕이 평상시처럼 여인의 방에 들어와 “네가 옛날에 허락하였다. 지금 네 남편이 없으니 되겠느냐?” 하였다. 여인은 가벼이 허락하지 않고 부모에게 고하였다. 부모가 “임금님의 말씀인데 어떻게 피하겠느냐?” 하고는 딸을 방으로 들어가게 했다. 왕은 7일 동안 머물렀는데 늘 오색구름이 집을 덮었고 향기가 방안에 가득하였으며, 7일 후에는 홀연히 자취가 사라졌다. 여자는 이로 인해 태기가 있었다. 달이 차서 해산을 하려 하는데 천지가 진동하며 남자 아이 하나를 낳았는데, 이름을 鼻荊이라 하였다.

---

39) 沙梁部: 新羅 수도에 있던 六部 중의 하나.
40) 桃花娘: 新羅 眞智王 및 眞平王 때 沙梁部에 살던 여인. 眞智王의 혼과 정을 통하여 아들 鼻荊郎을 낳았다.
41) 鼻荊: 新羅 沙梁部 여인 桃花女와 眞智王의 혼 사이에서 태어난 존재이다.

8

郎[42]以伐麗濟[43]之事 日夜深謀 白石[44]知其謀 告於郎曰 僕請與公密先探於彼 然後圖之何如 郎喜 親率白石夜出行

庾信은 高句麗와 百濟를 치려고 밤낮을 가리지 않고 깊이 생각하였다. 白石이 그 계략을 알고 郎(庾信)에게 "제가 청컨대 公과 더불어 몰래 저들을 먼저 염탐한 후에 도모하는 것이 어떻겠습니까?" 하였다. 庾信은 기뻐하며 친히 白石을 데리고 밤에 길을 떠났다.

方憩於峴上 有二女隨郎而行 至骨火川[45]留宿 又有一女忽然而至 公與三娘子喜話之時 娘等以美菓餽之 郎受而啖之 心諾相許 乃說其情 娘等告云 公之所言已聞命矣 願公謝白石而共入林中 更陳情實 乃與俱入 娘等便現神形曰 我等奈林[46]·穴禮[47]·骨火[48]等三所護國之神 今敵國之人誘郎引之 郎不知而進途 我欲留郎而至此矣 言訖而隱

고개 위에서 쉬고 있는데, 두 여자가 나타나 庾信을 따라 왔다. 骨火川에 이르러서 잠을 자려는데 또 한 여자가 홀연히 왔다. 庾信이 세 낭자와 즐겁게 이야기하는데 낭자들이 맛있는 과실을 주었다. 庾信은 과실을 받아먹으며 마음으로 서로 허락하고, 곧 그간의 사정을 말해주었다. 그러자 낭자들이 "공께서 말씀하신 바는 이미 알고 있습니다. 원컨대 공은 白石을 잠시 떼어놓고 저희들과 함께 숲 속으로 들어가시면 다시 사실대로 말씀드리겠습니다." 하였다. 함께 숲 속으로 들어가자 낭자들이 갑자기 神의 모습으로 변하여 "우리들은 奈林·穴禮·骨火 등 세 곳의 護國神이다. 지금 적국 사람이 그대를 유인해 가는데도 그대는 이를 모른 채 따라가고 있으니, 그대를 떠나지 못하게 하려고 여기까지 온 것이다." 하였다. 말을 마치자 사라져버렸다.

---

42) 郎: 金庾信.
43) 麗濟: 高句麗와 百濟.
44) 白石: 당시 花郎의 무리에 속해 있던 인물. 어디서 왔는지는 알 수 없다고 기록되어 있다.
45) 骨火川: 지금의 경상북도 永川市.
46) 奈林: 경주의 지명인 듯하나 그 위치는 정확치 않다.
47) 穴禮: 경주 혹은 그 주변의 지명인 듯하나 그 위치는 정확치 않다.
48) 骨火: 경상북도 永川 金剛山.

公聞之驚仆 再拜而出 宿於骨火館 謂白石曰 今歸他國 忘其要文 請與爾還家取來 遂與還至家 拷縛白石 而問其情曰 我本高麗人 我國群臣曰 新羅庾信 是我國卜筮之士楸南也 國界有逆流之水 使其卜之 奏曰 大王夫人逆行陰陽之道 其瑞如此 大王驚怪 而王妃大怒 謂是妖狐之語 告於王 更以他事驗問之 失言則加重刑 乃以一鼠藏於合中 問是何物 其人奏曰 是必鼠 其命有八 乃以謂失言 將加斬罪 其人誓曰 吾死之後 願爲大將必滅高麗矣 卽斬之 剖鼠腹而視之 其命有七 於是知前言有中 其日夜大王夢 楸南入于新羅舒玄公夫人之懷 以告於群臣 皆曰 楸南誓心而死 是其果然 故遣我至此謀之爾 公乃刑白石 備百味祀三神 皆現身受奠 <紀異 第二 金庾信 中>

공은 이 말을 듣고 크게 놀라 엎드려 두 번 절을 하고는 나와서 骨火舘에 유숙하고 나서 白石에게 "지금 다른 나라에 가면서 중요한 문서를 잊고 왔다. 함께 집에 돌아가서 가지고 와야겠다." 하였다. 마침내 집에 돌아와 白石을 결박하고 다짐하면서 그 실정에 대해 묻자 白石이 "저는 본래 高句麗 사람입니다. 우리나라 여러 신하들이 '新羅의 庾信은 본래 우리나라의 점쟁이 楸南이었다.'라고 했습니다. (이전에) 국경에 거꾸로 흐르는 물이 있어 점을 치게 하자 아뢰기를, '대왕의 부인이 음양의 도를 역행하였기 때문에 그 표징이 이와 같습니다.'라고 하였습니다. 대왕이 놀라 괴이하게 여겼고 왕비도 크게 화가 나서, '이것은 요망한 여우의 말이다.'라고 왕에게 고하면서, 다시 다른 일로 시험해 물어서 만일 틀린 말을 하면 중벌을 내리라고 하였습니다. 이에 쥐 한 마리를 상자 속에 가두어 놓고 무슨 물건이냐고 물었더니, 그가 아뢰기를, '이것은 필시 쥐이며, 여덟 마리입니다.'라고 하였습니다. 이에 곧 틀린 말을 했다고 하여 목을 베려고 하자 楸南이 맹세하기를, '내가 죽은 후에 대장이 되어 반드시 高句麗를 멸망시킬 것이다.'라고 하였습니다. 곧장 楸南을 베고 쥐의 배를 갈라 보니, 새끼 일곱 마리가 있었으므로, 그제야 楸南의 말이 맞았다는 것을 알았습니다. 그날 밤 대왕의 꿈에 楸南이 新羅 舒玄公 부인의 품으로 들어간 것을 여러 신하들에게 이야기했더니 모두 '楸南이 마음속으로 맹세하고 죽더니 과연 그러하옵니다.'라고 하였습니다. 그래서 나를 보내어 이런 계책을 꾸미게 한 것입니다."라고 하였다. 이에 庾信은 곧 白石을 죽이고 온갖 제물을 갖추어 三神에게 제사지내자 모두 나타나서 제물을 흠향하였다.

9

後旬日 庾信與春秋公 正月午忌日[49] 蹴鞠于庾信宅前 故踏春秋之裙 裂其襟紐 請曰入吾家縫之 公從之 庾信命阿海[50]奉針 海曰 豈以細事輕近貴公子乎 因辭乃命阿之[51] 公知庾信之意 遂幸之 自後數數來往

10일 후 庾信은 春秋公과 더불어 正月 午忌日에 자신의 집 앞에서 공을 차다가 일부러 春秋公의 옷을 밟아 고름을 떨어뜨리게 하고는 "우리 집에 들어가서 꿰맵시다."라고 하자, 春秋公이 그 말을 따랐다. 庾信이 阿海에게 바느질을 하라고 하자 阿海가 "어찌 이런 사소한 일로 함부로 귀공자에게 기까이 하겠습니까?" 하면서 사양하였다. 그래서 곧 阿之에게 시키자 春秋公은 庾信의 뜻을 알고 드디어 관계하여 이로부터 자주 庾信의 집을 왕래하였다.

庾信知其有娠 乃嘖之曰 爾不告父母而有娠何也 乃宣言於國中 欲焚其妹 一日俟善德王遊幸南山 積薪於庭中 焚火烟起 王望之問何烟 左右奏曰 殆庾信之焚妹也 王問其故 曰爲其妹無夫有娠 王曰 是誰所爲 時公昵侍在前 顔色大變 王曰 是汝所爲也 速往救之 公受命馳馬 傳宣沮之 自後現行婚禮

庾信公은 누이동생이 임신을 한 것을 알고 꾸짖기를, "네가 부모님께 아뢰지도 않고 임신을 하였으니 어찌된 일이냐?" 하고는, 곧 온 나라 안에 소문을 내어 동생을 불태워죽이겠다 하였다. 어느 날 善德王이 南山에 행차할 때를 기다려 뜰 가운데 장작을 쌓아 놓고 불을 붙여 연기가 일어나게 했다. 왕이 바라보고 무슨 연기냐고 묻자, 주변에 있던 신하들이 아뢰기를, "아마 庾信이 그의 누이동생을 태워 죽이려고 하는 것 같습니다." 하였다. 왕이 그 까닭을 묻자 대답하기를, "그 누이동생이 남편도 없이 임신하였기 때문입니다." 하였

---

49) 正月午忌日: 新羅 풍속에 매년 정월 첫째 亥日·子日·午日을 꺼리는 것을 말한다.
50) 阿海: 寶姬의 어릴 때 이름.
51) 阿之: 文姬의 어릴 때 이름.

다. 왕이 다시 물으며, “이것은 누구의 소행이냐?” 하니, 때마침 春秋公이 왕을 모시고 있다가 얼굴색이 크게 변하였다. 그러자 왕이 “이것은 너의 소행이구나. 속히 가서 구하라.” 하였다. 春秋公은 명을 받고 말을 달려 왕명을 전하면서 죽이지 못하게 하고는 그 후 세상에 드러내놓고 혼례를 올렸다.

眞德王薨 以永徽[52]五年甲寅卽位 御國八年 龍朔[53]元年辛酉崩 壽五十九歲 葬於哀公寺[54]東 有碑 王與庾信神謀戮力 一統三韓 有大功於社稷 故廟號太宗 <紀異 第二 太宗春秋公 中>

眞德王이 죽고 永徽 5년 甲寅에 春秋公이 왕위에 올랐다. 8년 동안 나라를 다스리다가 龍朔 元年 辛酉에 세상을 떠났는데 나이가 59세였다. 哀公寺 동쪽에 장사를 지내고 비석을 세웠다. 왕은 庾信과 더불어 꾀와 힘을 다해 三韓을 통일하였고 사직에 큰 공을 세웠으므로 廟號를 太宗이라 하였다.

10

初與百濟兵戰於黃山之役[55] 長春郞・罷郞死於陣中 後討百濟時 見夢於太宗曰 臣等昔者爲國亡身 至於白骨 庶欲完護邦國 故隨從軍行無怠而已 然迫於唐帥定方[56]之威 逐於人後爾 願王加我以小勢 大王驚怪之 爲二魂 說經一日於牟山亭 又爲創壯義寺[57]於漢山州 以資冥援 <紀異 第二 長春郞罷郞>

처음 百濟 군사와 싸우던 黃山에서 長春郞과 罷郞이 전투 중에 죽었다. 후에 百濟를 토벌할 때 太宗의 꿈에 나타나 “우리들은 지난날 나라를 위해 몸을 바쳐 지금 백골이 되었음에도, 나라를 끝까지 지키고자 군대 따라다니기를 태만하게 하지 않았습니다. 그런데 唐나라 장수 蘇定方의 위엄 때문에 다른

---

52) 永徽: 중국 唐 高宗의 연호(650~655).
53) 龍朔: 중국 唐 高宗의 연호(661~663).
54) 哀公寺: 경상북도 경주시 효현동 서악의 남록에 위치한다. 현재 절터에는 3층 석탑이 남아 있다.
55) 黃山之役: 황산 전투.
56) 定方: 蘇定方(592~667). 唐의 武將. 羅・唐 연합군 대총관으로 新羅軍과 함께 百濟를 멸하고 高句麗 平壤城을 공격했으나 전세가 불리해지자 철군했다.
57) 壯義寺: 서울시 종로구 신영동 창의문 밖에 있는 절.

사람의 뒤만 따르게 되었습니다. 원컨대 임금께서는 저희에게 작은 힘이라도 보태주소서."라고 하였다. 왕이 놀라 괴이하게 여겨 두 원혼을 위하여 하루 동안 牟山亭에서 불경을 읽도록 하고 또 漢山州에 壯義寺를 창건하여 명복을 빌게 하였다.

11

第三十一神文大王[58] 諱政明 金氏 開耀[59]元年辛巳七月七日卽位 爲聖考文武大王[60] 創感恩寺[61]於東海邊 明年壬午五月朔 海官[62] 波珍喰[63] 朴夙淸[64] 奏曰 東海中有小山 浮來向感恩寺 隨波往來 王異之 命日官金春質[65]占之曰 聖考今爲海龍 鎭護三韓 抑又金公庾信乃三十三天[66]之一子 今降爲大臣 二聖同德 欲出守城之寶 若陛下行幸海邊 必得無價大寶

제31대 神文大王의 이름은 政明이고 성은 金이다. 開耀 元年 辛巳 7월 7일에 즉위하였다. 聖考인 부왕 文武大王을 위하여 동해 바닷가에 感恩寺를 창건하였다. 이듬해인 壬午 5월 초하루에 海官 波珍喰 朴夙淸이 아뢰기를, "東海 가운데 작은 산 하나가 물에 떠서 感恩寺 쪽으로 떠내려와 물결을 따라 왔다 갔다 합니다." 하였다. 왕이 이를 이상하게 여겨 日官 金春質에게 점을 치게 하였더니 그가 아뢰기를, "선왕께서 海龍이 되어 三韓을 지키고 있습니다. 또 金庾信도 三十三天의 한 아들로 이제 인간 세상에 내려와 大臣이 되었습니다. 두 聖人이 덕을 같이 하여 나라를 지킬 보배를 내리려 하시니, 만일 폐하께서 바닷가에 행차하시면 반드시 값을 따질 수 없는 큰 보물을 얻게 되실 것입니다."라고 하였다.

---

58) 神文大王: 新羅 제31대 왕. 재위 681~692.
59) 開耀: 중국 唐 高宗의 연호(681~682).
60) 文武大王: 新羅 제30대 왕. 재위 661~681.
61) 感恩寺: 경상북도 월성군 양북면 용당리에 있었던 절.
62) 海官: 新羅의 관직. 해안을 지키거나 관할하던 무관직으로 추정.
63) 波珍喰: 波珍飡. 新羅 17관등 중 네 번째 관등.
64) 朴夙淸: 이 인물과 관련한 자세한 기록은 찾아볼 수 없다.
65) 金春質: 이 인물과 관련한 자세한 기록은 찾아볼 수 없다.
66) 三十三天: 도리천(忉利天)이라고도 한다. 六欲天의 제2세계이다.

王喜 以其月七日 駕幸利見臺[67] 望其山 遣使審之 山勢如龜頭 上有一竿竹 晝爲二 夜合一 使來奏之 王御感恩寺宿 明日午時 竹合爲一 天地振動 風雨晦暗七日 至其月十六日風霽波平

왕은 기뻐하며 그 달 7일에 利見臺에 행차하여 그 산을 바라보고는 使者를 보내어 살펴보도록 하였다. 산의 모습은 거북이 머리 같고, 그 위에는 한 줄기 대나무가 있는데, 낮에는 둘이 되었다가 밤에는 합하여 하나가 되었다. 使者가 와서 이를 아뢰자, 왕은 感恩寺로 가서 묵었다. 다음날 午時에 대나무가 합해져서 하나가 되더니 천지가 진동하고 비바람이 몰아쳐 7일 동안이나 깜깜하였다가 그 달 16일이 되어서야 바람이 잦아지고 물결이 잔잔해졌다.

王泛海入其山 有龍奉黑玉帶來獻 迎接共坐 問曰 此山與竹 或判或合如何 龍曰 比如一手拍之無聲 二手拍則有聲 此竹之爲物 合之然後有聲 聖王以聲理天下之瑞也 王取此竹 作笛吹之 天下和平 今王考爲海中大龍 庾信復爲天神 二聖同心 出此無價大寶 令我獻之 王驚喜 以五色錦彩金玉酬賽之 勅使斫竹出海時 山與龍忽隱不現

왕이 배를 타고 그 산에 들어갔는데, 용이 검은 옥띠를 받들고 와서 바쳤다. 왕이 영접하여 함께 앉아 묻기를, "이 산과 대나무가 혹은 갈라지고 혹은 합해지는 것은 무엇 때문인가?" 하였다. 용이 "비유하자면 한 손으로 치면 소리가 나지 않지만, 두 손으로 치면 소리가 나는 것과 같아서, 이 대나무라는 물건도 합해진 연후에야 소리가 납니다. 聖王께서 소리로 천하를 다스릴 상서로운 징조입니다. 왕께서 이 대나무를 가져다가 피리를 만들어서 불면 천하가 평화로워질 것입니다. 지금 왕의 아버지께서 바다의 큰 용이 되셨고 金庾信은 다시 天神이 되었습니다. 두 성인이 마음을 합쳐 이처럼 값으로 따질 수 없는 보물을 보내 저를 시켜 이를 바치는 것입니다."라고 하였다. 왕이 놀라고 기뻐하며 오색 비단과 금과 옥으로 보답하였다. 사자를 시켜 대나무를 베도록 하고 바다에서 나올 때, 산과 용이 홀연히 사라져서 나타나지 않았다.

67) 利見臺: 경상북도 경주시 감포읍 대본리 感恩寺址 앞에 있는 新羅의 건축물.

王宿感恩寺 十七日 到祇林寺[68]西溪邊 留駕晝饍 太子理恭[69](卽孝昭大王)守闕 聞此事 走馬來賀 徐察奏曰 此玉帶諸窠皆眞龍也 王曰 汝何知之 太子曰 摘一窠沈水示之 乃摘左邊第二窠沈溪 卽成龍上天 其地成淵 因號龍淵

왕이 感恩寺에서 묵으며 17일에 祇林寺 서쪽 시냇가에 이르러 수레를 멈추고 점심을 먹고 있었다. 태자 理恭이 대궐을 지키다가 이 일을 듣고 말을 달려 와서 축하하며 천천히 살펴보고 "이 옥대의 여러 쪽들이 모두 진짜 용입니다." 하였다. 왕이 "네가 그것을 어떻게 아느냐?" 하니, 태자가 아뢰기를, "쪽 하나를 떼어서 물에 넣어 보십시오." 하였다. 이에 왼쪽 두 번째 것을 따서 계곡물에 넣었더니 곧 용이 되어 하늘로 올라갔고, 그 땅은 연못이 되었다. 그래서 이 연못을 龍淵이라고 불렀다.

駕還 以其竹作笛 藏於月城[70]天尊庫 吹此笛 則兵退病愈 旱雨雨晴 風定波平 號萬波息笛 稱爲國寶 至孝昭大王代 天授[71]四年癸巳 因失禮郞[72]生還之異 更封號曰萬萬波波息笛 詳見彼傳 <紀異 第二 萬波息笛 中>

왕이 돌아와서 그 대나무로 피리를 만들어 月城 天尊庫에 보관하였다. 피리를 불면 적군이 물러나고 병이 나았으며, 가물면 비가 오고 장마가 지면 날이 개었으며, 바람이 잠잠해지고 파도가 잔잔해졌다. 이를 萬波息笛이라고 부르고 국보로 삼았다. 孝成王 때에 이르러 天授 4년 癸巳에 失禮郞이 살아서 돌아오는 이상한 일이 있어서, 다시 이름을 萬萬波波息笛이라고 하였다. 상세한 것은 그 傳에 보인다.

---

68) 祇林寺: 祇林寺(기림사). 경상북도 월성군 양북면 호암리 함월산에 있는 절.
69) 理恭: 神文王의 태자.
70) 月城: 경상북도 경주시 인왕동에 있는 新羅의 왕성.
71) 天授: 高麗 太祖의 연호(918~943).
72) 失禮郞: 新羅 제32대 孝昭王 때의 國仙으로 薩湌 大玄의 아들.

12

初述宗公[73] 爲朔州都督使[74] 將歸理所 時三韓兵亂 以騎兵三千護送之 行至竹旨嶺[75] 有一居士 平理其嶺路 公見之歎美 居士亦善公之威勢赫甚 相感於心 公赴州理 隔一朔 夢見居士入于房中 室家同夢 驚怪尤甚 翌日使人問其居士安否 人曰 居士死有日矣 使來還告 其死與夢同日矣 公曰 殆居士言誕於吾家爾 更發卒修葬於嶺上北峯 造石彌勒一軀 安於塚前 妻氏自夢之日有娠 旣誕 因名竹旨 壯而出仕 與庾信公爲副帥 統三韓 眞德·太宗·文武·神文 四代爲冢宰 安定厥邦 <紀異 第二 孝昭王代 竹旨朗 中>

예전에 述宗公이 朔州都督使가 되어서 장차 부임지로 가려고 하는데, 三韓에 兵亂이 있었으므로 기병 3천 명으로 그를 護送하였다. 일행이 竹旨嶺에 이르렀는데 한 居士가 있어 그 고갯길을 평평하게 정리하고 있었다. 공이 이를 보고 찬탄하였고, 거사 또한 공의 威勢가 매우 대단한 것을 좋게 생각하여 서로 마음에 감동이 되었다. 공이 州의 치소에 부임한 지 한 달이 되던 때 꿈에 거사가 방 안으로 들어오는 것을 보았는데, 부인도 같은 꿈을 꾸어 놀라고 괴이함이 더욱 심하였다. 이튿날 사람을 보내 그 거사의 안부를 물었다. 사람들이 "거사가 죽은 지 며칠이 되었습니다." 하였다. 심부름꾼이 돌아와서 그 사실을 보고하였는데, 그가 죽은 날이 바로 꿈꾸던 날이었다. 공이 "아마 거사가 우리 집에 태어날 것이다."라고 하였다. 다시 군졸을 보내 고개 위 북쪽 봉우리에 장사지내고, 돌로 미륵불 한 구를 만들어 무덤 앞에 奉安하였다. 부인이 꿈을 꾼 날부터 잉태한 기운이 있었는데 아이가 태어나자 이름을 竹旨라 하였다. 장성하여 벼슬에 나아가 副帥가 되어 庾信公과 함께 三韓을 통일하였고, 眞德王·太宗·文武王·神文王 4대에 걸쳐 宰相이 되어 나라를 안정시켰다.

---

73) 述宗公: 竹旨郞의 아버지. 자세한 인물 정보는 알 수 없다.

74) 朔州都督使: 朔州는 지금의 강원도 춘천 지방이다. 都督使는 新羅 시대 州에 파견된 지방장관이다. 그러나 都督使라는 명칭은 이 기록의 시대 배경인 孝昭王代 이후에 사용된 것으로, 一然이 후대의 명칭을 그대로 사용한 듯하다.

75) 竹旨嶺: 지금의 죽령.

13

聖德王[76]代 純貞公[77]赴江陵太守[78] 行次海汀晝饍 傍有石嶂如屛臨海 高千丈 上有躑躅花盛開 公之夫人水路見之 謂左右曰 折花獻者其誰 從者曰 非人跡所到 皆辭不能 傍有老翁 牽牸牛而過者 聞夫人言折其花 亦作歌詞獻之 其翁不知何許人也

聖德王 때에 純貞公이 江陵 太守로 부임되어 가다가 바닷가에 이르러 점심을 먹었다. 주변에 바위 봉우리가 병풍처럼 둘러쳐서 바다에 임해 있었는데, 높이가 천 길이나 되는 위쪽에 철쭉꽃이 활짝 피어 있었다. 公의 부인 水路가 그것을 보고 주위 사람들에게 "꽃을 꺾어 바칠 사람 누구인가?"라고 하자, 從者가 "사람의 발자취가 닿을 수 있는 곳이 아닙니다." 하였다. 모두 불가능하다고 사양하였다. 옆에 암소를 끌고 지나가던 노인이 있었는데, 부인의 말을 듣고는 그 꽃을 꺾고 노래까지 지어서 바쳤다. 그 노인이 어떤 사람인지 알 수 없었다.

便行二日程 又有臨海亭 晝饍次 海龍忽攬夫人入海 公顚倒躄地 計無所出 又有一老人告曰 故人有言 衆口鑠金 今海中傍生 何不畏衆口乎 宣進界內民 作歌唱之 以杖打岸 則可見夫人矣 公從之 龍奉夫人出海獻之 公問夫人海中事 曰七寶宮殿所饍甘滑香潔 非人間煙火 此夫人衣襲異香 非世所聞 水路姿容絶代 每經過深山大澤 屢被神物掠攬 <紀異 第二 水路夫人 中>

다시 이틀 동안 길을 가다가 臨海亭에서 점심을 먹고 있는데, 갑자기 바다의 용이 나타나 부인을 납치해서 바다 속으로 들어가 버렸다. 純貞公이 넘어져 바닥에 쓰러졌으며 아무 계책도 생각하지 못했다. 또 한 노인이 "옛사람의 말에 여러 사람의 말은 쇠도 녹인다 했습니다. 지금 바다 속 짐승이 어찌 사람들의 입을 무서워하지 않겠습니까? 마땅히 이 지역 내 백성들을 모아 노래를 지어 부르면서 막대기로 언덕을 친다면 부인을 다시 만날 수 있을 것입니다."

---

76) 聖德王: 新羅 제33대 왕. 재위 702~737.
77) 純貞公: 여기 외에 다른 기록이 없다. 실존 인물인지 알 수 없다.
78) 太守: 新羅의 지방관.

라고 하였다. 공이 그 말대로 했더니 용이 부인을 받들고 바다에서 나와 바쳤다. 공이 부인에게 바다 속 일화를 묻자 "七寶로 꾸민 궁전의 음식이 달고 기름지며 향기롭고 깨끗하여 인간 세상의 음식이 아니었습니다." 하였다. 부인의 옷에서도 이상한 향내가 풍겼는데, 이 세상에서 맡아보지 못한 것이었다. 水路부인은 자태와 용모가 뛰어나서 매번 깊은 산이나 큰 연못을 지날 때마다 여러 차례 神物들에게 납치되었다.

14

第四十九憲康大王[79)]之代 自京師至於海內 比屋連墻 無一草屋 笙歌不絶道路 風雨調於四時

제49대 憲康大王 때는 서울부터 바닷가까지 집이 즐비하고 담장이 서로 이어져 있었으며 초가집이 한 채도 없었다. 풍악과 노랫소리가 길에서도 끊이질 않았고 비바람이 사계절에 순조로웠다.

於是大王遊開雲浦[80)] 王將還駕 晝歇於汀邊 忽雲霧冥曀 迷失道路 怪問左右 日官[81)]奏云 此東海龍所變也 宜行勝事以解之 於是勅有司 爲龍刱佛寺近境 施令已出 雲開霧散 因名開雲浦

당시 대왕이 開雲浦에 놀러 갔다가 돌아오려고 하던 참이었다. 낮에 물가에서 쉬고 있었는데, 갑자기 구름과 안개가 자욱하게 끼어 길을 잃어버렸다. 이상하게 여겨 주변 신하들에게 물었더니, 천문을 담당한 관리가 아뢰기를, "이것은 東海 용의 조화입니다. 마땅히 좋은 일을 해서 풀어야 합니다." 하였다. 그래서 신하에게 명을 내려 용을 위하여 이 근처에 절을 지어주도록 하였다. 명을 내리자 구름이 걷히고 안개가 흩어졌다. 그래서 이름을 開雲浦라 하였다.

---

79) 憲康大王: 新羅 제49대 왕. 재위 875~886.
80) 開雲浦: 지금의 울산시 상개동.
81) 日官: 三國시대 천문관측과 점성을 담당한 관원.

東海龍喜 乃率七子現於駕前 讚德獻舞奏樂 其一子隨駕入京 輔佐王政 名曰處容 王以美女妻之 欲留其意 又賜級干[82]職 其妻甚美 疫神欽慕之 變爲人 夜至其家 竊與之宿 處容自外至其家 見寢有二人 乃唱歌作舞而退

<紀異 第二 處容郎 望海寺 中>

東海의 용이 기뻐하며 곧 일곱 아들을 데리고 왕의 수레 앞에 나타나서 덕을 찬미하며 춤을 추고 음악을 연주하였다. 그리고 그 아들 중 하나가 왕을 따라 서울에 들어와서 왕의 정치를 보좌해주었는데, 그 이름이 處容이었다. 왕은 아름다운 여자를 아내로 삼아주고 그의 마음을 잡아두려고 하였다. 그래서 또 級干의 벼슬도 내렸다. 處容의 아내는 너무나 아름다웠으므로 疫神이 그녀를 흠모하였다. 그래서 사람으로 변신하고 밤중에 處容의 집으로 가서 몰래 그 여자와 잤다. 處容이 밖에서 집으로 돌아와 잠자리에 두 사람이 있는 것을 보았다. 그리고는 곧 노래를 부르며 춤을 추다가 물러갔다.

15

此王代 阿飡[83]良員 王之季子[84]也 奉使於唐 聞百濟海賊梗於津島[85] 選弓士五十人隨之 舡次鵠島 風濤大作 信宿浹旬 公患之 使人卜之 曰 島有神池 祭之可矣 於是 具奠於池上 池水湧高丈餘 夜夢有老人 謂公曰 善射一人 留此島中 可得便風 公覺而以事諮於左右曰 留誰可矣 衆人曰 宜以木簡五十片書我輩名 沈水而鬮之 公從之 軍士有居陁知者 名沈水中 乃留其人 便風忽起 舡進無滯

이 王代에 阿飡 良員은 왕의 막내아들이었다. 그가 唐에 사신으로 가는데, 後百濟의 해적들이 津島에서 길을 막고 있다는 소식을 듣고는 활 쏘는 군사 50명을 뽑아서 데리고 갔다. 배가 鵠島에 닿자, 풍랑이 크게 일어나 열흘이 넘도록 묵게 되었다. 공이 근심하여 사람을 시켜 점을 치게 하였는데 "섬에

---

82) 級干: 新羅 17官等 중 아홉 번째 等級.
83) 阿飡: 阿湌. 新羅 17관등 중 여섯 번째 관등.
84) 季子: 막내 아들.
85) 津島: 서해에 있는 섬으로 추측된다.

신령스러운 연못이 있는데 제사를 지내는 것이 좋겠습니다." 하였다. 이에 제물을 갖추어 제사를 지내자 연못의 물이 한 길 이상 용솟음쳤다. 그날 밤 꿈에 노인이 나타나 공에게 "활 쏘는 사람 하나를 이 섬에 남겨 놓으면 순풍을 얻을 것입니다." 하였다. 공이 잠에서 깨어나 이 일을 좌우에게 물으며, "누구를 남겨 놓는 것이 좋겠는가?" 하니, 사람들이 "나무 조각 50쪽에 우리 이름을 쓰고 물에 띄워서 가라앉는 것으로 제비를 뽑는 것이 좋겠습니다." 하였다. 공이 이 말을 따랐는데, 군사 중에 居陀知라는 자의 이름이 물속에 가라앉자 그를 남겨 두기로 하였다. 그러자 곧 순풍이 일어나 배가 막힘없이 나아갔다.

居陁愁立島嶼 忽有老人 從池而出 謂曰 我是西海若[86] 每一沙彌[87] 日出之時 從天而降 誦陁羅尼 三繞此池 我之夫婦子孫皆浮水上 沙彌取吾子孫肝腸 食之盡矣 唯存吾夫婦與一女爾 來朝又必來 請君射之 居陁曰 弓矢之事吾所長也 聞命矣 老人謝之而沒 居陁隱伏而待

居陀知가 걱정스럽게 섬에 서 있는데, 갑자기 어떤 노인이 연못 속에서 나와 "나는 西海若입니다. 매번 한 沙彌僧이 해가 뜰 때마다 하늘로부터 내려와 陁羅尼를 외우면서 이 연못을 세 번 도는데, 그러면 우리 부부와 자손들이 모두 물 위로 떠오른답니다. 사미승이 내 자손의 간과 창자를 빼내어 먹어치우는데, 우리 부부와 딸 하나만 남았을 뿐이오. 내일 아침이면 또 올 것인데, 부탁이니 그대가 이를 쏴주오."라고 하였다. 居陀知가 말하길, "활 쏘는 일은 저의 장기입니다. 명하신 대로 하겠습니다." 하였다. 노인이 치사하고 물속으로 들어가자, 居陀知는 숨어서 기다렸다.

明日扶桑[88]旣暾 沙彌果來 誦呪如前 欲取老龍肝 時居陁射之中 沙彌卽變老狐 墜地而斃 於是老人出而謝曰 受公之賜 全我性命 請以女子妻之 居陁曰 見賜不遺 固所願也 老人以其女 變作一枝花 納之懷中

---

86) 西海若: 서해 바다의 신.
87) 沙彌: 불교교단에 처음 입문하여 사미십계(沙彌十戒)를 받고 수행하는 남자 승려.
88) 扶桑: 해가 돋는 동쪽 바다.

다음 날 동쪽에서 해가 떠오르자, 사미승이 과연 내려와서는 예전처럼 주문을 외우면서 늙은 용의 간을 빼내려고 하였다. 그때 居陀知가 활을 쏘아 사미승을 맞히자 곧 늙은 여우로 변하여서 땅에 떨어져 죽었다. 그러자 노인이 연못에서 나와서 고마워하면서, "공의 은혜를 입어서 내 생명을 보전하게 되었소. 바라건대 내 딸을 아내로 삼아주시오."라고 말하자, 居陀知가 "(따님을) 주시어 저를 버리지 않으시다니 진실로 제가 바라던 바입니다." 하였다. 노인은 자기 딸을 꽃 한 송이로 변하게 하고 居陀知의 품속에 넣어주었다.

仍命二龍 捧居陁知及使船 仍護其船 入於唐境 唐人見新羅船 有二龍負之 具事上聞 帝曰 新羅之使 必非常人 賜宴坐於群臣之上 厚以金帛遺之 旣還國 居陁出花枝 變女同居焉 <紀異 第二 眞聖女大王 居陁知 中>

그리고 두 용에게 명하여서 居陀知를 받들어 사신의 배를 따라잡도록 하고, 그 배를 호위하여 唐나라 지경에 들어가게 했다. 唐나라 사람들은 新羅의 배가 용 두 마리에게 업혀서 오는 것을 보고, 이 사실을 황제에게 아뢰었다. 황제가 "新羅의 사신은 반드시 비상한 사람일 것이다."라 하고, 연회를 베풀어서 여러 신하들의 윗자리에 앉도록 하고, 금과 비단을 후하게 내려주었다. 본국에 돌아와서 居陀知가 꽃가지를 꺼내니, 꽃이 여자로 변하였고 함께 살았다.

16

清泰[89] 二年乙未十月 以四方土地盡爲他有 國弱勢孤 不能自安 乃與群下謀擧土降太祖[90] 群臣可否 紛然不已 王太子[91] 曰 國之存亡 必有天命 當與忠臣義士 收合民心 力盡而後已, 豈可以一千年之社稷 輕以與人 王曰 孤危若此 勢不能全 旣不能强 又不能弱 至使無辜之民 肝腦塗地[92] 吾所不能忍也 乃

89) 清泰: 중국 後唐 廢帝의 연호(934~936).
90) 太祖: 高麗 태조.
91) 王太子: 新羅 제56대 왕인 敬順王의 태자.
92) 肝腦塗地: 간과 뇌가 땅 위를 바른다는 뜻으로 죽음의 참혹함을 뜻한다.

使侍郎[93]金封休[94]齎書 請降於太祖 太子哭泣辭王 徑往皆骨山[95] 麻衣草食 以終其身 季子祝髮 隷華嚴[96] 爲浮圖[97] 名梵空[98] 後住法水[99]海印寺[100]云

淸泰 2년 乙未 10월에 사방의 영토가 모두 남의 나라 소유가 되자 나라는 약해지고 형세는 고립되어서 스스로 버틸 수 없었다. 이에 여러 신하들과 함께 국토를 들어 高麗 太祖에게 항복하는 것을 의논하였다. 그러나 여러 신하들의 찬성과 반대가 분분하여 끝나지 않자, 王太子가 “나라의 존망은 반드시 天命에 있는 것이니, 당연히 忠臣과 義士와 함께 민심을 수습하여 힘을 다한 후에야 그만둘 일이지 어찌 천년의 社稷을 쉽게 남에게 주겠습니까?”라고 하였다. 왕이 “고립되고 위태로운 것이 이와 같아 형세가 보전될 수 없다. 이미 강해질 수도 없고 더 약해질 수도 없으니 무고한 백성들만 肝腦塗地하도록 하는 것은 내가 차마 할 수 없는 일이다.” 하였다. 이에 侍郎 金封休로 하여금 國書를 갖고 가서 太祖에게 항복을 청하였다. 太子는 울면서 왕을 하직하고는 곧바로 皆骨山으로 가서 삼베옷을 입고 풀을 먹다가 세상을 마쳤다. 막내아들은 머리를 깎고 화엄종에 들어가 중이 되어서는 승명을 梵空이라 하였다. 후에는 法水寺와 海印寺에 머물렀다고 한다.

太祖受書 送太相[101]王鐵迎之 王率百僚 歸我太祖 香車寶馬[102] 連亘三十餘里 道路塡咽 觀者如堵 太祖出郊迎勞 賜宮東一區 以長女樂浪公主[103]妻之 以王謝自國居他國 故以鸞喩之 改號神鸞公主 諡孝穆 封爲正承 位在太子之上 給祿一千石 侍從員將皆錄用之 改新羅爲慶州 以爲公之食邑

<紀異 第二 金傅大王 中>

---

93) 侍郎: 新羅의 관직명.
94) 金封休: 新羅 敬順王 때의 문신. 敬順王이 高麗 太祖에게 투항한다는 내용의 국서를 전달한 인물.
95) 皆骨山: 금강산의 異稱.
96) 華嚴: 화엄종.
97) 浮圖: 승려.
98) 梵空: 敬順王 막내아들의 僧名.
99) 法水: 法水寺. 경상북도 성주군 가야산에 있었던 절.
100) 海印寺: 경상남도 합천군 가야산에 있는 절.
101) 太相: 관직명.
102) 香車寶馬: 좋은 수레와 말.
103) 樂浪公主: 高麗 太祖의 장녀이며 新羅 敬順王의 아내.

太祖는 新羅의 국서를 받고 太相 王鐵을 보내어 맞이하도록 하였다. 왕은 여러 신하를 거느리고 우리 太祖에게 귀의하였는데, 아름답게 꾸민 호화로운 말들이 30여 리에 이르렀고, 길은 사람으로 꽉 찼으며, 구경꾼들이 담장처럼 늘어서 있었다. 太祖는 교외로 나가 영접하고 위로하면서 대궐 동쪽의 한 구역을 주고, 장녀 樂浪公主를 아내로 삼도록 하였다. 왕이 자기 나라를 작별하고 남의 나라에 와서 살았다고 해서, 이를 난새에 비유하여 神鸞公主라 칭호를 고치고, 시호를 孝穆이라 하였다. 왕을 政丞에 봉하고 위계를 태자의 위에 두었으며, 녹봉 1천 석을 주었다. 왕을 모시고 온 관원과 장수들도 모두 채용해서 쓰도록 했으며 新羅를 고쳐 慶州라고 하여 이를 敬順王의 食邑으로 삼았다.

17

第三十武王[104)] 名璋 母寡居 築室於京師南池邊 池龍交通而生 小名薯童 器量難測 常掘薯蕷[105)] 賣爲活業 國人因以爲名

제30대 武王의 이름은 璋이다. 어머니는 과부였는데 京師의 남쪽 연못가에서 집을 짓고 살다가, 연못의 용과 交通하여 아들을 낳았다. 어려서의 이름은 薯童이다. 薯童은 재주와 도량을 헤아리기 어려웠다. 늘 마를 캐서 팔아 생활하였기 때문에 나라 사람들이 이것으로 이름을 삼았다.

聞新羅眞平王第三公主善花美艷無雙 剃髮來京師 以薯蕷餉閭里羣童 群童親附之 乃作謠 誘羣童而唱之 童謠[106)]滿京 達於宮禁[107)] 百官極諫 竄流公主於遠方 將行 王后以純金一斗贈行 公主將至竄所 薯童出拜途中 將欲侍衛而行 公主雖不識其從來 偶爾信悅 因此隨行 潛通焉 然後知薯童名 乃信童謠之驗

---

104) 武王: 百濟의 제30대 왕. 재위 600~641.
105) 薯蕷: 마. 맛과의 여러 해살이 덩굴 풀.
106) 童謠: 薯童이 지어 부른 노래.
107) 宮禁: 궁궐.

(薯童은) 新羅 眞平王의 셋째 공주 善花의 아름다움이 누구에게도 비할 수 없을 정도라는 말을 듣고 머리를 깎고 京師로 들어갔다. 동네의 아이들에게 마를 나누어 주었더니 아이들이 친하게 여겨 그를 따랐다. 이에 곧 동요를 지어서 아이들을 꾀어 노래 부르도록 하였다. 동요가 서울에 두루 퍼져 궁궐에까지 이르자 百官이 강하게 주장하여 공주를 먼 지방으로 보내게 되었다. 바야흐로 떠나려고 할 때 왕후가 순금 한 말을 주고 가도록 했다. 공주가 유배지로 가는데 薯童이 도중에 나타나 절을 하고는 자신이 모시고 가겠다고 하였다. 공주는 그가 어떻게 오게 되었는지 알 수는 없었지만 믿고 기뻐하면서, 인하여 따라가다가 몰래 정을 통하였다. 그 뒤에 薯童의 이름을 알게 되었고, 동요의 영험을 믿었다.

同至百濟 出王后所贈金 將謀計活 薯童大笑曰 此何物也 主曰 此是黃金可致百年之富 薯童曰 吾自小掘薯之地 委積如泥土 主聞大驚曰 此是天下至寶 君今知金之所在 則此寶輸送父母宮殿何如 薯童曰 可 於是 聚金積如丘陵 詣龍華山[108]師子寺[109]知命法師[110]所 問輸金之計 師曰 吾以神力可輸將金來矣 主作書 幷金置於師子前 師以神力 一夜輸置新羅宮中 眞平王異其神變 尊敬尤甚 常馳書問安否 薯童由此得人心 卽王位 <紀異 第二 武王 中>

함께 百濟에 도착하여 왕후가 준 금을 꺼내어 장차 생계를 모의하려 하자, 薯童이 크게 웃으며 말하길, “이것은 어떤 물건인가?” 하였다. 공주는, “이것은 황금으로 가히 백년의 부를 이룰 수 있습니다.”라고 말하였다. 薯童이 “내가 어릴 적부터 마를 캐던 곳에 진흙처럼 쌓여 있어요.” 하였다. 공주가 듣고 크게 놀라 “이는 천하의 보물입니다. 그대가 지금 금이 있는 곳을 아신다면, 이 보물을 부모님의 궁전에 보내는 것이 어떠할까요?” 하였다. 薯童이 좋다고 하였다. 이에 금을 모아 언덕처럼 쌓아두고 龍華山 師子寺의 知命法師에게 가서 금을 보낼 계책을 묻자, 법사가 “내가 神力으로 보낼 수 있으니, 금

108) 龍華山: 전라북도 익산시 북쪽에 있는 산.
109) 師子寺: 龍華山에 있던 절.
110) 知命法師: 본문의 내용을 통해서 龍華山 師子寺 승려였다는 사실을 알 수 있다.

을 가져오라." 하였다. 공주는 편지를 써서 금과 더불어 師子寺 앞에 두었다. 법사는 신력으로 하룻밤 사이에 新羅 궁중에 옮겨 놓았다. 眞平王은 그 신비로운 변화를 기이하게 여겨 존경심이 더욱 깊어 늘 편지를 보내 안부를 물었다. 薯童은 이로 인해 인심을 얻어 왕위에 오르게 되었다.

18

僕仰承天假 俯迫人推 過叨將帥之權 獲赴經綸之會 頃以三韓厄會 九土[111] 凶荒 黔黎[112]多屬於黃巾[113] 田野無非其赤土[114] 庶幾弭風塵之警[115] 有以救邦國之災 爰自善隣 於爲結好 果見數千里農桑樂業 七八年士卒閑眠 及至癸酉年 維時陽月 忽焉生事 至乃交兵

나는 위로는 하늘의 명령을 받들고 아래로는 사람들의 추대를 이기지 못하여 외람되게 장수의 권한을 맡아 천하를 經綸하게 되었다. 지난번 三韓의 액운과 모든 국토의 흉년으로 백성들의 다수가 黃巾賊에 속하게 되고 논밭은 적토가 아닌 곳이 없었다. 무릇 兵亂이 일어났다고 알리는 소리를 그치게 하고 나라의 재앙을 구하기 위해 스스로 善隣의 우호를 맺자, 과연 수천 리 국토가 農桑으로 생업을 즐기게 되었고, 7~8년 동안 사졸은 한가롭게 쉬었다. 갑자기 癸酉年 10월에 이르러 홀연 사건이 생겨, 곧 싸움에까지 이르게 되었다.

足下始輕敵以直前 若螳蜋之拒轍[116] 終知難而勇退 如蚊子之負山[117] 拱手陳辭 指天作誓 今日之後 永世歡和 苟或渝盟 神其殛矣 僕亦尚止戈之武[118] 期不殺之仁 遂解重圍以休疲卒 不辭質子 但欲安民

---

111) 九土: 中國 古代의 九州의 땅. 여기서는 모든 영토.
112) 黔黎: 黔首. 일반 백성을 비유적으로 이르는 말.
113) 黃巾: 황건적.
114) 赤土: 흉년이 들어 수확할 것이 없는 땅.
115) 風塵之警: 兵亂이 일어났다고 알림.
116) 螳螂拒轍: 사마귀가 수레바퀴를 막는다는 뜻으로, 자신의 힘은 헤아리지 않고 강자에게 함부로 덤비는 경우를 일컫는다.
117) 蚊子負山: 모기가 산을 짊어진다는 뜻으로, 능력 밖의 과중한 부담을 짊어지는 경우를 일컫는다.
118) 止戈之武: 武의 본뜻. 무기를 그치는 것이 武이다. 여기서는 무기를 쓰지 않음을 의미한다.

그대가 처음에는 적을 가볍게 여겨 곧장 달려드는 것이 마치 螳螂拒轍 같았는데, 마침내는 어려움을 알고 용감하게 물러감이 蚊子負山과 같다. (그대는) 손을 잡아 인사하며 하늘을 가리켜 맹세하기를, "오늘 이후로는 영원히 화목하며, 혹시 이 맹세를 어긴다면 神께서 벌을 주십시오." 하였다. 나 역시 칼과 창을 쓰지 않는 武를 숭상하였고 살생하지 않는 仁을 기약하면서, 마침내 여러 겹의 포위를 풀어 피로한 군사들을 쉬게 했으며, 볼모를 보내는 것도 사양하지 않고 다만 安民하고자 했다.

此卽我有大德於南人也 豈期歃血未乾 凶威復作 蜂蠆之毒侵害於生民 狼虎之狂爲梗於畿甸[119] 金城[120]窘忽 黃屋[121]震驚 仗義尊周 誰似桓文之霸[122] 乘間謀漢 唯看莽卓之奸[123] **<紀異 第二 後百濟 甄萱 中>**

이것은 내가 남쪽 사람들에게 큰 덕을 행한 것인데, 어찌 맹약의 피가 마르기도 전에 흉악한 행동을 다시 할 줄 알았겠는가! 벌과 전갈의 독은 백성들에게 해를 끼쳤고, 이리와 범의 狂暴은 서울 땅을 가로막았다. 金城이 군색하여 위급해졌고 왕실은 놀라 흔들렸으나, 누가 霸道를 이룬 桓公과 文公처럼 대의에 의거하여 周나라를 떠받들 듯한 자가 있었던가? 틈을 타서 漢나라를 도모하고자 했던 王莽과 董卓의 간악함을 볼 뿐이었다.

19

屬後漢[124]世祖[125]光武帝[126]建武[127]十八年壬寅三月禊洛之日[128] 所居北龜

---

119) 畿甸: 나라의 수도를 중심으로 하여 사방으로 뻗어 나간 가까운 행정 구역의 안. 통상 경기도 일대를 이르는 말.
120) 金城: 新羅의 수도, 지금의 경주.
121) 黃屋: 黃屋車, 즉 임금의 수레라는 뜻으로 왕실을 의미한다.
122) 桓文之霸: 霸道를 이룬 春秋時代 齊나라 桓公과 晉나라 文公의 정치형태.
123) 莽卓之奸: 王莽과 董卓의 간악함.
124) 後漢: 중국에서 기원후 25년에 劉秀라는 인물이 王莽에게 빼앗긴 漢왕조를 되찾고 세운 나라. 220년에 獻帝는 황제의 자리를 曹操의 아들인 曹조에게 넘겨주어, 魏나라가 성립되었다.
125) 世祖: 後漢을 세운 임금.
126) 光武帝: 後漢을 세운 임금.
127) 建武: 世祖 光武帝의 연호(25~26).

旨[129]有殊常聲氣呼喚 衆庶二三百人集會於此 有如人音 隱其形而發其音曰 此有人否 九干[130]等云 吾徒在 又曰 吾所在爲何 對云龜旨也 又曰 皇天所以 命我者 御是處 惟新家邦 爲君后 爲茲故降矣 儞等須掘峯頂撮土 歌之云 龜何龜何 首其現也 若不現也 燔灼而喫也 以之蹈舞 則是迎大王 歡喜踴躍之也

後漢 世祖 光武帝 建武 18년 壬寅 3월 禊浴日에 사는 곳의 북쪽 龜旨에서 무엇이 수상한 소리로 부르는 기척이 있었다. 200~300명 정도가 이곳에 모이자 사람 말소리 같은 것이 들렸다. 그 형체를 보이지 않고 소리만 내어 이르기를, “여기에 사람이 있는가?”라고 하자, 九干들이 “우리들이 있습니다.” 하였다. 또 “내가 있는 곳이 어디인가?”라고 하자 대답하기를, “龜旨입니다.”라고 하였다. 또 “하느님께서 나에게 명하길, ‘이곳에 가서 나라를 세우고 임금이 되라.’고 하셨다. 그래서 내려온 것이다. 너희들은 모름지기 산봉우리 위에서 흙을 파며 노래하기를, ‘거북아, 거북아, 머리를 내어라. 만일 내밀지 않으면 구워서 먹으리.’라고 하면서 발을 굴러 춤을 추어라. 그러면 대왕을 맞이하게 되어 기뻐 팔짝 팔짝 뛰게 될 것이다.” 하였다.

九干等如其言 咸忻而歌舞 未幾仰而觀之 唯紫繩自天垂而着地 尋繩之下 乃見紅幅裹金合子 開而視之 有黃金卵六圓如日者 衆人悉皆驚喜 俱伸百拜 尋還裹著 抱持而歸我刀家[131] 寘榻上 其衆各散

九干들이 그 말처럼 모두 기뻐하며 노래하고 춤을 추었다. 얼마 후 하늘을 우러러 보니 단지 자주색 줄만이 하늘로부터 내려와 땅에 닿았다. 줄의 끝을 찾았는데 붉은 보자기 속에 금상자가 있었고, 상자를 열어 보자 황금알 여섯 개가 있었는데, 둥글기가 해와 같았다. 사람들이 모두 놀라 기뻐하며 함께 몸을 펴서 백 번 절하였다. 그리고 다시 보자기에 싸서 안고 我刀干의 집으로 가 평상 위에 놓고 무리들은 모두 흩어졌다.

---

128) 禊洛之日: 삼짇날. 3월 上巳日을 이르는 말로, 3월 3일을 禊浴日로 하였다.
129) 龜旨: 경상남도 김해시 龜山洞에 있는 작은 산봉우리.
130) 九干: 伽倻國 초기의 아홉 酋長.
131) 我刀家: 아홉 酋長 중 하나인 我刀干의 집.

過浹辰[132] 翌日平明 衆庶復相聚集開合 而六卵化爲童子 容貌甚偉 仍坐於床 衆庶拜賀 盡恭敬止 日日[133]而大 踰十餘晨昏 身長九尺則殷[134]之天乙[135] 顔如龍焉則漢[136]之高祖[137] 眉之八彩則有唐[138]之高[139] 眼之重瞳則有虞[140]之舜[141] 其於月望日卽位也 始現故諱首露[142] 或云首陵[143]

<紀異 第二 駕洛國記 中>

12일이 지난 그 이튿날 아침에 무리가 다시 모여 상자를 열어보자 여섯 알이 변하여 어린 아이가 되었는데 용모가 매우 훌륭하였다. 곧 평상에 앉자 무리들이 절하고 하례하며 공경의 예절을 다하였다. 10여 일이 지나자 키가 9척이나 되어 殷나라 湯王과 같았고, 얼굴은 용처럼 생겨서 漢나라의 高祖 같았다. 눈썹이 여덟 가지 색깔인 것은 唐의 堯 임금 같았고, 눈의 겹으로 된 눈동자는 虞의 舜 임금 같았다. 그 달 보름에 왕위에 올랐는데, 처음 세상에 나타났다고 하여 이름을 首路라 하였으며, 혹은 首陵이라고도 하였다.

---

132) 浹辰: 12일간을 이르는 말. 浹은 一周를 뜻하며, 辰은 十二支를 뜻한다.
133) 日日: 나날이.
134) 殷: 殷나라.
135) 天乙: 殷나라 湯王.
136) 漢: 漢나라.
137) 高祖: 漢나라를 세운 劉邦.
138) 唐: 堯임금이 封함을 받은 곳. 뒤에 '陶' 지방에 도읍을 이루었다. 堯임금이 살던 당시 특별한 나라 이름이 있었다고는 보이지 않으나, '唐'으로 堯임금 시대의 나라 내지는 왕조 이름으로 삼기도 한다.
139) 高: 堯임금. '堯'를 '高'로 쓴 것은 避諱法으로 보통 高麗 제3대왕 定宗의 이름자를 피한 것이라 한다.
140) 虞: 舜임금이 살던 지역 이름. 또 舜임금의 姓. 또 舜임금이 나온 부족의 이름. 舜임금이 살던 당시 특별한 나라 이름이 있었다고는 보이지 않으나, '虞'로 舜임금 시대의 나라 내지는 왕조 이름으로 삼기도 한다.
141) 舜: 舜임금.
142) 首露: 駕洛國의 시조.
143) 首陵: 首露王 死後 謚號라고 기록되어 있으나 廟號나 陵號로 보아야 한다.

20

昔在法興大王垂拱紫極之殿 俯察扶桑之域[144] 以謂 昔漢明[145]感夢 佛法東流 寡人自登位 願爲蒼生[146]欲造修福滅罪之處 於是朝臣[147] 未測深意 唯遵理國之大義[148] 不從建寺之神略 大王嘆曰 於戱 寡人以不德丕承大業 上虧陰陽之造化 下無黎庶[149]之歡 萬機之暇 留心釋風[150] 誰與爲伴

예전 法興大王이 紫極之殿에서 즉위한 후 동쪽 지역을 굽어 살피며 말씀하시기를, "예전 漢나라 明帝가 꿈에 감응을 받아서 불법이 동쪽으로 흘러왔다. 과인은 즉위하면서부터 蒼生을 위하여 복을 닦고 죄를 없앨 곳을 바랐다."고 하였다. 이에 朝臣들이 깊은 뜻은 헤아리지 못하여 다만 나라를 다스리는 대의만 좇았지, 절을 창건하겠다는 신성한 계획을 따르지는 않았다. 대왕이 탄식하며 "아, 과인이 덕이 없이 왕업을 계승히여, 위로는 음양의 조화를 이지럽히고, 아래로는 백성들의 기쁨이 없으므로 萬機를 처리하는 餘暇에 마음을 불도에 두고자 하는데 누구와 함께 할 것인가?" 하였다.

粤有內養者[151] 姓朴字厭髑[152] 其父未詳 祖阿珍[153]宗[154] 卽習寶葛文王[155]之子也 挺竹栢而爲質 抱水鏡[156]而爲志 積善曾孫 望宮內之爪牙[157] 聖朝忠

144) 扶桑之域: 扶桑은 해가 돋는 동쪽 바다.
145) 漢明: 漢나라 明帝.
146) 蒼生: 백성.
147) 朝臣: 조정에서 벼슬하는 신하.
148) 理國之大義: 나라를 다스리는 대의.
149) 黎庶: 백성.
150) 釋風: 불도.
151) 內養者: 舍人. 新羅 시대 궁중에서 임금 또는 중앙의 높은 관리를 받드는 일종의 近侍職.
152) 厭髑: 異次頓의 字.
153) 阿珍: 阿珍飡의 약칭이다.
154) 宗: 異次頓 祖父의 이름이라고 기록되어 있다.
155) 習寶葛文王: 부인은 訥祇王의 딸인 烏生夫人 김씨이다. 아들 智證王이 왕위에 오르자 葛文王에 추봉되었다. 習寶는 葛文王의 이름이다.
156) 水鏡: 맑은 물이 거울처럼 비추는 것.
157) 爪牙: 손톱과 어금니. 매우 쓸모가 있는 사람이나 물건.

臣 企河淸[158]之登侍 時年二十二 當充舍人 瞻仰龍顔[159] 知情擊目 奏云 臣聞古人 問策蒭蕘[160] 願以危罪啓諮 王曰 非爾所爲

이에 內養者가 있어 성은 朴, 자는 厭髑이었다. 그의 아버지는 잘 알 수 없으나, 할아버지는 阿珍 宗으로 곧 習寶葛文王의 아들이다. (그는) 竹栢과 같은 자질을 갖고 水鏡과 같은 뜻을 품었으며, 積善한 이의 증손으로서 조정의 爪牙로 촉망받고 聖朝 忠臣으로 태평한 시대의 시종이 되기를 바랐다. 당시 나이가 스물두 살로 舍人의 자리에 있었는데, 龍顔을 우러러보고 뜻을 알아채어 아뢰기를, "신이 들으니 옛사람은 비천한 이들에게도 계책을 물었다고 합니다. 죄를 피하지 않고 물으시기를 바랍니다."고 하였다. 왕이 "네가 할 바가 아니다." 하였다.

舍人曰 爲國亡身 臣之大節 爲君盡命 民之直義 以謬傳辭 刑臣斬首 則萬民咸伏 不敢違敎 王曰 解肉枰軀[161] 將贖一鳥 洒血摧命 自怜七獸 朕意利人 何殺無罪 汝雖作功德 不如避罪 舍人曰 一切難捨 不過身命 然小臣夕死 大敎朝行 佛日[162]再中 聖主長安 王曰 鸞鳳[163]之子 幼有凌霄之心 鴻鵠[164]之皃 生懷截波之勢 爾得如是 可謂大士之行乎

<興法 第三 原宗興法 厭髑滅身 中>

舍人이 "나라를 위하여 몸을 잊는 것은 신하의 빛나는 절개이며, 임금을 위하여 목숨을 바치는 것은 백성의 바른 의리입니다. 사령을 그릇되게 전했다고

---

158) 河淸: 중국 黃河의 물이 맑아지는 드문 일을 의미한다. 여기서는 태평성대가 올 것을 비유한다.

159) 龍顔: 군주의 얼굴.

160) 蒭蕘: 원래 소에게 먹이는 꼴과 땔나무, 또는 소를 먹이는 牧童과 꼴을 베는 나무꾼을 의미하기도 하며, 지위가 낮은 천한 사람을 비유하는 말로도 쓰인다.

161) 解肉枰軀: 과거에 尸毗王이 고행할 때 帝釋天王은 매로 둔갑하고 釋帝桓因은 메추리로 둔갑했는데, 메추리가 매에 쫓기다가 尸毗王의 품속에 들어왔다. 왕은 메추리를 살려야 하겠고 매도 굶게 할 수 없으므로 자기의 살을 베어 메추리 고기만큼 저울에 달아서 매를 먹였다는 이야기이다.

162) 佛日: 모든 중생을 구제하는 부처의 광명을 해에 비유하여 이르는 말.

163) 鸞鳳: 난새와 봉황. 뛰어난 인물을 의미.

164) 鴻鵠: 기러기와 고니. 뛰어난 인물을 의미.

하여 신을 형벌하여 斬首한다면 만민이 복종하여 감히 지시를 어기지 못할 것입니다."라고 하였다. 왕이 "살을 베어 저울에 달더라도 한 마리 새를 살리려 했고, 피를 뿌리고 목숨을 끊더라도 스스로 일곱 마리의 짐승을 불쌍히 여겼다. 짐은 사람을 이롭게 하려는 뜻이거늘 어찌 죄가 없는 데 죽이겠는가? 네가 비록 功德을 짓는다고 할지라도 죄를 피하는 것과 같지 못할 것이다."고 하였다. 舍人이 "일체를 버리는 것은 어렵지만 사람의 목숨보다 더한 것은 없습니다. 그러나 小臣이 저녁에 죽어 大敎가 아침에 행해진다면, 佛日이 다시 중천에 오르고 聖主는 오랫동안 평안해지실 것입니다." 하였다. 왕이 "난새와 봉황의 새끼는 어려서 하늘로 솟구칠 마음을 갖고, 기러기와 따오기의 새끼는 나면서 바다를 건널 기세를 품었다고 하더니 네가 이와 같구나. 가히 大士의 행동이라 할 만하다."고 하였다.

21

庭畔石塔 盖新羅人所立也 制作雖淳朴不巧 然甚有靈響 不可勝記 就中一事 聞之諸古老云 昔連谷縣[165)]人具船沿海而漁 忽見一塔隨逐舟楫 凡水族見其影者 皆逆散四走 以故漁人一無所得 不堪憤恚 尋影而至 盖此塔也 於是共揮斤斫之而去 今此塔四隅皆缺者以此也

뜰 가에 있는 석탑은 新羅 사람이 세운 것 같다. 제작은 비록 순박하여 정교하지는 않지만 영험이 있어서 이루 다 기록할 수가 없다. 그 중 여러 옛 노인들에게 들은 한 가지를 취하여 이르면, "옛날 連谷縣 사람이 배를 타고 바닷가에서 물고기를 잡고 있었는데, 갑자기 탑 하나가 나타나서 배를 따라왔다. 모든 물 속 동물들이 그 그림자를 보고 모두 사방으로 흩어져 달아난 까닭에 어부가 한 마리도 잡지 못하자 분한 마음을 참지 못하고 그림자를 찾아갔는데 이 탑이었다. 이에 도끼를 휘둘러 탑을 부셔버리고 떠났다. 지금 탑의 네 모퉁이가 모두 떨어진 것은 이러한 까닭이다." 하였다.

---

165) 連谷縣: 옛날 江陵府의 屬縣.

予驚嘆無已 然怪其置塔 稍東而不中 於是仰見一懸板云 比丘處玄[166]曾住此院 輒移置庭心 則二十餘年間寂無靈應 及日者[167]求基抵此 乃嘆曰 是中庭地 非安塔之所 胡不移東乎 於是 衆僧乃悟 復移舊處 今所立者是也

나는 놀라고 감탄하기를 그치지 않았다. 그러나 탑의 위치가 약간 동쪽으로 치우쳐져 중앙에 있지 않은 것을 괴이히 여겨 이에 현판 하나를 쳐다보니 거기에 써 있기를, "比丘 處玄이 일찍이 이 절에 머물다가 문득 탑을 뜰 가운데로 옮겼더니 20여 년 동안 잠잠하여 아무런 영험이 없었다. 日者가 터를 찾고자 이곳까지 와서 탄식하기를, '이 뜰 가운데는 탑을 안치할 곳이 아닌데 어째서 동쪽으로 옮기지 않았습니까?' 하였다. 그래서 승려들이 그제야 깨닫고 다시 옛 자리로 옮겼는데, 지금 서 있는 곳이 바로 이곳이다."라고 되어 있었다.

余非好怪者 然見其佛之威神[168] 其急於現迹利物如此 爲佛子[169]者詎可默而無言耶 時正豊[170]元年[171]丙子十月日 白雲子[172]記

<塔像 第四 五臺山文殊寺石塔記>

나는 괴이한 일을 좋아하는 사람이 아니다. 그러나 부처의 위엄과 신령함이 자취를 나타내어 만물을 이롭게 함이 이처럼 빠르니, 불자가 된 사람으로 어찌 묵묵히 말하지 않겠는가? 때는 正豊 元年 丙子 10월 일에 白雲子가 기록한다.

22

光[173]學[174]通吳越 便欲觀化周秦 開皇[175]九年 來遊帝宇 値佛法初會[176] 攝

---

166) 處玄: 이 인물에 대한 기록을 찾을 수 없다.
167) 日者: 日官.
168) 佛之威神: 認知로는 헤아릴 수 없는 靈妙하고도 不可思議한 부처의 힘.
169) 佛子: 佛弟子.
170) 正豊: 正隆. 중국 金나라 海陵王의 연호(1156~1161).
171) 正豊元年: 1156년.
172) 白雲子: 高麗 毅宗 때의 학자. 유교를 버리고 불교에 귀의한 文士.
173) 光: 圓光.
174) 光學: 圓光의 학문.
175) 開皇: 중국 隋 文帝의 연호. 隋 文帝의 재위 기간은 581~604.
176) 初會: 菩薩이 成佛한 후 처음으로 說法하는 집회.

論[177]肇興 奉佩文言 振績徽緖 又馳慧解 宣譽京皐 勳業旣成 道東須繼 本國遠聞 上啓頻請 有勅厚加勞問 放歸桑梓[178]

圓光의 학문이 吳와 越에 밝았기 때문에 문득 周와 秦의 문화를 보고자 開皇 9년에 隋나라의 서울로 유학을 갔다. 마침 불법의 初會를 맞아 攝論宗이 비로소 일어나는 때를 만나 오묘한 말씀을 마음속에 간직하여 묘지를 떨쳤고, 또한 명석한 해석을 하자 명성이 長安에 퍼졌다. 功業이 이루어지자 동쪽에서 道를 잇고 싶어 했다. 本國에서도 멀리서 듣고 글을 올려 여러 번 청하자, 칙령을 내려 후하게 위로하면서 고향으로 돌아갈 수 있도록 해주었다.

光往還累紀 老幼相欣 新羅王金氏面申虔敬 仰若聖人 光性在虛閑 情多汎愛 言常含笑 慍結不形 而牋表[179]啓書[180] 往還國命 並出自胸襟 一隅傾奉 皆委以治方 詢之道化 事異錦衣[181] 請同觀國[182] 乘機敷訓 垂範于今

圓光이 몇 십 년 만에 돌아오자 늙은이도 젊은이도 서로 기뻐하였고 新羅王 金氏도 만난 후 공경하여 성인처럼 우러러보았다. 圓光은 성품이 겸허하면서 閑靜하고 정이 많아 널리 사랑을 베풀었으며, 말할 때에도 항상 미소를 머금어 성난 기색을 나타내지 않았다. 그리고 牋表와 啓書와 같이 오가는 國書가 모두 胸襟으로부터 나오자, 온 나라가 받들어 나라 다스리는 방법을 맡기면서 도로써 교화하는 방법을 묻게 되었다. 사실 벼슬로 錦衣還鄕한 것은 아니지만, 실제로는 國事를 돌보는 것과 같았으니 기회를 잡고 훈계를 베풀어서 그 전범이 지금까지도 전한다.

年齒旣高 乘輿入內 衣服藥食 並王手自營 不許佐助 用希專福 其感敬爲此類也 將終之前[183] 王親執慰 囑累遺法兼濟民斯 爲說徵祥 被于海曲

---

177) 攝論: 攝大乘論. 4세기 무렵 印度의 아상가(Asanga)가 대승불교를 통일하기 위하여 지은 佛書.

178) 桑梓: 선조들의 자취가 남아 있는 고향 또는 고향에 계신 연로한 어버이를 가리키는 말.

179) 牋表: 임금에게 올리는 글.

180) 啓書: 황제에게 올리는 글.

181) 錦衣: 관료로서의 출세.

182) 觀國: 재상, 고문관 등이 국정을 살피는 것.

나이가 많아서는 수레를 타고 궁궐에 들어갔으며, 의복과 약과 음식을 왕이 손수 마련하면서 좌우에서 돕는 것을 허락하지 않아 복을 독차지하려 했을 정도로 감복하고 존경하는 것이 이와 같았다. 장차 세상을 떠나기 전에 왕이 친히 잡고 위문하며 遺法과 濟民을 누차 부탁하자 상서로운 징조로 설법하여서 공덕이 온 나라에 미쳤다.

本國王染患 醫治不損 請光入宮 別省安置 夜別二時爲說深法 受戒[184)]懺悔 王大信奉 一時初夜 王見光首 金色晃然 有象日輪 隨身而至 王后宮女同共觀之 由是 重發勝心 克留疾所 不久遂差

본국의 왕이 병이 났는데 의원이 치료해도 차도가 없었다. 圓光을 궁으로 들어오도록 청하여 別省에 있게 하고는, 밤마다 두 시간씩 깊이 있는 법을 說하면서 戒를 받게 하며 참회하게 하였더니, 왕이 크게 신봉하였다. 어느 날 초저녁에 왕이 圓光의 머리를 보았는데, 금빛이 찬란하고 태양처럼 생긴 것이 그의 몸을 따라다녔다. 왕후와 궁녀들도 모두 함께 이것을 보았다. 이 일로 인해 더욱 勝心을 내어 圓光을 疾所에 머물게 하자 오래지 않아 드디어 병이 나았다.

法師俗姓薛氏 王京人也 初爲僧學佛法 年三十歲 思靜居修道 獨居三岐山 後四年有一比丘[185)]來 所居不遠 別作蘭若[186)] 居二年 爲人强猛 好修呪術 法師夜獨坐誦經 忽有神聲呼其名 善哉善哉 汝之修行 凡修者雖衆 如法者稀有 今見隣有比丘 徑修呪術而無所得 喧聲惱他靜念 住處礙我行路 每有去來 幾發惡心 法師爲我語告而使移遷 若久住者 恐我忽作罪業

법사의 俗姓은 薛씨로 王京 사람이다. 처음에 승려가 되어 佛法을 배우다가 삼십 세 때 조용하게 지내며 도를 닦을 생각으로 홀로 三岐山에서 지냈다. 4년

183) 將終之前: 장차 세상을 떠나기 전에.
184) 戒: 계율
185) 比丘: 비구니.
186) 蘭若: 고요한 곳이라는 뜻으로 사원을 이른다.

뒤에 한 比丘가 와서 멀지 않은 곳에 蘭若(난야)를 짓고 2년을 살았는데, 사람이 사납고 주술 닦는 것을 좋아하였다. 법사가 밤에 홀로 앉아 경을 암송하는데 홀연 神의 소리가 나면서 그의 이름을 부르며 "좋구다. 좋구다. 그대의 수행이시여! 무릇 수행하는 이가 많지만 제대로 하는 이는 드뭅니다. 지금 이웃에 잇는 比丘를 보니, 주술을 곧잘 하지만 얻는 것은 없고 시끄러운 소리로 다른 사람의 고요한 생각만 어지럽게 합니다. 거처는 내가 다니는 길에 방해가 되므로 매번 지날 때마다 미워하는 마음이 생길 정도입니다. 법사는 나를 위해서 그 사람이 다른 곳으로 옮겨 가도록 일러주세요. 만일 오래 머무른다면 아마 내가 죄를 짓게 될지 모릅니다."라고 하였다.

明日法師往而告曰 吾於昨夜有聽神言 比丘可移別處 不然應有餘殃 比丘對曰 至行者[187]爲魔所眩 法師何憂狐鬼之言乎 其夜神又來曰 向我告事 比丘有何答乎 法師恐神瞋怒而對曰 終未了說 若强語者 何敢不聽 神曰 吾已具聞 法師何須補說 但可默然見我所爲 遂辭而去 夜中有聲如雷震 明日視之山頹塡比丘所在蘭若

다음날 법사가 가서 "어젯밤에 내가 神의 말을 들었는데, 比丘는 다른 곳으로 옮기는 곳이 좋겠소. 그렇지 않으면 응당 재앙이 있을 것이오." 하였다. 그러자 比丘가 대답하기를, "수행이 지극한 이도 마귀에게 현혹됩니까? 법사는 어찌 귀신의 말에 근심하시오?"라고 하였다. 그날 밤 또 신이 와서 "지난번에 내가 한 말에 대해 比丘는 무엇이라고 대답하였습니까?"라고 하자, 법사는 神이 진노할 것을 염려하여 대답하기를, "아직 말을 못하였지만 굳이 말을 하면 어찌 감히 듣지 않겠습니까?" 하였다. 신이, "내가 이미 다 들었습니다. 법사는 어찌 덧붙여 말을 합니까? 단지 잠자코 내가 하는 것만 보세요!"라고 하면서 마침내 작별하고 갔다. 밤중에 뇌성벽력 같은 소리가 났는데, 다음날 보니 산이 무너져 比丘가 있던 蘭若(난야)를 묻어버렸다.

---

187) 至行者: 수행이 지극한 사람.

神亦來曰 師見如何 法師對曰 見甚驚懼 神曰 我歲幾於三千年 神術最壯 此是小事 何足爲驚 但復將來之事 無所不知 天下之事 無所不達 今思法師 唯居此處 雖有自利之行 而無利他之功 現在不揚高名 未來不取勝果[188] 盍 採佛法於中國 導群迷於東海 對曰 學道中國 是本所願 海陸逈阻 不能自通 而已 神詳誘歸中國所行之計 法師依其言歸中國 留十一年 博通三藏 兼學 儒術 <義解 第五 圓光西學 中>

신이 또 와서, “법사가 보기에는 어떻소?”라고 하자, 법사가 대답하기를, “보기에 무척 놀랍고 두렵습니다.”라고 하였다. 신이 “나는 나이가 삼천 년에 가깝고 神術도 최고입니다. 이것은 작은 일인데 어찌 놀랄 것이 있겠습니까? 이밖에도 장래의 일도 모르는 것이 없을뿐더러, 천하의 일도 통달하지 못한 것이 없습니다. 이제 생각해보니 법사가 이곳에만 산다면 비록 자신을 이롭게 하는 행위는 있어도 利他의 공은 없을 것입니다. 지금 높은 명성을 날리지 못하면 미래에 勝果를 거두지 못할 것이니, 어찌하여 중국에서 佛法을 배워 이 나라의 중생들을 인도하지 않습니까?”라고 하였다. 대답하기를, “중국에 가서 도를 배우는 것은 본래 소원이나 바다와 육지가 멀리 막혀 있어 제 스스로 통하지 못할 분입니다.” 하였다. 신이 중국으로 갈 수 있는 계획을 상세히 알려주자, 법사는 그 말에 따라 중국으로 가서 11년간 머무르면서 三藏에 두루 통달하고 겸하여 儒術도 배웠다.

23

時國仙[189]瞿昆公[190]嘗往其郊縱獵 一日宿[191]出於道左[192] 攬轡而請曰 庸僧[193]亦願隨從 可乎 公許之 於是 縱橫馳突 裸袒[194]相先 公旣悅 及休勞坐 數炮烹相餉 宿亦與啖嚼 略無忤色 旣而進於前曰 今有美鮮於此 益薦之何 公曰 善

---

188) 勝果: 훌륭한 果報. 佛敎에서는 成佛.
189) 國仙: 花郎
190) 瞿昆公: 新羅 眞平王 때의 화랑
191) 惠宿: 본 조의 제목인 ‘二惠同塵’의 二惠 중 한 사람인 惠宿. 생몰년 미상 新羅 眞平王 때의 神僧. 新羅 10聖 중의 한 사람이다.
192) 道左: 길가.
193) 庸僧: 소승. 중이 자신을 낮추어 부르는 말.
194) 裸袒: 옷을 벗다.

당시 國仙 瞿旵公(구참공)이 일찍이 교외에 가서 사냥을 하였는데, 하루는 惠宿이 길가에 나와 말고삐를 잡고 청하기를, "소승도 따라가고 싶은데 좋겠습니까?" 하였다. 공이 허락하자 이에 종횡으로 옷을 벗어젖히고 서로 앞을 다투자 공이 기뻐하였다. 앉아 쉬면서 고기를 굽고 삶아서 서로 먹었는데, 惠宿 또한 함께 있으면서 조금도 꺼리는 기색이 없었다. 이윽고 앞에 나아가 "지금 이것보다 맛있고 싱싱한 고기가 있는데 좀 더 드시는 것이 어떻겠습니까?" 라고 하자, 공이, "좋다."고 하였다.

宿屛人割其股 寘盤以薦 衣血淋漓 公愕然曰 何至此耶 宿曰 始吾謂公仁人也 能恕己通物也 故從之爾 今察公所好 唯殺戮之耽篤 害彼自養而已 豈仁人君子之所爲 非吾徒也 遂拂衣而行 公大慚 視其所食 盤中鮮胾不減

<義解 第五 二惠同塵 中>

惠宿은 사람을 물리친 뒤 자기 다리를 베어 소반에 올려 바치자 옷에 피가 뚝뚝 떨어졌다. 공이 경악하며 묻기를, "어떻게 이런 짓을 하느냐?" 하니, 惠宿이 "처음에 저는 공이 어진 사람이어서 능히 자신을 헤아리는 것으로 미루어 만물에까지 생각이 미치리라 여긴 까닭에 당신을 따라왔습니다. 지금 공께서 좋아하시는 것을 보니 오직 살육을 탐하고자 남을 해쳐 자신을 살찌울 뿐이니 어찌 어진 사람이나 군자가 할 일이겠습니까? 우리 부류가 아닙니다." 라고 하였다. 마침내 옷을 떨치면서 가자 공이 크게 부끄러워하였다. 먹던 것을 보았는데 소반에는 신선한 고기 살점이 없어지지 않고 있었다.

24

生而穎異 學不從師 其遊方始末 弘通茂跡 具載唐傳與行狀[195] 不可具載 唯鄕傳所記有一二段異事 師[196]嘗一日風顚唱街云 誰許沒柯斧 我斫支天柱 人皆未喩 時太宗聞之曰 此師殆欲得貴婦 産賢子之謂爾 國有大賢 利莫大焉

195) 行狀: 漢文 文體의 하나로, 사람이 죽은 뒤에 그의 행적을 적은 글.
196) 師: 聖師 元曉를 일컫는다.

태어나면서부터 총명이 남달라서 스승을 따라 배우지는 않았다. 그가 사방으로 다니면서 수행한 始末과 널리 교화한 큰 업적이 『唐傳』과 행장에 자세히 실려 있다. 여기서는 자세히 기록할 수 없고, 오직 鄕傳에 기록된 한두 가지 특이한 사적만을 쓴다. 聖師는 일찍이 어느 날 평상시와 달리 거리에서 노래 부르기를, "누가 자루 없는 도끼를 허락하려는가? 나는 하늘을 떠받칠 기둥을 치려고 한다."고 하였다. 사람들이 모두 뜻을 알지 못했는데, 이때 太宗이 그것을 듣고 "이 聖師는 아마도 귀부인을 얻어 어진 아들을 낳으려는 것 같구나. 나라에 큰 현인이 있으면 그보다 더 좋은 일이 있겠는가?" 하였다.

時瑤石宮有寡公主 勅宮吏[197]覓曉引入 宮吏奉勅將求之 已自南山來過蚊川橋遇之 佯墮水中濕衣袴 吏引師於宮 褫衣曬晾 因留宿焉 公主果有娠 生薛聰

이때 瑤石宮에 홀로 사는 공주가 있었다. 궁의 관리를 시켜 元曉를 찾아서 데려오게 하였다. 궁중의 관리가 칙명을 받들어 그를 찾으려고 하는데, 벌써 南山에서 내려와 蚊川橋를 지나고 있어 만나게 되었다. (그는) 일부러 물에 빠져 옷을 적셨다. 관리는 元曉를 궁으로 인도하여 옷을 벗어 말리게 하자 이 때문에 그곳에서 묵게 되었다. 공주가 과연 태기가 있어 薛聰을 낳았다.

聰生而睿敏 博通經史 新羅十賢中一也 以方音通會華夷方俗物名 訓解六經文學 至今海東業明經者 傳受不絶

薛聰은 나면서부터 지혜롭고 영민하여 경서와 역사에 두루 통달하였으며 新羅 十賢 중 하나가 되었다. 우리말로 중국과 外夷의 각 지방 풍속과 물건 이름에 통달하였고 六經과 문학을 풀이했으며, 지금까지도 우리나라에서 경학을 공부하는 사람들은 (이를) 전수받아 끊기지 않고 있다.

曉旣失戒生聰已後易俗服 自號小姓居士 偶得優人[198]舞弄大瓠 其狀瑰奇 因其形製爲道具 以華嚴經[199]一切無㝵人一道出生死[200] 命名曰無碍 仍作歌流

---

197) 宮吏: 궁중의 관리.
198) 優人: 才人.
199) 華嚴經: 釋迦牟尼가 성도한 깨달음의 내용을 그대로 설법한 경문.

于世 嘗持此 千村萬落[201]且歌且舞 化詠而歸 使桑樞瓮牖[202]玃猴之輩[203]皆識佛陀[204]之號 咸作南無[205]之稱 曉[206]之化大矣哉

元曉가 이미 失戒하여 薛聰을 낳은 이후로는 俗服으로 바꿔 입고 스스로를 小姓居士라 불렀다. 우연히 優人들이 사용하는 큰 박을 얻었는데, 그 모양이 괴이하였다. 인하여 그 모양대로 도구를 만들고, 『화엄경』의 '일체 無导人은 한 길로 생사를 벗어난다.'는 구절에 따라 그 이름을 無导라 짓고는, 인하여 노래를 지어 세상에 퍼뜨렸다. 일찍이 이 無导를 갖고 千村萬落에서 노래하고 춤추며 교화시키고 읊조리며 돌아왔다. 가난한 사람들과 산골에 사는 무지몽매한 사람들까지도 모두 다 부처의 호를 알게 되었고, 모두 '南無(나무)'를 칭하게 되었으니 元曉의 법화가 컸던 것이다.

其生緣之村名佛地 寺名初開 自稱元曉者 蓋初輝佛日[207]之意爾 元曉亦是方言也 當時人皆以鄕言稱之始旦[208]也 <義解 第五 元曉不羈 中>

그가 태어난 마을을 佛地라 하고 절 이름을 初開라 하였으며 스스로 元曉라 한 것은, 대개 처음으로 부처를 빛나게 하였다는 뜻일 것이다. 元曉라는 이름도 우리말이며, 당시 사람들은 모두 우리말로 元曉를 '새박[始旦]'이라 하였다.

25

釋惠通 氏族未詳 白衣之時[209] 家在南山西麓 銀川洞之口 一日遊舍東溪上 捕一獺屠之 弃骨園中 詰旦亡其骨 跡血尋之 骨還舊穴 抱五兒而蹲 郎望見驚異久之 感嘆躕躇 便弃俗出家 易名惠通

---

200) 一切無碍人一道出生死: 일체 無碍人은 한 길로 생사를 벗어난다.
201) 千村萬落: 수많은 촌락.
202) 桑樞瓮牖: 뽕나무로 대문을 만들고 옹기로 창문을 만든다는 뜻으로 집이 매우 가난하다는 것을 의미한다.
203) 玃猴之輩: 산골에 사는 무지몽매한 무리를 말한다.
204) 佛陀: 부처.
205) 南無: 衆生이 부처님께 진심으로 歸依 敬順한다는 뜻.
206) 曉: 원효.
207) 初輝佛日: 부처를 처음으로 빛나게 하였다.
208) 始旦: 첫 새벽.
209) 白衣之時: 속인 시절.

승려 惠通은 씨족이 자세하지 않았다. 속인 시절에는 집이 南山 서쪽 기슭 銀川洞 입구에 있었다. 하루는 집 동쪽 계곡 상류에서 놀다가 수달 한 마리를 잡아 죽이고 뼈를 동산에 버렸다. 이튿날 아침에 그 뼈가 없어졌기에 핏자국을 따라 찾아갔다가 뼈가 전에 살던 굴로 돌아가 새끼 다섯 마리를 안은 채 웅크리고 앉아 있는 것을 바라보았다. 한참을 경이롭게 여기며 감탄하고 망설이다가 문득 속세를 버리고 출가하여 이름을 惠通으로 바꾸었다.

往唐謁無畏三藏[210)]請業 藏曰 嵎夷[211)]之人豈堪法器[212)] 遂不開授 通不堪輕謝去 服勤三載 猶不許 通乃憤悱立於庭 頭戴火盆 須臾頂裂聲如雷 藏聞来視之 撤火盆 以指按裂處 誦神咒 瘡合如平日 有瑕如王字文[213)] 因號王和尚 深器之 傳印訣[214)]

唐나라로 가서 無畏三藏을 뵙고 受業을 청하자 三藏이 “동쪽 사람이 어찌 法器가 될 수 있겠는가?”고 하며 끝내 가르쳐주지 않았다.
惠通은 가벼이 물러나지 않고 3년 동안 부지런히 섬겼으나 여전히 허락하지 않았다. 惠通은 분발하여 뜰에 서서 머리에 불화로를 이고 있었는데, 잠시 후 정수리가 찢어지며 우레와 같은 소리가 났다. 三藏이 소리를 듣고 와서 보고는, 화로를 치우며 손가락으로 터진 곳을 만지면서 주문을 외우자 상처가 아물어 예전처럼 되었다. 흠이 생겨 王字 무늬와 같았으므로 王和尚이라 불렀으며, 도량을 깊이 인정하여 印訣을 전하였다.

時 唐室有公主疾病 高宗[215)]請救於三藏 擧通自代 通受教別處 以白豆一斗 呪銀器中 變白甲神兵 逐祟不克 又以黑豆一斗 咒金器中 變黑甲神兵 令二色合逐之 忽有蛟龍走出 疾遂瘳

---

210) 無畏三藏: 東印度 烏茶國人.
211) 嵎夷: 해가 돋는 곳. 동쪽. 東夷와 같은 뜻으로 여기서는 新羅를 가리킨다.
212) 法器: 佛道를 수행할 수 있는 소질이 있는 사람.
213) 王字文: 王자 모양.
214) 印訣: 印可와 授訣의 약칭. 印可는 제자의 깨달음을 스승이 인정해 주는 것이고, 授訣은 授記라고도 하여 장래 반드시 大乘의 妙法을 깨달아 成佛하리라고 예언하는 것을 이름.
215) 高宗: 중국 唐나라 제3대 황제. 재위 649~683.

그때 唐나라 황실의 공주가 병이 나서 高宗이 三藏에게 구제를 청하였는데 (三藏은) 자기 대신 惠通을 천거하였다. 惠通이 명을 받고 별실에 머물며 흰 콩 한 말을 은그릇에 담아 주문을 외웠더니 흰 갑옷을 입은 神兵으로 변하여 마귀를 쫓다가 끝내 이기지 못하였다. 다시 검은 콩 한 말을 금그릇에 넣고 주문을 외우자 검은 갑옷을 입은 신병으로 변하였다. 두 색이 합하여 마귀를 쫓게 하자 홀연 蛟龍이 도망가고 마침내 병이 나았다.

龍怨通之逐己也 來本國文仍林 害命尤毒 是時 鄭恭[216)]奉使於唐 見通而謂曰 師所逐毒龍 歸本國害甚 速去除之 乃與恭 以麟德[217)]二年乙丑還國而黜之 龍又怨恭 乃托之柳 生鄭氏門外 恭不之覺 但賞其葱密 酷愛之

<神呪 第六 惠通降龍 中>

교룡은 惠通이 자신을 쫓아냈다고 원망하며 본국의 文仍林에 와서 사람들을 해함이 더욱 심하였다. 이때 鄭恭이 唐나라에 사신으로 갔는데 惠通을 보고 일러 말하길, “법사께서 쫓은 독룡이 본국으로 와서 해가 심하니 속히 가서 없애주십시오.” 하였다. 이에 鄭恭과 함께 麟德 2년 乙丑에 귀국하여 용을 쫓아버렸다. 용은 또 鄭恭을 원망하고 이에 버드나무에 의탁하여 鄭恭의 집 문 밖에 살았다. 鄭恭은 이러한 사실을 모른 채 버드나무가 무성한 것만 좋아하여 무척 아꼈다.

26

文武王[218)]代 有沙門[219)]名廣德嚴莊二人友善 日夕約曰 先歸安養[220)]者 須告之 德隱居芬皇[221)]西里 蒲鞋爲業 挾妻子而居 莊庵栖南岳 大種力耕

---

216) 鄭恭: 新羅 神文王 때의 遣唐使.
217) 麟德: 중국 唐나라 高宗의 연호(664~665).
218) 文武王: 新羅 제30대 왕 재위 661~681.
219) 沙門: 出家하여 수행하는 사람을 통틀어 일컫는 말.
220) 安養: 極樂.
221) 芬皇: 분황사.

文武王 때 沙門 廣德과 嚴莊이라는 사람이 있었다. 두 사람은 서로 친하여 밤낮으로 약속하기를, "먼저 극락으로 돌아가는 사람은 반드시 이를 알려주기로 하자!"라고 하였다. 廣德은 芬皇寺 서쪽 마을에 은거하면서 신 삼는 것을 업으로 삼아 처자를 데리고 살았고, 嚴莊은 南岳에 암자를 짓고 살며 경작에 힘썼다.

一日 日影拖紅 松陰靜暮 窓外有聲 報云 某已西[222]往矣 惟君好住 速從我來 莊排闥而出顧之 雲外有天樂聲 光明屬地 明日歸訪其居 德果亡矣 於是乃與其婦收骸 同營蒿里

어느 날 해 그림자가 붉은 빛을 끌며 소나무 그늘에 고요히 저무는데 창 밖에서 소리가 나면서 알려주기를, "나는 서쪽으로 갈 것이니 그대는 잘 지내다가 어서 나를 따라오게!"라고 하였다. 嚴莊이 문을 열고 나가보니 구름 밖에서 하늘의 음악 소리가 들려오고 밝은 빛이 땅에 드리워져 있었다. 다음날 廣德의 집을 찾아갔는데 廣德은 과연 죽어 있었다. 이에 그의 아내와 함께 유해를 거둬 함께 장사를 지냈다.

旣事 乃謂婦曰 夫子逝矣 偕處何如 婦曰 可 遂留 夜將宿欲通焉 婦靳之曰 師求淨土 可謂求魚緣木[223] 莊驚怪問曰 德旣乃爾[224] 予又何妨

일을 마치고 부인에게 "남편이 죽었으니 나와 함께 지내는 것이 어떻겠습니까?"라고 하자, 부인이 "좋아요."라고 하였다. 마침내 머물며 밤에 잠을 자는데, 정을 통하려 하자 부인이 그를 타일러 "스님께서 서방정토를 구하는 것은 마치 나무에 올라가 물고기를 구하는 것과 같습니다."고 하였다. 嚴莊이 놀라고 이상하게 여겨 묻기를, "廣德도 이미 그랬거늘 나 또한 어찌 방해가 되겠소?"라고 하였다.

---

222) 西: 西方淨土.
223) 求魚緣木: 緣木求魚.
224) 乃爾: 이러하다. 저러하다. 그러하다.

婦曰 夫子與我 同居十餘載未嘗一夕同床而枕 況觸汚乎 但每夜端身正坐 一聲念阿彌陁佛[225]號 或作十六觀[226] 觀旣熟 明月入戶 時昇其光 加趺[227]於上 竭誠若此 雖欲勿西奚往 夫適千里者 一步可規 今師之觀可云東矣 西則未可知也

부인이 "저이는 나와 십여 년을 함께 살았지만 일찍이 하룻밤도 자리를 같이 하고 자지 않았으니, 하물며 몸을 더럽혔겠습니까? 다만 밤마다 단정한 몸으로 바르게 앉아서 한결같은 소리로 阿彌陀佛의 이름을 염송하며 혹은 16觀을 지었는데, 觀이 무르익고 밝은 달빛이 방에 들어오면 때때로 그 빛 위에 올라 가부좌를 하였습니다. 정성을 다함이 이와 같았기에 비록 서방정토에 가지 않으려 하여도 어디로 갔겠습니까? 대개 천 리 길을 가고자 하는 사람은 그 첫걸음으로 법칙을 삼는 것입니다. 지금 스님이 닦는 관법은 東方으로 가는 것이고, 西方으로 가시려는 것이라면 아직 알 수 없습니다."라고 하였다.

莊愧赧而退 便詣元曉法師處 懇求津要[228] 曉作錚觀法誘之 藏於是潔己悔責 一意修觀 亦得西昇 錚觀在曉師本傳與海東僧傳中 其婦乃芬皇寺之婢 蓋十九應身之一德 <感通 第七 廣德嚴莊>

嚴莊은 부끄러워하며 얼굴을 붉히고 물러나왔다. 그 길로 元曉法師의 처소로 가서 도를 닦는 비결을 간절히 구하였다. 元曉는 錚觀法을 만들어 그를 지도하였다. 嚴莊은 이에 자기 몸을 깨끗이 하면서 잘못을 뉘우쳐 책망하고는 오로지 觀 닦기에 힘을 써서 역시 西方淨土로 갈 수 있었다. 錚觀法은 元曉법사의 本傳과 『海東高僧傳』에 있다. 그 부인은 바로 芬皇寺의 여종이니 대개 관음보살 十九應身 가운데 하나였다.

---

225) 阿彌陁佛: 아미타불.
226) 十六觀: 阿彌陀如來의 淨土 및 佛身을 보는 열여섯 가지의 법.
227) 加趺: 가부좌.
228) 津要: 사물의 핵심, 요점.

27

景德王[229] 十九年庚子四月朔 二日並現 挾旬不滅 日官奏請緣僧 作散花功德[230] 則可禳 於是 潔壇於朝元殿 駕幸靑陽樓 望緣僧 時有月明師 行于阡陌時之南路 王使召之 命開壇作啓[231] 明奏云 臣僧但屬於國仙之徒 只解鄕歌不閑聲梵[232] 王曰 旣卜緣僧 雖用鄕歌可也 明乃作兜率歌賦之

景德王 19년 庚子 4월 초하루에 두 해가 나란히 나타나 열흘 동안 사라지지 않았다. 日官이 아뢰기를, "인연 있는 중을 청하여 散花功德을 베풀면 재앙을 물리칠 수 있습니다."라고 하였다. 이에 朝元殿에 깨끗하게 壇을 만들고 靑陽樓에 행차하여 인연 있는 중을 기다렸다. 이때 月明師가 밭둑을 걷는데, 마침 남쪽 길을 가고 있었다. 왕은 사람을 보내어 그를 불러서 壇을 열고 啓文를 짓게 하였다. 月明師가 아뢰기를, "臣僧은 그저 國仙의 무리에 속해 있으므로 겨우 鄕歌만 알 뿐이며 讀經은 익숙하지 못합니다." 하였다. 왕이 "이미 인연이 닿은 중으로 점지되었으니 비록 鄕歌를 쓰더라도 좋다."고 하였다. 月明은 이에 兜率歌를 지어 올렸다.

旣而日怪卽滅 王嘉之 賜品茶[233] 一襲 水精念珠[234] 百八箇 忽有一童子 儀形鮮潔 跪奉茶珠 從殿西小門而出 明謂是內宮之使 王謂師之從者 及玄徵而俱非 王甚異之 使人追之 童入內院塔中而隱 茶珠在南壁畫慈氏[235] 像前 知明之至德至誠 能昭假于至聖[236] 也如此 朝野莫不聞知 王益敬之 更贐絹一百疋 以表鴻誠 <感通 第七 月明師兜率歌 中>

229) 景德王: 新羅 제35대 왕. 재위 742~765.
230) 散花功德: 불교의 전통의식. 부처님이 지나가시는 길에 꽃을 뿌려 그 발길을 영화롭게 한다는 축복의 의미이다.
231) 啓: 啓文. 여기서는 부처님의 가르침과 보살핌을 청하는 글을 뜻한다.
232) 聲梵: 불경을 읽는 것. 또는 부처님의 공덕을 찬미하는 노래를 하는 것을 말한다.
233) 品茶: 좋은 茶.
234) 水精念珠: 수정염주.
235) 慈氏: 彌勒菩薩.
236) 至聖: 지극한 聖人. 여기서는 慈氏 즉, 彌勒菩薩. "知明之至德至誠 能昭假于至聖也如此" 부분은 보통 月明師의 덕성이 彌勒菩薩을 감동시켰다고 풀이하지만, 여기서는 문맥과 '假'자의 보통 뜻을 기준으로, 백성들이 月明師를 彌勒菩薩에 비긴 것으로 보았다.

이윽고 해의 변괴가 사라졌다. 왕은 이를 가상히 여겨 좋은 차 한 봉과 수정 염주 108개를 하사하였다. 홀연히 모습이 곱고 깨끗한 한 명의 동자가 나타나 차와 염주를 공손히 받들고 궁전 서쪽의 작은 문으로 나갔다. 月明은 이를 內宮의 사자로 알고 왕은 스님의 從者로 여겼는데, 가만히 부르려고 이르러 보니 모두 아니었다. 왕이 매우 기이하게 여겨 사람을 시켜 그 뒤를 쫓게 하자, 동자는 內院의 탑 속으로 들어가 사라져 버렸고 차와 염주는 남쪽 벽화 미륵보살상 앞에 있었다. 이처럼 (이 일은) 月明의 지극한 덕과 지극한 정성이 능히 至聖에 假借됨을 밝혔다는 것을 알게 한다. 조정과 세간에서 (이 일을) 들어 알지 못하는 사람이 없었다. 왕은 더욱 그를 공경하여 다시 비단 100필을 주어 큰 정성을 표창하였다.

28

新羅俗 每當仲春[237] 初八至十五日 都人士女 競遶興輪寺[238]之殿塔爲福會[239] 元聖王[240]代 有郎君金現[241]者 夜深獨遶不息 有一處女 念佛隨遶 相感而目送之 遶畢 引入屛處通焉

新羅 풍속에 해마다 2월이 되면 초파일에서 보름날까지 서울의 남녀들이 서로 다투어 興輪寺의 전각과 탑을 돌며 福會를 삼았다. 元聖王 때에 郎君 金現이란 사람이 밤이 깊도록 홀로 돌며 쉬지 않았다. 한 처녀도 염불을 외며 따라 돌았는데 서로 마음이 통하여 눈짓을 하였다. 탑돌이를 마치자 구석진 곳으로 데리고 가서 정을 통하였다.

女將還 現從之 女辭拒而强隨之 行至西山之麓 入一茅店 有老嫗問女曰 附率者何人 女陳其情 嫗曰 雖好事不如無也 然遂事不可諫也 且藏於密 恐汝弟兄之惡也 把郎而匿之奧

---

237) 仲春: 음력 2월.
238) 興輪寺: 경상북도 경주시 사정동에 있던 新羅 최초의 왕실 절.
239) 福會: 복을 빌기 위한 모임.
240) 元聖王: 新羅 제38대 왕. 재위 785~798.
241) 金現: 新羅 元聖王 때의 인물.

여자가 돌아가려 하자 金現이 그를 따라갔다. 여자가 사양하고 거절했으나 억지로 따라갔다. 가다가 四山 기슭에 이르러서 한 초가집에 들어갔다. 늙은 할미가 처녀에게 묻기를, "함께 온 사람은 누구냐?"고 하였다. 여자가 그 사정을 이야기하니, 늙은 할미가 "비록 좋은 일이나 없는 것만 못하다. 그러나 이미 저질러진 일이므로 나무랄 수도 없다. 은밀한 곳에 숨을 수 있도록 해라. 네 형제들이 나쁜 짓을 할까 두렵다."고 하며, 사내의 손을 잡아끌어 으슥한 곳에 숨겼다.

小選[242]有三虎 咆哮而至 作人語曰[243] 家有腥膻之氣 療飢何幸 嫗與女叱曰 爾鼻之爽乎 何言之狂也 時有天唱 爾輩嗜害物命尤多 宜誅一以徵惡 三獸聞之 皆有憂色 女謂曰 三兄若能遠避而自懲 我能代受其罰 皆喜俛首妥尾而遁去

잠시 후 범 세 마리가 으르렁거리며 들어오더니 사람처럼 말을 하기를, "집에서 비린내가 나는구나. 요기하기가 좋겠구나."고 하였다. 늙은 할미와 처녀가 꾸짖어 "너희 코가 어떻게 되었구나. 무슨 미친 소리를 하느냐!" 하였다. 이때 하늘에서 외치는 소리가 들리며, "너희들이 즐겨 생명을 해침이 너무도 많으니, 마땅히 한 놈을 죽여서 악을 징계하겠다!"고 하였다. 세 짐승이 그것을 듣자 모두 근심하는 기색이었다. 여자가 "세 오빠들이 멀리 피해 가서 스스로 반성한다면 제가 그 벌을 대신 받겠습니다."고 하였다. 모두들 기뻐하며 고개를 숙이며 꼬리를 늘어뜨리고 달아나 버렸다.

女入謂郎曰 始吾恥君子[244]之辱臨弊族 故辭禁爾 今旣無隱 敢布腹心 且賤妾之於郎君 雖曰非類 得陪一夕之歡 義重結褵之好[245] 三兄之惡 天旣厭之 一家之殃 予欲當之 與其死於等閑人[246]之手 曷若伏於郎君刃下 以報之德乎

---

242) 小選: 얼마 뒤.
243) 作人語曰: 사람의 말로 말하기를.
244) 君子: 아내가 남편을 가리키는 말.
245) 結褵之好: 초례. 결혼.
246) 等閑人: 일반 사람. 즉 여기서는 알지 못하는 사람.

妾以明日入市爲害劇 則國人無如我何 大王必募以重爵而捉我矣 君其無劫追我乎城北林中 吾將待之

여자가 사내에게 "처음에 저는 낭군께서 우리 집에 오는 것이 부끄러워 사양하고 거절했지만, 이제 감출 것이 없으니 감히 속마음을 말씀 드리겠습니다. 또한 저와 낭군은 비록 類가 다르지만 하루 저녁의 즐거움을 얻어 중한 부부의 의를 맺었습니다. 세 오빠의 악행을 이미 하늘이 미워하시니 제가 집안의 재앙을 감당하려 합니다. 알지 못하는 사람의 손에 죽는 것이, 어찌 낭군의 칼에 죽어 은덕을 갚는 것과 같겠습니까? 제가 내일 저자거리에 들어가 사람을 심하게 해치면 나라 사람들이 저를 어찌할 수 없으므로 반드시 대왕께서 높은 벼슬을 걸고 나를 잡을 사람을 찾을 겁니다. 낭군은 겁내지 말고 나를 쫓아시 성의 북쪽 숲 속까지 오시면, 제가 기다리고 있겠습니나."고 하였다.

現曰 人交人[247] 彝倫之道 異類而交 盖非常也 旣得從容 固多天幸 何可忍賣於伉儷之死 僥倖一世之爵祿乎 女曰 郎君無有此言 今妾之壽夭[248] 盖天命也 亦吾願也 郎君之慶也 予族之福也 國人之喜也 一死而五利備 其可違乎 但爲妾創寺 講眞詮 資勝報 則郎君之惠莫大焉 遂相泣而別

金現이 "사람과 사람이 사귀는 것이 인륜의 도리인 바, 다른 부류와 사귀는 것은 정상이 아닙니다. 이미 조용히 만난 것은 진실로 하늘이 준 복이라 할 것인데, 어찌 차마 배필의 죽음을 팔아 일생의 벼슬을 요행으로 바랄 수 있겠습니까?" 하였다. 여자가 "낭군께서는 그런 말씀 하지 마세요. 이제 제가 일찍 죽는 것은 天命이며 또한 제가 바라는 바요, 낭군의 경사요, 우리 가족의 복이요, 나라 사람들의 기쁨입니다. 한 번 죽어 다섯 가지 이로움이 갖추어지는데 어찌 어길 수 있겠습니까? 다만 저를 위해 절을 짓고 불경을 강론하여 좋은 업보를 얻도록 도와주신다면 낭군의 은혜는 더 없이 클 것입니다."고 하였다. 마침내 서로 울면서 헤어졌다.

---

247) 人交人: 사람이 사람을 사귀는 것.

248) 壽夭: 오래 삶과 일찍 죽음. 長壽와 短命. 여기서는 죽음만을 의미.

次日果有猛虎入城中 剽甚無敢當 元聖王聞之 申令曰 戡虎者爵二級 現詣闕奏曰 小臣能之 乃先賜爵以激之 現持短兵 入林中 虎變爲娘子 熙怡[249]而笑曰 昨夜共郎君繾綣之事[250] 惟君無忽 今日被爪傷者 皆塗興輪寺醬 聆其寺之螺鉢聲則可治 乃取現所佩刀 自頸而仆 乃虎也 現出林而託曰 今玆虎易搏矣 匿其由不洩 但依諭而治之 其瘡皆效 今俗亦用其方

다음 날 과연 사나운 범이 성 안에 들어왔는데 무척 사나워 당할 수가 없었다. 元聖王이 이 소식을 듣고 명을 내리길, "범을 잡는 사람에게는 2급의 벼슬을 주겠다."고 하였다. 金現이 대궐로 들어가 아뢰기를, "소신이 할 수 있습니다."고 하였다. 이에 먼저 벼슬을 주어 그를 격려하였다. 金現이 단도를 지니고 숲 속으로 들어갔다. 범이 여자로 변하더니 반갑게 웃으며 "어젯밤 낭군과 함께 마음 깊이 정을 맺었던 일을 잊지 마십시오. 오늘 발톱에 상처 입은 사람들은 모두 興輪寺의 간장을 바르고 그 절의 나팔 소리를 들으면 나을 것입니다."고 하였다. 이에 金現이 차고 있는 칼을 뽑아 스스로 목을 찔러 쓰러지자 곧 범이었다. 金現이 숲에서 나와 소리쳐 "방금 이 범을 쉽게 잡았다."고 하였다. 그 연유는 누설하지 않고 다만 그의 말대로 상한 이들을 치료해주자 그 상처가 모두 나았다. 지금도 민간에서는 그 방법을 쓴다.

現旣登庸 創寺於西川邊 號虎願寺[251] 常講梵網經 以導虎之冥遊 亦報其殺身成己之恩 現臨卒 深感前事之異 乃筆成傳 俗始聞知 因名論虎林 稱于今

<感通 第七 金現感虎 中>

金現은 벼슬에 오르자 西川 가에 절을 짓고 虎願寺라 이름 하였다. 항상 『梵網經』을 강론하면서 범의 저승길을 인도하고, 또 범이 제 몸을 죽여 자기를 성공시킨 은혜에 보답하였다. 金現은 죽음을 앞두고 지난 일의 기이함에 깊이 감동하여 이에 기록하여 전기를 만들었다. 비로소 세상에서 알게 되었고 이로 인하여 이름을 論虎林이라 하여 지금까지도 일컫는다.

---

249) 熙怡: 기뻐함.
250) 繾綣之事: 어젯밤 일. 어젯밤 서로 마음 속 깊이 정을 맺었던 일.
251) 虎願寺: 경상북도 경주시 황성동에 있던 절.

29

高僧緣會[252] 嘗隱居靈鷲[253] 每讀蓮經[254] 修普賢觀行[255] 庭池常有蓮數朶 四時不萎 國主元聖王[256]聞其瑞異 欲徵拜爲國師[257] 師聞之 乃棄庵而遁 行跨西嶺嵓間 有一老叟今爾耕 問師奚適 曰 吾聞邦家濫聽 縻我以爵 故避之爾 叟聽曰 於此可賈 何勞遠售 師之謂賣名無厭乎

고승 緣會는 일찍이 靈鷲山에 숨어 살면서 항상『法華經』을 읽어 普賢菩薩의 觀行法을 닦았다. 뜰의 연못에는 늘 연꽃 두 세 송이가 피어 사시사철 시들지 않았다. 元聖王이 그 상서롭고 기이한 말을 듣고 그를 불러 國師로 삼으려 하자, 스님은 그 소식을 듣고는 암자를 버리고 도망갔다. 그가 서쪽 고개 바위 사이를 넘는데 한 노인이 밭을 갈다가, '법사님은 어딜 가십니까?'라고 묻기에 스님이 말하였다. "내 듣자니, 나라에서 잘못 듣고 나를 벼슬로 얽매려하기에 피해 가는 중입니다." 노인은 이 말을 듣고 말하였다. "이곳에서 팔면 되지 왜 힘들게 먼 곳에서 팔려고 하십니까? 법사님은 이름 팔기를 싫어하지 않는다고 일러야 하겠지요."라고 하였다.

會謂其慢己 不聽遂行數里許 溪邊遇一媼 問師何往 答如初 媼曰 前遇人乎 曰 有一老叟侮予之甚 慍且來矣 媼曰 文殊大聖[258]也 夫言之不聽何 會聞卽驚悚 遽還翁所 扣顙陳悔曰 聖者之言 敢不聞命乎 今且還矣 溪邊媼彼何人斯 叟曰 辯才天女[259]也 言訖遂隱

緣會는 그가 자기를 업신여긴다고 생각하여 그 말을 듣지 않았다. 마침내 몇 리 가량을 더 가다가 시냇가에서 한 노파를 만났는데, 그 노파도 어디로 가

---

252) 緣會: 新羅 元聖王 때의 고승.
253) 靈鷲: 영축산.
254) 蓮經: 법화경.
255) 普賢觀行: 보현관행.
256) 元聖王: 신라 제38대 왕. 재위 785~798.
257) 國師: 한 나라의 스승.
258) 文殊大聖: 文殊菩薩.
259) 辯才天女: 詠歌와 음악을 장악한 女神으로 無礙의 辯才를 가지고 불법을 유포하여 壽命增益, 怨敵退散, 財寶滿足의 이익을 준다고 한다.

느냐고 물었다. 緣會는 처음처럼 대답해 주었다. 그러자 노파는 말하였다. "조금 전에 어떤 사람을 만났습니까?" 緣會는 대답하였다. "어떤 노인이 나를 매우 업신여기기에 기분이 불쾌하여 그만 와 버렸습니다." 그러자 노파가 말하였다. "그 분이 文殊菩薩이온데 그 말씀을 듣지 않았으니 어쩌시려고요?" 그 말을 듣자 緣會는 놀랍고 송구하여 급히 그 노인에게로 되돌아가 머리를 숙이고 진심으로 후회하며 말하였다. "성인의 말씀을 감히 거역하겠습니까? 이제 다시 돌아왔습니다. 그런데 그 시냇가의 노파는 누구신가요?" 노인이 말하였다. "辯才天女시네." 하며 말을 마치고는 사라져 버렸다.

乃還庵中 俄有天使齎詔徵之 會知業已當受 乃應詔赴闕 封爲國師 師之感老叟處 因名文殊岾 見女處曰阿尼岾　　<避隱 第八 緣會逃名文殊岾 中>

緣會가 암자로 돌아오자, 조금 뒤 왕의 사자가 명을 받들고 와서 그를 불렀다. 緣會는 진작 받았어야 하는 것임을 알고 임금이 내린 명에 따라 대궐로 들어가자 왕은 그를 國師로 봉하였다. 緣會 법사가 노인의 거처에서 감응을 받았으므로 인하여 그 곳을 文殊岾이라 이름하고, 여인을 만나본 곳을 阿尼岾이라 하였다.

孝成王[260]潛邸[261]時 與賢士信忠[262] 圍碁於宮庭栢樹下 嘗謂曰 他日若忘卿 有如栢樹 信忠興拜 隔數月 王卽位賞功臣 忘忠而不第之 忠怨而作歌 帖於栢樹 樹忽黃悴 王怪使審之 得歌獻之 大驚曰 萬機[263]鞅掌[264] 幾忘乎角弓[265] 乃召之賜爵祿 栢樹乃蘇　　<避隱 第八 信忠掛冠 中>

260) 孝成王: 신라 제34대 왕. 재위 732~742.
261) 潛邸: 임금이 왕위에 오르기 전에 살던 집.
262) 信忠: 신라 효성왕 · 경덕왕 때의 重臣.
263) 萬機: 國事.
264) 鞅掌: 일이 매우 바쁘고 번거로움.
265) 角弓: 功臣.

孝成王이 潛邸에 있을 적에 어진 선비 信忠과 더불어 대궐 뜰의 잣나무 밑에서 바둑을 두었는데, 일찍이 "훗날에 만약 그대(信忠)를 잊는다면 저 잣나무와 같으리라."고 하였다. 信忠은 일어나서 절을 하였다. 몇 달 뒤 孝成王이 즉위하여 공신들에게 상을 주면서 信忠을 깜빡 잊고 차례에 넣지 않았다. 信忠이 원망하는 노래를 지어 잣나무에 붙였더니 나무가 갑자기 누렇게 시들고 말았다. 왕이 이상하게 여겨 사람을 보내어 살펴보게 했더니, (사신이) 그 노래를 가져다가 바쳤다. (왕이) 크게 놀라며 "정무에 골몰하여 공신을 거의 잊었구나."고 하였다. 이에 信忠을 불러 벼슬을 주었는데 잣나무도 바로 살아났다.

31

孫順[266] 者 牟梁里人 父鶴山[267] 父沒 與妻同但作人家 得米穀養老孃 孃名運烏[268] 順有小兒 每奪孃食 順難之 謂其妻曰 兒可得 母難再求 而奪其食 母飢何甚 且埋此兒 以圖母腹之盈 乃負兒歸醉山[269] 北郊 堀地

孫順은 牟梁里 사람으로 아버지는 鶴山이다. 아버지가 세상을 떠나자 아내와 함께 남의 집에 고용되어 일을 하면서 쌀을 얻어 늙은 어머니를 봉양하였다. 어머니의 이름은 運烏이다. 孫順에게는 어린 아이가 있었는데 늘 어머니 음식을 빼앗아 먹었다. 孫順은 이를 민망히 여겨 그 아내에게, "아이는 얻을 수 있으나 어머니는 다시 구할 수 없는데, 그 음식을 빼앗아 먹으니 어머니의 굶주림이 얼마나 심하겠소. 이에 아이를 묻어버리고 어머니를 배부르게 해드립시다."라고 하고, 곧 아이를 업고 醉山 북쪽의 들에 가서 땅을 팠다.

忽得石鐘 甚奇 夫婦驚怪 乍懸林木上 試擊之 舂容可愛 妻曰 得異物 殆兒之福 不可埋也 夫亦以爲然 乃負兒與鐘而還家

문득 石鐘을 얻었는데 매우 기이하였다. 부부가 놀라 괴이하게 여기고는 잠깐 나무에 매달아 놓고 두드려보았는데 은은한 소리가 사랑스러웠다. 아내가

266) 孫順: 이 외에 별다른 기록이 없다.
267) 鶴山: 이 외에 별다른 기록이 없다.
268) 運烏: 이 외에 별다른 기록이 없다.
269) 運烏: 경상북도 경주시 모량리 서북에 있는 산.

"이상한 물건을 얻었으니 아마도 이 아이의 복인 듯합니다. 묻지 맙시다."라고 하였다. 남편도 그렇게 여겨 아이와 석종을 짊어지고 집으로 돌아왔다.

懸鐘於梁扣之 聲聞于闕 興德王[270)]聞之 謂左右曰 西郊有異鐘聲 清遠下類 速檢之 王人來檢其家 具事奏王 王曰 昔郭巨[271)]瘞子 天賜金釜 今孫順埋兒 地湧石鐘 前孝後孝 覆載[272)]同鑑 乃賜屋一區 歲給粳五十碩 以尚純孝[273)]焉

<孝善 第九 孫順埋兒 興德王代 中>

종을 들보에 매달아 두드리자 종소리가 궁궐까지 들렸다. 興德王이 이 소식을 듣고는 좌우 신하들에게 "서쪽 교외에서 이상한 종소리가 들리는데 맑으면서도 멀리 들리니 비할 데가 없다. 빨리 조사하라." 하였다. 왕의 사자가 그 집을 찾아가 조사하고는 구체적인 사실을 왕에게 아뢰자, 왕이 말하길, "옛날 郭巨가 아들을 묻자 하늘이 금솥을 내렸고, 이번에는 孫順이 아이를 묻으려 하자 땅 속에서 석종이 솟아나왔다. 전대의 효와 후대의 효가 천지에 같은 귀감이로다."고 하고, 이어 집 한 채를 내려주고 매년 벼 50섬을 주어 극진한 효성을 숭상하였다.

32

孝宗郎[274)]遊南山鮑石亭[275)] 門客星馳 有二客獨後 郎[276)]問其故 曰 芬皇寺之東里有女 年二十左右 抱盲母相號而哭 問同里 曰 此女家貧 乞啜而反哺有年矣 適歲荒 倚門難以藉手 贖賃他家 得穀三十石 寄置大家服役 日暮橐米而來家 炊餉伴宿 晨則歸役大家 如是者數日矣 母曰 昔日之糠粃 心和且平 近日之香秔 膈肝若刺而心未安 何哉 女言其實 母痛哭 女嘆己之但能口腹之養 而失於色難也 故相持而泣 見此而遲留爾

270) 興德王: 新羅 42대 왕. 재위 826~836.
271) 郭巨: 중국 後漢 때의 사람으로 24孝의 한 사람.
272) 覆載: 하늘이 만물을 덮고 땅이 만물을 받쳐 실었다는 뜻으로, 하늘과 땅을 이르는 말.
273) 純孝: 순수한 효심.
274) 孝宗郎: 新羅 眞聖女王 때 사람으로 花郎이었으며, 재상 仁慶의 아들이고 憲康王의 사위이다.
275) 鮑石亭: 경상북도 경주시 남산 서쪽 기슭에 있는 新羅 離宮의 亭子이다.
276) 郎: 孝宗郎.

孝宗郞이 남산의 鮑石亭에서 놀 적에 문객들이 매우 급히 달려왔는데, 오직 두 사람만이 늦게 왔다. 孝宗郞이 까닭을 묻자 대답하기를, "芬皇寺 동쪽 마을에 나이가 스무 살 전후인 여자가 눈이 먼 어머니를 껴안고 서로 부르며 통곡하고 있었습니다. 마을 사람들에게 묻자 '이 여자의 집은 가난하여서 구걸하여 어머니를 봉양해온 지 몇 년이 되었습니다. 마침 올해는 흉년이라 문전걸식도 어려워서, 남의 집 품을 팔아 곡식 30섬을 받고는 부잣집에 맡겨놓고 일을 했습니다. 해가 지면 쌀을 싸와서 밥을 해드리고, 함께 잠을 자고, 새벽이면 부잣집에 가서 일을 했습니다. 이렇게 며칠이 지나자 어머니가 예전에는 거친 음식도 마음이 편안했는데, 요즘은 좋은 음식도 가슴을 찌르는 것 같아 마음이 편치 않으니 어찌된 일이냐고 하였답니다. 딸이 사실대로 말하였더니, 어머니는 통곡하였고, 딸은 다만 자신이 입과 배를 봉양할 줄만 알고, 부모의 마음을 편안하게 해드리지 못한 것을 탄식하여 서로 붙잡고 울고 있는 것입니다.'고 하였습니다. 이것을 보느라 늦었습니다."라고 하였다.

郎聞之潸然 送穀一百斛 郎之二親亦送衣袴一襲 郎之千徒 斂租一千石遺之 事達宸聰 時眞聖王[277]賜穀五百石 幷宅一廛 遣卒徒衛其家 以儆劫掠 旌其坊爲孝養之里 後捨其家爲寺 名兩尊寺 <孝善 第九 貧女養母 中>

孝宗郞은 이 말을 듣고 눈물을 흘리며 곡식 100斛을 보냈다. 孝宗郞의 부모도 의복 1襲을 보냈으며, 孝宗郞의 많은 무리들도 租 1,000섬을 거두어 보내주었다. 소식이 왕에게 미치자, 당시 眞聖王은 곡식 500섬과 집 한 채를 내려 주고 군사를 보내어 그 집을 호위하여 도둑을 막았다. 그 마을에 효행을 기리는 旌門을 세우고 孝養里라 하였다. 훗날 그 집을 喜捨해서 절을 만들었는데, 이름이 兩尊寺이다.

277) 眞聖王: 眞聖女王. 新羅 52대 왕. 재위 887~897.

三國史記

- 本紀
- 列傳

04

古典 漢文의 理解

제4편 三國史記

1

五年 冬十一月 王巡行國內 見一老嫗飢凍將死曰 予以眇身[1]居上[2] 不能養民 使老幼 至於此極 是予之罪也 解衣以覆之 推食以食之 仍命有司[3] 在處存問[4]鰥寡孤獨老病[5]不能自活者 給養之 於是 隣國百姓 聞而來者衆矣 是年 民俗歡康 始製兜率歌 此歌樂之始也 [1卷-新羅本紀1-儒理尼師今-05年]

5년, 겨울 11월에 王이 나라 안을 巡行하다가 한 늙은 할미가 굶주리고 추위에 몸이 얼어 장차 죽게 된 것을 보고 말하였다. "내가 작은 몸으로 윗자리에 있으면서 백성을 돌보지 못하여 늙은이와 어린이로 하여금 이와 같이 마지막에 이르도록 하였으니 이는 나의 罪이다." 그리고는 옷을 풀어 할미에게 덮어 주고 먹을 것을 주어 할미가 먹을 수 있게 하였다. 그로 인하여 담당 관리에

---

1) 眇身: 작은 몸이란 뜻으로, 자기 자신을 겸손하게 표현하는 말.
2) 上: 높은 자리. 여기서는 왕위.
3) 有司: 어떤 일을 맡고 있는 사람이란 뜻으로, 담당 관리를 가리킨다.
4) 存問: 두 글자 다 '묻다'의 뜻이다. 수령이 관할 지역의 백성을 방문하여 이것저것 물어 사는 형편을 살피던 일.
5) 鰥寡孤獨老病: 홀아비, 과부, 고아, 늙어서 자식이 없는 사람, 늙고 병든 이.

게 명령하면서 가는 곳마다 存問하여 鰥寡孤獨이나 늙고 병들어 自活할 수 없는 자가 있으면 먹이고 돌보도록 하였다. 이때 이웃나라 백성이 이 소식을 듣고 와서 백성 되기를 바라는 자가 많았다. 이 해에 백성의 風俗이 기뻐하고 편안해 하여 처음으로 兜率歌를 지었는데 이것이 歌樂의 처음이다.

2

王旣定六部 中分爲二 使王女二人 各率部內女子 分朋造黨 自秋七月旣望[6] 每日早集大部之庭績麻 乙夜[7]而罷 至八月十五日 考其功之多小[8] 負者[9]置酒食 以謝勝者 於是歌舞百戱皆作 謂之嘉俳[10] 是時 負家一女子 起舞嘆曰 會蘇 會蘇 其音哀雅 後人因其聲而作歌 名會蘇曲

[1卷-新羅本紀1-儒理尼師今-09年]

王이 이미 6部를 정하여 두고 중앙을 둘로 나누어 王女 두 사람으로 하여금 저마다 자기 部의 여자들을 거느리면서 무리를 나누고 동아리를 이루었다. 가을 7월 旣望으로부터 매일 아침 일찍 큰 部의 뜰에 모여 삼실로 길쌈을 하는데, 乙夜가 되어서야 끝냈다. 8월 15일에 이르러 두 편의 공적의 多少를 따져서 진 쪽에서는 술과 먹을 것을 마련하여 이긴 쪽에게 謝禮하였는데, 이에는 노래와 춤 이외에 온갖 遊戱가 펼쳐졌다. 이를 일러 '嘉俳'라고 하였다. 이때에 진 쪽의 한 여자가 일어나 춤을 추면서 "회소, 회소" 하는 탄식하는 듯한 소리를 내었는데, 그 소리가 슬프고도 아름다웠다. 뒷사람들이 그 소리로 인하여 노래를 지어 이름을 '會蘇曲'이라 하였다.

---

6) 旣望: 음력으로 매달 16일, 이미 望月(15일)이 지났다는 뜻에서 16일.
7) 乙夜: 二更. 밤 아홉 시부터 열한 시 사이.
8) 多小: 多少
9) 負者: 길쌈을 적게 하여 진 쪽.
10) 嘉俳: 新羅 3대 儒理王 때에 한가윗날 궁정에서 놀던 놀이. 음력 7월 16일부터 나라 안의 여자들을 모아 놓고 두 편으로 나누어, 공주 둘이 한 편씩 거느리고 밤낮 길쌈을 시키어 한가윗날 전까지 그 많고 적음을 견주어, 진 편에서 8월 15일에 음식을 내고 춤과 노래와 여러 가지 유희를 했다.

3

脫解尼師今立[11] 時年六十二 姓昔 妃阿孝夫人[12] 脫解本多婆那國[13]所生也 其國在倭國東北一千里 初 其國王 娶女國王女爲妻 有娠七年 乃生大卵 王曰 人而生卵 不祥也 宜棄之 其女不忍 以帛裹卵幷寶物 置於櫝中 浮於海 任其所往 初至金官國[14]海邊 金官人怪之 不取 又至辰韓阿珍浦口 是始祖赫居世在位三十九年也 [1卷-新羅本紀1-脫解尼師今-元年]

脫解이사금이 擁立되었다. 당시 나이가 62세였다. 姓은 昔氏이고 王妃는 阿孝夫人이다. 脫解는 본래 多婆那國 태생이다. 그 나라는 倭國 동북쪽 일천리에 있다. 처음, 그 나라 왕이 女國의 王女를 데려다가 妻로 삼았다. 7년을 임신하여 큰 알을 낳았다. 王이 이르기를 "사람으로, 알을 낳았으니 상서롭지 못하다. 버리는 것이 마땅하다."라고 하였다. 그녀가 차마 버리지 못하여 비단으로 알과 寶物을 싸서 궤짝 안에 두고는, 바다에 띄워 그 가는 곳의 물길에 맡겼다. 처음 金官國의 海邊에 이르렀는데, 금관국 사람이 이를 괴이하게 여겨 취하지 않았다. 또 辰韓의 阿珍浦口에 이르렀는데 이때는 始祖 赫居世王 在位 39년이 되는 해였다.

時 海邊老母[15] 以繩引繫海岸 開櫝見之 有一小兒在焉[16] 其母取養之 及壯 身 長九尺 風神[17]秀朗 智識過人 或曰 此兒不知姓氏 初櫝來時 有一鵲飛鳴而隨之 宜省鵲字 以昔爲氏 又解韞櫝[18]而出 宜名脫解

[1卷-新羅本紀1-脫解尼師今-元年]

---

11) 立: 擁立되다. 왕위에 오르다.

12) 阿孝夫人: 新羅 脫解王의 妃이다. 제2대 왕 南解王과 그 비인 운제부인 사이에 맏딸로 태어났다. 8년 昔脫解에게 시집갔다. 57년 儒理王의 뒤를 이어 昔脫解가 제4대 왕으로 오름으로써 왕비가 되었다.

13) 多婆那國: 新羅 건국기에 있었던 나라. 昔脫解王의 출생국이다.

14) 金官國: 首露王이 경상남도 김해 지방에 세운 나라. 首露로부터 仇亥까지 10대 491년 동안 존속하다가 新羅에 병합되었다.

15) 老母: 여기서는 친어미가 아닌 나이 많은 늙은 여자, 할머니 정도의 의미.

16) 在焉: 焉은 어조사로, 문장 종결의 기능과 함께 처소의 의미가 같이 들어 있다.

17) 風神: 風采와 같은 말로 걸 생김새.

18) 韞櫝: 담은 궤.

그때에 바닷가의 한 할머니가 줄을 걸고 뭍으로 잡아당겨 묶고 궤를 열어 보니 한 어린아이가 그 안에 있었다. 그 할머니가 이 아이를 거두어 길렀다. 몸이 자람에 이르자 身長이 아홉 자로, 생김새가 빼어나 환하였고, 슬기로움이 남보다 뛰어났다. 어떤 이가 "이 아이의 姓氏는 모르나 처음 궤가 올 때, 한 마리 까치가 날아올라 울면서 그를 따랐으니 '鵲'字를 줄여 '昔'으로 姓氏를 삼는 것이 마땅하다. 또 담겨 있던 궤에서 벗어나 나왔으니 이름을 '脫解'라 함이 마땅하다." 하였다.

脫解始以漁釣爲業 供養其母 未嘗有懈色 母謂曰 汝非常人 骨相殊異 宜從學 以立功名 於是 專精學問 兼知地理 望楊山下瓠公[19]宅 以爲吉地 設詭計 以取而居之 其地後爲月城 [1卷-新羅本紀1-脫解尼師今-元年]

脫解가 처음에 물고기 잡는 낚시질로 生業을 삼아 그 어미를 奉養하였는데, 일찍이 게으른 빛을 띤 일이 없었다. 어미가 일러 "너는 보통사람이 아니다. 骨格이나 體型이 남다르니 배워서 功名을 세우는 것이 마땅하다." 하였다. 이에 오로지 學問에 애썼고, 아울러 地理도 배워 알게 되었다. 楊山 아래 瓠公의 집을 바라보았는데 吉地여서 상대를 속이는 계략으로 이 집을 차지하여 살았다. 그 땅이 뒤에 月城이 되었다.

至南解王[20]五年 聞其[21]賢 以其女妻之 至七年 登庸爲大輔[22] 委以政事 儒理將死曰 先王顧命[23]曰 吾死後 無論子壻 以年長且賢者 繼位 是以寡人先立 今也宜傳其位焉 [1卷-新羅本紀1-脫解尼師今-元年]

---

19) 瓠公: 4대 脫解尼叱今 때 사람. 脫解가 살 만한 곳을 물색했을 때 찾은 땅의 원주인. 脫解는 계략으로 그 땅을 차지했다. 脫解王 4년인 60년에 瓠公이 밤에 月城里를 지나다가 광명이 비치므로 가보니 황금 궤가 나무 끝에 걸쳐 있어 왕에게 알려 왕이 열어보니 그 속에서 어린 아이가 나왔다. 이름을 閼智라 하였다.

20) 南解王: 新羅 제2대 왕. 재위 4~24. 朴赫居世의 뒤를 이어 왕이 되었다. 昔脫解를 사위 삼아 그에게 정사를 맡겼다.

21) 聞其: 脫解王에 대한 기사 내용의 계속이다. 여기의 '其'는 지시대명사로 앞에서 언급해온 '脫解'를 지시한다.

22) 大輔: 新羅 초기의 最高 官職. 高句麗의 相加·對盧와 같이 宰相에 해당하는 벼슬. 新羅 2대 南解王 때에 昔脫解가 처음으로 大輔가 되었으며, 후에 이 관직은 없어졌다.

23) 先王顧命: 先王의 遺言. 여기의 先王은 제2대 南解王. 제3대는 儒理王이고 제4대는 脫解王.

南解王 5년에 이르러 그[脫解]가 어질다는 말을 듣자 자기 딸을 妻로 삼게 했다. 7년에 이르러 登用하여 大輔로 삼아 政事를 맡겼다. 儒理王이 죽음에 임박하여 "先王[南解王]의 顧命에 말씀하시기를 '내가 죽은 뒤에는 아들과 사위를 막론하고 年長者이면서 어진 자가 왕위를 잇도록 하라.'라고 하셨다. 이런 까닭으로 寡人이 먼저 王位에 오른 것이다, 이제는 王位를 (脫解에게) 전하는 것이 마땅할 것이다."라고 하였다.

4

九年春三月 王夜聞金城[24]西始林[25]樹間 有鷄鳴聲 遲明[26]遣瓠公[27]視之 有金色小櫝 掛樹枝 白鷄鳴於其下 瓠公還告 王使人取櫝開之 有小男兒在其中 姿容奇偉[28]上喜謂左右曰 此豈非天遺我以令胤乎 乃收養之 及長 聰明多智略 乃名閼智[29] 以其出於金櫝 姓金氏 改始林名雞林 因以爲國號

[1卷-新羅本紀1-脫解尼師今-09年]

9년 봄 3월, 王이 밤에 金城 서쪽 始林의 나무사이에서 닭 울음소리를 들었다. 날이 샐 무렵 瓠公을 보내어 이를 보게 하자, 金色의 작은 궤가 나뭇가지에 걸려 있고, 흰 닭이 그 아래에서 울고 있었다. 瓠公이 돌아와 報告하였다. 王이 사람을 시켜 궤를 가져다가 이를 열게 하자 작은 사내아이가 그 안에 있었는데, 생김새가 매우 훌륭하였다. 上[임금]이 기뻐 左右에 이르기를, "이 어찌 하늘이 내게 아들을 내린 것이 아니겠는가?" 하고는 거두어 길렀다. 자

24) 金城: 新羅 始祖 赫居世王 21년인 기원전 37년에 경주에 쌓은 王城.
25) 始林: 新羅 초기 경주 지방의 지명. 脫解王 9년인 65년 3월에 鷄林으로 고쳤다.
26) 遲明: 날이 밝기를 기다림. 날이 샐 무렵.
27) 瓠公: 4대 脫解尼叱今 때 사람. 脫解가 살 만한 곳을 물색했을 때 찾은 땅의 원주인. 탈해는 계략으로 그 땅을 차지했다. 脫解王 4년인 60년에 瓠公이 밤에 月城里를 지나다가 광명이 비치므로 가보니 황금 궤가 나무 끝에 걸쳐 있어 왕에게 알려 왕이 열어보니 그 속에서 어린 아이가 나왔다. 이름을 閼智라 하였다.
28) 上: 王.
29) 閼智: 4대 脫解尼師今 9년인 65년에 왕이 숲에서 닭의 울음소리가 나므로 살펴보니 金城 서편 始林 나뭇가지에 작은 금궤가 걸려 있어 그 궤를 가져다 열어보니 작은 사내아이가 들어 있어 왕이 거두어 길렀다. 총명하고 지략이 많아 閼智라 하고 금궤에서 나왔으므로 金氏라 하였다. 13대 味鄒尼師今의 선조이다.

라면서 슬기롭고 智略이 많아 이름을 '閼智'라 하고, 金櫝에서 나왔다고 하여 姓을 金氏로 하였다. (또) 始林을 고쳐 鷄林이라 하는 한편 그 일로 인하여 鷄林을 國號로 삼았다.

5

十三年 夏六月 于山國[30]歸服 歲以土宜[31]爲貢 于山國在溟州[32]正東海島 或名鬱陵島[33] 地方一百里 恃嶮不服 伊飡異斯夫[34]爲何瑟羅州軍主[35] 謂于山人愚悍 難以威來 可以計服 乃多造木偶獅子 分載戰船 柢[36]其國海岸 誑告曰 汝若不服 則放此猛獸踏殺之 國人恐懼則降

[4巻-新羅本紀4-智證麻立干-13年]

13년 여름 6월에 于山國이 歸順하여 와서 服屬하며 해마다 土産物로 貢物을 바쳤다. 于山國은 溟洲 정동쪽에 있는 海島인데, 더러 鬱陵島라고도 이른다. 땅의 넓이가 100리 인데, 땅의 험함을 믿고 服屬하지 않았었다. 伊飡 異斯夫가 何瑟羅州의 軍主가 되어 이르기를 "于山國 사람은 어리석고도 사나워 威勢로써 來服하게 하기는 어렵고, 계략으로 服屬시킬 수는 있으리라." 하였다. 이에 나무로 獅子를 많이 만들어 싸움배에 나누어 싣고는 그 나라 海岸에 이르러 속여 "너희들이 만일 항복하지 아니하면 이 맹수를 놓아 밟아 죽이겠다." 고 하였다. 于山國 사람들이 두려워하여 곧 항복하였다.

---

30) 于山國: 지금의 울릉도에 있던 소국으로 智證王 13년인 512년에 新羅에 복속되었다.
31) 土宜: 土産物.
32) 溟州: 강원도 강릉의 옛 이름.
33) 鬱陵島: 울릉도.
34) 伊飡異斯夫: 智證王 6년인 505년에 新羅에서는 郡縣制가 실시되어 최초로 悉直州가 설치되었다. 이 때 異斯夫는 그 곳의 軍主가 되었다. 그리고 512년에는 지금의 울릉도인 于山國을 점령하였다. 원래 于山國은 지리적인 이유로 新羅에 귀복하지 않고 있었으며, 주민들이 사나워서 힘으로는 정복할 수가 없었다. 이에 異斯夫는 계교로써 항복받을 수 있다고 생각하여 나무로 獅子를 많이 만들어 전선에 가득 싣고 그 나라 해안을 내왕하면서 항복하지 않으면 맹수를 풀어 밟아 죽이겠다고 위협하니, 그들은 마침내 항복하고 말았다.
35) 軍主: 新羅 때 州의 으뜸 벼슬. 지금의 道知事쯤에 해당된다.
36) 柢: 抵.

6

三十七年春 始奉源花[37] 初君臣病[38]無以知人 欲使類聚群遊 以觀其行義 然後擧而用之[39] 遂簡美女二人 一曰南毛[40] 一曰俊貞[41] 聚徒三百餘人 二女爭娟相妬 俊貞引南毛於私第[42] 强勸酒至醉 曳而投河水 以殺之 俊貞伏誅[43] 徒人失和罷散 [4卷-新羅本紀4-眞興王-37年]

37년 봄, 처음으로 源花를 받들었다. 처음에 임금과 신하는 (유능한) 사람을 알아볼 수 없음을 근심하여 무리로 하여금 동아리를 이루어 노닐게 해서 그 행동과 뜻을 살핀 다음에 쓸 만한 인물을 추천하여 쓰고자 하였다. 드디어 美女 두 사람을 選拔하였는데, 한 사람은 南毛 또 한 사람은 俊貞으로 美女를 따르는 무리가 3백여 명이었다. 두 여인이 아름다움을 다투어 서로 질투하였는데, 俊貞이 南毛를 자기 집으로 데려다가 억지로 술을 권하여 몹시 취하게 한 다음 끌어다가 강물에 던져 죽였다. 俊貞이 형벌을 받아 죽자 무리들의 화목이 깨지어 다 흩어져버렸다.

其後 更取美貌男子 粧飾之 名花郞[44]以奉之 徒衆雲集 或相磨以道義 或相悅以歌樂 遊娛山水 無遠不至 因此知其人邪正 擇其善者 薦之於朝 金大問花郞世記曰 賢佐[45]忠臣 從此而秀 良將勇卒 由是而生

[4卷-新羅本紀4-眞興王-37年]

---

37) 源花: 花郞의 전신이다. 新羅가 주변의 소국들을 차례로 정복해 마침내 6세기 전반 무렵 경상도 일원을 차지하는 영역국가로 성장하고 문물제도를 정비하게 되자, 이러한 새로운 상황에 대처할 수 있는 유능한 인재의 양성과 선발이 필요해졌다. 또한 삼국간의 항쟁이 격화되면서 그 필요성은 더욱 커졌다. 이에 576년(眞興王 37) 봄에 종래의 청소년 단체를 새롭게 확대, 개편한 것이 바로 源花이다.
38) 病: 여기서는 '병으로 여기다. 근심하다' 정도의 뜻이다.
39) 擧用: '擧'는 '薦擧'로 사람을 추천하는 것이고, '用'은 登用으로 인재를 뽑아 쓰는 것이다.
40) 南毛: 청소년 조직의 우두머리인 源花 가운데 한 명의 이름.
41) 俊貞: 청소년 조직의 우두머리인 源花 가운데 한 명의 이름.
42) 私第: 私邸.
43) 伏誅: 죄를 순순히 인정하고 죽는 것을 나타낸다.
44) 花郞: 新羅의 청년 수양 단체로, 귀족의 자제 중 용모가 준수한 자를 모아 심신 수련과 학문 수양 등을 연마하도록 했다. 훌륭한 장군과 충신들이 이 단체에서 많이 나왔다.
45) 賢佐: '佐'는 輔佐官으로 여기서는 임금의 政事를 돕는 宰相 정도의 뜻이다.

그 뒤에 다시 생김새가 아름다운 남자를 데려다가 꾸며서 이름을 花郎이라 하자 받드니 무리가 구름처럼 모여들었다. 서로 道義를 연마하기도 하고, 서로 노래와 음악을 즐기기도 하는 바, 山水를 노닐며 즐기어서 먼 곳이라도 발길이 닿지 않는 곳이 없었다. 이로 인하여 그 사람의 바르고 그름을 알아서 그 중에서 착한 사람을 골라 조정에 추천하였다. 金大門의 『花郎世記』에 이르기를 "어진 宰相과 충성된 臣下가 여기서부터 피어 나왔고, 좋은 장수와 용감한 군사가 이로 말미암아 생겨 나왔다."라고 하였다.

崔致遠[46]鸞郎碑[47]序曰 國有玄妙之道 曰風流[48] 設教之源 備詳仙史[49] 實乃包含三教 接化群生 且[50]如入則孝於家 出則忠於國 魯司寇之旨也 處無爲之事 行不言之教 周柱史之宗也 諸惡莫作 諸善奉行 竺乾太子[51]之化也 唐令狐澄[52] 新羅國記曰 擇貴人子弟之美者 傅粉[53]粧飾之 名曰花郎 國人皆尊事之也 [4卷-新羅本紀4-眞興王-37年]

崔致遠의 '鸞郎碑序'에 이르기를, "나라에 玄妙한 道가 있어 '風流'라고 한다. 教理를 베푼 源泉은 여러 仙史에 자세히 갖추어져 있는데 실로 三教(儒教·佛教·道教)의 가르침을 아울러서 모든 사람을 접하여 教化하였다. 저, 들어와서는 집안에 효도하고, 나가서는 나라에 충성한다고 한 것은 魯나라 司寇[孔子]의 趣旨요, 無爲의 일에 처하고 不言의 가르침을 행한다고 한 것은 周나라

---

46) 崔致遠: 9세기 新羅 말기의 학자이다. 중국 唐나라에서 '討黃巢檄文'으로 문장가로서 이름을 떨쳤으며, 新羅로 돌아온 뒤에는 眞聖女王에게 時務策을 올려 정치 개혁을 추진하였다. 儒教·佛教·道教에 모두 이해가 깊었고, 儒·佛·仙 통합 사상을 제시하였다. 수많은 詩文을 남겨 한문학의 발달에도 기여하였다.

47) 鸞郎碑: 新羅 때 崔致遠이 지은 儒·佛·道에 관한 글을 새긴 碑. 三國史記에 의하면 新羅 24대 眞興王 34년 즉 573년에 세웠다고 하나 지금은 전해지지 않고 있다.

48) 國有玄妙之道曰風流: 우리나라에는 현묘한 道가 있으니 이를 風流라 한다.

49) 仙史: 花郎을 國仙이라 하기도 하므로 이는 花郎의 역사에 대한 기록으로 보인다.

50) 且: '夫'와 마찬가지의 發語辭로 특별한 뜻은 없어 보인다. '저' 정도의 토박이말에 해당된다.

51) 竺乾太子: '竺'은 天竺國, '乾'은 맏아들을 지칭하기 위해 붙인 듯. 釋迦牟尼는 淨飯王과 摩耶夫人 사이에 태어난 맏아들로 태자 신분이었다.

52) 令狐澄: 新羅國記를 찬술한 唐나라 인물.

53) 傅粉: 분을 바름.

柱史[老子]의 宗旨이며, 모든 악한 일을 하지 말고 모든 착한 일을 받들어 행하라고 한 것은 竺나라 乾太子[釋迦]의 敎化이다."라고 하였다. 唐나라 令狐澄의 『新羅國記』에 이르기를, "貴族 집안의 젊은이 중에서 아름다운 사람을 골라 분을 바르고 얼굴 따위를 매만져 꾸며 '花郎'이라 이름 하였는데, 나라 사람들이 모두 존중하여 섬겼다."라고 하였다.

7

善德王[54]立 諱德曼 眞平王[55]長女也 母金氏摩耶夫人[56] 德曼性寬仁明敏 王薨 無子 國人立德曼 上號聖祖皇姑[57] 前王時 得自唐來牡丹花圖幷花子 以示德曼 德曼曰 此花雖絶艶 必是無香氣 王笑曰 爾何以知之 對曰 圖花無蜂蝶 故知之 大抵女有國色 男隨之 花有香氣 蜂蝶隨之故也 此花絶艶 而圖畵又無蜂蝶 是必無香花 種植之 果如所言 其先識如此

[5卷-新羅本紀5-善德王-元年]

善德王이 왕위에 올랐다. 이름은 德曼이고 眞平王의 맏딸이다. 어머니는 金氏 摩耶夫人이다. 德曼은 성품이 너그럽고 어질며, 聰明하고 敏捷하였다. 王이 죽었는데, 아들이 없으므로 나라 사람들이 德曼을 擁立하고 '聖祖皇姑'의 칭호를 올렸다. 앞 임금[眞平王] 때 唐나라로부터 들어온 牡丹(모란)꽃 그림과 꽃씨를 얻어 德曼에게 보였더니 "이 꽃은 비록 비할 데 없이 곱기는 하지만 틀림없이 향기가 없을 것입니다."라고 하였다. 王이 웃으며 "네가 그것을 어찌 아느냐?" 하니, 대답하기를 "그린 꽃에 벌과 나비가 없기에 이를 알 수 있습니다. 무릇 여자가 뛰어나게 아름다우면 남자들이 따르고, 꽃에 향기가 있으면 벌과 나비가 따르기 마련입니다. 이 꽃은 무척 고움에도 그림에 벌과 나비가 없으니, 이는 반드시 향기 없는 꽃일 것입니다."라고 하였다. 꽃씨를 심자 과연 말한 바와 같았다. 그녀의 앞을 내다보는 식견이 이와 같았다.

---

54) 善德王: 新羅 제27대 왕. 재위 632~647.
55) 眞平王: 新羅 제26대 왕. 재위 579~632.
56) 金氏摩耶夫人: 新羅 眞平王의 왕비. '痲耶夫人'이라고도 표기한다. 眞平王의 처음 왕비인데, 성은 김씨, 이름은 福肹口이며, 福勝葛文王의 딸이다. 眞平王은 痲耶夫人에 이어 僧滿夫人 孫氏를 후비로 두었으나, 왕통을 이을 왕자를 얻지 못하였다. 그리하여 痲耶夫人 소생 德曼이 왕위에 올라 善德女王이 되었다.
57) 聖祖皇姑: 善德女王에 대한 칭호. 거룩한 조상님을 둔 여자 황제 정도의 뜻.

8

十一年 春正月 遣使大唐獻方物 秋七月 百濟王義慈[58]大擧兵 攻取國西四十餘城 八月又與高句麗謀欲取党項城[59] 以絶歸唐之路 王遣使告急於太宗[60] 是月 百濟將軍允忠[61] 領兵攻拔大耶城[62] 都督[63]伊湌[64]品釋[65]舍知[66]竹竹[67]龍石[68]等死之 冬 王將伐百濟 以報大耶之役[69] 乃遣伊湌金春秋[70]於高句麗以請師 初 大耶之敗也 都督品釋之妻死焉 是春秋之女也 春秋聞之 倚柱而立 終日不瞬 人物過前而不之省 旣而言曰 嗟乎 大丈夫豈不能呑百濟乎 便詣王曰 臣願奉使高句麗請兵 以報怨於百濟 王許之

[5卷-新羅本紀5-善德王-11年]

---

58) 義慈: 태자 때부터 어버이를 효성스럽게 섬기고 형제들과 우애가 깊어 당시 海東曾子로 불렸다. 재위기간 초기에 개혁정치를 펼쳐 국정을 쇄신하고 高句麗와 연합하여 新羅를 공격해서 영토를 확장하였다. 그러나 말년에 羅唐聯合軍의 침공을 막아내지 못해 멸망함으로써 百濟의 마지막 왕이 된 비운의 군주이다.

59) 党項城: 지금의 경기도 화성 지역.

60) 太宗: 중국 唐나라 太宗.

61) 允忠: 百濟시대의 장군. 642년(義慈王 2) 8월에 군사 1만명을 이끌고 新羅의 大耶城(지금의 경상남도 합천)을 공격하였다.

62) 大耶城: 지금의 경상남도 합천.

63) 都督: 新羅시대의 관직. 9州의 장관직이다.

64) 伊湌: 新羅의 17관등 가운데 둘째 위계.

65) 品釋: 新羅의 무장. 성은 金, 金春秋(太宗武烈王)의 사위. 伊湌으로 大耶城(지금의 陜川)) 都督으로 있으면서 부하인 舍知 黔日의 처를 빼앗아 黔日의 원한을 샀다. 642년(善德女王 11) 允充이 거느린 百濟軍이 大耶城을 공격해 오자 黔日이 적에 내응, 성내의 창고에 불을 질러 성이 함락의 위기에 처하게 되었다. 이에 항복하면 죽이지 않겠다는 允充의 약속을 믿고, 먼저 군사들을 성 밖으로 내보냈으나 伏兵에 의해서 전멸되자, 允充의 약속이 거짓임을 알고 성내에서 처자를 죽이고 자결했다. 647년(眞德女王 1) 金庾信이 大耶城 설욕전에서 얻은 百濟의 포로 8백 명과 교환되어 그의 처자의 백골과 함께 新羅에 還葬되었다.

66) 舍知: 新羅 官職 位階의 하나. 17관등의 열셋째 위계.

67) 竹竹: 新羅의 장군(?~642). 善德女王 11년(642)에 百濟의 장군 允忠이 공격하여 오자, 大耶城 都督 金品釋이 죽은 후에도 끝까지 성을 지키다가 전사하였다.

68) 龍石: 新羅 제27대 왕 善德女王 때의 장군이다. 642년 舍知의 관등으로 大耶城 都督 金品釋의 휘하에 있을 때, 百濟의 允充이 공격해오자 金品釋의 사망에도 불구하고 竹竹과 함께 끝까지 싸우다가 전사하였다.

69) 大耶之役: 大耶城에서의 패배.

70) 伊湌金春秋: 28대 眞德王의 從弟로 國相을 했고 후에 29대 武烈王이 되었다.

11년 봄 正月, 大唐에 사신을 파견하여 특산물을 바쳤다. 가을 7월, 百濟王 義慈가 군사를 크게 일으켜 나라 서쪽 지방의 40여 성을 공격하여 빼앗았고, 8월에 다시 高句麗와 공모하여 党項城을 빼앗아 唐나라로 가는 길을 막고자 하였다. 王이 사신을 보내 唐 太宗에게 다급함을 알렸다. 이 달에 百濟 將軍 允忠이 군사를 거느리고 大耶城을 공격하여 점령하였다. 都督 伊湌 品釋과 舍知 竹竹, 龍石 등이 이 싸움에서 전사하였다. 겨울에 王이 百濟를 공격하여 大耶城 전투의 패배를 보복하고자 하였다. 이에 伊湌 金春秋를 高句麗에 보내 군사의 파견을 요청하였다. 처음에 大耶城 전투에서 졌을 때, 都督 品釋의 아내가 그곳에서 죽었는데, 그녀는 金春秋의 딸이었다. 金春秋는 이 소식을 듣고, 기둥에 기대서서 온종일 눈도 깜빡이지 않은 채, 사람이나 물체가 앞을 지나가도 알아보지 못했을 정도로 충격을 받았다. 시간이 흐른 뒤에 이르기를 "아아! 大丈夫가 어찌 百濟를 정복할 수 없으랴!" 하고는 곧 王에게 나아가 "臣은 왕명을 받들어 高句麗에 사신으로 가 군대를 요청하여 百濟에 대한 怨恨을 갚기를 원하나이다."라고 하였다. 王이 이를 허락하였다.

高句麗王高臧[71]素聞春秋之名 嚴兵衛而後見之 春秋進言曰 今百濟無道 爲長蛇封豕[72] 以侵軼我封疆 寡君[73]願得大國兵馬 以洗其恥 乃使下臣[74]致命於下執事[75] 麗王謂曰 竹嶺本是我地分 汝若還竹嶺西北之地 兵可出焉 春秋對曰 臣奉君命乞師 大王無意救患以善隣 但威劫行人[76] 以要歸地 臣有死而已 不知其他 臧怒其言之不遜 囚之別館 春秋潛使人告本國王 王命大將軍金庾信 領死士[77]一萬人赴之 庾信行軍過漢江 入高句麗南境 麗王聞之 放春秋以還 拜[78]庾信爲押梁州[79]軍主 [5卷-新羅本紀5-善德王-11年]

---

71) 高臧: 高句麗 제28대 寶藏王을 姓名으로 낮추어 일컬은 것.
72) 長蛇封豕: 긴 뱀과 큰 돼지라는 말로 남을 해치는 큰 악당을 이름.
73) 寡君: 자기나라 임금을 낮추어 겸손하게 표현한 말.
74) 下臣: 미천한 신하라는 뜻으로, 신하가 자기를 낮추어 이르는 말.
75) 下執事: 지위가 낮은 집사. 여기서는 高句麗를 大國으로 받들면서 자기의 상대는 下執事라고 하여 최대한 공손한 자세를 갖추는 표현이다.
76) 行人: 高句麗에 使臣으로 간 金春秋를 비유하는 말.
77) 死士: 決死隊. 죽기를 각오하고 나선 군사.
78) 拜: 천거에 의하지 않고 임금이 직접 벼슬을 내리던 일. 除拜. 除授.

高句麗의 王 高臧[寶藏王]은 평소부터 金春秋의 이름을 들어 알고 있었다. 寶藏王은 군사의 호위를 엄하게 한 뒤에 金春秋를 만났다. 金春秋가 나아가 "지금 百濟가 無道하여, 長蛇封豕가 되어 우리 영토를 침범하였습니다. 우리 임금이 大國의 군대를 얻어 그 치욕을 씻고자 합니다. 이에 下臣으로 하여금 (우리 임금이 저에게 내리신) 명령을 大國의 下執事에게 바치도록 한 것입니다."라고 하였다. 高句麗王이 이르기를 "竹嶺은 본래 우리 땅이다. 너희들이 만약 竹嶺 서북의 땅을 돌려준다면 군대를 파견할 것이다."라고 하였다. 金春秋가 대답하기를 "臣은 임금의 명령을 받들어 군대를 파견해 달라고 빌러 왔는데, 大王께서는 이웃의 患難을 구원하여 잘 지내는 데에는 뜻이 없으시고, 다만 行人을 으르고 협박하여 歸還해야 할 땅을 달라고 하시니 臣에게는 죽음이 있을 뿐이오, 다른 것은 알지 못하겠습니다."라고 하였다. 寶藏王은 金春秋의 말이 不遜하자 분노하여 別館에 가두었다. 金春秋는 몰래 사람을 시켜 자기 나라 王에게 이를 알리도록 하였다. 王은 大將軍 金庾信에게 명령하여 決死隊 1만 명을 거느리고 高句麗로 가도록 하였다. 金庾信이 行軍하여 漢江을 건너 高句麗의 남쪽 변경으로 들어오자, 高句麗王이 이를 듣고 金春秋를 석방하여 돌려보냈다. 金庾信을 押梁州의 軍主로 임명하였다.

9

十二年 春正月 遣使大唐獻方物 三月 入唐求法高僧慈藏[80]還 秋九月 遣使大唐上言 高句麗百濟侵凌臣國 累遭攻襲數十城 兩國連兵 期之必取 將以今玆九月大擧 臣國社稷必不獲全 謹遣陪臣[81]歸命[82]大國 願乞偏師 以存救援 帝謂使人曰 我實哀爾爲二國所侵 所以頻遣使人和爾三國 高句麗百濟旋踵翻悔 意在呑滅 而分爾土宇[83] 爾國設何奇謀以免顚越 使人曰 吾王事窮計盡 唯告急大國 冀以全之 [5卷-新羅本紀5-善德王-12年]

---

79) 押梁州: 지금의 경상북도 경산시.
80) 慈藏: 新羅의 승려로 通度寺를 창건하고 金剛戒壇을 세우는 등 전국 각처에 10여 개의 사찰을 건립하였다.
81) 陪臣: 제후의 신하가 천자를 상대하여 자기를 낮추어 이르던 일인칭 대명사.
82) 歸命: 돌아가 의지하여 명령을 따른다는 뜻으로 전적으로 唐에 의지한다는 표현.
83) 土宇: 천하 또는 나라를 이르는 말.

12년 봄 正月, 大唐에 사신을 파견하여 특산물을 바쳤다. 3월에 唐나라에 들어가 佛法을 구하였던 高僧 慈藏이 돌아왔다. 가을 9월에 大唐에 사신을 보내어 말씀을 아뢰기를 "高句麗 百濟 두 나라가 臣의 나라를 침범하여 여러 차례 수 십 개의 성이 공격을 당하였습니다. 두 나라 군대가 연합하여 반드시 우리 땅을 차지하기로 하고 올 9월에 크게 군대를 일으키려 하고 있으니, 臣의 나라는 社稷을 온전히 하지 못할 것이 틀림없습니다. (이에) 삼가 陪臣을 파견하시어 大國에 歸依하여 명령을 따르도록 하셨습니다. 바라건대 일부 군대라도 빌어 우리나라를 구원할 수 있게 하소서."라고 하였다. 皇帝가 사신에게 이르기를 "나는 너희 나라가 두 나라에게 침범 받게 된 것을 참으로 슬프게 여긴다. 그런 까닭에 너희 세 나라에 자주 사신을 파견하여 화목하도록 하였다. 高句麗와 百濟는 발걸음을 돌리기만 하면 뉘우침을 뒤집고, 뜻이 너희 나라 땅을 倂呑하여 나누어 가지는 데만 있으니, 너희 나라는 어떤 기묘한 계책을 갖추어 거꾸러지고 잃어버림을 면하려고 하느냐?"라고 하였다. 사신이 아뢰기를 "우리 王께서는 해볼 일이 다하고, 계책이 없어 오직 다급함을 大國에 아뢰어 나라를 보전하기를 바랄 뿐입니다."라고 하였다.

帝曰 我少發邊兵 摠契丹靺鞨直入遼東 爾國自解 可緩爾一年之圍 此後知無繼兵 還肆侵侮 四國俱擾 於爾未安 此爲一策 我又能給爾數千朱袍[84]丹幟[85] 二國兵至 建而陳之 彼見者以爲我兵 必皆奔走 此爲二策 百濟國恃海之嶮 不修機械 男女紛雜 互相燕聚 我以數十百船 載以甲卒 銜枚[86]泛海直襲其地 爾國以婦人爲主 爲隣國輕侮 失主延寇 靡歲休寧 我遣一宗支[87]與爲爾國主 而自不可獨王 當遣兵營護 待爾國安 任爾自守 此爲三策 爾宜思之 將從何事 使人但唯[88]而無對 帝嘆其庸鄙 非乞師告急之才也

[5卷-新羅本紀5-善德王-12年]

---

84) 朱袍: 붉은 옷.
85) 丹幟: 붉은 기.
86) 銜枚: 군사가 행진할 때에 떠들지 못하도록 군졸들의 입에 나무 막대기를 물리던 일.
87) 宗支: 宗中의 支派.
88) 唯: 대답하는 말로 토박이말 '예.' 쯤에 해당한다.

황제가 "내가 변방의 군사를 조금 일으켜 契丹 靺鞨과 함께 바로 遼東을 공격하면, 너희 나라는 저절로 (포위가) 풀리게 되어 1년간 포위 상태를 느슨하게 만들 수 있을 것이다. 이후 遼東에 군사가 이어지지 않을 것을 저들이 알면, 도리어 마음대로 침략을 하여 네 나라가 모두 어지러워지고 너희 나라도 편하지 못할 것이다. 이것이 첫째 계책이다. 나는 또한 너희 나라에 붉은 옷과 붉은 기 수천 벌을 줄 수 있다. 두 나라 군대가 이를 때 이것을 세워 벌여 놓으면 저들은 이를 우리나라[唐] 군대로 여기고 반드시 모두 달아날 것이다. 이것이 두 번째 계책이다. 百濟國은 바다의 험함을 믿고는 무기를 수리하지 않고, 남녀가 어지러이 뒤섞여 서로 간에 편안하게 모여 있으니 내가 수십 수백 척의 배에 갑옷 입은 군사를 싣고 소리 없이 바다를 건너 바로 그 나라를 공격할 것이다. 너희 나라는 여자를 임금으로 삼았기에 이웃 나라가 가벼이 멸시하는 바가 되어, 주인을 잃은 채 도적이 잇달으니 해마다 걱정 없이 편안하질 못하다. 내가 나의 친족 한 명을 보내고 아울러 너희 나라의 임금을 삼겠다. 그러나 그가 혼자 임금 노릇을 할 수는 없을 것이므로 마땅히 군대를 파견하여 병영을 이루고 보호하다가 너희 나라가 편안해지면 너희 나라가 스스로 나라를 지키도록 맡길 것이다. 이것이 세 번째 계책이다. 너는 마땅히 생각하라. 장차 어느 계책을 따를 것인지."라고 하였다. 사신은 다만 "예."라고 할 뿐 대답을 하지 못했다. 황제는 사신의 사람됨이 용렬하고 비루하여서, 군사를 요청하고 다급한 상황을 알릴만한 인재가 못됨을 개탄하였다.

10

九年春正月 以信惠法師[89]爲政官大書省[90] 唐僧法安來傳天子命求磁石 二月二十一日 大王會群臣 下教 往者 新羅隔於兩國[91] 北伐西侵 暫無寧歲 戰士 曝骨積於原野 身首分於庭界[92] 先王愍百姓之殘害 忘千乘[93]之貴重

---

89) 信惠法師: 新羅 제30대 왕 文武王 9년(669년)에 政官大書省을 삼았다.
90) 政官大書省: 政官은 新羅 시대의 관청 이름. 大書省은 新羅시대의 僧官.
91) 兩國: 百濟와 高句麗.
92) 庭界: '庭'은 營庭이고, '界'는 境界로, 戰線이나 전쟁터쯤으로 보아 좋을 것이다.
93) 千乘: 千乘之國. 병거 천 대를 갖출 힘이 있는 나라라는 뜻으로, 諸侯가 다스리는 나라를 이르는 말.

越海入朝 請兵絳闕 本欲平定兩國 永無戰鬪 雪累代之深讐 全百姓之殘命 百濟雖平 高麗未滅 寡人承克定之遺業 終已成之先志 今兩敵旣平 四隅靜泰 臨陣立功者 竝已酬賞 戰死幽魂者 追以冥資[94] 但囹圄之中 不被泣辜之恩[95] 枷鏁之苦 未蒙更新之澤 言念此事 寢食未安 可赦國內 自總章[96]二年二月二十一日昧爽[97]已前 犯五逆[98]罪死已下 今見囚禁者 罪無小大 悉皆放出 其前赦已後犯罪奪爵者 竝令依舊 盜賊人 但放其身 更無財物可還者 不在徵限 其百姓貧寒 取他穀米者 在不熟之地者 子母[99]俱不須還 若在熟處者 至今年收熟 只還其本 其子不須還 今月三十日爲限 所司奉行

[6卷-新羅本紀6-文武王-09年]

9년, 봄 정월에 信惠法師를 政官의 大書省으로 삼았다. 唐나라 중 法安이 와서 磁石을 구해보라는 天子의 명령을 전하였다. 2월 21일, 大王이 뭇 臣下들을 모아 놓고 다음과 같은 敎書를 내렸다. “예전에 신라는 두 나라 사이에 위치하여, 북쪽에서 쳐들어오고 서쪽에서 쳐들어와 잠깐이라도 편안한 때가 없었다. 햇볕에 노출된 (죽은) 병사의 뼈는 벌판에 쌓였으며, 몸과 머리는 전쟁터에 나뉘어 떨어져 있었다. 先王께서는 백성들의 모진 피해를 가엾게 여겨 千乘 나라의 王이라는 寶貴한 신분도 잊으시고, 바다를 건너 唐나라에 入朝하여 朝廷에 군사 파견을 요청하였다. 본래는 두 나라를 平定하여 영원히 전쟁을 없애고, 여러 대에 걸친 깊은 원한을 갚아 雪辱하면서, 백성들의 남은 목숨을 保全하자는 것이었다. 百濟는 비록 平定되었으나 高(句)麗는 미처 멸망시키지 못하였으므로, 과인이 적을 무찔러 平定한 遺業을 繼承하여 마침내 先王의 뜻을 이루게 되었다. 이제 두 적국이 이미 평정되어 사방이 安靜되고 泰平하여졌으며, 軍陣에서 功을 세운 자에게는 모두 상을 주었고, 戰死한 영

94) 冥資: 저승길에 오른 사람에게 주는 노잣돈의 뜻으로 죽은 사람에게 내리는 벼슬이나 품계.
95) 泣辜之恩: 지은 죄의 정상을 참작하여 감형 또는 사면하는 은택.
96) 總章: 중국 唐나라 高宗의 연호.
97) 昧爽: 새벽. 먼동이 틀 무렵.
98) 五逆: 보통은 主君, 아버지, 어머니, 할아버지, 할머니를 시해하는 일을 말한다.
99) 子母: 여기서는 빌린 곡식과 이자.

혼에게는 벼슬을 追贈하였다. 다만 감옥의 죄수들은 가엾이 여겨지는 恩惠를 입지 못하고, 나무칼을 쓰고, 쇠사슬을 두른 고통 속에서 새 삶을 살 수 있는 惠澤을 입지 못하였다. 말하건대, 이와 같은 일을 생각하면 자고 먹는 사이에도 편안하지 않으니, 국내의 죄수들을 사면함이 옳을 것이다. 總章 2년 2월 21일 새벽 이전에 五逆을 범하여 死刑에 해당하는 罪 이하로, 현재 갇혀 있는 자는, 罪의 大小를 莫論하고 다 釋放하라. 以前의 赦免으로 釋放된 이후에 罪를 지어 벼슬을 빼앗긴 자는 모두 옛날 벼슬로 되돌리라. 도적질한 자는 釋放하되 賠償할 財物이 없는 자는 限度額까지 배상하는 일이 없도록 하라. 百姓 중에 가난하여 남의 곡식을 빌려 먹은 자로서 瘠薄한 땅에 사는 자는 빌린 곡식과 이자를 반드시 갚지는 않아도 되게 하라. 만약 肥沃한 땅에 산다면 올해 收穫한 뒤에 본 곡식만 갚게 하고 이자는 갚지 않아도 되도록 하라. 이 달 30일까지 해당 관청은 명을 받들어 집행하라."라고 하였다.

11

十六日 下敎曰 賞有功者 往聖之良規 誅有罪者 先王之令典 寡人以眇躬涼德 嗣守崇基 廢食忘餐 晨興晏寢 庶與股肱 共寧邦家 豈圖縗絰[100)]之內 亂起京城 賊首欽突[101)]興元[102)]眞功[103)]等 位非才進 職實恩升 不能克愼始終

---

100) 縗絰: 衰絰. 상중(喪中)에 입는 삼베 옷.

101) 欽突: 30대 文武王 원년(661년) 唐王이 高句麗로 진격할 때 新羅에게 動兵應援을 청하자 군을 편성할 때 大幢將軍으로 참가했으며, 동 8년 大幢摠管이 되었다. 31대 神文王의 妃 金氏의 아버지인데 동 원년(681년) 謀叛하다가 伏誅되었다.

102) 興元: 관등은 波珍飡에 이르렀다. 681년 정월 8일 蘇判 金欽突, 大阿飡 眞功 등과 더불어 謀叛하다가 죽음을 당하였다.

103) 眞功: 文武王 8년(668년) 新羅와 唐이 연합하여 高句麗를 정벌할 때인 6월 22일에 熊津府城의 留鎭將 劉仁願이 貴干 未肹(미힐)을 보내어 高句麗의 大谷城(지금의 황해도 평산), 漢城(지금의 황해도 재령) 등 2郡 12城을 降伏받았다고 보고하자, 一吉飡의 관등으로 파견되어 賀禮를 하였다. 그러나 百濟와 高句麗를 멸망시킨 뒤 唐은 新羅마저 집어삼키려 하매, 新羅는 唐과 맞서 싸웠는데, 671년 정월 唐兵이 百濟를 도우려 한다는 소식을 듣고, 大阿飡의 관등을 주어 군사를 이끌고 甕浦를 지키게 하였다. 그 뒤 神文王 원년(681년) 8월 18일에 神文王妃의 아버지 金欽突이 王妃가 廢黜당하자 叛亂을 일으켰는데, 波珍飡 興元과 함께 이에 동조하였다가 죽임을 당하였다.

保全富貴 而乃不仁不義 作福作威 侮慢官寮 欺凌上下 比口[104]逞其無厭之志 肆其暴虐之心 招納凶邪 交結近竪 禍通內外 同惡相資 剋日定期 欲行亂逆 寡人上賴天地之祐 下蒙宗廟之靈 欽突等惡積罪盈 所謀發露 此乃人神之所共棄 覆載[105]之所不容 犯義傷風 莫斯爲甚 是以 追集兵衆 欲除梟鏡[106] 或逃竄山谷 或歸降闕庭 然尋枝究葉 並已誅夷 三四日間 囚首蕩盡 事不獲已 驚動士人 憂愧之懷 豈忘旦夕 今旣妖徒廓清 遐邇無虞 所集兵馬 宜速放歸 布告四方 令知此意 [8卷-新羅本紀8-神文王-元年]

16일, 다음과 같은 교서를 내렸다. "공이 있는 자에게 상을 주는 것은 예전 聖人들의 훌륭한 법도이며, 죄가 있는 자에게 벌을 주는 것 또한 先王의 남기신 법도이다. 寡人이 애꾸눈에 덕이 적은 몸으로 崇高한 王業을 이어받아 지켜야 하기에, 식사를 그만두어 잊고, 새벽에 일어나 밤늦게 잠을 자면서, 여러 팔다리와 같은 大臣들과 함께 나라를 편안케 하고자 하였다. 어찌 喪中에 都城에서 叛亂이 일어날 것을 생각이나 하였으랴! 叛亂의 魁首 欽突·興元·眞功 등은 재능이 없음에도 爵位를 받았고, 관직도 실로 왕의 恩典에 의한 것이었다. 처음부터 끝까지 행동을 조심하여, 富貴를 保全하지 못하고, 곧 어질지 못하고 의롭지 못한 행동으로, 사사로이 德을 베풀고 마음대로 威勢를 부려, 官僚들을 업신여기고, 위로는 임금과 아래로는 百姓을 속이고 凌蔑하였으며, 날마다 滿足을 모르는 욕심스런 뜻을 내보임을 즐기고, 사나운 마음을 거리낌 없이 드러내었으며, 凶惡하고 邪惡한 자들을 끌어 들이고, 임금을 모시는 內侍들과 交流하며 結託하였다. 그 禍亂이 안팎으로 통하여, 함께 惡을 행하는 무리들이 서로 資金을 대고, 날을 정하고 約束하여 叛逆을 일으키려 하였다. 寡人이 위로는 天地의 도움을 받고, 아래로는 王室 조상님의 보살핌을 입어, 欽突 등의 罪惡이 쌓이고, 叛逆의 陰謀가 綻露되었다. 이는

104) 比口: 比日로 교정.
105) 覆載: 天地.
106) 梟鏡: 梟獍으로 교정. 어미 새를 잡아먹는다는 올빼미와 아비를 잡아먹는다는 짐승. 배은망덕하고 흉악한 사람을 비유적으로 이르는 말.

곧 사람과 神靈이 모두 버리는 것이요, 天地가 容納하지 않는 것이어서, 正義를 범하고 風俗에 상처 냄이 이보다 더 심한 것이 없을 것이다. 이런 까닭에 군사를 불러 모아 背恩忘德하고 凶惡한 무리들을 除去하니 더러는 산골로 逃亡하고, 혹은 대궐 뜰에 와서 降伏하였으나 가지와 잎사귀까지 찾아내어 모두 이미 處刑하여 平定하였고, 3,4일 사이에 魁首들도 잡아 掃蕩할 것이다. 이 일은 어쩔 수 없는 것이었지만 百姓들을 놀라게 하였으니, 근심스럽고 부끄러운 마음을 어찌 하루의 아침과 저녁 사이에 잊겠는가? 이제 妖妄한 무리들이 제거되어 遠近에 근심이 없어졌기에, 召集하였던 兵馬를 조속히 돌려보낼 것이고, 이를 四方에 布告하여 百姓들이 알 수 있게 하도록 하라."라고 하였다.

12

論曰[107] 惟學焉然後聞道 惟聞道然後灼知事之本末 故學而後仕者 其於事也先本 而末自正 譬如擧一綱 萬目從而皆正 不學者反此 不知事有先後本末之序 但區區[108]弊精神於枝末 或掊斂以爲利 或苛察以相高 雖欲利國安民 而反害之 是故 學記之言 終於務本 而書亦言 不學牆面 莅事惟煩 則執事毛肖[109]一言 可爲萬世之模範者焉 [10卷-新羅本紀10-元聖王-05年] 論曰 부분.

의견을 말하자면 이러하다. 오직 學問을 닦은 연후에 道理를 알게 되고, 道理를 알고 난 뒤에야 事物의 本末을 밝게 알게 된다. 그러므로 學問을 錬磨한 뒤에 벼슬을 하는 자는, 그 事物에 대함에 있어 根本이 되는 것을 먼저 하여야 하는 것이다. 그리하면 末端은 저절로 바르게 되는 것이다. 譬喩하자면 그물의 벼리 하나를 들면, 온갖 그물코가 바르게 되는 것과 같은 理致이다. 學問을 錬磨하지 않은 자는 이와 反對이다. 事物에 先後와 本末의 차례가 있음을 알지 못하고, 다만 拙劣하여 枝葉과 末端에만 精神을 빼앗기어,

107) 論曰: 논하여 말함. 三國史記의 撰者가 記事 내용에 대한 評價를 곁들인 부분이다.
108) 區區: 떳떳하지 못하고 졸렬하다.
109) 毛肖: 新羅 제38대 元聖王 5년(789년)에 왕이 子玉이라는 사람을 楊根縣의 小守로 삼으려 하자, 執事史인 毛肖가 반대하기를, 子玉은 文藝로 出身한 것이 아니므로 지방행정을 맡길 수 없다고 하였다. 王이 듣지 않았는데 史臣은 그를 크게 칭찬하였다.

더러 백성들로부터 財物을 글어 모으는 것으로 利益을 삼기도 하고, 더러는 百姓을 苛酷하게 糾察하는 것으로 높음을 뽐내어 보인다. 이러한 사람은 비록 나라를 利롭게 하고 百姓을 平安하게 하려고 할지라도 도리어 百姓을 害치게 된다. 그러므로 『禮記』 「學記」篇은 "根本에 힘써야 한다."는 글로 끝을 맺고 있으며, 『書經』에도 "배우지 않으면 얼굴을 담장에 대고 있는 것처럼 답답하며, 일에 임하여서는 해결 방법을 몰라 고민할 뿐이라."고 하였으니, 執事 毛肖의 한 마디는 萬代의 模範이 될 만하다 하겠다.

13

四年 秋九月 王會群臣於臨海殿[110] 王族膺廉[111]年十五歲 預坐焉 王欲觀其志 忽問曰 汝游學有日矣 得無見善人者乎 答曰 臣嘗見三人 竊以爲[112]有善行也 王曰 何如 曰 一高門子弟 其與人也 不自先而處於下 一家富於財 可以侈衣服 而常以麻紵自喜 一有勢榮 而未嘗以其勢加人 臣所見如此 王聞之黙然 與王后耳語曰 朕閱人多矣 無如膺廉者 意以女妻之 顧謂膺廉曰 願郎自愛 朕有息女 使之薦枕[113] 更置酒同飮 從容言曰 吾有二女 兄今年二十歲 弟十九歲 惟郎所娶 膺廉辭不獲 起拜謝 便歸家告父母 父母言 聞王二女容色 兄不如弟 若不得已 宜娶其弟 然尙疑未決 乃問興輪寺[114]僧 僧曰 娶兄則有三益 弟則反是 有三損 膺廉乃奏 臣不敢自決 惟王命是從 於是王長女出降焉 [11卷-新羅本紀11-憲安王-04年]

4년 가을 9월, 왕이 臨海殿에 여러 臣下들을 모았을 때 왕족 膺廉이 나이 열다섯 살로 參席하여 자리하고 있었다. 王이 그의 뜻을 보고자 하여 갑자기 묻기를 "네가 各地를 돌아다니며 工夫한 지 제법 오래되었으니 어찌 착한 사

110) 臨海殿: 新羅 때에 慶州 月城 동쪽에 못을 파고 바다 위의 蓬萊山을 본떠서 지었다는 殿閣. 그 앞에 新羅의 地圖 모양을 한 雁鴨池가 있다.
111) 膺廉: 新羅 제48대 景文王의 이름.
112) 竊以爲: 我以爲와 같아서 내 생각에는 정도의 의미로 사용된다.
113) 薦枕: 베개를 추천한다는 뜻. 첩이나 시녀 등이 잠자리를 돌보고 모신다는 뜻으로 쓰이나 여기서는 아내를 삼다 정도의 뜻이다.
114) 興輪寺: 新羅 最初의 큰 절. 慶州 鳳凰臺에서 五陵에 이르는 中間 東便에 있었다.

람을 본 일이 없겠는가?"라고 하였다. 對答하여 "臣이 일찍이 세 사람을 보았는데, 가만히 생각해 보면 그들에게는 착한 行實이 있었습니다."라고 하였다. 王이 묻기를 "어떤 行實인가?"라고 하였다. 對答하기를 "한 사람은 高貴한 家門의 子弟인데, 다른 사람과 交際함에 있어서 自身을 내세우지 않고 남의 아래에 處하였습니다. 또 한 사람은 집에 財物이 넉넉하여 奢侈스러운 衣服을 입을 만한데도 언제나 삼베옷과 모시옷을 입는 것만으로도 스스로 기뻐하였습니다. 또 한 사람은 권세가 있고, 영화로운 집안인데도, 일찍이 그 세력으로 남을 해치지 않았습니다. 臣이 본 바가 이와 같았습니다."라고 하였다. 王이 이 말을 듣고 잠자코 있다가 王后에게 귓속말을 하기를 "朕이 많은 사람을 살펴보았지만 膺廉 같은 자는 없었다."라고 하고, 자기 딸을 처로 삼게 할 생각으로 膺廉을 돌아보고 "그대는 스스로를 아끼라. 朕에게 딸이 있으니 아내 삼기를 바라노라."라고 하였다. 王은 다시 술자리를 마련하여 함께 마시면서 조용히 "나에게 딸이 둘이 있는데, 큰 아이는 금년에 스무 살이요, 동생은 열아홉 살인데 그대가 누구에게 장가들고 싶은 지를 생각해보라." 膺廉이 사양할 수 없음을 알고 일어나 절하며 謝禮하고, 곧 집으로 돌아와 父母에게 이 사실을 말씀드렸다. 父母가 말씀하시기를 "듣건대 王의 두 딸의 容貌는 형이 동생만 못하다고 하니, 만약 부득이 장가가야 한다면, 동생에게 장가드는 것이 마땅하겠다."라고 하였다. 그러나 膺廉은 아직 머뭇거리고 결정을 내리지 못하다가, 곧 興輪寺 스님에게 물었다. 그 스님은 "언니에게 장가들면 세 가지 利益이 있을 것이요, 동생에게 장가들면 반대로 세 가지 損害가 있을 것이다."라고 對答하였다. 膺廉이 곧 아뢰기를 "臣이 감히 스스로 결정을 못하겠사옵니다. 오직 왕께서 명령하시면 이를 좇겠나이다."라고 하였다. 이에 王이 맏딸을 시집보냈다.

14

論曰 新羅朴氏昔氏 皆自卵生 金氏從天入金櫃而降 或云乘金車 此尤詭怪不可信 然世俗相傳 爲之實事 政和[115]中 我朝遣尙書李資諒[116] 入宋朝貢 臣富軾[117]以文翰之任 輔行 詣佑神舘 見一堂設女仙像 舘伴學士王黼曰 此

貴國之神 公等知之乎 遂言曰 古有帝室之女 不夫而孕 爲人所疑 乃泛海抵辰韓生子 爲海東始主 帝女爲地仙 長在仙桃山 此其像也 臣又見大宋國信使王襄祭東神聖母文 有娠賢肇邦之句 乃知東神則仙桃山神聖者也 然而不知其子王於何時 今但原厥初 在上者 其爲己也儉 其爲人也寬 其設官也略其行事也簡 以至誠事中國 梯航朝聘之使 相續不絶 常遣子弟 造朝而宿衛入學而講習 于以襲聖賢之風化 革鴻荒之俗 爲禮義之邦 又憑王師之威靈平百濟高句麗 取其地郡縣之 可謂盛矣 而奉浮屠之法 不知其弊 至使閭里比其塔廟 齊民逃於緇褐 兵農浸小 而國家日衰 則幾何其不亂且亡也哉 於是時也 景哀[118]加之以荒樂 與宮人左右 出遊鮑石亭 置酒燕衎 不知甄萱之至 與夫門外韓擒虎[119]樓頭張麗華 無以異矣 若敬順[120]之歸命太祖[121] 雖非獲已 亦可嘉矣 向若力戰守死 以抗王師 至於力屈勢窮 則必覆其宗族 害及于無辜之民 而乃不待告命 封府庫籍郡縣 以歸之 其有功於朝廷 有德於生民 甚大 [12卷-新羅本紀12-敬順王-09年] 論曰 부분.

의견을 말하자면 이러하다. 新羅의 朴氏와 昔氏는 모두 알에서 태어났다고 한다. 金氏는 하늘로부터 金櫃에 들어 있다가 下降하였거나 혹은 금수레를 타고 왔다고 하는데, 이는 더욱 奇詭하고 怪異하여 믿을 수 없다. 그러나 世俗

115) 政和: 중국 北宋 徽宗(在位 1100~1125)의 네 번째 연호로, 1111년부터 1118년까지 8년간 사용되었다.

116) 李資諒: 李資諒(~1123)은 高麗 前期의 戚臣이다 初名은 資訓이고 本貫은 仁州로 資謙의 동생이다. 睿宗의 外戚으로 左右衛錄事 參軍이 되어 睿宗2(1107년) 尹瓘의 女眞정벌에 종군하여 공을 세웠다.

117) 富軾: 金富軾.

118) 景哀: 景哀王. 新羅 제55대 왕. 재위 924~927.

119) 韓擒虎: 중국 隋나라 장수. 본명 豹. 文帝 때 군사 5백을 거느리고 陳나라를 침. 이때 陳後主는 妃 張麗華와 함께 우물 속에 숨었다가 붙잡혀 죽음을 당했음. 이에 앞서 陳나라에서 동요가 유행하기를 "豹범 靑驄馬가 온다. 올 때는 늦겨울이더니 갈 때는 첫봄이네."라고 했는데 처음에는 무슨 뜻인지 몰랐으나 뒤에 당하고 보니 韓擒虎의 본명이 표였고 그가 靑驄馬를 탔으며 시절도 동요 내용과 맞더라고 한다.

120) 敬順: 敬順王. 新羅 제56대 마지막 왕(?~978). 성은 金. 이름은 傅. 景哀王이 죽은 뒤 甄萱에 의해 王位에 올랐으나, 935년 高麗 王建에게 항복하였다. 재위 927~935년.

121) 太祖: 高麗 太祖 王建.

에서는 서로 전하여 실제 사실이 되었다. 政和 연간에 우리 朝廷에서 尙書 李資諒을 宋에 들여보내 朝貢할 때, 臣 (金)富軾은 글 쓰는 임무를 맡아 행렬을 輔佐하였다. 佑神舘에 이르러 한 건물에 仙女의 畵像을 갖추어 놓은 것을 보았다. 佑神舘에서 同伴하여 접대하던 學士 王黼가 “이는 貴國의 神인데 공들은 이를 아는가?”라고 하고, 드디어 “옛날에 어떤 帝王 집안의 딸이 있었는데, 男便 없이 아이를 배자 남들의 疑心을 받게 되었다. 이에 바다에 배를 띄워 辰韓으로 가서 아들을 낳았는데, 이 사람이 海東의 첫 임금이 되었고, 帝王의 딸은 地神이 되어, 길이 仙桃山에 머물렀으니 이것이 그녀의 畵像이다.”라고 하였다. 臣이 또 大宋國 使臣 王襄이 지은 東神聖母 祭文에 “어진 사람을 배어 나라를 開創하였다.”는 句節이 있는 것을 보고, 이 東神聖母가 곧 仙桃山 神임을 알게 되었다. 그러나 그녀의 아들이 어느 때에 王 노릇을 하였는지는 알 수 없고, 지금은 다만 이런 괴이한 설의 根源을 찾아 始初를 파헤쳐본 것이다. 王位에 오른 분들은, 自己를 위함에 있어서는 儉素하고, 남을 위함에는 너그러우며, 官職을 갖춤에는 略少하게 하고, 일 처리는 簡便하게 하며, 至極한 精誠으로 中國을 섬기어, 배타고 바다 건너 朝聘하는 使臣이 사다리 디딤처럼 서로 이어져 끊이지 않았고, 늘 子弟들을 보내 中國 朝廷에 나아가 宿衛하게 하였으며, 國學에 들여보내 學問을 講論하여 익히게 하였다. 여기에서 聖賢의 風習 敎化를 이어 받았기 때문에 크게 거칠던 風俗을 바꾸어 禮義의 나라로 만들었다. 또한 新羅는 大國 軍隊의 威嚴의 神靈함을 빌어 百濟와 高句麗를 平定하고, 그 땅을 가져다가 郡縣으로 만들었으니, 繁盛하였다고 할만하다. 그러나 新羅는 佛家의 法을 받들어, 그 弊害를 알지 못하였으니, 심지어는 마을에도 佛塔이 櫛比하였고, 모든 百姓이 逃避하여 僧服을 입게 만들어, 軍事와 農事를 맡을 百姓이 점점 줄어들고, 나라는 날로 衰退하게 되었다. 어찌 나라가 어지러워지고 滅亡하지 않겠는가? 이때에 景哀王은 더욱 거친 享樂을 보태어 宮人 및 侍臣과 더불어 鮑石亭에 나가 놀면서, 술을 마련하여 두고 잔치하며 즐기다가 甄萱이 오는 줄을 알지 못하였으니, 이것이 저 ‘문 밖의 韓擒虎요, 樓閣 위의 張麗華’라 한 사실과 더불어 다름이 없다. 만일 敬順王이 高麗 太祖에게 歸順한 일을 두고 2015년 2월

13일 비록 부득이한 일이기는 하지만 또한 아름다운 일이었다. 그때에 만약 목숨을 걸고 힘써 싸우기로 하고 太祖의 군대에 抵抗하여, 힘이 다하고 세력이 다하는 狀況에 이르렀다면, 반드시 그 宗族이 엎어지고, 해로움이 無辜한 百姓에게도 미쳤을 것이다. 그러나 곧 命令을 기다리지 않고, 나라의 倉庫를 封鎖하고, 郡縣의 戶口와 田畓 따위를 記錄하여 太祖에게 歸順하였으니, 그가 우리 朝廷에 세운 功勞와 百姓에게 입힌 恩德은 매우 크다고 할 것이다.

15

瑠璃明王[122]立 諱類利 或云孺留 朱蒙元子[123] 母禮氏 初 朱蒙在扶餘 娶禮氏女有娠 朱蒙歸後乃生 是爲類利 幼年 出遊[124]陌上 彈雀誤破汲水婦人瓦器 婦人罵曰 此兒無父 故頑如此 類利慙 歸問母氏 我父何人 今在何處 母曰 汝父非常人也 不見容於國 逃歸南地 開國稱王 歸時謂予曰 汝若生男子 則言我有遺物 藏在七稜石上松下 若能得此者 乃吾子也 類利聞之 乃往山谷 索之不得 倦而還 一旦在堂上 聞柱礎間若有聲 就而見之 礎石有七稜 乃搜於柱下 得斷劍一段 遂持之與屋智[125]句鄒[126]都祖[127]等三人 行至卒本[128] 見父王 以斷劍奉之 王出己所有斷劍 合之 連爲一劍 王悅之 立爲太子 至是繼位

[13卷-高句麗本紀1-瑠璃明王-元年]

122) 瑠璃明王: 高句麗 제2대 왕. 琉璃王이라고도 부른다. 이름은 類利, 儒留, 累利. 작품으로 黃鳥歌가 전한다.
123) 元子: 임금의 맏아들
124) 陌上: 거리에(서)
125) 屋智: 高句麗 제2대 瑠璃王 때의 인물이다. 瑠璃王이 夫餘〈扶餘〉에서 아버지 東明聖王〈朱蒙〉을 찾아 高句麗로 갈 때 수행하였다.
126) 句鄒: 高句麗 제2대 瑠璃王 때의 인물이다. 瑠璃王이 夫餘〈扶餘〉에서 아버지 東明聖王〈朱蒙〉을 찾아 高句麗로 갈 때 수행하였다.
127) 都祖: 高句麗 제2대 瑠璃王 때의 인물이다. 瑠璃王이 夫餘〈扶餘〉에서 아버지 東明聖王〈朱蒙〉을 찾아 高句麗로 갈 때 수행하였다.
128) 卒本: 高句麗 始祖 東明聖王〈朱蒙〉이 都邑을 定한 곳. 高句麗의 五部族 中 桂婁部가 있던 滿洲 佟佳江(동가강) 기슭에 있는 桓仁 地方으로 추정된다. 2대 琉璃王 22년에 國內城으로 都邑을 옮김. 廣開土王 碑文에서는 忽本(홀본)이라 했다.

瑠璃明王이 王位에 올랐다. 이름은 類利, 혹은 孺留라고 한다. 朱蒙의 맏아들이요, 어머니는 禮氏이다. 以前에 朱蒙이 夫餘에 있을 때, 禮氏 집안의 딸에게 장가들었고, 부인이 姙娠하였는데 朱蒙이 夫餘를 떠난 뒤에야 아이를 낳았다. 이 아이가 類利이다. 어렸을 때, 거리로 나가 놀면서 새총으로 참새를 쏘다가 잘못하여 물 긷는 婦人의 물동이를 깨뜨렸다. 婦人이 꾸짖어 "이 아이는 애비가 없는 까닭에 노는 모양이 이와 같다."라고 하였다. 類利가 부끄럽게 여겨, 집으로 돌아와 어머니에게 여쭙기를 "아버지는 어떤 사람이며 지금은 어디에 계십니까?"라고 하자, 어머니가 대답하기를 "너의 아버지는 非常한 사람이어서, 나라에서 容納하지 않았기에, 남쪽 지방으로 逃避하여 나라를 세우고 王이 되었다. 네 아버지가 이곳을 떠날 때 나에게 '당신이 만약 아들을 낳으면, 내가 남긴 물건이 일곱 모가 난 돌 위의 소나무 아래에 감추어져 있다고 말하시오. 만일 이것을 찾아내어 간직하게 되면 곧 나의 아들이라는 證憑이 될 것이오.'라고 말했다."라고 하였다. 類利가 이 말을 듣고 바로 산골로 들어가 그것을 찾았으나 얻지 못하고 지쳐서 돌아왔다. 어느 날 아침에 類利가 집 마루에 앉아 있었는데, 기둥과 주춧돌 사이에서 마치 소리가 나는 듯하여 나가서 보니, 주춧돌이 일곱 모가 난 돌이었다. 이에 기둥 밑을 파서 부러진 칼 조각을 찾아냈다. 드디어 이것을 지니고 屋智·句鄒·都祖 등의 세 사람과 길을 떠나 卒本으로 가서, 父王을 만나 부러진 칼을 바쳤다. 王이 자기가 가졌던 부러진 칼 조각을 꺼내어 맞춰 보자 이어져서 하나의 칼이 되었다. 王이 기뻐하며 類利를 세워 太子로 삼았는데, 이때에 이르러 王位를 잇게 된 것이다.

16

論曰 孝子之事親也 當不離左右以致孝 若文王之爲世子 解明[129)]在於別都 以好勇聞 其於得罪也 宜矣 又聞之 傳曰 愛子敎之以義方 弗納於邪 今王始未嘗敎之 及其惡成 疾之已甚 殺之而後已 可謂父不父 子不子矣

[13卷-高句麗本紀1-瑠璃明王-28年]

129) 解明: 高句麗 제2대 瑠璃王의 아들.

의견을 말하자면 이러하다. 孝子가 어버이를 섬김에 있어서는, 마치 文王이 世子 시절의 행동처럼 어버이의 곁을 떠나지 않는 것으로 孝道를 다하는 것이 마땅한 것이다. 解明은 아비와 떨어져 옛 도읍에 살면서 勇猛함을 좋아한다고 소문이 났으니, 그가 죄를 얻음은 마땅한 것이다. 또 들으니 전해오는 말에 "아들을 사랑하거든 옳은 방향으로 가르치고, 사악한 길로 들어가지 않도록 하라."라고 하였다. 지금의 王은 처음에는 일찍이 가르친 일이 없다가, 죄악이 이루어진 다음에야 이를 또 지나치게 미워하여 죽여 버리고 말았을 뿐이니, 애비는 애비답지 못하고, 자식은 자식답지 못했다고 이를 수 있다.

秋八月 扶餘王帶素[130)]使來讓王曰 我先王 與先君東明王相好 而誘我臣逃至此 欲完聚以成國家 夫國有大小 人有長幼 以小事大者 禮也 以幼事長者 順也 今王若能以禮順事我 則天必佑之 國祚永終 不然則欲保其社稷 難矣 於是 王自謂 立國日淺 民孱兵弱 勢合忍恥屈服 以圖後効 乃與群臣謀 報曰 寡人僻在海隅 未聞禮義 今承大王之教 敢不惟命之從 時 王子無恤 年尚幼少 聞王欲報扶餘言 自見其使曰 我先祖神靈之孫 賢而多才 大王妬害 讒之父王 辱之以牧馬 故不安而出 今大王不念前愆 但恃兵多 輕蔑我邦邑 請使者歸報大王 今有累卵於此 若大王不毁其卵 則臣將事之 不然則否 扶餘王聞之 徧問群下 有一老嫗對曰 累卵者危也 不毁其卵者安也 其意曰 王不知己危而欲人之來 不如易危以安而自理也 [13卷-高句麗本紀1-瑠璃明王-28年]

가을 8월, 扶餘王 帶素의 使臣이 와서 王을 꾸짖으며 "우리 先王이 先君 東明王과 더불어 서로 좋게 지냈는데, 이제 우리 臣下들을 誘惑하여 이곳으로 逃避하여 오도록 하는 것은, 百姓을 모두 모아 나라를 세우려는 것이다. 무릇 나라에는 大國과 小國의 구분이 있고, 사람에도 어른과 아이의 구분이 있

---

130) 扶餘王帶素: 金蛙의 맏아들. 金蛙의 부인 柳花(河伯의 딸)가 낳은 알에서 나온 朱蒙의 용맹함을 염려한 帶素가 父王에게 朱蒙을 없애라고 하였으나, 王이 듣지 않자 은근히 危害를 가하므로, 朱蒙은 卒本으로 가서 高句麗를 建國하게 되었다. 高句麗 2대 琉璃王 14년에 帶素는 琉璃王에게 質子를 교환하자고 하였으나 琉璃王의 아들 都切(도체)가 무서워 가지 않았다. 帶素가 高句麗를 침범했으나 눈과 추위 때문에 물러갔다. 3대 大武神王 때에는 夫餘를 쳐서 帶素를 죽였다.

으니, 작은 나라가 큰 나라를 섬기는 것은 禮度이며, 아이가 어른을 섬기는 것은 順理이다. 이제 왕이 만일 禮度와 順理로 우리를 섬긴다면, 하늘이 반드시 도와 나라의 福運이 永遠할 것이지만, 그렇지 않으면 社稷을 保存하려 해도 어려울 것이다."라고 하였다. 이에 왕은, 스스로 이르기를 '나라를 세운지 얼마 아니 되었고, 백성과 군대는 孱弱하므로, 形勢에 符合하는 것은 恥辱을 참고 屈服하여, 뒷날의 功業을 圖謀하는 것이리라.' 하였다. 곧 여러 신하들과 더불어 議論한 뒤에 對答하기를 "寡人이 바다 모퉁이 치우친 곳에 있어 禮義에 대한 것을 듣지 못하였습니다. 이제 大王의 教示를 받았으니 어찌 감히 명령을 따르지 않으리오."라고 하였다. 이 때, 王子 無恤은 나이가 아직 어렸다. 그가 王이 夫餘에 回答하려 한다는 말을 듣고, 스스로 夫餘의 使臣을 찾아가 "우리 先祖께서는 神靈의 子孫으로 어질고 재주가 많았는데, 大王이 嫉妬하고 謀害하여 父王에게 讒訴하여 말이나 기르게 하는 직분으로 욕되게 한 까닭에 不安하여 脫出했던 것이다. 이제 大王이 전날의 허물은 생각하지 않고 오직 군사가 많은 것을 믿고 우리나라를 가벼이 蔑視하고 있으니, 청컨대 使臣은 돌아가서 大王에게 報告하기를 '이곳에 알을 쌓아 놓았으니, 만약 大王이 그 알을 무너뜨리지 않는다면 臣이 장차 大王을 섬길 것이요, 그렇지 않으면 섬기지 못하겠다.'라고 하라."라고 하였다. 夫餘王이 이를 듣고 여러 아랫사람에게 두루 물었다. 한 老婆가 "쌓아놓은 알은 危殆로운 것이요, 그 알을 무너뜨리지 않는 것은 便安한 것이다."라고 하였다. 그 뜻은 곧, 王이 自己의 危殆로움을 알지 못하고, 오히려 남이 와서 屈伏하기를 바라는 것은 便安함을 危殆로움과 바꾸어서 스스로를 다스리는 것만 못하다는 것이었다.

17

冬十月 扶餘王帶素遣使送赤烏 一頭二身 初 扶餘人得此烏獻之王 或曰 烏者黑也 今變而爲赤 又一頭二身 幷二國之徵也 王其兼高句麗乎 帶素喜送之 兼示或者之言 王與群臣議答曰 黑者 北方之色 今變而爲南方之色 又赤烏瑞物也 君得而不有之 以送於我 兩國存亡 未可知也 帶素聞之 驚悔

[14卷-高句麗本紀2-大武神王-03年]

겨울 10월, 夫餘王 帶素가 使臣을 派遣하여 붉은 까마귀를 보내왔다. 머리는 하나이고 몸은 둘이었다. 以前에 夫餘 사람이 이 까마귀를 얻어서 王에게 바쳤는데, 어떤 사람이 "까마귀는 검은 색인데, 이제 바뀌어 붉은 색이 되었고, 또한 머리는 하나인데 몸이 둘이니 이는 두 나라가 倂合될 徵兆입니다. 王께서 아마도 高句麗를 倂合하시겠지요?"라고 하였다. 帶素가 기뻐하며 붉은 까마귀를 高句麗에 보내면서, 아울러 或者의 한 말도 전하였다. 王이 여러 臣下들과 더불어 議論하고 對答하기를 "검은 색은 北方의 색깔인데, 이제 바뀌어 南方의 색이 되었다. 또한 붉은 까마귀는 祥瑞로운 새인데, 그대가 이것을 얻었으나 가지지 아니하고 나에게 보냈으니, 두 나라의 存亡은 알 수 없는 일이다."라고 하였다. 帶素가 이 말을 듣고 놀라며 後悔하였다.

18

四年 冬十二月 王出師 伐扶餘 次沸流水[131)]上 望見水涯 若有女人 舁鼎游戲 就見之 只有鼎 使之炊 不待火自熱 因得作食 飽一軍 忽有一壯夫曰 是鼎吾家物也 我妹失之 王今得之 請負以從 遂賜姓負鼎氏[132)] 抵利勿林宿 夜聞金聲 向明[133)] 使人尋之 得金璽兵物等 曰 天賜也 拜受之 上道有一人 身長九尺許 面白而目有光 拜王曰 臣是北溟人怪由[134)] 竊聞大王北伐扶餘 臣請從行 取扶餘王頭 王悅許之 又有人曰 臣赤谷人麻盧 請以長矛爲導 王又許之

[14卷-高句麗本紀2-大武神王-04年]

---

131) 沸流水: 高句麗의 영토에 있던 江. 滿洲 佟佳江(동가강) 上流로 추정하고 있다. 高句麗의 始祖 朱蒙이 이 江의 溪谷인 忽本(홀본) 서쪽에 城을 쌓았다는 說이 있다.

132) 負鼎氏: 高句麗 제3대 大武神王 4년(21년) 한 壯夫에게 내린 姓이다. 王이 夫餘를 칠 때 沸流江 가에서 솥을 얻었는데, 그 때 나타나 그 솥이 자기의 누이 것이라며 그 솥을 짊어지고 따라가기를 원하므로 王이 그에게 負鼎이란 성을 내렸다.

133) 向明: 날이 밝을 무렵.

134) 怪由: 北溟 출신으로 9尺 長身에 얼굴은 희고 눈에서는 光彩가 났다고 한다. 大武神王이 친히 夫餘를 征伐할 때 自願해서 從軍하여 大武神王 5년(22년) 2월 夫餘 남쪽에서 벌어진 戰鬪에서 夫餘王 帶素를 사로잡아 목을 베는 등 큰 功을 세웠다. 그 해 10월에 죽었는데, 王은 生前의 功勞를 생각하여 北溟山 남쪽에 장사지내게 하고 아울러 나라에서 정기적으로 祭祀를 지내게 하였다.

4년 겨울 12월, 王이 군사를 내어 夫餘를 征伐하러 가는 도중 沸流水 가에 머무르며 물가를 바라보았는데, 마치 어떤 여인이 두 손으로 솥을 들고 노는 모양 같았다. 가까이 가서 보니 솥만 있었다. 王이 그 솥에 밥을 짓게 하자, 불을 때기도 전에 솥이 저절로 뜨거워져, 밥을 짓고는 온 군대를 배불리 먹일 수 있었다. 이 때 갑자기 健壯한 한 사나이가 나타나 "이 솥은 우리 집 물건입니다. 제 누이가 잃어버렸는데 이제 王께서 이를 얻을 수 있게 하였으니 청컨대 제가 이 솥을 지고 王을 좇게 하여 주십시오."라고 하였다. 王은 곧 그에게 負鼎氏라는 姓을 내려주었다. 王이 利勿林에 이르러 하룻밤 묵게 되었는데 밤중에 쇳소리가 들려왔다. 날이 밝을 무렵 사람을 시켜 주변을 搜索하였는데 금으로 만든 玉璽와 兵器 등을 얻고는 "하늘이 주신 것이다."라고 말하며 절을 하고 받았다. 出發하려고 할 때 한 사람이 나타났는데, 키는 9자 가량으로, 얼굴은 희고 눈은 빛났다. 王에게 절을 하며 "臣은 北溟 사람 怪由입니다. 가만히 듣건대 大王께서 북쪽으로 夫餘를 친다하기에, 臣이 좇아가서 夫餘王의 머리를 벨 수 있기를 懇請합니다."라고 하였다. 王이 기뻐하며 이를 許諾하였다. 또 어떤 사람이 "저는 赤谷 사람 麻盧입니다. 청컨대 긴 창을 가지고 길을 引導할 수 있도록 하여 주십시오."라고 말했다. 王이 또한 이를 許諾하였다.

19

五年 春二月 王進軍於扶餘國南 其地多泥塗 王使擇平地爲營 解鞍休卒 無恐懼之態 扶餘王擧國出戰 欲掩其不備 策馬以前 陷濘不能進退 王於是揮怪由 怪由拔劍號吼擊之 萬軍披靡 不能支 直進 執扶餘王斬頭 扶餘人 旣失其王 氣力摧折 而猶不自屈 圍數重 王以糧盡士饑 憂懼不知所爲 乃乞靈於天 忽大霧咫尺不辨人物七日 王令作草偶人 執兵立營內外 爲疑兵 從間道潛軍夜出 失骨句川神馬 沸流源大鼎 至利勿林 兵飢不興 得野獸以給食 王旣至國 乃會群臣飮至[135]曰 孤以不德 輕伐扶餘 雖殺其王 未滅其國 而又

---

135) 飮至: 싸움에 이기고 돌아와서 조상의 묘에 아뢰고 잔치를 베푸는 일.

多失我軍資 此孤之過也 遂親吊死問疾 以存慰百姓 是以國人感王德義 皆許殺身於國事矣 [14卷-高句麗本紀2-大武神王-05年]

5년 봄 2월, 王이 夫餘國 남쪽으로 進軍하였다. 그 땅에는 진흙길이 많았으므로 王은 平地를 가려 兵營을 만들고는, 말안장을 풀어 兵士들을 쉬게 하되 두려워하는 태도를 보이지 않도록 하였다. 夫餘王이 全國의 군사를 동원하여 出戰하였는데, 高句麗가 戰列이 갖추어지지 않은 틈을 노려 掩襲하고자 하였다. 그러나 말을 채찍질하여 前進하려다가 진흙 수렁에 빠져서 앞으로 갈수도 뒤로 갈 수도 없게 되었다. 王이 이 때 괴유를 출동시켰다. 괴유가 칼을 뽑아 들고 고함을 지르며 攻擊하자 夫餘 全軍이 쪼개지고 쓰러져서 버틸 수가 없었다. 이 때 괴유가 곧바로 前進하여 夫餘王을 붙잡아 목을 베었다. 夫餘 사람들은 이미 자기 王을 잃고 氣力도 꺾였으나, 오히려 屈伏하지 않고 高句麗 군사를 여러 겹으로 包圍하였다. 王은 軍糧이 다하고 군사들이 굶주리자 근심하고 두려워 어찌할 바를 몰랐다. 드디어 王이 하늘에 靈驗을 빌자, 문득 큰 안개가 일어 咫尺에서도 사람인지 아닌지 分別할 수 없는 날이 7일 동안 이어졌다. 王은 풀로 허수아비를 만들어 兵器를 들고 兵營 안팎에 세우도록 하여 마치 兵士로 보이게 하였다. 그리고는 샛길로 밤을 도와 몰래 行軍하였다. 이 와중에 骨句川에서 얻은 神馬와 沸流水 上流에서 얻은 큰 솥을 잃어 버렸다. 利勿林에 이르렀는데, 兵士들이 배고파 일어나지 못하기에 들짐승을 잡아 給食하였다. 王이 이미 나라 안으로 돌아와서 여러 臣下들을 모아놓고 飮至하면서 "내가 不德하여 夫餘 征伐을 가벼이 생각하였다. 비록 그 王을 죽였으나 아직 그 나라를 滅亡시키지 못하였는데, 우리 군사와 물자를 많이 잃었으니, 이는 나의 잘못이다."라고 하였다. 그리고는 곧바로 戰死者를 친히 弔喪하고, 負傷者를 問病하여 百姓을 慰勞하였다. 이런 까닭에 나라사람들이 王의 德行과 義理에 感動하여, 모두가 나랏일이라면 몸을 바치겠노라고 다짐하였다.

三月 神馬駏驤將扶餘馬百匹 俱至鶴盤嶺[136]下車廻谷 夏四月 扶餘王帶素弟至曷思水濱 立國稱王 是扶餘王金蛙季子[137] 史失其名 初 帶素之見殺也 知國之將亡 與從者百餘人 至鴨渌谷 見海頭王[138]出獵 遂殺之 取其百姓 至此始都 是爲曷思王[139] 秋七月 扶餘王從弟[140] 謂國人曰 我先王身亡國滅 民無所依 王弟逃竄 都於曷思 吾亦不肖 無以興復 乃與萬餘人來投 王封爲王安置掾那部 以其背有絡文[141] 賜姓絡氏 冬十月 怪由卒 初疾革[142] 王親臨存問 怪由言 臣北溟微賤之人 屢蒙厚恩 雖死猶生 不敢忘報 王善其言 又以有大功勞 葬於北溟山陽[143] 命有司[144]以時祀之

[14卷-高句麗本紀2-大武神王-05年]

3월, 神馬 駏驤가 부여의 말 백 필을 거느리고 함께 鶴盤嶺 아래 車廻谷에 이르렀다. 여름 4월, 夫餘王 帶素의 아우가 曷思水 가에 이르러 나라를 세우고 王을 일컬었다. 이 사람은 夫餘王 金蛙의 막내아들인데, 史書에 그 이름이 전하지 않는다. 이전에 帶素王이 被殺되자 將次 나라가 망할 것을 알고는 자기를 따르는 자 백여 명을 데리고 鴨渌谷에 이르렀다가, 海頭王이 사냥 나온 것을 보고는 드디어 그를 죽이고 그의 百姓을 빼앗아 가졌다. 이때에 이르러 비로소 都邑을 정하였는데, 이가 곧 曷思王이다. 가을 7월, 夫餘王의 사촌아우가 나라사람들에게 이르기를 "우리 先王이 돌아가시고 나라가 사라져서 백성이 依支할 곳이 없다. 王의 아우는 逃亡하여 曷思에 都邑을 정하였고, 나 또한 不肖하여 나라를 復興시킬 力量이 없다."라고 하고는 곧 만여 명을 데리고 와서 投降하였다. 王이 그를 王으로 封하여 掾那部에서 편히 살도록 하였는데, 그의 등에 솜 실이 늘어진 듯한 줄무늬가 있다 하여 '絡氏'의 姓을 내

136) 鶴盤嶺: 鴨綠江 유역의 滿洲 지방에 있었던 高句麗 시대의 地名.
137) 季子: 막내아들
138) 海頭王: 夫餘國 주변에 있던 작은 나라의 임금.
139) 曷思王: 夫餘王. 그의 손자 都頭가 高句麗에 와서 降伏하였다.
140) 從弟: 사촌 동생.
141) 絡文: 絡 무늬. 그물 모양 또는 실이 늘어진 모양의 줄무늬.
142) 疾革: 병이 위급해짐. 병이 위중해 짐. 革은 急의 뜻.
143) 北溟山陽 : 北溟山 남쪽. 山의 南쪽, 水의 北쪽을 陽이라 한다.
144) 有司: 해당 업무를 담당하는 官署와 官員.

려주었다. 겨울 10월, 괴유가 생을 마쳤다. 以前에 병이 危急해졌을 때, 王이 친히 問病하였다. 괴유가 "저는 北溟의 微賤한 사람으로서, 王의 두터운 恩惠를 여러 번 입었습니다. 비록 죽더라도 오히려 살아있는 것과 마찬가지로 恩惠에 報答할 것을 감히 잊지 않을 것입니다."라고 하였다. 王은 그 말이 훌륭하다고 생각하였고, 또한 그가 큰 功勞을 세웠기 때문에 北溟山 남쪽에 장사지내고 담당 官署에 命令을 내려 철에 따라 祭祀지내게 하였다.

20

夏四月 王子好童[145] 遊於沃沮[146] 樂浪王崔理[147]出行 因見之 問曰 觀君顔色 非常人 豈非北國神王之子乎 遂同歸 以女妻之 後 好童還國潛遣人 告崔氏女[148]曰 若能入而國[149]武庫 割破鼓角 則我以禮迎 不然則否 先是 樂浪有鼓角 若有敵兵 則自鳴 故令破之 於是 崔女將利刀 潛入庫中 割鼓面角口 以報好童 好童勸王襲樂浪 崔理以鼓角不鳴 不備 我兵掩至城下 然後知鼓角皆破 遂殺女子 出降 [14卷-高句麗本紀2-大武神王-15年]

여름 4월, 王子 好童이 沃沮에서 유람하고 있었다. 그 때 樂浪王 崔理가 나와 다니다가 好童을 보게 되어 묻기를 "그대 얼굴빛을 보니 보통 사람이 아니

145) 好童: 高句麗 제3대 大武神王의 아들. 동 15년(32년) 沃沮 지방에 유랑하다가 樂浪王 崔理의 눈에 띄어 사위가 되었다. 귀국 후 崔理의 딸에게 비밀리에 너희 武器庫에 들어가 鼓角(自鳴鼓))을 부수면 禮로써 맞이하겠다고 알렸다. 樂浪公主는 好童의 말대로 하고 알리니 好童은 王에게 樂浪을 치도록 권했다. 결국 대비하지 못한 樂浪은 딸을 죽이고 降伏하였다. 好童은 王의 次妃(曷思王 孫女)의 所生인데, 얼굴이 미려하여 王의 사랑을 받았다. 元妃가 王의 寵愛와 嫡子의 자리를 잃을까 念慮하여 好童을 讒訴하였는데, 好童은 어머니의 惡함이 들어나 王에게 걱정을 끼쳐 줌이 道理가 아니라 하여 辨明 없이 칼에 엎드려 죽었다.

146) 沃沮: 한반도 북부에 존재했던 고대 종족 이름 또 나라 이름.

147) 樂浪王崔理: 한반도 북부에 존재했던 樂浪國의 王 崔理. 高句麗 제3대 大武神王 15년(32년) 王子 好童이 沃沮 지방을 遊覽할 때 樂浪王 崔理가 보고 사위를 삼았다. 그 딸은 好童의 요청으로 자기나라 武器庫에 있는 自鳴鼓를 부숴 樂浪은 대비하지 못하고 高句麗에 멸망하였다.

148) 崔氏女: 崔氏의 딸. 곧 자신의 아내.

149) 而國: 너의 나라.

로구나. 그대가 어찌 北쪽 나라의 神聖한 王의 아들이 아니겠는가?"라고 하고는 마침내 함께 돌아가서 자기의 딸을 아내로 삼게 하였다. 그 후, 好童이 歸國하여 남몰래 사람을 보내어 崔氏 딸에게 "만일 너의 나라 武器庫에 들어가서 북과 나발을 가르고 부숴버릴 수 있다면, 내가 禮를 갖추어 맞이할 것이요 그렇지 않다면 妻로 맞이하지 않을 것이다."라고 하였다. 이보다 앞서 樂浪에는 북과 나발이 있는데, 만일 敵兵이 쳐들어오면 저절로 소리를 내었다. 이 때문에 그녀로 하여금 이를 부수어 버리게 한 것이었다. 이때에 崔氏의 딸은 날카로운 칼을 들고 남모르게 武器庫에 들어가서 북편을 찢고 나발의 입을 베어 버린 후 好童에게 알렸다. 好童이 王에게 勸하여 樂浪을 襲擊하였는데, 崔理는 북과 나발이 울지 않아 防備를 하지 못했다. 우리 군사들이 소리 없이 성 밑까지 이르게 된 뒤에야 북과 나발이 모두 부수어진 것을 알았다. 마침내 딸을 죽이고 나와서 降伏하였다.

冬十一月 王子好童自殺 好童 王之次妃曷思王孫女所生也 顔容美麗 王甚愛之 故名好童 元妃恐奪嫡爲太子 乃讒於王曰 好童不以禮待妾 殆欲亂乎 王曰 若以他兒[150]憎疾乎 妃知王不信 恐禍將及 乃涕泣而告曰 請大王密候 若無此事 妾自伏罪 於是 大王不能不疑 將罪之 或謂好童曰 子何不自釋乎 答曰 我若釋之 是顯母之惡 貽王之憂 可謂孝乎 乃伏劍而死

[14卷-高句麗本紀2-大武神王-15年]

겨울 11월, 王子 好童이 自殺하였다. 好童은 王의 둘째 王妃인 曷思王 孫女의 所生이었다. 얼굴 생김새가 아름다워서 王이 매우 아꼈으므로 이름도 好童이라고 하였다. 첫째 王妃는 好童이 嫡子의 자리를 빼앗아 太子가 될 것을 念慮하여, 王에게 讒訴하여 "好童은 臣妾을 禮로 대하지 않으며, 秩序를 어지럽히려 합니다."라고 하였다. 王이 "너는 好童이 네 所生이 아니라 하여 미워하느냐?"라고 하였다. 첫째 王妃는 王이 자기를 믿지 않음을 알고, 災殃이 將次 자기에게 미칠 것을 두려워하여 울면서 "청컨대 大王께서 남모르게 물어보소

150) 他兒: 남의 아이. 여기서는 다른 王妃의 所生.

서. 萬若 이런 일이 없으면, 臣妾이 罪를 認定하겠습니다."라고 하였다. 이에 大王은 好童을 疑心하지 않을 수 없어 將次 그에게 罪를 물으려 하였다. 어떤 사람이 好童에게 이르기를 "그대는 왜 스스로 解明하지 않는가?"라고 하자 好童이 對答하기를 "내가 만일 釋明한다면, 이것은 어머니의 罪惡을 드러내는 것이며 王께 근심을 드리는 것이니, 孝道라 할 수 있겠는가?"라고 하고는 곧 칼에 엎드려 죽었다.

21

九年 春正月 地震 自二月至秋七月不雨 年饑[151] 民相食 八月 王發國內男女年十五已上 修理宮室 民乏於食 困於役 因之以流亡 倉助利[152]諫曰 天災荐至 年穀不登[153] 黎民失所 壯者流離四方 老幼轉乎溝壑 此誠畏天憂民 恐懼修省之時也 大王曾是不思 驅饑餓之人 困木石之役 甚乖爲民父母之意 而況比鄰有强梗之敵 若乘吾弊以來 其如社稷生民何 願大王熟計之 王慍曰 君者 百姓之所瞻望也 宮室不壯麗 無以示威重 今國相蓋欲謗寡人 以干百姓之譽也 助利曰 君不恤民 非仁也 臣不諫君 非忠也 臣旣承乏國相 不敢不言 豈敢干譽乎 王笑曰 國相欲爲百姓死耶 冀無後{復}言 助利知王之不悛 且畏及害 退與群臣同謀 廢之 迎乙弗[154]爲王 王知不免 自經 二子亦從而死 葬於烽山之原 號曰烽上王 [17卷-高句麗本紀5-烽上王-09年]

9년 봄 정월, 地震이 있었다. 2월부터 가을 7월까지 비가 오지 않았다. 凶年이 들어 百姓이 서로 잡아먹었다. 8월, 王이 國內의 15歲 以上의 男女를 徵發하여 宮室을 修理하게 하였다. 百姓은 食糧 缺乏과 賦役의 苦痛으로 因하여 집도 없이 사방을 떠돌아다니게 되었다. 倉助利가 王에게 諫하여 "하늘의

---

151) 年饑: 흉년이 들다.
152) 倉助利: 高句麗 제14대 烽上王때의 大臣. 烽上王 3년(294)에 大臣이 되어 大主簿까지 지냈다 296년에 慕容廆(모용외)가 侵入하자 北部 大兄 高奴子를 薦擧하여 新城 太守로 삼아 慕容廆를 물리치고 임금이 奢侈와 遊興에 빠지자 祖弗 · 蕭友 等과 謀議하여 乙弗(美川王)을 임금으로 推戴했다
153) 年穀不登: 해의 곡식이 자라지 못함. 흉년이 듦.
154) 乙弗: 美川王.

災殃이 거듭하여 이르고, 凶年이 들어서 百姓은 居所를 잃었습니다. 젊은이들은 사방으로 흩어져 떠돌고, 늙은이와 어린아이들은 구렁에서 뒹굴고 있으니, 지금은 진실로 하늘을 두려워하고 백성들을 걱정하여, 두려워하며 修身하고 反省할 때입니다. 大王께서는 일찍이 (이러한 사정을) 생각하지 않고, 굶주리는 百姓을 몰아다가 나무를 베고 돌을 나르는 賦役으로 괴롭게 하시니, 이는 百姓의 父母된 이의 마음 씀에 매우 어긋나는 일입니다. 하물며 이웃에는 强敵이 있습니다. 만약 그들이 우리가 疲弊한 機會를 利用한다면, 社稷과 百姓은 어떻게 되겠습니까? 願컨대 大王께서는 이를 깊이 생각하시옵소서." 라고 하였다. 王이 怒하여 "임금이란 百姓이 우러러 받드는 자리이다. 宮室이 雄壯하고 華麗하지 않으면 威嚴과 重厚함을 내보일 수 없는 것이다. 이제 國相의 말은 요컨대 나를 誹謗하여 百姓에게 기림을 얻으려 함이라 할 것이오."라고 하였다. 倉助利가 "임금이 百姓을 救恤하지 않으면 어진 것이 아니고, 臣下가 임금에게 諫하지 않으면 忠誠스럽지 않은 것입니다. 제가 이미 國相이라는 고달픈 자리를 承繼하였으니 감히 말씀을 아니 드릴 수 없는 것이지, 어찌 감히 百姓의 일컬음을 구하는 것이겠습니까?" 王이 웃으며 "國相은 百姓을 위하여 죽으려 하는가? 以後로는 말하지 않기를 바란다."라고 하였다. 倉助利는 王이 잘못을 고치지 않으려 한다는 것을 알았고 또 자신에게 害가 미칠 것을 두려워하였다. 물러나와 群臣과 함께 謀議하여 廢位시키고 乙弗을 맞이하여 새로운 王으로 세웠다. 王은 禍를 免할 수 없음을 알고는 스스로 목매어 죽었고, 그의 두 아들도 따라서 죽었다. 烽山 언덕에 장례를 지내고, 號를 烽山王이라 하였다.

22

帝悉召諸將問計 長孫無忌[155]對曰 臣聞 臨敵將戰 必先觀士卒之情 臣適行經諸營 見士卒聞高句麗至 皆拔刀結旆 喜形於色 此必勝之兵也 陛下未冠

155) 長孫無忌: 唐太宗의 妻男. 太宗을 도와 天下를 平定한 一等功臣으로 太宗의 두터운 信任을 얻어 吏部尙書·太子太師 등 여러 벼슬을 역임하였다. 高宗이 武氏를 后妃로 삼으려고 할 때 여러 번 반대했기 때문에 武后가 이에 원한을 품어 모반죄로 귀양 보냈다. 그곳에서 스스로 목숨을 끊었으며 저서로는 唐律疏議가 있다.

身親行陣 凡出奇制勝 皆上稟聖謀 諸將奉成筭耳 今日之事 乞陛下指蹤 帝笑曰 諸公以此見讓 朕當爲諸公商度 乃與無忌等 從數百騎 乘高望之 觀山川形勢 可以伏兵及出入之所 我軍與靺鞨合兵爲陣 長四十里 帝望之 有懼色 江夏王道宗[156]曰 高句麗傾國以拒王師 平壤之守必弱 願假臣精卒五千 覆其本根 則數十萬之衆 可不戰而降 [21卷-高句麗本紀9-寶藏王-04年]

皇帝가 여러 將帥들을 불러 計策을 묻자 長孫無忌가 대답하여 "'臣이 들으니 적을 만나 장차 싸우려 할 때는 반드시 먼저 군사들의 情況을 살펴야 한다.'고 했습니다. 臣이 마침 여러 兵營을 다녔는데, 군사들이 高句麗 군사가 왔다는 말을 듣고는 모두 칼을 뽑아 들고 大將旗를 세우면서 얼굴에 기쁜 빛이 도는 것을 보았습니다. 이는 반드시 勝戰할 군사들입니다. 陛下께서는 冕旒冠을 벗어놓고 친히 行陣하셨습니다. 奇妙한 計策을 내어 적을 눌러 이긴 지금까지의 모든 일은 다 위로 거룩하신 陛下께서 내려주신 策略을 모든 將帥들이 받들어 計策을 이루어낸 것뿐입니다. 오늘 일도 陛下의 指揮를 바랍니다."라고 하였다. 皇帝가 웃으며 "諸公들이 이 일을 나에게 辭讓하니, 朕이 마땅히 諸公을 위하여 헤아려 볼 것이다."라고 하였다. 皇帝는 곧 長孫無忌 등과 함께 수백 명의 騎兵을 거느리고 高地에 바라보았는데 山川 形勢가 군사를 감추어 두고, 兵力을 내었다가 거두는 일이 可能하였다. 이 때 我軍은 靺鞨과 聯合하여 陣을 치고 있었는데, 길이가 40里에 이르렀다. 皇帝가 이를 바라보며 두려워하는 빛이 있었다. 江夏王 李道宗이 "高句麗는 나라 전체가 힘을 기울여 王의 군대에 抵抗하고 있으니, 平壤의 守備는 틀림없이 약할 것입니다. 원컨대 臣에게 精銳兵 5천 명을 내려주시어, 저들의 根本을 뒤엎게 하신다면 수십만 군사를 싸우지 않고도 降伏시킬 수 있을 것입니다."라고 하였다.

---

156) 江夏王道宗: 李道宗(江夏王; 600~653년)은 唐나라 初期의 大臣이다. 字는 承范이며 任城君 江夏王으로 封君되었다. 唐 高祖의 堂姪이기도 하다. 太宗이 竇建德(두건덕)을 討伐할 때 從軍하였으며 王世忠을 征伐하는데도 赫赫한 功을 세웠다. 武德 5년 靈州總官으로 任命되어 突厥을 擊破하였고, 貞觀 3년 李靖과 함께 突厥을 무찌르고 頡利可汗(힐리가한)을 逮捕하였다. 貞觀 19년 그가 禮部尙書로 있었을 때 太宗이 高句麗를 征伐하기 위하여 군대를 일으키자 從軍하여 將軍 李積의 군대와 함께 蓋牟城을 공격하였으며 安市城을 공격할 때 土山을 쌓을 것을 進言하기도 하였다. 唐 高宗 때 653년 房玄齡의 아들과 謀叛에 連累돼 있다는 理由로 長孫無忌와 褚遂良의 誣告로 流配를 가던 중 죽었다.

23

論曰 良藥苦口 利於病 忠言逆耳 利於行 是以 古之明君 虛己問政 和顏受諫 猶恐人之不言 懸敢諫之鼓 立誹謗之木 而不已 今牟大王諫書上而不省 復閉門以拒之 莊子曰 見過不更 聞諫愈甚 謂之狠 其牟大王[157)]之謂乎

[26卷-百濟本紀4-東城王-22年]

의견을 말하자면 이러하다. 좋은 藥은 입에는 쓰지만 病에는 利롭고, 忠言은 귀에는 거슬리지만 行實에는 이로움이 있다. 이런 까닭에 옛적의 明哲한 임금은 겸허하게 자기를 낮추어 政事를 물었으며, 얼굴빛을 부드럽게 하여 諫하는 말을 받아들이면서도, 오히려 사람들이 諫하지 않을까 念慮하여, 諫하고자 할 때 칠 수 있는 북을 매달았고, 誹謗하는 말을 매달 수 있는 나무기둥을 세웠으며, 그러고도 諫하게 할 수 있는 措置를 그치지 않았다. 지금 牟大王(東城王)은 諫하는 글을 올려도 反省하지 않고, 더욱 문을 닫고 拒絶하였다. 莊子가 "잘못을 보고도 고치지 않으며, 간하는 말을 듣고도 더욱 심해지는 것을 '사납다'고 이른다."라고 하였으니, 아마 牟大王과 같은 사람을 두고 이른 말이리라.

24

王都群犬集於路上 或吠或哭 移時卽散 有一鬼入宮中 大呼 百濟亡 百濟亡 卽入地 王怪之 使人掘地 深三尺許 有一龜 其背有文曰 百濟同月輪[158)] 新羅如月新[159)] 王問之 巫者曰 同月輪者滿也 滿則虧 如月新者未滿也 未滿則漸盈 王怒殺之 或曰 同月輪者盛也 如月新者微也 意者國家盛 而新羅寖微者乎 王喜

[28卷-百濟本紀6-義慈王-20年]

---

157) 牟大王: 東城王. 百濟 제24대 왕. 이름은 牟大, 摩牟, 麻帝. 高句麗의 南下에 對備하여 중국의 南齊 등과 和親을 맺고, 493년 新羅와 婚姻 同盟을 맺었으며 498년에는 耽羅國을 服屬시켰다.

158) 月輪: 둥근 달.

159) 月新: 초승달.

王都의 모든 개가 길에 모여서 짖거나 울어대다가, 시각이 지나자 곧 흩어졌다. 한 鬼神이 宮中에 들어 와서 크게 부르짖기를 "百濟가 망한다. 百濟가 망한다."라고 하고 곧 땅 속으로 들어갔다. 王이 怪異하게 생각하여 사람을 시켜 땅을 파게 하였다. 석자 가량 파내려 가자 거북이 한 마리가 있었는데, 그 등에 글이 있어 적혀 있기를 "百濟는 둥근 달 같고, 新羅는 초승달 같다."라고 하였다. 王이 묻자 巫堂이 "둥근 달 같다는 것은 가득 찬 것이니, 가득 차면 기울며, 초승달 같다는 것은 가득 차지 못한 것이니, 가득 차지 못하면 점점 차게 된다."라고 하였다. 王이 怒하여 그를 죽여 버렸다. 어떤 자가 "둥근 달 같다는 것은 旺盛하다는 것이요, 초승달 같다는 것은 微弱한 것입니다. 생각해 보니 우리나라는 旺盛하고 新羅는 衰弱하다는 것인가 합니다."라고 하자 王이 기뻐하였다.

25

王聞之 會群臣 問戰守之宜 佐平義直[160]進曰 唐兵遠涉溟海 不習水者 在船必困 當其初下陸 士氣未平 急擊之 可以得志 新羅人恃大國之援[161] 故有輕我之心 若見唐人失利 則必疑懼 而不敢銳進 故知先與唐人決戰 可也 達率常永[162]等曰 不然 唐兵遠來 意欲速戰 其鋒不可當也 新羅人前屢見敗於我軍 今望我兵勢 不得不恐 今日之計 宜塞唐人之路 以待其師老 先使偏師擊羅軍 折其銳氣 然後 伺其便而合戰 則可得以全軍 而保國矣 王猶豫 不知所從

[28卷-百濟本紀6-義慈王-20年]

160) 佐平義直: 義慈王 7년(647년) 步騎 3,000명을 이끌고 新羅의 茂山城(지금의 전라북도 무주군 무풍면) 밑에 駐屯한 뒤 군사를 나누어 甘勿(지금의 경상북도 김천시 개령면)과 桐岑(동잠)의 두 城을 攻擊하였다. 新羅에서는 金庾信이 步騎 1,000명을 이끌고 와서 對敵하였다. 이 싸움에서 百濟軍이 大敗하여 거의 戰死하였고 그는 겨우 살아남았다. 이듬해 다시 新羅를 攻擊하여 西邊인 腰車(요거) 등 10여 城을 빼앗았다. 4월에 玉門谷으로 進軍하였으나 金庾信의 군대와 두 번 싸워 다 패하였다. 百濟는 이 싸움에서 將軍 8명이 사로잡히고 1,000명이 戰死하였다. 660년 羅唐聯合軍이 쳐들어오자 百濟朝廷에서는 대책수립을 위한 君臣會議가 있었다. 이 때 그는 먼 길을 오느라 피곤한 唐軍과 먼저 決戰할 것을 주장하였으나 採擇되지 않았다.

161) 大國之援: 唐나라의 지원.

162) 達率常永: 生沒年 未詳. 百濟末의 大臣.

王이 이 소식을 듣고 여러 臣下를 불러 모아 攻擊과 守備 중에 어느 것이 마땅한가를 물었다. 佐平 義直이 나아가 "唐軍은 멀리 바다를 건너 왔습니다. 물에 익숙하지 못하고, 배를 오래 탄 탓에 분명 疲困해 있을 것입니다. 그들의 上陸 初期에는 當然히 士氣가 아직 완전하지 못할 것이니 급히 攻擊하면 뜻을 이룰 수 있을 것입니다. 新羅 사람들은 큰 나라의 도움을 믿기 때문에 우리를 가벼이 보는 마음이 있을 것이니 만약 唐 나라 사람들이 利로움을 잃어버리는 것을 보게 되면 반드시 의심하고 두려워하여 감히 빨리 진격해 오지 못할 것입니다. 그러므로 우선 唐軍과 決戰하는 것이 옳다는 것을 알 수 있습니다."라고 하였다.

等曰 不然 唐兵遠來 意欲速戰 其鋒不可當也 新羅人前屢見敗於我軍 今望我兵勢 不得不恐 今日之計 宜塞唐人之路 以待其師老 先使偏師 擊羅軍 折其銳氣 然後 伺其便而合戰 則可得以全軍 而保國矣 王猶豫 不知所從

達率 常永 등이 "그렇지 않습니다. 唐軍은 멀리서 왔으므로 速戰하려 할 것이기 때문에 그 칼날을 당할 수 없을 것입니다. 新羅 군사들은 이전에 여러 번 우리 군사에게 패하였기 때문에 이제 우리 군사의 氣勢를 보면 두려워하지 않을 수 없을 것입니다. 오늘의 計策으로는 唐軍이 들어오는 길을 막아서 그들이 疲困하여지기를 기다리면서, 먼저 일부 군사로 하여금 新羅 군사를 쳐서 그 銳鋒을 꺾는 것입니다. 그런 뒤에, 戰況을 보아가며 聯合하여 싸우면 군사를 온전히 維持하면서 나라를 保存할 수 있을 것입니다."라고 하였다. 王이 망설이며 어느 말을 따라야할지를 몰랐다.

列傳

26

金庾信 王京人[163]也 十二世祖首露[164] 不知何許人[165]也 以後漢建武[166]十八年壬寅 登龜峯 望駕洛九村[167] 遂至其地開國 號曰加耶[168] 後改爲金官國[169] 其子孫相承 至九世孫仇亥[170] 或云仇次休 於庾信爲曾祖 羅人自謂少昊金天氏[171]之後 故姓金 庾信碑亦云 軒轅[172]之裔 少昊之胤 則南加耶始祖首露與新羅同姓也

金庾信은 경주 사람이다. 그의 12대 할아버지 首露는 어느 곳 사람인지 알 수 없다. 後漢 建武 18년 壬寅, 龜峯에 올라 駕洛의 아홉 촌을 바라보고 드디어 그 땅에 이르러 나라를 열고 국호를 加耶라 했다. 이후 金官國으로 바꾸었다. 그 자손이 대대로 이어져 9대 자손인 仇亥[혹은 仇次休라 한다.]에 이르렀는데, 庾信에게는 曾祖가 된다. 新羅人들은 자신들이 少昊 金天氏의 후예라고 여겼기 때문에 성을 金이라 하였고, 庾信의 비문에도 역시 '軒轅의 후예요, 少昊의 자손'이라 하였는데, 南加耶 시조 首露와 新羅가 姓이 같았던 것이다.

---

163) 王京人: 新羅시대 수도인 경주에 사는 사람들로서 骨品을 지닌 지배층을 의미.
164) 首露: 서기 42~199년. 駕洛國의 시조.
165) 不知何許人: '어느 곳(어떠한, 어떤) 사람인지 알 수 없다' 또는 '부모가 누구인지 알 수 없다'는 뜻.
166) 後漢建武: 중국 後漢 世祖 光武帝의 연호(25~26).
167) 駕洛九村: 駕洛國을 세운 김해 지방의 아홉 마을.
168) 加耶: 서기전 1세기부터 서기 6세기 중엽까지 주로 경상남도 대부분과 경상북도 일부 지역을 영유하고 있던 정치체.
169) 金官國: 加耶國. 지금의 金海 지방.
170) 仇亥: 521년 즉위한 加耶의 제10대왕으로 마지막 왕.
171) 少昊金天氏: 중국 전설시대 黃帝의 손자로 이름은 摯. 金德으로 나라를 다스렸기 때문에 金天氏라 불린다.
172) 軒轅: 중국의 전설적 인물인 皇帝. 그는 軒轅 지방에 살았다고 한다.

祖武力[173] 爲新州道行軍摠管[174] 嘗領兵獲百濟王及其將四人 斬首一萬餘級 父舒玄[175] 官至蘇判大梁州都督安撫大梁州諸軍事 按庾信碑云 考蘇判金逍衍 不知舒玄或更名耶 或逍衍是字耶 疑故兩存之

할아버지인 武力은 新州道 行軍摠管이었는데, 일찍이 병사를 거느리고 나가 百濟王과 장수 4명을 사로잡고 1만여 명의 목을 베었다. 아버지 舒玄은 벼슬이 蘇判 大梁州都督 安撫大梁州諸軍事에 이르렀다. 그러나 庾信의 비문에는 "아버지는 蘇判 金逍衍이다."라고 하였는데, '舒玄'이 혹시 고친 이름인지 아니면 '逍衍'이 그의 字인지 알 수 없다. 의심이 나는 까닭에 두 가지를 모두 밝혀 둔다.

初 舒玄路見葛文王立宗之子肅訖宗之女萬明[176] 心悅而目挑之 不待媒妁而合 舒玄爲萬弩郡[177]太守 將與俱行 肅訖宗始知女子與玄野合 疾之囚於別第[178] 使[179]人守之 忽雷震屋門 守者驚亂 萬明從竇而出 遂與舒玄赴萬弩郡

처음에 舒玄이 길에서 葛文王 立宗의 아들이며 肅訖宗의 딸인 萬明을 보고, 마음속 기뻐하면서 눈짓으로 꼬득이고는 중매를 기다리지도 않고 결합하였다. 舒玄이 萬弩郡 太守가 되자 장차 萬明과 함께 길을 떠나려고 하였다. 肅訖宗이 처음에 딸이 舒玄과 야합한 것을 알고 딸을 미워하여 별장에 가두고는 사람을 시켜서 지키도록 하였다. 그런데 갑자기 별장에 벼락이 떨어져 지키던 사람이 놀라 어찌할 줄 모르자, 萬明이 구멍으로 빠져 나와 드디어 舒玄과 함께 萬弩郡으로 갔다.

---

173) 祖武力: 祖父 武力.
174) 新州道行軍摠管: 新州는 지금의 경기도 광주와 하남 지역, 行軍은 출정 군대, 摠管은 총지휘관을 말한다.
175) 父舒玄: 부친 舒玄.
176) 萬明: 金庾信의 어머니.
177) 萬弩郡: 지금의 충북 진천군.
178) 別第: 別邸. 본가 이외의 다른 집.
179) 使: 使役의 뜻.

舒玄庚辰之夜 夢熒或{熒惑[180)]}鎭二星降於己 萬明亦以辛丑之夜 夢見童子衣金甲 乘雲入堂中 尋[181)]而有娠 二十月而生庾信 是眞平王建福[182)]十七年隋文帝開皇[183)]十五年乙卯也 及欲定名 謂夫人曰 吾以庚辰夜吉夢 得此兒宜以爲名 然禮不以日月爲名 今庚與庾字相似 辰與信聲相近 況古之賢人有名庾信 盍[184)]以命之 遂名庾信焉

舒玄이 庚辰일 밤에 熒惑과 鎭 두 별이 자신에게 떨어지는 꿈을 꾸었다. 萬明도 또한 辛丑일 밤에 童子가 금갑 옷을 입고 구름을 타고는 집안으로 들어오는 꿈을 꾸었다. 그리고 얼마 되지 않아 임신을 하여 20개월 만에 庾信을 낳았다. 이때가 眞平王 建福 12년, 隋 文帝 開皇 15년 乙卯였다. 아이의 이름을 지으려고 부인에게 말하였다. "내가 庚辰일 밤에 좋은 꿈을 꾸어 이 아이를 얻었기에, 마땅히 '庚辰'으로 이름을 지어야 하나 예법에는 날짜로 이름을 짓지 않는다 합니다. 이제 庚은 庾와 글자가 서로 비슷하고, 辰은 信과 발음이 서로 가까우며, 하물며 옛날의 현인 중에도 庾信이라는 이름이 있었으니 어찌 이를 이름으로 삼지 않겠소?" 하며 이름을 庾信이라 하였다.

公年十五歲爲花郞 時人洽然[185)]服從 號龍華香徒[186)] 眞平王建福三十三年辛未 公年十七歲 見高句麗百濟靺鞨侵軼國疆 慷慨有平寇賊之志 獨行入中嶽[187)]石崛 齋戒告天盟誓曰 敵國無道 爲豺虎 以擾我封埸 略[188)]無寧歲 僕是一介微臣 不量材力 志淸禍亂 惟天降監 假手[189)]於我 居四日 忽有一老人

---

180) 熒惑: 불을 맡은 별. 火星. 이 별이 나타나면 전쟁이 일어나고 없어지면 군사가 흩어진다고 한다.

181) 深: 얼마 되지 아니하여.

182) 眞平王建福: 建福은 新羅 眞平王 때의 연호(584~633).

183) 開皇: 隋 文帝 때의 연호(581~600).

184) 盍: 어찌 ~하지 아니하느냐? 反語의 뜻.

185) 洽然: 아주 흡족한 모양.

186) 龍華香徒: 眞平王 때의 花郞이던 金庾信이 이끄는 郞徒집단의 이름. 당시의 花郞집단은 花郞 1명에 僧侶郞徒 1명, 그리고 花郞을 따르는 700~800명 정도의 郞徒로 구성되었다.

187) 中嶽: 신라에서 신성시한 산 중 중앙에 있는 산의 별칭.

188) 略: 대강, 대략.

189) 假手: 도움을 얻음.

被褐而來曰 此處 多毒蟲猛獸[190] 可畏之地 貴少年爰來獨處 何也 答曰 長者從何許來 尊名可得聞乎 老人曰 吾無所住 行止隨緣 名則難勝也 公聞之知非常人 再拜進曰 僕新羅人也 見國之讐 痛心疾首 故來此 冀有所遇耳 伏乞長者憫我精誠 授之方術 老人黙然無言 公涕淚懇請不倦 至于六七 老人乃言曰 子幼而有幷三國之心 不亦壯乎[191] 乃授以秘法曰 愼勿妄傳 若用之不義 反受其殃 言訖而辭 行二里許 追而望之 不見 唯山上有光 爛然[192] 若五色焉

(金庾信)공의 나이 15세에 花郎이 되었다. 그때 사람들은 그를 기꺼이 따르며, '龍華香徒'라 불렀다. 眞平王 建福 28년 辛未, 공의 나이 17세에, 高句麗·百濟·靺鞨이 국경을 침범하는 것을 보고는 강개하여 외적을 평정하려는 뜻을 가졌다. 나홀로 中嶽의 석굴에 들어가 재계하며 하늘에 고하면서 맹세하였다. "적국이 無道하여 승냥이와 범이 되어서는 우리의 영역을 어지럽히니 거의 편안할 때가 없습니다. 저는 일개 미약한 신하로서 재주와 힘을 헤아려보지도 않고 뜻한 바 있어 나라의 환란을 없애기로 하였습니다. 오직 하늘께서는 굽어 살피시어 저에게 도움을 주시옵소서." 그리고는 4일이 지나자, 갑자기 한 노인이 거친 베옷을 입고 와서 물었다. "이 곳은 독충과 맹수가 많아 가히 무서운 지역인데 귀한 소년이 여기에서 홀로 거처하니, 무슨 일인가?" 대답하기를, "어른께서는 어디서 오셨으며. 존함은 가히 들을 수 있을런지요?" 노인이 "나는 정해진 거처가 없이 인연 따라 가고 머무는데, 이름은 '難勝'이라 한다오." 공은 이 말을 듣자 비상한 사람임을 알아차리고는, 곧바로 재배하며 나아가 말하였다. "저는 新羅 사람인데, 나라의 원수를 보니 마음과 머리가 아프고 어지러웠습니다. 그런 까닭에 여기에 와서 만남이 있기를 원했습니다. 엎드려 비옵건대, 어른께서는 나의 정성을 불쌍히 여기시어 방술을 가르쳐 주시옵소서." 그런데도 노인이 묵묵히 말이 없자, 공이 눈물을 흘리면서 간청하길 예닐곱 번이나 그치지 않았다. 노인이 드디어 말하였다. "그대가 어린

190) 毒蟲猛獸: 독이 있는 곤충과 사나운 맹수.
191) 不亦~乎: 또한 ~하지 아니한가? 反語의 뜻.
192) 爛然: 빛나는 모양. 찬란한 모양.

나이에도 불구하고 三國을 병합하려는 뜻을 가지고 있으니 장하지 아니한가!" 이에 비법을 주면서 "조심해서 함부로 전하지 말게나! 만약 이를 불의한 일에 쓴다면 도리어 재앙을 받을 것일세." (노인은) 말을 마치자 인사를 나누고 2리쯤 갔는데, (庾信이) 뒤쫓아 바라보았지만 보이지는 않고 다만 산 위에 빛이 서려 있어 빛나는 모양이 마치 오색과 같았다.

建福[193]三十四年 隣賊轉迫 公愈激壯心 獨携寶劒 入咽薄山深壑之中 燒香告天 祈祝若在中嶽 誓辭仍禱 天官[194]垂光 降靈於寶劒 三日夜 虛角二星[195] 光芒[196]赫然下垂 劒若動搖然 建福五十一年 己丑秋八月 王遣伊湌任永里[197] 波珍湌龍春白龍[198] 蘇判大因舒玄[199]等 率兵攻高句麗娘臂城[200] 麗人出兵逆擊之 吾人失利 死者衆多 衆心折衄[201] 無復鬪心 庾信時爲中幢幢主[202] 進於父前 脫胄而告曰 我兵敗北 吾平生以忠孝自期 臨戰不可不勇 盖聞 振領而裘正 提綱而網張 吾其爲綱領乎 迺跨馬拔劒跳坑 出入賊陣 斬將軍 提其首而來 我軍見之 乘勝奮擊[203] 斬殺五千餘級 生擒一千人 城中兇懼[204]無敢抗 皆出降 [41卷-列傳1-金庾信 上]

---

193) 建福: 新羅 진평왕 때의 연호(584~633).
194) 天官: 별 중의 큰 별.
195) 虛角二星: 虛宿(허수)와 角宿(각수) 두 별자리의 빛.
196) 光芒: 光線, 빛.
197) 伊湌任永里: 伊湌 관직의 任永里. 629년(眞平王 51) 新羅는 高句麗 娘臂城을 공격하였다. 『三國史記』 眞平王 本紀에 따르면 왕이 대장군 龍春·舒玄, 부장군 金庾信을 보내어 高句麗 娘臂城을 공격하게 하였다고 한다. 같은 책 金庾信 列傳에는 629년 8월에 왕은 伊湌 任永里와 波珍湌 龍春·白龍, 蘇判 大因·舒玄 등을 보내어 병사를 거느리고 高句麗 娘臂城을 치게 하였다고 되어 있다. 이 싸움에서 新羅는 高句麗軍 5,000명을 죽이고 1,000명을 사로잡자 성안의 사람들이 모두 나와 항복하는 성과를 거두었다.
198) 波珍湌龍春白龍: 波珍湌 龍春과 白龍. 龍春은 眞平王의 사위이며 眞智王의 아들.
199) 蘇判大因舒玄: 蘇判인 大因과 舒玄.
200) 娘臂城: 三國시대 한강 유역에 있던 高句麗의 城.
201) 切衄: 기세가 꺾이어 패함.
202) 中幢幢主: 中幢은 新羅 군대의 이름이고, 幢主는 무관 벼슬 이름. 즉 中幢을 거느린 幢主.
203) 奮擊: 분발하여 적을 냅다 침.
204) 兇懼: 두려워 함.

建福 34년, 인접한 적들의 침략이 점차 긴박해지자 공은 더욱 장한 뜻을 품게 되었다. 홀로 보검을 차고는 咽薄山 깊은 골짜기로 들어가 향을 사르고 하늘에 고하며 기원하고 축원하기를 中嶽에서와 같이하였다. 계속해 빌면서, "天官은 빛을 드리워 보검에 영험을 내려 주시옵소서." 하였다. 3일째 되는 날 밤에 虛角 두 별자리의 빛이 환하게 드리우는데 마치 칼이 흔들리는 것 같았다. 建福 51년 己丑 가을 8월, 왕이 伊湌 任永里, 波珍湌 龍春과 白龍, 蘇判 大因과 舒玄 등을 보내서 군사를 거느리고 高句麗의 娘臂城을 공략하게 하였다. 高句麗 사람들이 군사를 출동시켜 역으로 공격하자, 우리 군사가 패배하여 죽은 자가 많았고 사람들의 사기가 꺾여서 다시는 싸울 생각이 없는 듯 하였다. 庾信은 그때 中幢의 幢主였다. 그는 부친 앞으로 나아가 투구를 벗고 말하였다. "우리 군사가 패하였습니다. 제가 평생 충효를 다하기로 스스로 기약하였기에 전쟁에 임하여 용감하지 않을 수 없습니다. 저는 듣기를, '옷깃을 들면 갖옷이 바르게 되고, 벼리를 당기면 그물이 펴진다.'하였습니다. 제가 옷깃과 벼리가 되겠습니다." 이에 말에 올라 칼을 뽑아 들고 갱도를 뛰어넘어 적진을 드나들면서 적장의 머리를 베어들고 돌아왔다. 우리 군이 이를 보고 승세를 타서 분발하여 공격하자 5천여 명의 목을 베고 1천 명을 사로잡았다. 성 안 사람들이 두려워하여 대항하는 자 없이 모두 나와서 항복하였다.

27

善德大王十一年壬寅　百濟敗大梁州　春秋公[205]女子古陁炤娘[206]　從夫品釋[207]死焉　春秋恨之　欲請高句麗兵　以報百濟之怨　王許之　將行　謂庾信曰　吾與公同體　爲國股肱[208]　今我若入彼見害　則公其無心乎　庾信曰　公若往而不還　則僕之馬跡　必踐於麗濟兩王之庭　苟不如此　將何面目以見國人乎　春

205) 春秋公: 太宗武烈王의 이름에 붙인 존칭.

206) 古陁炤娘: 新羅 太宗 武烈王의 딸이자 金庾信의 생질. 伊湌 金品釋의 아내로, 武烈王 妃인 文明王后의 소생이다.

207) 品釋: 太宗武烈王의 사위.

208) 股肱: 다리와 팔이라는 뜻으로 임금이 가장 신임하는 重臣.

秋感悅 與公互噬手指 歃血以盟曰 吾計日六旬乃還 若過此不來 則無再見之期矣 遂相別 後庾信爲押梁州[209)]軍主 春秋與訓信沙干 聘高句麗 行至代買縣 縣人豆斯支沙干 贈青布三百步

善德大王 11년 壬寅, 百濟가 大梁州를 함락시켰다. 그때 春秋公의 딸 古陀炤娘이 남편 品釋을 따라 죽었다. 春秋는 이를 한스럽게 여겨 高句麗에 군대를 청해 百濟의 원수를 갚고자 하자 왕이 이를 허락하였다. 장차 길을 떠나면서 庾信에게 말하였다. "나와 공은 同體로 나라의 股肱之臣이 되었다. 지금 내가 만약 高句麗에 들어가 해를 당한다면 공이 어찌 무심할 수 있겠는가?" 庾信이 말하였다. "공께서 만일 가서 돌아오지 못하신다면 저의 말발굽이 반드시 高句麗와 百濟 두 왕의 궁정을 짓밟을 것입니다. 진실로 이렇게 하지 못한다면 장차 무슨 면목으로 나라 사람을 볼 수 있겠습니까?" 하였다. 春秋가 감격해 기뻐하며, 공과 더불어 손가락을 깨물어 피를 마시고는 맹세하여 "내 날을 셈하니 60일이면 돌아올 것이오. 만약 이 날이 지나도 돌아오지 않는다면 다시 만날 기약이 없을 것이다."하고는 드디어 서로 작별하였다. 뒤에 庾信이 押梁州 君主가 되었다. 春秋가 訓信 沙干과 함께 高句麗에 사절로 가다가 代買縣에 이르자 고을 사람 豆斯支 沙干이 푸른 베 3백 步를 주었다.

旣入彼境 麗王遣太大對盧盖金[210)]館之 燕饗有加 或告麗王曰 新羅使者 非庸人[211)]也 今來 殆欲觀我形勢也 王其圖之 俾無後患 王欲橫問[212)] 因其難對而辱之 謂曰 麻木峴[213)]與竹嶺 本我國地 若不我還 則不得歸 春秋荅{對}曰 國家土地 非臣子所專 臣不敢聞命 王怒囚之 欲戮未果 春秋以青布三百步 密贈王之寵臣先道解[214)] 道解以饌具來 相飮酒酣 戲語曰 子亦嘗聞龜兎之說[215)]乎 昔 東海龍女病心 醫言 得兎肝合藥 則可療也 然海中無兎 不奈

---

209) 押梁州: 지금의 경상북도 경산시.

210) 太大對盧盖金: 太大對盧 관등의 盖金(蓋金). 太大對盧는 高句麗 제1관등인 大對盧 위의 관등으로 특별히 만들어진 관등. 盖金은 淵蓋蘇文을 말한다.

211) 庸人: 평범한 사람, 庸劣한 사람.

212) 橫問: 常理에 어그러지거나 도리에 어긋나는 물음.

213) 麻木峴: 지금의 鳥嶺.

214) 先道解: 高句麗에 군사 원조를 청하러 갔다가 투옥된 新羅 金春秋의 탈옥을 도와주었다.

之何 有一龜白[216]龍王言 吾能得之 遂登陸見兎言 海中有一島 清泉白石 茂林佳菓 寒暑不能到 鷹隼[217]不能侵 爾若得至 可以安居無患 因負兎背上 游行二三里許 龜顧謂兎曰 今龍女被病 須兎肝爲藥 故不憚勞 負爾來耳 兎曰 噫 吾神明[218]之後 能出五藏 洗而納之 日者[219]小覺心煩 遂出肝心洗之 暫置巖石之底 聞爾甘言徑來 肝尚在彼 何不廻歸取肝 則汝得所求 吾雖無肝尚活 豈不兩相宜哉[220] 龜信之而還 纔上岸 兎脫入草中 謂龜曰 愚哉 汝也 豈有無肝而生者乎[221] 龜憫默而退 春秋聞其言 喩其意 移書於王曰 二嶺 本大國地 令[222]臣歸國 請吾王還之 謂予不信 有如皦日[223] 王迺悅焉

이미 高句麗 땅 안으로 들어가자 高句麗王이 太大對盧 蓋金을 보내 머물 곳을 정해주면서 성대한 잔치를 베풀었다. 어떤 사람이 高句麗王에게 아뢰었다. “新羅 使者는 보통 사람이 아닙니다. 이번에 온 것은 아마도 우리의 형세를 살펴보려는 것입니다. 왕께서는 대책을 마련하여 후환이 없게 해야 합니다.” 그러자 왕은 春秋가 대답하기 곤란한 질문을 하며 대답하기 어렵게 함으로써 그를 욕보이고자 말하였다. “麻木峴과 竹嶺은 본래 우리나라 땅이다. 만약 우리에게 돌려주지 않는다면 돌아가지 못할 것이다.”라고 하자 春秋가 답하여 말하였다. “국가의 영토는 신하가 마음대로 할 수 있는 것이 아닙니다. 신은 감히 명을 따를 수 없겠습니다.”라고 하자 왕이 화를 내며 그를 가두어놓고 죽이려 하였지만 미처 실행에 옮기지 못하였다. 春秋가 靑布 3백 步를 은밀하게 왕의 총애를 받는 신하 先道解에게 주었다. 그러자 道解가 음식을 차려와서 함께 술을 마시며 흔뻑 취하자 道解가 농담으로 말하였다. “그대는 일찍이 거북이와 토끼의 이야기를 들으셨습니까? 예전 동해 용왕의 딸이 속병을

215) 龜兎之說: 거북이와 토끼의 이야기.
216) 白: 사뢰다. 上陳하다.
217) 隼: 송골매. 매보다 조금 작음.
218) 神明: 하늘의 신령과 땅의 신령. 精神.
219) 日者: 일전에.
220) 豈不~哉: 어찌 ~하지 않겠는가? 反語의 뜻.
221) 豈有~乎: 어찌 ~함이 있겠는가? 反語의 뜻.
222) 令: 使役의 뜻.
223) 有如皦日: ‘밝은 해와 같다’는 의미로, 마음이 명백한 것을 비유.

앓았는데, 의사가 '토끼의 간을 얻어 약을 지으면 가히 치료할 수 있다.'고 하였습니다. 그러나 바다에는 토끼가 없으니 어찌할 수 없었지요. 마침 한 마리 거북이 용왕에게 '제가 그것을 구할 수 있습니다.'라고 하였소. 드디어 거북이는 육지로 올라와 토끼를 보고 말했습니다. '바다 속에 섬이 하나 있는데, 맑은 샘과 흰 돌이 있고 무성한 숲과 맛있는 과실이 있으며, 추위와 더위도 이르지 못하고 사나운 날짐승도 침범할 수 없다. 네가 그곳에 갈 수만 있다면 아무 근심걱정 없이 편안히 지낼 수 있을 것이다.' 하였지요. 그리하여 거북이는 토끼를 등에 업고 이삼리쯤 헤엄쳐 가다가 거북이는 토끼를 돌아보며, '지금 용왕님의 따님이 병이 들었는데, 모름지기 토끼의 간으로 약을 지어야하기 때문에 이렇게 수고를 꺼리지 않고 너를 업고 가는 것이다.' 하였습니다. 토끼가 '아! 나는 神明의 후예라 능히 五藏을 꺼내 씻어서 넣을 수 있습니다. 일전에 속이 좀 불편하여 잠시 간과 심장을 꺼내 씻어서 바위 밑에 두었습니다. 그런데 당신의 달콤한 말을 듣고 곧바로 오는 바람에 간이 아직도 그곳에 그대로 있으니 어찌 돌아가 간을 가져 오지 않겠습니까? 그리하면 당신은 구하려는 것을 얻게 되고 나는 비록 간이 없더라도 오히려 살 수 있으니, 어찌 둘 다 좋은 일이 아니겠습니까?' 하였다. 거북이는 그 말을 믿고 다시 돌아가 잠시 언덕에 오르자 토끼는 벗어나 풀 속으로 도망치며 거북에게 '어리석구나! 이놈아. 어찌 간이 없이 살 자가 있겠느냐?' 하였습니다. 거북이는 근심스러운 듯 아무 말도 못하고 물러갔다고 합니다." 春秋는 이 말을 듣고 그 뜻을 깨닫고는 왕에게 글을 보내 "二嶺은 본래 大國의 땅입니다. 신이 귀국할 수 있게 해주시면 저희 왕에게 청하여 돌려드리도록 하겠습니다. 제 말을 믿지 못하시겠다면 저 밝은 해를 두고 맹세하겠습니다."라고 하자 왕이 이에 기뻐하였다.

春秋入高句麗　過六旬未還　庾信揀得國內勇士三千人　相語曰　吾聞見危致命[224]　臨難忘身者　烈士之志也　夫一人致死當百人　百人致死當千人　千人致死當萬人　則可以橫行[225]天下　今國之賢相　被他國之拘執[226]　其可畏不犯難

224) 見危致命: 나라의 위태로움을 당하여 자기 목숨을 바침.

乎 於是衆人曰 雖出萬死一生[227]之中 敢不從將軍之令乎[228] 遂請王以定行期 時 高句麗諜者浮屠德昌 使[229]告於王 王前聞春秋盟辭 又聞諜者之言 不敢復留 厚禮而歸之 及出境 謂送者曰 吾欲釋憾於百濟 故來請師 大王不許之 而反求土地 此非臣所得專 嚮 與大王書者 圖逭死耳

[41卷-列傳1-金庾信 上]

春秋가 高句麗에 간 지 60일이 지나도 돌아오지 않자 庾信은 국내의 용사 3천 명을 뽑아 그들에게 말하였다. "내 듣기에, 위태로움을 당하면 목숨을 바치고, 어려움에 임해서는 제 몸을 돌보지 않는 것이 烈士의 뜻이라고 했다. 무릇 한 사람이 목숨을 바쳐 백 사람을 대적하고, 백 사람이 목숨을 바쳐 천 사람을 대적하며, 천 사람이 목숨을 바쳐 만 사람을 대적하면 가히 천하를 횡행할 수 있다. 지금 나라의 어진 재상이 타국에 잡혀 있는데 어찌 두려워 어려운 일을 마다하겠는가?" 이에 용사들이 모두 말하였다. "비록 만 번 죽고 한 번 사는 곳으로 나갈지라도, 감히 장군의 명을 따르지 않겠습니까?" 드디어 왕에게 출정할 기일을 정해 줄 것을 요청하였다. 이때 高句麗 첩자인 승려 德昌이 사람을 시켜 이 사실을 高句麗王에게 알렸다. 高句麗王은 이전에 春秋의 맹세하는 말을 들었고, 또 첩자의 말을 들은 지라 감히 더 이상 만류할 수 없어서 후한 예로 대우하여 돌려보냈다. 국경을 벗어나자 전송하던 사람에게 말하였다. "내가 百濟에 대한 섭섭한 마음을 풀고 싶었기 때문에 高句麗에 와서 군사를 요청한 것이다. 그런데, 대왕은 이를 허락하지 않고 도리어 땅을 요구하니, 이것은 신하가 마음대로 할 수 있는 일이 아니다. 요전에 대왕에게 글을 준 것은 죽음을 모면하려는 것뿐이었다."

225) 橫行: 거리낌 없이 마음대로 돌아다님.
226) 拘執: 얽매임.
227) 萬死一生: 거의 살아남을 수 없는 무척 위험한 상황.
228) 敢不~乎: 감히 ~하지 않겠는가? 反語의 뜻.
229) 使: 使役의 뜻.

28

庾信爲押梁州軍主 十三年爲蘇判 秋九月 王命爲上將軍 使[230]領兵伐百濟加兮城省熱城同火城等七城 大克之 因開加兮之津[231] 乙巳正月 歸未[232]見王 封人[233]急報 百濟大軍來 攻我買利浦城[234] 王又拜庾信爲上州將軍 令[235]拒之 庾信聞命卽駕 不見妻子 逆擊[236]百濟軍走之 斬首二千級 三月 還命王宮 未歸家 又急告 百濟兵出 屯于其國界 將大擧兵侵我 王復告庾信曰 請公不憚勞遄行 及其未至備之 庾信又不入家 練軍繕兵 向西行 于時 其家人皆出門外待來 庾信過門 不顧而行 至五十步許 駐馬 令取漿水[237]於宅 啜之曰 吾家之水 尙有舊味 於是 軍衆皆云 大將軍猶如此 我輩豈以離別骨肉爲恨乎[238] 及至疆場 百濟人望我兵衛 不敢迫 乃退 大王聞之甚喜 加爵賞

[41卷-列傳1-金庾信 上]

庾信은 押梁州 軍主로 있다가 宣德王 13년 蘇判이 되었다. 가을 9월에 왕이 上將軍으로 임용하고는 군사를 거느려 百濟의 加兮城·省熱城·同火城 등 일곱 개의 성을 치게 하여, 크게 이겼다. 이로 인해 加兮에 나루를 개설하였다. 乙巳年 정월에 돌아와 아직 왕을 만나 뵙지도 못하였는데, 封人이 急報로 百濟의 대군사가 와서 우리의 買利浦城을 공격한다고 하였다. 왕은 또 庾信을 임명하여 上州將軍으로 삼아 이를 방어하게 하였다. 庾信은 왕명을 받은 즉시 말을 몰았다. 처자를 만나지도 않은채 百濟軍을 맞받아쳐서 쫓아버리고 2천 명의 머리를 베었다. 3월에 돌아와 왕궁에 복명하였다. 미처 집으로 돌아가기도 전에, 또 百濟軍이 출병하여 국경에 주둔하고는 장차 크게 군사를 내어 우리를 침략하리라는 급보가 있었다. 왕은 다시 庾信에게 말하였다. “공은 수고를 꺼리지 말고 빨리 가서 적들이 오기 전에 대비하길 바라오.” 庾信은 또

230) 使: 使役의 뜻.
231) 因開加兮之津: 이로 인해 가혜에 나루를 개설하였다.
232) 未: 아직 ~하지 아니함.
233) 封人: 국경을 수비하는 관리.
234) 買利浦城: 지금의 경상남도 거창.
235) 令: 使役의 뜻.
236) 逆擊: 逆襲을 가함, 맞아 침.
237) 漿水: 飮料.
238) 豈以~乎: 어찌 ~를 ~라 하겠는가? 反語의 뜻.

다시 집에 들르지도 않고 군사를 훈련하고 병기를 수선하여 서쪽으로 떠났다. 이때 그의 가족들이 다 문 밖에 나와 오기를 기다렸지만, 庾信은 대문을 지나면서 돌아보지도 않고 떠났다. 오십 보쯤 지나 말을 멈추고는 집의 漿水를 가져오라 하여 마시면서 말하였다. “우리 집의 물맛이 예전 그대로구나.” 이에 군사들이 모두 말하였다. “대장군도 오히려 이러한데 우리들이 어찌 가족과 이별하는 것을 한스럽게 여기겠습니까.” 국경에 이르게 되자 百濟人들이 우리 군사의 진영을 보고 감히 범접하지 못하고 이내 물러갔다. 대왕이 이 소식을 듣고 매우 기뻐하며 벼슬과 상을 더해 주었다.

29

二年秋八月 百濟將軍殷相[239] 來攻石吐等七城 王命庾信及竹旨陳春天存等將軍 出禦之 分三軍爲五道 擊之 互相勝負 經旬不解 至於僵屍滿野 流血浮杵 於是 屯於道薩城[240]下 歇馬餉士 以圖再擧 時 有水鳥東飛 過庾信之幕 將士見之 以爲不祥 庾信曰 此不足怪也 謂衆曰 今日 必有百濟人來諜 汝等佯不知 勿敢誰何 又使徇于軍中曰 堅壁不動 待明日援軍至 然後 決戰 諜者聞之 歸報殷相 殷相等謂有加兵 不能不疑懼 於是 庾信等一時奮擊 大克之 生獲將軍達率[241]正仲[242]士卒一百人 斬佐平[243]殷相達率自堅[244]等十人及卒八千九百八十人 獲馬一萬匹 鎧一千八百領 其他器械稱是 及歸還路見百濟佐平正福[245]與卒一千人來降 皆放之 任其所往 至京城 大王迎門勞慰優厚 [42卷-列傳2-金庾信 中]

---

239) 殷相: 百濟 義慈王 때의 장군(?~649). 649년에 정예 부대를 이끌고 新羅의 7성을 점령하였으나 新羅 金庾信 등의 역습을 받고 전사하였다.

240) 道薩城: 지금의 충북 증평군 도안면 일대.

241) 達率: 百濟 16품 관등의 둘째 등급.

242) 正仲: 百濟 義慈王 때의 장군. 649년 達率의 관등으로 장군 殷相과 함께 신라의 石吐城 등 일곱 성을 공격하였으나, 金庾信의 계략에 빠져 병사 100여 인과 함께 포로가 되었다.

243) 佐平: 百濟의 官職의 하나 16품의 官階 중 첫째 等級임. 內臣佐平 · 內頭佐平 · 內法佐平 · 衛士佐平 · 朝廷佐平 · 兵官佐平의 여섯이 있다.

244) 達率自堅: 百濟 義慈王 때의 장수. 佐平 殷相 등과 함께 新羅를 공격하여 石吐城 등 7성을 함락시켰으나, 金庾信 등이 이끄는 新羅軍의 공격을 받고 패하여 처형되었다.

245) 正福: 新羅 28대 眞德王 2년(648년), 金庾信이 百濟軍을 물리치고 돌아 올 때 길에서 佐平 정복이 군사를 거느리고 항복하자 모두 놓아 보냈다.

2년 가을 8월, 百濟 장군 殷相이 쳐들어와서 石吐 등 일곱 성을 공격하였다. 왕은 庾信과 竹旨·陳春·天存 등 장군들에게 명령하여 이를 막게 하였다. 삼군을 다섯 갈래의 길로 나누어 공격하였는데, 서로 간에 이기고 지고 하여 열흘이 지나도록 결말이 나지 않았다. 쓰러진 시체들이 들에 가득하여 흘린 피가 절굿공이에 뜰 지경이 되었다. 이에 新羅軍은 道薩城 아래 주둔하여 말을 쉬게 하고는 군사들을 배불리 먹여서 재차 진격할 계책을 도모하였다. 이때 물새 한 마리가 동쪽으로 날면서 庾信의 군막을 지나갔다. 장병들이 이를 보고는 불길하게 여겼지만, 庾信은 말하였다. "이것을 괴이하게 생각할 필요는 없다." 하며, 군사들에게 말하였다. "오늘 반드시 百濟의 첩자가 올 것이다. 너희들은 거짓 모르는 체하며 누구냐고 묻지도 말라."라고 하며 사람을 시켜 두루 군중에 전하였다. "성벽을 굳게 지키기만 하고 움직이지 말라. 내일 원군이 오기를 기다린 후에 결전하겠다." 첩자가 이 말을 듣고 돌아가 殷相에게 보고하였다. 殷相 등은 병력이 증가될 것이라 이르며 의심하여 두려워하지 않을 수 없었다. 이때 庾信 등이 일시에 공격하여 크게 승리하였다. 장군 達率 正仲과 下士와 병졸 1백 명을 사로잡았고, 佐平 殷相과 達率 自堅 등 10명과 병졸 8천9백8십 명의 목을 베었으며, 말 1만 필과 갑옷 1천8백 벌을 노획하였다. 그 외의 장비들도 이와 비슷하였다. 그들이 돌아올 때 길에서 百濟의 佐平 正福과 병졸 1천 명이 항복하였으나 이들을 모두 풀어주어 마음대로 가게 하였다. 京城에 이르자 대왕이 문까지 나와 맞이하고는 위로하며 넉넉히 후대하였다.

30

龍朔[246)]元年春 王謂 百濟餘燼尙在 不可不滅 以伊湌品日蘇判文王大阿湌良圖[247)]等 爲將軍 往伐之 不克 又遣伊湌欽純[248)][一作欽春]眞欽天存蘇判竹旨等 濟師 高句麗靺鞨 謂新羅銳兵皆在百濟 內虛可擣 發兵 水陸並進 圍

246) 龍朔: 중국 唐나라 高宗의 연호(661~663).

247) 伊湌品日蘇判文王大阿湌良圖: 伊湌 品日·蘇判 文王·大阿湌 良圖. 品日은 新羅의 眞骨 출신 장군. 官昌의 아버지.

248) 欽純: 金庾信의 동생으로 장군.

北漢山城[249] 高句麗營其西 靺鞨屯其東 攻擊浹旬 城中危懼 忽有大星落於賊營 又雷雨震擊 賊等疑駭 解圍而遁 初庾信聞賊圍城曰 人力旣竭 陰助可資 詣佛寺 設壇祈禱 會有天變 皆謂至誠所感也 庾信嘗以中秋[250]夜 領子弟立大門外 忽有人從西來 庾信知高句麗諜者 呼使[251]之前曰 而[252]國有底[253]事乎 其人俯而不敢對 庾信曰 無[254]畏也 但以實告 又不言 庾信告之曰 吾國王 上不違天意 下不失人心 百姓欣然 皆樂其業 今爾見之 往告而[255]國人 遂慰送之 麗人聞之曰 新羅雖小國 庾信爲相 不可輕也

[42卷-列傳2-金庾信 中]

龍朔 원년 봄, 왕은 百濟의 잔적이 아직 남아있어 멸하지 않을 수 없다고 하였다. 伊湌 品日, 蘇判 文王, 大阿湌 良圖 등을 장군으로 삼아 가서 그들을 치게 하였으나 이기지 못하였다. 그리하여 伊湌 欽純[혹은 欽春이라 한다.]·眞欽·天存과 蘇判 竹旨 등을 보내 군사를 돕게 하였다. 高句麗와 靺鞨은 新羅의 정예 병사가 모두 百濟에 있어 내부가 비었기 때문에 공격할 수 있다고 여겼다. 군사를 출동시켜 수로와 육로로 동시에 진격하여 北漢山城을 포위하였다. 高句麗는 서쪽에 진을 치고 靺鞨은 동쪽에 주둔하면서 열흘 동안 공격을 계속하자 성 안은 위급하고 두려움에 휩싸였다. 갑자기 큰 별이 적의 진영에 떨어지며 천둥소리와 비가 내리고 우레가 치자 적들은 어리둥절 놀라하며 포위를 풀고 달아났다. 처음에 庾信은 적이 성을 포위하였다는 소문을 듣고 말하였다. "사람의 힘이 이미 다하였으니 귀신의 도움이라도 받아야겠다." 하면서 절에 가서 제단을 만들고 기도를 하였다. 마침 하늘에서 괴변이 일어나자 모두 다 '지극한 정성에 감동된 결과다.'라고 말하였다. 庾信이 일찍이 추석 날 밤에 자제들을 데리고 대문 밖에 서 있었는데 갑자기 어떤 사람이 서쪽에서 왔다. 庾信은 高句麗 첩자인 것을 짐작하고 불러 앞으로 오게 하고

249) 北漢山城: 新羅의 최북방 요새지로 지금 서울 북한산에 있는 석축 산성.
250) 中秋: 추석.
251) 使: 使役의 뜻.
252) 而: 너.
253) 底: 何와 같은 뜻.
254) 無: 금지.
255) 而: 너.

는 물었다. "너희 나라에 무슨 일이 있느냐?" 그러자 그는 고개를 숙인 채 감히 대답하지 못하였다. 庾信이 "두려워하지 마라. 다만 사실대로 고하여라." 하였지만 역시 대답이 없었다. 庾信이 타이르며 말하였다. "우리나라 임금께서는 위로는 하늘의 뜻을 어기지 않았고 아래로는 인심을 잃지 않았기에 백성들이 흔쾌히 모두 자기의 생업을 즐기고 있다. 지금 네가 이것을 보았으니 가서 너희 나라 사람들에게 이를 전하라!" 그리고는 그를 위로하여 돌려보냈다. 高句麗 사람들이 이 말을 듣고 "新羅가 비록 작은 나라이긴 하지만 庾信이 재상으로 있어 가볍게 여겨서는 안 된다."고 하였다.

31

六月 唐高宗皇帝遣將軍蘇定方[256]等 征高句麗 入唐宿衛[257]金仁問[258] 受命來告兵期 兼諭出兵會[259]伐 於是 文武大王率庾信仁問文訓等 發大兵向高句麗 行次南川州[260] 鎭守[261]劉仁願[262] 以所領兵 自泗沘[263]泛船 至鞋浦下陸 亦營於南川州 時 有司報 前路有百濟殘賊 屯聚瓮山城[264]遮路 不可直前 於是 庾信以兵進而圍城 使人近城下 與賊將語曰 而[265]國不龔 致大國之討 順命者賞 不順命者戮 今汝等 獨守孤城 欲何爲乎 終必塗地 不如出降 非獨[266]存命 富貴可期也

---

256) 蘇定方: 중국 唐나라의 무장. 唐나라 太宗 때 동·서 突厥을 항복시켜 중앙아시아 여러 나라를 모두 安西都護府에 예속시켰다. 羅·唐 연합군 大摠管으로 新羅軍과 함께 百濟를 멸하고 高句麗 平壤城을 공격했으나 전세가 불리해지자 철군했다.
257) 宿衛: 唐나라 軍職을 받아 궁궐을 숙직하며 지킴을 말한다.
258) 金仁問: 字는 仁壽이고, 太宗大王 金春秋의 둘째 아들이다. 어려서 배우기에 힘써 儒家의 서적을 많이 읽었으며, 동시에 莊子와 老子 그리고 佛敎 서적을 널리 섭렵하였다. 또한 글씨를 잘 쓰고, 활쏘기, 말 타기, 鄕樂을 잘 하였다. 이처럼 기예에 익숙하고 식견과 도량이 넓어 당시 사람들이 그를 추앙하였다.
259) 會: 必의 뜻.
260) 南川州: 지금의 경기도 이천시.
261) 鎭守: 鎭戍. 군대를 주둔시켜 要處를 엄중히 지킴.
262) 劉仁願: 중국 唐나라 장수.
263) 泗沘: 百濟의 세 번째 수도. 지금의 충청남도 부여.
264) 瓮山城: 대전시 鷄足山城.
265) 而: 너.
266) 非獨: 非但. 단지 ~뿐만 아니라.

6월, 唐 高宗 皇帝가 장군 蘇定方 등을 보내 高句麗를 정벌하게 하였다. 唐나라에 들어가 宿衛하던 金仁問이 명을 받고 와서 출병할 기일을 보고하며, 겸하여 新羅에서도 군사를 내어 반드시 정벌하라는 뜻을 전했다. 이에 文武大王이 庾信·仁問·文訓 등을 인솔하고 大兵을 일으켜 高句麗로 향하던 중 南川州에 머물렀다. 요처를 지키고 있던 劉仁願도 부하 군사를 거느리고 泗沘에서 배를 타고 鞋浦에 이르러 역시 南川州에 진을 쳤다. 이때 有司가 보고하였다. "앞에 百濟의 잔당들이 瓮山城에 집결하여 길을 막고 있어 곧장 나아가서는 안 될 것입니다."라고 하자 이에 庾信이 군사를 몰아 나아가 성을 포위하고, 사람을 시켜 성 아래 가까이 접근하게 하고는 적장에게 말하였다. "너희 나라가 공손치 않았기 때문에 대국의 토벌을 받게 된 것이다. 명령에 순응하는 자는 상을 받을 것이지만, 거역하는 자는 죽임을 당할 것이다. 이제 너희들이 홀로 고립된 성을 지켜 무엇하겠는가? 끝내는 참혹한 죽음을 당할 것이니 나와서 항복하는 것만 못하다. 그러면 생명을 보존할 수 있고 부귀도 기대할 수 있을 것이다."라고 하였다.

賊高聲唱曰 雖蕞爾[267]小城 兵食俱足 士卒義勇 寧爲死戰 誓不生降[268] 庾信笑曰 窮鳥困獸 猶知自救 此之謂也 乃揮旗鳴鼓攻之 大王登高見戰士 淚語激勵之 士皆奮突 鋒刃不顧 九月二十七日 城陷 捉賊將戮之 放其民 論功賞賚將士 劉仁願亦分絹有差 於是 饗士秣馬 欲往會唐兵

적들이 큰 소리로 외치기를, "비록 하잘 것 없는 작은 성이지만 병기와 식량이 넉넉하며 사졸들이 의롭고 용감하다. 차라리 죽도록 싸울지언정 맹세코 살아서 항복하지 않겠다." 하였다. 유신이 웃으며 말하였다. "궁지에 몰린 새나 곤경에 처한 짐승도 오히려 스스로를 구할 줄 안다고 하는 것이 이를 두고 하는 말이로구나." 하고 이에 깃발을 휘두르고 북을 울리면서 공격하였다. 대왕이 높은 곳에 올라 전사들을 보며 눈물겨운 말로 격려하자, 군사들이 모두 분발하여 돌격하면서 칼날을 겁내지 않았다. 9월 27일 성이 함락되자 적장을 잡아 죽이고 백성들은 놓아 주었다. 공에 따라 장병들에게 상을 주었고,

---

267) 蕞爾: 작은 모양.
268) 寧~不: 차라리 ~할지언정 ~하지 않겠다. 비교의 뜻.

劉仁願도 역시 차등이 있게 비단을 나누어 주었다. 이에 군사들에게 잔치를 베풀고 말을 배불리 먹인 다음 唐軍에 가서 합세하려 하였다.

大王前遣太監文泉[269) 移書蘇將軍 至是復命 遂傳定方之言曰 我受命萬里 涉滄海而討賊 艤舟海岸 旣踰月矣 大王軍士不至 粮道不繼 其危殆甚矣 王其圖之 大王問群臣如之何而可 皆言深入敵境輸粮 勢不得達矣 大王患之咨嗟 庾信前對曰 臣過叨恩遇 忝辱重寄 國家之事 雖死不避 今日是老臣盡節之日也 當向敵國 以副蘇將軍之意 大王前席執其手下淚曰 得公賢弼 可以無憂 若今茲之役 罔愆于素 則公之功德 曷日可忘 庾信旣受命 至懸鼓岑[270)]之岫寺 齊戒卽靈室[271)] 閉戶獨坐 焚香累日夜而後出 私自喜曰 吾今之行 得不死矣 將行 王以手書告庾信 出彊之後 賞罰專之 可也

[42卷-列傳2-金庾信 中]

(文武)대왕은 전에 太監 文泉을 보내어 蘇(定方)將軍에게 편지를 전하였다. 이때 文泉이 돌아와 복명하고는 蘇定方의 말을 전하며 말하였다. "내가 만 리 먼 곳에서 명을 받고 滄海를 건너 적을 토벌하러 와서는 해안에 배를 정박한 지 이미 한 달이 넘었소. 대왕의 군사는 이르지 않고 군량의 수송이 계속되지 않아 위태로움이 매우 심하니 왕은 대책을 도모하여 주십시오."라고 하자 대왕이 여러 신하들에게 이를 어찌하면 좋은가를 물었다. 모두가 말하였다. "적의 경내에 깊이 들어가 군량을 운반하는 것은 형세로 보아 될 수 없는 일입니다." 대왕이 이를 근심하며 탄식하였다. 庾信이 앞으로 나아가 대답해 말하였다. "제가 과분한 은총을 받아 외람되게도 중책을 맡고 있어, 국가의 일이라면 비록 죽더라도 피하지 않겠습니다. 오늘이야말로 늙은 몸이 절개를 다할 때이니, 마땅히 적국으로 들어가 蘇將軍의 뜻에 부응하겠습니다."라고 하자 대왕이 앞으로 자리를 옮기면서 庾信의 손을 잡고 눈물을 흘리며 말하였

---

269) 文泉: 新羅 제29대 武烈王 7년(660년) 唐에 請兵하러 갔던 金仁問이 蘇定方과 함께 德物島(德積島)에 와서 從者 文泉을 시켜 왕에게 알렸다. 文武王 원년(661년) 왕은 太監 文泉을 보내 蘇定方에게 서신을 전하고 돌아와 定方의 말을 전했다.

270) 懸鼓岑: 북을 거꾸로 매단 것 같이 험하고 높은 고개라는 뜻.

271) 靈室: 부처님을 봉안한 불당을 의미.

다. “공 같은 어진 보필을 얻었으니 가히 근심할 일이 없구나. 만약 이번 일을 계획대로 성공시킨다면 그대의 공덕을 언제인들 잊을 수 있겠는가?” 庾信은 명령을 받은 후 懸鼓岑의 토굴 속 절로 들어갔다. 그는 재계하고 불당으로 나아가 문을 닫았다. 홀로 앉아 향을 피운 지 며칠 밤낮이 지나서야 나와서는 혼자 기뻐하며 말하였다. “나는 이번 길에 죽지 않을 것이다.” 하며 장차 떠나려 할 때 왕이 손수 庾信에게 글을 써주며 “국경을 나선 뒤에는 상벌을 마음대로 하여도 좋다.”고 하였다.

32

龍朔三年癸亥 百濟諸城 潛圖興復 其渠帥據豆率城 乞師於倭爲援助 大王親率庾信仁問天存竹旨等將軍 以七月十七日 征討 次熊津州 與鎭守劉仁願合兵 八月十三日 至于豆率城 百濟人與倭人出陣 我軍力戰大敗之 百濟與倭人皆降 大王謂倭人曰 惟我與爾國 隔海分疆 未嘗交構 但結好講和 聘問交通 何故今日與百濟同惡 以謀我國 今爾軍卒在我掌握之中 不忍殺之 爾其歸告爾王 任其所之 分兵擊諸城降之 唯任存城[272] 地險城固 而又粮多 是以攻之三旬 不能下 士卒疲困厭兵 大王曰 今雖一城未下 而諸餘城保皆降 不可謂無功 乃振旅而還 冬十一月二十日 至京 賜庾信田五百結 其餘將卒賞賜有差 [42卷-列傳2-金庾信 中]

龍朔 3년 癸亥에 百濟의 여러 성들이 비밀리에 부흥을 도모하였다. 그들의 우두머리가 豆率城을 점거하고는 倭에게 군사를 요청하며 지원을 받으려 하였다. 대왕이 직접 庾信·仁問·天存·竹旨 등 장군들을 거느리고 7월 17일 토벌 길에 올랐다. 그들은 熊津州에 머물면서 鎭守官 劉仁願의 군사와 합세하여 8월 13일 豆率城에 이르렀다. 百濟人들은 倭人과 함께 나와 진을 쳤는데 우리 군사들이 힘껏 싸워 크게 깨뜨리자 百濟와 倭 사람들이 모두 항복하였다. 대왕이 倭人들에게 말하였다. “우리와 너희 나라는 바다를 경계삼아 일찍이 서로 다툰 적이 없을 뿐 아니라 우호관계를 맺고 친선 사절을 예방하며 교유하였다. 무슨 까닭으로 오늘날 百濟와 악행을 함께 하며 우리나라를 치

272) 任存城: 충청남도 예산군 대흥면 봉수산에 있던 百濟의 성.

려하는가? 이제 너희 군졸들의 생명이 나의 손아귀에 있으나 차마 죽이지 못하니, 너희들은 돌아가서 너희 왕에게 이 말을 고하라!" 하며 그들을 마음대로 가게 하였다. 그리고는 군사를 나누어 여러 성을 공격하여 항복시켰다. 오직 任存城 만은 지세가 험하고 성이 견고한 데다 양식마저 풍족했기 때문에 공격한 지 30일이 되어도 함락시키지 못했다. 사졸들이 지치고 피곤해서 싸울 뜻이 없자 대왕이 말하였다. "지금 비록 성 하나를 아직 함락시키지 못했으나 나머지 여러 성들은 항복하였으니 가히 성과가 없다고는 할 수 없다." 하며 군사를 거두어 돌아왔다. 겨울 11월 20일, 서울에 이르러 庾信에게 밭 5백 結을 하사하고 기타 장졸들에게는 차등 있게 상을 주었다.

33

麟德[273]元年甲子三月 百濟餘衆 又聚泗沘城反叛 熊州都督 發所管兵士攻之 累日霧塞 不辨人物 是故 不能戰 使伯山[274]來告之 庾信授之陰謀 以克之 麟德二年 高宗遣[275]使梁冬碧任智高等來聘 兼冊庾信奉常正卿平壤郡開國公 食邑二千戶 乾封[276]元年 皇帝勑召庾信長子大阿湌三光[277] 爲左武衛翊府中郎將 仍令宿衛

麟德 元年 甲子 3월, 百濟의 남은 군사들이 다시 泗沘城에 모여 반란을 일으켰다. 熊州 都督이 자기 휘하의 병사들을 일으켜 공격했으나, 여러 날 안개가 끼어서 사람과 물건을 분별할 수 없었다. 이런 까닭에 싸울 수가 없어서 伯山을 시켜 사정을 알리자, 庾信이 비밀 계략을 일러 주어 그들을 이기게 하였다. 麟德 2년, (唐나라) 高宗이 사신 梁冬碧과 任智高 등을 보내 예방하고, 겸하여 庾信을 奉常正卿平壤郡開國公에 책봉하여 식읍 2천 호를 주었다. 乾封 元年, 皇帝가 칙명으로 庾信의 맏아들 大阿湌 三光을 불러들여 左武衛翊府中郎將으로 삼고 이어 宿衛하게 하였다.

---

273) 麟德: 중국 唐나라의 연호(664~665).
274) 伯山: 新羅 제30대 文武王 4년(664년) 熊州都督이 百濟軍의 반란에 대항하다가 안개 때문에 싸우기가 힘들게 되자 부하 伯山을 시켜 金庾信에게 사연을 알렸다.
275) 遣: 使役의 뜻.
276) 乾封: 중국 唐나라 高宗의 연호(666~668).
277) 大阿湌三光: 大阿湌 三光. 金庾信의 장남.

摠章[278]元年戊辰 唐高宗皇帝 遣英國公李勣[279] 興師伐高句麗 遂徵兵於我文武大王 欲出兵應之 遂命欽純仁問爲將軍 欽純告王曰 若不與庾信同行恐有後悔 王曰 公等三臣[280] 國之寶也 若摠向敵場 儻[281]有不虞之事 而不得歸 則其如國何 故欲留庾信守國 則隱然[282]若長城 終無憂矣 欽純 庾信之弟 仁問 庾信之外甥 故尊事之 不敢抗 至是 告庾信曰 吾等不材 今從大王就不測之地 爲之奈何 願有所指誨 答曰 夫爲將者 作國之干城[283] 君之爪牙[284] 決勝否於矢石之間[285] 必上得天道 下得地理 中得人心 然後可得成功今我國以忠信而存 百濟以傲慢而亡 高句麗以驕滿而殆 今若以我之直 擊彼之曲 可以得志 況憑大國明天子之威稜[286]哉 往矣勉焉 無墮乃事 二公拜曰奉以周旋 不敢失墮

摠章 元年 戊辰, 唐 高宗 황제가 英國公 李勣을 시켜 군대를 일으켜 高句麗를 정벌하면서 우리에게도 병사를 징발케 하였다. 文武大王이 군사를 내어 호응하고자 드디어 欽純과 仁問을 임명하여 장군으로 삼았다. 欽純이 왕에게 아뢰기를, “만일 庾信과 함께 가지 않는다면 혹시 후회할 일이 생길까 염려되옵니다.”라고 하자 왕이 말하였다. “공들 세 신하는 나라의 보배이다. 만약 한꺼번에 적진으로 갔다가 갑자기 예측하지 못한 일이 생겨 돌아오지 못한다면 나라가 어찌 되겠는가? 그렇기 때문에 庾信을 남겨두어 나라를 지키게 한즉 은연중 長城처럼 끝내 아무 근심이 없으리라.” 欽純은 庾信의 동생이며, 仁問은 庾信의 여동생의 아들인지라 庾信을 높이 섬기고 있었기에 감히 겨룰 수 없었다. 이에 이르자 庾信에게 말하였다. “우리들은 재주도 없는데 지금

278) 摠章: 중국 唐나라 高宗의 연호(668~669).

279) 英國公李勣: 英國公 李勣. 중국 唐나라의 무장(?~669). 李靖과 함께 唐太宗을 도와 唐나라의 국내 통일에 힘썼다. 이후 東突厥을 정복하고 644년과 666년의 두 차례에 걸쳐 高句麗에 침입, 668년 寶藏王의 항복을 받아 高句麗를 멸망시켰다.

280) 公等三臣: 金庾信, 金欽純, 金仁問 등.

281) 儻: 갑자기, 혹시.

282) 隱然: 겉으로 뚜렷이 나타나지는 않으나, 무게가 있어 보이는 모양.

283) 干城: 방패와 성. 나라의 밖을 막고 안을 지키는 것.

284) 爪牙: 손톱과 어금니. 매우 쓸모가 있는 사람이나 물건.

285) 矢石之間: 전쟁터.

286) 威稜: 天子의 威光.

대왕을 따라 예측할 수 없는 땅으로 나아갑니다. 어떻게 하면 좋을지 지시하여 가르쳐 주시기 바랍니다." 庾信이 대답하였다. "무릇 장수란 나라의 干城과 임금의 爪牙가 되어야 한다. 전쟁터에서 승부를 결정하려면 반드시 위로는 天道를 얻고 아래로는 地理를 얻으며 중간으로는 民心을 얻은 후에라야 성공할 수 있다. 지금 우리나라는 충성과 신의로 존재하고 있으나, 百濟는 오만하여 멸망하였고, 高句麗는 교만하고 自滿하여 위태롭게 되었다. 이제 만약 우리의 올바름으로 저들의 그릇됨을 친다면 가히 뜻을 이룰 수 있을 것이다. 하물며 큰 나라의 밝으신 天子의 위엄에 의지하고 있지 않느냐! 어서 가서 힘쓰되 게으르지 말고 싸우라!"라고 하자 이에 두 사람이 절을 하면서 "공의 뜻을 받들어 잘 실행하여 감히 실패하지 않도록 하겠습니다."라고 하였다.

文武大王旣與英公 破平壤 還到南漢州[287] 謂群臣曰 昔者 百濟明穠王[288]在古利山 謀侵我國 庾信之祖武力角干 爲將逆擊之 乘勝俘其王及宰相四人與士卒 以折其衝 又其父舒玄 爲良州摠管 屢與百濟戰 挫其銳 使不得犯境 故邊民安農桑之業 君臣無宵旰之憂[289] 今 庾信承祖考之業 爲社稷之臣[290] 出將入相 功績茂焉 若不倚賴公之一門 國之興亡 未可知也 其於職賞 宜如何也 群臣曰 誠如王旨 [43卷-列傳3-金庾信 下]

文武大王이 이미 英公과 함께 平壤을 격파한 다음 南漢州로 돌아와서 여러 신하들에게 말하였다. "옛날 百濟의 明穠王이 古利山에서 우리나라를 침략하려 할 때 庾信의 조부 武力 角干이 장수가 되어 그들을 맞아 쳐서 이기고, 승세를 타서 그 왕과 재상 네 명과 사졸들을 사로잡아 그들의 세력을 꺾었다. 또한 庾信의 부친 舒玄은 良州 摠管이 되어 여러 차례 百濟와 싸워서 예봉을 꺾고는 우리의 국경을 침범하지 못하게 하였다. 그런 까닭에 변경의 백성들이 편안하게 농사와 양잠에 종사하였고, 임금과 신하는 나라를 돌보는

287) 南漢州: 新羅 중기 지방 통치 구역의 명칭.
288) 明穠王: 百濟 제26대 聖王. 明穠은 聖王의 이름.
289) 宵旰之憂: 宵旰은 宵衣旰食의 준말. 날이 밝기 前에 옷을 입고, 해가 진 後에 食事를 한다는 뜻으로, 天子가 아침 일찍부터 저녁 늦게까지 政事에 골몰함을 이르는 말.
290) 社稷之神: 나라의 安危를 맡길 만한 重臣.

데 근심이 없게 되었다. 지금은 庾信이 조부와 부친의 유업을 계승하여 나라의 안위를 맡은 중신이 되었고 나가서는 장수로, 들어와서는 정승으로 공적이 매우 크다. 만일 공의 가문에 의지하지 않았더라면 나라의 흥망을 알 수 없었을 것이다. 그에게 직위와 상을 어떻게 하면 좋겠는가?" 여러 신하들이 "진실로 대왕의 뜻과 같습니다."라고 하였다.

34

咸寧[291]四年癸酉 是[292]文武大王十三年 春 妖星見地震 大王憂之 庾信進曰 今之變異 厄在老臣 非國家之災也 王請勿憂 大王曰 若此則寡人所甚憂也 命有司祈禳之 夏六月 人或見戎服持兵器數十人 自庾信宅泣而去 俄而不見 庾信聞之曰 此必陰兵[293]護我者 見我福盡 是以去 吾其[294]死矣 後 旬有餘日 寢疾 大王親臨慰問 庾信曰 臣願竭股肱之力[295] 以奉元首[296] 而犬馬之疾[297]至此 今日之後 不復再見龍顔矣 大王泣曰 寡人之有卿 如魚有水 若有不可諱 其如人民何[298] 其如社稷何 庾信對曰 臣愚不肖 豈能有益於國家 所幸者 明上 用之不疑 任之勿貳 故得攀附王明 成尺寸功 三韓[299]爲一家 百姓無二心 雖未至太平[300] 亦可謂小康[301] 臣觀自古繼體[302]之君 靡不有初 鮮克有終[303] 累世功績 一朝隳廢 甚可痛也 伏願 殿下 知成功之不易 念守成之亦難 疏遠小人 親近君子 使[304]朝廷和於上 民物安於下 禍亂不作 基業

291) 咸寧: 西晉 武帝의 두 번째 연호(275~280).
292) 是: 곧.
293) 陰兵: 神兵을 말한다.
294) 其: 아마도.
295) 股肱之力: 온몸에 있는 힘.
296) 元首: 왕을 의미.
297) 犬馬之疾: 개나 말과 같은 천한 자가 앓는 병. 자기 병을 매우 겸손하게 이르는 말.
298) 如~何: ~를 어떻게 하나. 疑問의 뜻.
299) 三韓: 高句麗, 百濟, 新羅.
300) 太平: 나라가 안정되어 아무 걱정 없고 평안함.
301) 小康: 太平에는 이르지 못하였으나 혼란 따위가 그치고 어느 정도는 나라가 평안함.
302) 繼體: 先代의 뒤를 이어받음.
303) 靡不有初 鮮克有終: 처음에는 정치를 잘 하지 않는 이가 없지 않지만 끝까지 잘 마치는 이는 드물다.
304) 使: 使役의 뜻.

無窮 則臣死且無憾 王泣而受之 至秋七月一日 薨于私第之正寢 享年七十有九 大王聞訃震慟 贈賻彩帛一千匹租[305)]二千石 以供喪事 給軍樂鼓吹[306)]一百人 出葬于金山[307)]原 命有司立碑 以紀功名 又定入民戶 以守墓焉

[43卷-列傳3-金庾信 下]

咸亨 4년 癸酉는 곧 文武大王 13년이다. 그해 봄에 妖星이 나타나고 지진이 있자 대왕이 이를 걱정하였다. 庾信이 나아가 말하였다. “오늘의 변괴는 그 재액이 저에게 있는 것이지 국가의 재앙이 아닙니다. 왕께서는 근심하지 마시옵소서.” 대왕이 “만약 그렇다면 이는 과인의 근심이 더욱 크다.” 하며, 왕은 有司에게 명하여 재액을 물리치도록 하였다. 여름 6월에 군복을 입고 병기를 든 수십 명이 庾信의 집에서 울면서 나와 갑자기 사라지는 것을 본 사람이 더러 있었다. 庾信은 이 말을 듣고 “이는 필시 나를 보호하던 陰兵이 나의 福이 다한 것을 보았기 때문에 가는 것이다. 나는 아마도 죽을 것이다.”라고 하였다. 그 후 십여 일 지나 庾信이 병으로 눕자 대왕이 몸소 행차하여 위문하자 庾信이 말하였다. “신이 모든 힘을 다하여 임금을 모시려 하였으나 소신의 몸에 병이 들어 이렇게 되었습니다. 오늘 이후로 다시는 용안을 뵈옵지 못하겠습니다.” 대왕이 울면서 말하였다. “과인에게 경이 있음은 마치 물고기가 물을 만난 격이다. 만약 피치 못할 일이 생긴다면 백성들을 어찌하며 이 나라는 어찌되란 말이오!” 庾信이 대답하였다. “신은 어리석고 못났습니다. 어찌 국가에 도움이 되었겠습니까? 다행스럽게도 현명하신 임금께서 등용함에 주저치 않으시고, 중책을 맡기심에 의심을 두지 않았기 때문에, 대왕의 밝으심에 의지하여 약간의 공을 이루게 된 것입니다. 지금은 三韓이 한 집안이 되었고 백성들이 두 마음을 가지지 아니하였기 때문에 비록 太平에 이르지는 못하였으나, 小康이라고는 할 수 있습니다. 신이 보옵건대 예로부터 제왕의 자리를 잇는 임금들이 처음에는 잘하지 않는 이가 없었지만 끝까지 이루어내는 경우는 드물었습니다. 그래서 여러 대의 공적이 하루아침에

---

305) 租: 조세로 농민에게 거두어들인 곡식.
306) 鼓吹: 북을 치고 피리를 부는 사람.
307) 金山: 지금의 경북 김천.

무너져 없어지니 심히 통탄할 일입니다. 바라옵건대 전하께서는 공을 이루는 것이 쉽지 않다는 것을 아시고, 수성하는 것 또한 어렵다는 것을 생각하시옵소서. 소인배를 멀리하고 군자를 가까이 하시어서, 위로는 조정이 화합하고 아래로는 백성과 만물을 편안케 하여 재앙과 환란이 일어나지 않고 국가 위업이 무궁하게 된다면 신은 죽어도 여한이 없겠습니다."라고 하자 왕은 울면서 이 말을 받아 들였다. 가을 7월 1일, 庾信이 자기 집의 침실에서 죽었는데 향년 79세였다. 대왕이 부음을 듣고 매우 애통하게 생각하여 채색 비단 1천 필과 벼 2천 섬을 부의로 보내어 초상 치르는 비용에 쓰게 하고, 군악의 鼓吹手 1백 명을 보내 주었다. 金山原에 장사 지내고 有司에게 명하여 비석을 세워서 그의 공명을 기록하게 하였으며 또한 민가를 정하여 묘소를 지키게 하였다.

35

乙支文德[308] 未詳其世系 資[309] 沈鷙有智數 兼解屬文[310] 隋開皇[311] 中 煬帝下詔征高句麗 於是 左翊衛大將軍宇文述[312] 出扶餘道[313] 右翊衛大將軍于仲文[314] 出樂浪道[315] 與九軍至鴨淥水[316] 文德受王命 詣其營詐降 實欲觀其虛實 述與仲文 先奉密旨 若遇王及文德來 則執之 仲文等 將留之 尚書右丞劉士龍[317] 爲慰撫使 固止之 遂聽文德歸 深悔之 遣人紿文德曰 更欲有

---

308) 乙支文德: 平壤 출신으로 高句麗의 名將.
309) 資: 資品. 사람의 타고난 바탕과 성품.
310) 屬文: 문구를 얽어서 글을 지음. 또 그 글.
311) 開皇: 중국 隋나라 文帝의 연호.
312) 左翊衛大將軍宇文述: 宇文述은 隋나라 代郡 武川 사람. 字는 伯通이다. 高句麗 정벌에 나서 통솔하던 군대가 궤멸했는데도 진격을 멈추지 않아 황제의 노여움을 사서 平民으로 강등되었다가 얼마 뒤 官爵이 복구되었다.
313) 扶餘道: 遼東의 중부와 동부로 행군하는 길. 지금의 遼寧. 吉林 일대.
314) 右翊衛大將軍于仲文: 于仲文은 隋나라 煬帝 때의 장군인데, 字는 次武. 煬帝 때 左翊衛大將軍으로 옮겨 文武의 選事를 맡았으며, 612년(高句麗 嬰陽王 23) 隋煬帝의 제2차 高句麗 원정 때 宇文述과 함께 30만 육군을 이끌고 쳐 들어왔으나 그 해 7월 薩水(清川江)에서 高句麗 장군 乙支文德에게 참패하고 겨우 2천여 명이 살아 돌아가 于仲文은 하옥되어 울분으로 사망했다.
315) 樂浪道: 遼東 남부와 한반도 지방으로 행군하는 길.
316) 鴨淥水: 鴨綠江.

議 可復來 文德不顧 遂濟鴨淥而歸 述與仲文 旣失文德 內不自安 述以粮盡欲還 仲文謂以精銳追文德 可以有功 述止之 仲文怒曰 將軍仗十萬兵 不能破小賊 何顔以見帝 述等不得已而從之 度鴨淥水追之 文德見隋軍士有饑色 欲疲之 每戰輒北 述等一日之中 七戰皆捷 旣恃驟勝 又逼群議 遂進東濟薩水[318] 去平壤城三十里 因山爲營

乙支文德의 집안 내력은 자세하지 않다. 그는 본바탕이 침착하고 용맹스러우며 지혜와 재주가 있었고 겸하여 글도 지을 줄 알았다. 隋 開皇 연간에 煬帝가 조서를 내려 高句麗를 공격하게 하자, 이 때 左翊衛大將軍 宇文述은 扶餘道로 나오고 右翊衛大將軍 于仲文은 樂浪道로 나와 9군과 함께 鴨淥江에 이르렀다. 文德이 왕의 명을 받들고 적진으로 가서 거짓 항복하는 체 하였는데, 사실은 그들의 虛實을 알아보려는 것이었다. 述과 仲文은 이보다 앞서, 만약에 高句麗의 왕이나 文德을 만나거든 곧 붙잡아두라는 밀지를 받은 바 있었다. 이에 仲文 등이 장차 文德을 억류하려 하였는데, 尙書右丞 劉士龍이 慰撫使로 있으면서 굳이 말리는 바람에 결국 文德이 돌아가는 것을 허락하였다. 그 뒤에 이를 깊이 후회하여 사람을 보내 文德에게 속여 "다시 의논할 일이 있으니 다시 오시오."라 하였지만, 文德은 돌아보지도 않은 채 鴨綠江을 건너갔다. 宇文述과 于仲文은 이미 文德을 놓치고는 마음이 편안하지 않았다. 宇文述이 군량이 떨어져 돌아가려 하자, 于仲文은 '정예부대로 文德을 쫓으면 공을 이룰 수 있다.' 하였으나 宇文述이 이를 말렸다. 于仲文이 성을 내며 "장군이 10만의 병력을 거느리고 와서도 자그마한 적을 격파하지 못한다면 무슨 낯으로 황제를 뵙겠는가?"라고 하자 述 등은 마지못해 그 말을 따라 鴨綠江을 건너 文德을 추격하였다. 文德은 隋의 군사가 굶주린 기색이 있음을 보고, 그들을 피곤하게 하기 위해 매번 싸울 때마다 패하여 달아나자 述 등은 하루 동안 일곱 번을 싸워 모두 승리하였다. 그들은 이미 갑작스런 승리를 믿고 또 무리의 의견에 떠밀려, 드디어 동쪽으로 나아가 薩水를 건너 平壤城 30리 밖에서 산을 등지고 진을 쳤다.

---

317) 尙書右丞劉士龍: 乙支文德이 隋나라 별동군의 진영을 정찰하러 거짓 항복하러 왔을 때, 于仲文은 사로잡으려 했으나, 劉士龍은 대국으로서의 행동이 아니라고 하며 그를 돌려보냈다가 뒤늦게 후회하여 다시 속여 불렀으나 乙支文德이 되돌아갈 리 없었다.

318) 薩水: 平安道 淸川江.

文德遺仲文詩曰 神策究天文[319] 妙算窮地理[320] 戰勝功旣高 知足願云止 仲文答書諭之 文德又遣使詐降 請於述曰 若旋師者 當奉王朝行在所[321] 述見士卒疲弊 不可復戰 又平壤城險固 難以猝拔 遂因其詐而還 爲方陣[322]而行 文德出軍 四面鈔擊之 述等且戰且行 至薩水 軍半濟 文德進軍 擊其後軍 殺右屯衛將軍辛世雄[323] 於是 諸軍俱潰 不可禁止 九軍將士奔還 一日一夜 至鴨淥水 行四百五十里 初度遼[324] 九軍三十萬五千人 及還至遼東城 唯二千七百人 [44卷-列傳4-乙支文德]

文德이 于仲文에게 시를 보내 이르기를, "신기한 책략은 天文을 다 알았고, 기묘한 계획은 地理를 통달하였지. 싸움마다 이겨 공이 이미 높으니, 만족을 알거든 이만 돌아가는 것이 어떤가?" 이에 于仲文이 답서를 보내 알아듣도록 타일렀다. 文德이 또 사신을 보내 거짓으로 항복하면서 述에게 청하여 이르기를, "만일 군대를 철수한다면, 응당 왕을 모시고 황제가 계신 곳으로 가겠다."고 하였다. 宇文述은 사졸들이 피곤하고 쇠진하여 다시 싸울 수 없을 뿐만 아니라, 또한 平壤城이 험하고 견고하여 쉽사리 함락시키기 어려울 것이라 생각하였다. 그래서 거짓 항복이라도 받은 것을 기회 삼아 돌아가기로 하고 方陣을 만들어 행군하였다. 文德이 군대를 출동시켜 사면으로 공격하자, 述 등이 한편으론 싸우고 한편으론 쫓겨 가면서 薩水에 이르렀다. 군대가 강을 절반 건넜을 때, 文德이 군대를 몰아 후군을 들이쳐서 右屯衛將軍 辛世雄을 죽였다. 이에 모든 군대가 한꺼번에 허물어져 걷잡을 수가 없었고, 9군의

---

319) 天文: 천체의 온갖 현상.
320) 地理: 험하고 평탄한 것.
321) 行在所: 임금이 멀리 擧動할 때 머무르는 곳.
322) 方陣: 사방으로 적을 대항할 수 있도록 군사를 펼치는 陣法.
323) 右屯衛將軍辛世雄: 辛世雄은 隋나라의 장수이다. 당시 于仲文과 宇文述의 부하 장군으로서 隋의 제 8군을 이끌었다. 隋는 계속 高句麗와의 薩水전투에서 고전을 하자 가망이 없다고 판단해 후퇴하게 되었는데 이 때 辛世雄이 이끄는 8군은 隋나라 군대 최후방에 위치하며 다른 장군이 지휘하는 隋나라 부대를 엄호하고 있었다. 薩水에서 乙支文德이 후퇴하는 隋나라 군을 칠 때, 辛世雄의 8군은 고립되어, 高句麗軍의 집중공격을 받고 전멸했다. 辛世雄 역시 전사했으며 辛世雄이 지휘하는 8군에서는 아무도 살아남은 자가 없었다.
324) 遼: 遼水로 지금의 遼河.

장졸들이 급히 달아나 하루 낮 하루 밤 사이에 鴨綠江에 이르자 행군 거리가 4백50리나 되었다. 처음 遼水를 건널 때 9군이 30만5천 명이었지만, 遼東城에 돌아갔을 때는 고작 2천7백 명뿐이었다.

39

居柒夫[325] [或云荒宗]姓金氏 奈勿王[326]五世孫 祖仍宿角干[327] 父勿力伊湌[328] 居柒夫少跅弛[329]有遠志 祝髮[330]爲僧 遊觀四方 便欲覘高句麗 入其境 聞法師惠亮[331]開堂說經 遂詣聽講經 一日 惠亮問曰 沙彌[332]從何來 對曰 某新羅人也 其夕 法師招來相見 握手密言曰 吾閱人多矣 見汝容貌 定非常流 其殆有異心乎[333] 答曰 某生於偏方 未聞道理 聞師之德譽 來伏下風[334] 願師不拒 以卒發蒙 師曰 老僧不敏 亦能識子 此國雖小 不可謂無知人者 恐子見執 故密告之 宜疾其歸 居柒夫欲還 師又語曰 相汝鷰頷鷹視 將來必爲將帥 若以兵行 無貽我害 居柒夫曰 若如師言 所不與師同好者 有如皦日 遂還國返本從仕 職至大阿湌[335]

---

325) 居柒夫: 新羅 眞興王 때의 장군(?~579).
326) 奈勿王: 新羅 제17대 왕. 재위 356~402.
327) 仍宿角干: 仍宿은 居柒夫의 조부. 角干이었다.
328) 勿力伊湌: 勿力은 新羅 시대의 왕족. 居柒夫의 아버지. 伊湌이었다.
329) 跅弛: 마음이 解弛하여 실없음. 멋대로 행동하여 찬찬하지 못함.
330) 祝髮: 剃髮.
331) 法師惠亮: 惠亮은 高句麗의 高僧인데, 뒤에 新羅로 귀순하여 新羅 불교 최초의 僧統이 되었다. 高句麗에 있을 때 국력을 정탐하러 온 新羅 장수 居柒夫를 만난 적이 있다. 그 때 惠亮은 강당에서 불경을 설하였는데, 居柒夫를 은밀히 불러 다른 사람의 눈에 띄지 않도록 新羅로 歸還시켰다.
332) 沙彌: 十戒를 받고 具足戒를 받기 위하여 수행하고 있는 어린 남자 승려.
333) 其~乎: 혹시(아마도) ~하겠지?
334) 下風: 下風은 아래로 부는 바람. 또는 바람이 불어오는 아래쪽이란 뜻이다. 『春秋左氏傳』 僖公 15年條의 여러 신하들이 높은 곳에서 윗사람이 하는 말을 잘 들을 수 있는 '바람이 불어오는 아래쪽 낮은 곳'에 흩어져 있다고 한 데서 유래하였고, 이후 '남의 아래' 또는 '형세상 불리한 처지나 위치'의 뜻을 나타내었다. 남만 못함을 겸허하게 받아들인다는 뜻의 甘拜下風이란 成語도 이에서 나왔다.
335) 大阿湌: 新羅 17관등 중 다섯째.

居柒夫[혹은 荒宗이라고도 한다.]의 姓은 金씨이고, 奈勿王의 5세손이다. 조부는 角干 仍宿이고, 아버지는 伊湌 勿力이다. 居柒夫는 젊었을 때 멋대로 행동하며 찬찬하지 못했지만 원대한 뜻이 있어서 삭발하고 중이 되었다. 사방을 유람하다가 문득 高句麗를 엿보고 싶은 생각이 들어 그 나라 경내로 들어갔다. 法師 惠亮이 자리를 열고 불경을 해설한다는 말을 듣고는 그곳으로 가 불경 강론을 들었다. 하루는 惠亮이 물어 "沙彌는 어디서 왔는가?"라고 하자 대답하기를, "저는 신라인입니다." 하였다. 그날 저녁에 법사가 그를 불러 놓고 손을 잡으며 은밀히 말하였다. "내가 사람을 많이 보았는데 너의 용모를 보니 정녕 범상치 않다. 혹시 딴 마음을 품고 있지 않느냐?"라고 하자 居柒夫가 대답하였다. "제가 변방에서 태어나 도리를 듣지 못하였는데, 스님의 높으신 덕망을 듣고 와서는 이랫자리에 엎드려 있습니다. 스님께서는 거절하지 마시고 끝까지 저의 몽매함을 깨우쳐 주십시오." 법사가 말하였다. "노승은 불민하지만 그대가 어떤 사람인지 알아보았다. 이 나라가 비록 작다고 하지만 사람을 알아보는 자가 없다 할 수 없다. 그대가 잡힐까 염려되는 까닭에 은밀히 일러 주는 것이다. 의당 그대는 빨리 돌아가는 것이 좋다." 이에 居柒夫가 돌아가려 하자 법사가 또 말하였다. "너의 제비턱과 매의 눈 같은 상을 보니, 장차 반드시 장수가 될 것이다. 만약 병사를 거느리고 오게 되면 나에게 해를 끼치지는 말라!" 居柒夫가 말하였다. "만일 스님의 말씀대로 된다면, 이는 스님과 더불어 좋아할 만한 일이 아닙니다. 밝은 해를 두고 맹세하겠습니다." 하고는 드디어 귀국하여 본심대로 벼슬길에 나아가 大阿湌의 직위에 이르렀다.

眞興大王六年乙丑 承朝旨 集諸文士 修撰國史 加官波珍湌[336) 十二年辛未 王命居柒夫及仇珍大角湌比台角湌耽知迊湌[337)非西迊湌奴夫波珍湌西力夫波珍湌比次夫大阿湌未珍夫阿湌等八將軍 與百濟侵高句麗 百濟人先攻破平壤 居柒夫等 乘勝取竹嶺以外 高峴[338)以內十郡 至是 惠亮法師 領其徒 出路上

336) 波珍湌: 新羅 17관등 중 넷째.
337) 耽知迊湌: 迊湌 耽知. 迊湌은 眞骨 신분만이 받을 수 있는 新羅의 제3관등.
338) 高峴: 지금의 鐵嶺.

居柒夫下馬 以軍禮揖拜 進曰 昔 遊學之日 蒙法師之恩 得保性命 今邂逅相遇 不知何以爲報 對曰 今我國政亂 滅亡無日 願致之貴域 於是 居柒夫同載以歸 見之於王 王以爲僧統[339] 始置百座講會[340]及八關之法[341] 眞智王[342]元年丙申 居柒夫爲上大等[343] 以軍國事務自任 至老終於家 享年七十八

[44卷-列傳4-居柒夫]

眞興大王 6년 乙丑, 그는 왕명을 받들어 여러 文士들을 소집하여 國史를 편찬하였고, 벼슬이 波珍飡으로 올라갔다. 12년 辛未에 왕이 居柒夫와 大角飡 仇珍, 角飡 比台, 迊飡 耽知, 迊飡 非西, 波珍飡 奴夫, 波珍飡 西力夫, 大阿飡 比次夫, 阿飡 未珍夫 등 여덟 장군을 시켜서 百濟와 함께 高句麗를 공격하도록 명령하였다. 百濟人들이 먼저 平壤을 격파하고, 居柒夫 등이 승세를 몰아 竹嶺 이외 高峴 이내의 10개 군을 빼앗았다. 이 때 惠亮법사가 무리를 이끌고 길가에 나와 있자, 居柒夫가 말에서 내려 군례로써 인사하고 나아가 말하였다. “전일 유학하던 때에 법사의 은혜를 입어 목숨을 보전하였는데, 금일 우연히 만나게 되었으니 무엇으로써 보답하여야 할 지 모르겠습니다.”라고 하자 법사가 대답하기를, “지금 우리나라는 정사가 어지러워 멸망할 날이 얼마 남지 않았습니다. 귀국으로 데려가 주기를 바라오.” 이에 居柒夫가 수레에 같이 타고 돌아와서 왕에게 배알시키자, 왕이 그를 僧統으로 삼고 처음으로 百座講會와 八關法會를 열었다. 眞智王 元年 丙申, 居柒夫가 上大等이 되어 軍國의 사무를 自任하다가 늙어 자기 집에서 죽으니 향년 78세였다.

40

居道[344] 失其族姓 不知何所人也 仕脫解尼師今 爲干[345] 時 于尸山國[346]居柒山國[347] 介居隣境 頗爲國患 居道爲邊官 潛懷幷呑之志 每年一度 集群馬

---

339) 僧統: 新羅 최고의 직책으로 寺主라 한다.
340) 百座講會: 많은 승려들이 국가의 평안을 기원하기 위하여 불경을 읽는 法會.
341) 八關之法: 불교행사인 八關會.
342) 眞智王: 新羅 제 25대 왕. 재위 576~579.
343) 上大等: 新羅 최고 관직.
344) 居道: 新羅 脫解王때의 인물.
345) 干: 추장이란 뜻이나, 여기서는 왕을 지칭.
346) 于尸山國: 新羅 초기 경상북도 지역에 있었던 소국.

於張吐[348]之野 使兵士騎之 馳走以爲戲樂 時人稱爲馬叔[349] 兩國人 習見之 以爲新羅常事 不以爲怪 於是 起兵馬 擊其不意 以滅二國 [44卷-列傳4-居道]

居道는 성씨를 잃었고 어느 곳 사람인지도 알 수 없다. 脫解尼師今을 섬겨 干이 되었는데, 이때 于尸山國과 居柒山國이 이웃 접경에 끼어있어 자못 나라의 근심거리가 되었다. 居道는 변경 관리로서 은근히 그 나라들을 병합하려는 뜻을 품었다. 매년 한 차례씩 張吐 들에 말떼를 모아 놓고 병사들을 시켜 말을 타고 달리게 하는 것을 즐기자, 당시 사람들은 그를 '馬叔'이라고 불렀다. 두 나라 사람들은 익히 본 일이라서 新羅의 일상적인 행사라고 여기고는 괴이하게 생각하지 않았다. 이에 居道가 군사와 말을 출동시켜 그들을 불의에 공격하여 두 나라를 멸망시켰다.

41

異斯夫[350][或云苔宗] 姓金氏 奈勿王四世孫 智度路王[351]時 爲沿邊官 襲居道權謀[352] 以馬戲 誤加耶[或云加羅]國取之 至十三年壬辰 爲阿瑟羅州[353]軍主 謀幷于山國[354] 謂其國人愚悍 難以威降 可以計服 乃多造木偶獅子 分載戰舡 抵其國海岸 詐告曰 汝若不服 則放此猛獸 踏殺之 其人恐懼則降 眞興王[355]在位十一年 太寶[356]元年 百濟拔高句麗道薩城[357] 高句麗陷百濟金峴城[358] 王乘兩國兵疲 命異斯夫 出兵擊之 取二城增築 留甲士[359]戍之 時高句麗遣兵來攻金峴城 不克而還 異斯夫追擊之大勝 [44卷-列傳4-異斯夫]

---

347) 居柒山國: 新羅 초기 경상남도 지역에 있었던 소국.
348) 張吐: 지금의 경주시 김포읍으로 추정.
349) 馬叔: 말 아저씨.
350) 異斯夫: 奈勿王의 4대손으로 眞興王 때의 장군.
351) 智度路王: 智證王. 新羅 제22대 왕. 재위 500~514.
352) 權謀: 臨機應變의 꾀.
353) 阿瑟羅州: 지금의 강원도 강릉시.
354) 于山國: 지금의 경상북도 울릉군.
355) 眞興王: 新羅 제24대 왕. 재위 540~576.
356) 太寶: 중국 梁나라 연호(550~551).
357) 道薩城: 6세기 중엽 三國이 다투던 요충지. 지금의 충청북도 청주시.
358) 金峴城: 6세기 중엽 三國이 다투던 요충지. 지금의 충북 진천으로 보는데, 충북 제천으로 보는 설, 충남 전의로 보는 설 등도 있다.
359) 甲士: 精兵 즉 무장한 병사.

異斯夫[혹은 苔宗이라고도 한다.]의 姓은 金氏이고, 奈勿王의 4세손이다. 智度路王 때 변경 관리가 되어 居道의 술책을 이어받아 말놀이로써 加耶[혹은 加羅라고도 한다.]國을 속여 빼앗았다. 13년 壬辰, 그는 阿瑟羅州의 軍主가 되어 于山國을 병합하려고 모의하였다. 그는 그 나라 사람들이 미련하고 사납기에 위세로 항복받기는 어렵고 꾀로써는 항복시킬 수 있다고 생각하였다. 이에 나무로 사자의 형상을 많이 만들어 싸움배에 나누어 싣고 그 나라 해안으로 가서 속여 말하였다. "너희들이 만일 항복하지 않는다면 이 맹수들을 풀어서 밟아 죽이겠다." 그러자 사람들이 두려워 즉시 항복하였다. 眞興王 재위 11년, 太寶 元年에 百濟는 高句麗의 道薩城을 빼앗고, 高句麗는 百濟의 金峴城을 함락시켰다. 왕은 두 나라 군사가 피로한 틈을 타서 異斯夫에게 명하여 군사를 출동시켰다. 異斯夫는 그들을 쳐서 두 성을 빼앗고는 증축하여 군사들을 남겨 수비하게 하였다. 이때 高句麗가 병력을 보내 金峴城을 쳤지만 이기지 못하고 돌아가자 異斯夫가 이들을 추격하여 크게 승리하였다.

42

金仁問[360] 字仁壽 太宗大王第二子也 幼而就學 多讀儒家之書 兼涉莊老浮屠之說[361] 又善隸書[362]射御鄕樂[363] 行藝純熟[364] 識量宏弘 時人推許 永徽[365]二年 仁問年二十三歲 受王命 入大唐宿衛 高宗謂涉海來朝 忠誠可尙 特授左領軍衛將軍 四年詔許歸國覲省 太宗大王授以押督州[366]摠管 於是 築獐山城[367] 以設險 太宗錄其功 授食邑三百戶 新羅屢爲百濟所侵 願得唐兵爲援助 以雪羞恥 擬諭宿衛仁問乞師 會 高宗 以蘇定方爲神丘道大摠管 率師討百濟 帝徵仁問 問道路險易 去就便宜 仁問應對尤詳 帝悅制授神丘道

360) 金仁問: 太宗 武烈王의 둘째 아들이며 文武王의 아우(629~694).
361) 莊老浮屠之說: 道家(莊子 · 老子) · 佛家의 말씀.
362) 隸書: 한문 書體의 이름.
363) 射御鄕樂: 활쏘기, 말타기, 鄕樂(우리나라 음악을 중국 음악에 기준하여 칭한 이름).
364) 純熟: 아주 익음.
365) 永徽: 중국 唐나라 高宗의 연호(650~655).
366) 押督州: 新羅의 지방 통치 구획.
367) 獐山城: 新羅의 산성. 지금의 경북 경산시 일대.

副大摠管 勅赴軍中 遂與定方濟海 到德物島[368] 王命太子 與將軍庾信眞珠天存等 以巨艦一百艘 載兵迎延之 至熊津口[369] 賊瀕江屯兵 戰破之 乘勝入其都城滅之 定方俘王義慈及太子孝王子泰等 廻唐 大王嘉尙仁問功業 授波珍飡 又加角干 [44卷-列傳4-金仁問]

金仁問의 자는 仁壽이고, 太宗大王의 둘째 아들이다. 그는 어려서부터 학문의 길로 나아가 儒家의 서적을 많이 읽었고, 겸하여 『莊子』, 『老子』 및 불교 서적도 두루 섭렵하였다. 또 隸書를 잘 쓰고 활쏘기, 말타기, 鄕樂을 잘했는데 기예에도 익숙하고 식견과 도량이 넓어 당시 사람들이 그를 떠받들고 알아주었다. 永徽 2년, 仁問의 나이 23세 때 왕명을 받들어 唐나라에 가서 宿衛하였다. (唐)高宗은 그가 바다를 건너와 조회하자 충성이 가상하다 여겨 특별히 左領軍衛將軍을 제수하였다. 4년에는 소서를 내려 고국으로 돌아가 부모를 만나게 하자 太宗大王이 그에게 押督州 摠管을 제수하였다. 이에 그가 獐山城을 쌓아 요새를 설치하자, 太宗(武烈王)이 그의 공로를 기록하고 食邑 3백 호를 내렸다. 新羅가 자주 百濟의 침공을 받자, 太宗은 唐나라 군대의 원조를 얻어 수치를 씻고자 唐에 숙위로 있는 仁問을 통해 군사를 청하려 하였다. 때마침 (唐)高宗이 蘇定方을 神丘道大摠管으로 삼아 군사를 거느리고 百濟를 치게 하였다. 황제가 仁問을 불러 도로의 험난한 사정과 거취의 편의에 대하여 물었다. 仁問이 응당 자세히 대답하자, 황제가 기뻐하여 仁問에게 神丘道 副大摠管의 관직을 제수하고 종군하도록 명하였다. 仁問은 드디어 定方과 함께 바다를 건너 德物島에 이르렀다. 왕은 太子에게 명령하여 장군 庾信, 眞珠, 天存 등과 함께 큰 배 1백 척에 군사를 싣고 唐나라 군사를 맞게 하였다. 熊津口에 이르렀는데 적들이 강가에 주둔하고 있었으므로 싸워서 격파시키고, 승세를 몰아 도성에 들어가 멸망시켰다. 定方은 百濟의 왕 義慈와 태자 孝, 왕자 泰 등을 사로잡아 唐나라로 돌아갔다. 대왕이 仁問의 공적을 가상히 여겨 波珍飡으로 임명하고 또 角干 벼슬을 더하여 주었다.

---

368) 德物島: 지금의 경기도 덕적도.
369) 熊津口: 금강 어구.

44

黑齒常之[370] 百濟西部人 長七尺餘 驍毅有謀略 爲百濟達率[371]兼風達郡將 猶唐刺史[372]云 蘇定方平百濟 常之以所部降 而定方囚老王[373] 縱兵大掠 常之懼 與左右酋長十餘人遯去 嘯合逋亡 依任存山[374]自固 不旬日 歸者三萬 定方勒兵攻之 不克 遂復二百餘城 龍朔中 高宗遣使招諭 乃詣劉仁軌[375]降 入唐爲左領軍員外將軍徉州[376]刺史 累從征伐積功 授爵賞殊等 久之 爲燕然道大摠管 與李多祚[377]等 擊突厥破之 [44卷-列傳4-黑齒常之]

黑齒常之는 百濟의 서부 사람으로 키가 7척이 넘었고 날래고 억세며 지략이 있었다. 그는 百濟의 達率이 되었고, 風達郡將을 겸하였는데, 唐의 刺史와 같은 벼슬이라 한다. 蘇定方이 百濟를 평정하자, 그는 자기 부하와 함께 항복하였다. 定方은 늙은 왕을 가두고 군사를 풀어놓아 크게 노략질하였다. 常之가 두려워 좌우 우두머리 10여 명과 함께 탈출하고는, 도망한 사람들을 불러 모았다. 任存山에 웅거하며 굳게 지키자 열흘이 못 되어 그에게 귀순한 자가 3만이나 되었다. 定方이 군사를 정비하여 그를 공격하였으나 이기지 못하였고, 常之는 마침내 2백여 성을 회복하였다. 龍朔 연간, 唐 高宗이 사신을 보내 그를 불러 타일렀지만, 그는 劉仁軌에게 가서 항복하였다. 그는 唐에 들어가서 左領軍員外將軍洋州刺史가 되었고, 여러 번 정벌에 종군하여 공을 쌓아 특별한 작위와 상을 제수 받았다. 얼마 후에 燕然道大摠管이 되어 李多祚 등과 함께 突厥을 쳐부수었다.

---

370) 黑齒常之: 百濟가 멸망하자 부흥운동을 일으킨 장수(630~689).
371) 達率: 百濟 16품 관등의 둘째 등급.
372) 唐刺史: 중국 唐나라 刺史. 刺史는 중국 지방 관리의 명칭.
373) 老王: 늙은 왕. 여기서는 義慈王을 말한다.
374) 任存山: 지금의 충청남도 예산군.
375) 劉仁軌: 중국 唐나라 高宗 때의 武將.
376) 徉州: 洋州의 잘못.
377) 李多祚: 중국 唐나라 則天武后 때의 將帥.

45

張保皐[378]鄭年[379] 皆新羅人 但不知鄕邑父祖 皆善鬪戰 年復能沒海底 行五十里不噎 角其勇壯 保皐差不及也 年以兄呼保皐 保皐以齒 年以藝 常齟齬[380]不相下 二人如唐 爲武寧軍小將[381] 騎而用槍 無能敵者 後 保皐還國 謁大王[382]曰 遍中國 以吾人爲奴婢 願得鎭淸海 使賊不得掠人西去 淸海 新羅海路之要 今謂之莞島 大王與保皐萬人 此後 海上無鬻鄕人[383]者 保皐旣貴 年去職[384]饑寒 在泗[385]之漣水縣[386] 一日 言於戍將馮元規[387]曰 我欲東歸 乞食於張保皐 元規曰 若與保皐所負如何 奈何去取死其手 年曰 饑寒死不如兵死快 況死故鄕耶[388] 遂去謁保皐 飮之極歡 飮未卒 聞王弑國亂無主 保皐分兵五千人與年 持年手泣曰 非子不能平禍難 年入國 誅叛者立王 王召保皐爲相 以年代守淸海 [44卷-列傳4-張保皐鄭年]

張保皐와 鄭年은 모두 新羅 사람으로 그들의 고향과 조상은 알 수 없다. 모두 싸움을 잘하였는데, 鄭年은 바다 밑으로 들어가 50리를 헤엄쳐 가도 숨이 차지 않았다. 날램과 씩씩함을 비교하자면 保皐가 年에게는 약간 모자랐지만, 年은 保皐를 형님으로 불렀다. 그러나 保皐는 나이로, 年은 기예로 항상 어그러져있어 서로 지려 하지 않았다. 두 사람이 唐나라에 가서 武寧軍 小將으로 있을 때, 말을 달리고 창을 쓰는 데에 대적할 자가 없었다. 그 뒤에 保皐가 귀국하여 대왕에게 아뢰었다. "중국을 두루 다녀보니 우리나라 사람들을

---

378) 張保皐: 新羅 시대의 장군(?~846). 본명은 弓福 또는 弓巴인데, 이는 토박이말 '활보'로 활 잘 쏘는 아이라는 뜻이다. 入唐하여 武寧軍 小將이 되었으며, 귀국한 뒤에 淸海鎭 大使로 임명되어 黃海와 南海의 海上權을 장악하여, 해적을 막고, 국제 무역의 패권을 잡았다.
379) 鄭年: 新羅 말기의 武將.
380) 齟齬: 기대에 어그러짐.
381) 武寧軍小將: 중국 江蘇省에 위치한 武寧縣 군대의 하급 장교.
382) 大王: 興德王.
383) 鄕人: 우리나라 사람.
384) 去職: 관직을 박탈당함.
385) 泗: 泗水. 중국 淮水의 한 지류.
386) 漣水縣: 중국 江蘇省의 한 지역.
387) 馮元規: 중국 唐나라 장수. 鄭年과 가까운 사이였다고 한다.
388) 況~耶: 反語의 뜻.

노비로 쓰고 있었습니다. 淸海에 진영을 설치하여 적들이 백성들을 약탈하여 서쪽으로 데려가지 못하게 하시옵소서." 하였다. 淸海는 新羅 해로의 요지로 지금은 莞島라고 부른다. 대왕이 保皐에게 군사 1만 명을 주었고, 이후로는 해상에서 우리나라 사람을 팔아먹는 자가 없어졌다. 保皐는 이미 귀한 자리에 올랐지만, 鄭年은 직업을 잃고 굶주리며 헐벗은 채 泗水의 漣水縣에 있었다. 하루는 수비하는 장수 馮元規에게 말하였다. "나는 우리나라로 돌아가 張保皐에게 의탁하려 한다."라고 하자 元規가 말하였다. "그대가 保皐에게 믿는 것이 무엇이기에 어찌 그곳에 가서 그의 손에 죽으려는가?" 하니 鄭年이 말하였다. "굶어 죽는 것보다는 차라리 싸우다가 통쾌하게 죽는 게 낫다. 하물며 고향에서 죽는다면 좋지 않겠는가?" 하고는 드디어 그곳을 떠나 張保皐를 만났다. 鄭年이 保皐와 함께 술을 마시면서 마음껏 즐겼는데, 술자리가 채 끝나기도 전에 왕이 시해되어 나라가 어지럽고 임금이 없다는 소식을 들었다. 保皐가 군사 5천 명을 나누어 鄭年에게 주고는 그의 손을 잡고 울면서 말하였다. "그대가 아니면 나라의 재앙과 환난을 평정할 수 없다."라고 하자 鄭年이 나라(서울)에 들어가 배반한 자를 죽이고 왕을 세웠다. 왕은 張保皐를 불러 재상으로 삼고, 鄭年으로 保皐를 대신하여 淸海를 지키도록 하였다.

46

斯多含[389] 系出眞骨 奈密王[390]七世孫也 父仇梨知級湌[391] 本高門華胄 風標淸秀 志氣方正 時人請奉爲花郎 不得已爲之 其徒無慮一千人 盡得其歡心 眞興王命伊湌異斯夫 襲加羅國 時 斯多含年十五六 請從軍 王以幼少不許 其請勤而志確 遂命爲貴幢[392]裨將[393] 其徒從之者亦衆 及抵其國界 請於元帥 領麾下兵 先入旃檀梁[394] 其國人 不意兵猝至 驚動不能禦 大兵乘之遂滅其國 洎[395]師還 王策功 賜加羅人口三百 受已皆放 無一留者 又賜田

389) 斯多含: 新羅 眞興王 때의 花郎으로 奈勿王의 7대손.
390) 奈密王: 奈勿王. 新羅 제17대 왕. 재위 356~402.
391) 仇梨知級湌: 級湌 仇梨知. 級湌은 17관등 중의 9번째 관등.
392) 貴幢: 三國 통일 이전 新羅의 군대 조직.
393) 裨將: 부대의 副將을 말한다.
394) 旃檀梁: 伽倻國 성문의 이름.

固辭 王强之 請賜閼川[396]不毛之地而已 含始與武官郞[397] 約爲死友[398] 及武官病卒 哭之慟甚 七日亦卒 時年十七歲 [44卷-列傳4-斯多含]

斯多含은 家系는 眞骨로 奈密王(奈勿王)의 7세손이고, 아버지는 級湌 仇梨知이다. 본래 높은 가문의 귀한 자손으로서 풍채가 깨끗하고 준수하며 뜻과 기백이 방정하였다. 당시 사람들이 그를 花郞으로 받들기를 청하므로 마지못해 花郞이 되었다. 그를 따르는 무리가 무려 1천 명이나 되었으며 斯多含은 모두 그들의 환심을 얻었다. 眞興王이 伊湌 異斯夫에게 명하여 加羅國을 습격하게 하자, 이때 斯多含은 십오륙 세의 나이로 종군을 청하였다. 왕은 나이가 너무 어리다 하여 허락하지 않았지만 요청이 간절하고 의지가 확고하기에 드디어 貴幢 裨將으로 임명하였고 그의 郞徒들이 따라 나서는 자가 많았다. 국경에 이르자 원수에게 청하여 그 휘하의 병사를 이끌고 먼저 旃檀梁으로 들어갔다. 그 나라 사람들은 뜻밖에 병사들이 갑자기 들이치기에 놀라 막지도 못하자, 대군이 이 틈을 타서 마침내 그 나라를 멸망시켰다. 군대가 돌아오자 왕은 그의 공훈을 책정하여 加羅 사람 3백을 주었지만 받은 즉시 모두 놓아주어 한 명도 남겨두지 않았다. 또 토지를 하사하였으나 굳이 사양하였다. 왕이 강권하니까 閼川에 있는 불모지만 청할 따름이었다. 斯多含은 처음에 武官郞과 생사를 같이하는 벗이 되기를 약속하였다. 武官이 병들어 죽자 너무 슬프게 울다가 7일 만에 그 역시 죽었다. 그때 나이가 17세였다.

47

乙巴素[399] 高句麗人也 國川王[400]時 沛者[401]於畀留[402]評者[403]左可慮[404]等 皆以外戚擅權 多行不義 國人怨憤 王怒欲誅之 左可慮等謀反 王誅竄之 遂下

---

395) 洎: 曁와 同字.
396) 閼川: 지금의 경상북도 경주시 북천.
397) 武官郞: 자세한 정보는 알 수 없으나 이름으로 보아 다른 花郞 집단으로 추정.
398) 死友: 함께 죽기로 약속한 아주 가까운 친구.
399) 乙巴素: 高句麗 故國川王 대의 國相.
400) 國川王: 故國川王. 高句麗 제9대 왕. 재위 179~197.
401) 沛者: 高句麗 초기 고위 관직.
402) 於畀留: 高句麗 故國川王 대의 왕의 외척.
403) 評者: 高句麗 초기 관직명.
404) 左可慮: 高句麗 故國川王 대의 왕의 외척.

令曰 近者 官以寵授 位非德進 毒流百姓 動我王家 此寡人不明所致也 今汝四部[405] 各擧賢良在下者 於是 四部共擧東部[406]晏留 王徵之 委以國政 晏留言於王曰 微臣庸愚 固不足以參大政 西鴨淥谷左勿村乙巴素者 琉璃王大臣乙素之孫也 性質剛毅 智慮淵深 不見用於世 力田自給 大王若欲理國 非此人則不可 王遣使以卑辭重禮聘之 拜中畏大夫[407] 加爵爲于台[408] 謂曰 孤叨承先業 處臣民之上 德薄材短 未濟於理 先生藏用晦明 窮處草澤者久矣 今不我棄 幡然而來 非獨[409]孤之喜幸 社稷生民之福也 請安承敎 公其盡心

乙巴素는 高句麗 사람이다. (故)國川王 때의 沛者 於畀留와 評者 左可慮 등이 모두 외척의 신분으로 권세를 부리며 옳지 못한 행동을 많이 하기에, 나라 사람들이 원망하고 분개하였다. 왕이 노하여 그들을 목 베려 하자 左可慮 등이 모반하였다. 왕이 그들을 죽이거나 귀양 보내고 드디어 영을 내려 말하였다. "요즈음 벼슬이 총애하는 자들에게 주어지고 지위는 덕행에 의해 나아간 것이 아니어서, 해독이 백성에게 미치며 왕실을 동요시키고 있다. 이것은 과인이 현명하지 못한 탓이다. 이제 너희 4部에서는 각각 아래에 있는 어진 이와 착한 이를 천거하도록 하여라!" 이에 4部에서 모두 東部의 晏留를 천거하자, 왕이 그를 불러 국정을 맡겼다. 晏留가 왕에게 아뢰었다. "미천한 저는 용렬하고 어리석기에 진실로 중대한 정사에 참여하기는 어렵습니다. 西鴨淥谷 左勿村에 사는 乙巴素라는 사람은 琉璃王의 대신 乙素의 후손입니다. 성품이 굳세고 지혜가 깊지만 세상에 쓰이지 못하여 농사를 지으며 살아가고 있습니다. 대왕께서 나라를 다스리려면 이 사람이 아니면 안 될 것입니다."라고 하였다. 왕이 사람을 보내 겸손한 말과 정중한 예로 그를 초빙하여 中畏大夫로 임명하고는, 벼슬을 더해 于台로 삼으며 말하였다. "내가 외람되이 선왕의 위업을 계승하여 신하와 백성의 윗자리에 처하게 되었지만, 덕이 박하고 재능이 모자라 사리에 정통하지 못합니다. 선생이 재주를 감추고 현명함

405) 四部: 高句麗의 행정구역.
406) 東部: 四部의 하나.
407) 中畏大夫: 高句麗의 관직명으로 추정하나 확실치 않다.
408) 于台: 于台(우태)는 高句麗 초기의 관직 체계에서 여섯째 등급의 벼슬이라 한다.
409) 非獨: 다만(단지) ~일 뿐만 아니라.

을 드러내지 않은 채 곤궁하게 초야에 묻힌 지 오래되었으나 지금 나를 버리지 않고 의연히 와주었습니다. 비단 나에게 다행한 일일 뿐만 아니라 社稷과 백성의 福이 됩니다. 차분히 가르침을 받고자 하오니 공은 마음을 다해주기 바랍니다."라고 하였다.

巴素意雖許國 謂所受職 不足以濟事 乃對曰 臣之駑蹇 不敢當嚴命 願大王選賢良 授高官 以成大業 王知其意 乃除爲國相 令知政事 於是 朝臣國戚謂巴素以新間舊 疾之 王有敎曰 無貴賤 苟不從國相者 族[410]之 巴素退而告人曰 不逢時則隱 逢時則仕 士之常也 今 上待我以厚意 其可復念舊隱乎[411] 乃以至誠奉國 明政敎 愼賞罰 人民以安 內外無事 王謂晏留曰 若無子之一言 孤[412]不能得巴素以共理 今 庶績之凝 子之功也 迺拜爲大使者[413] 至山上王七年秋八月 巴素卒 國人哭之慟 [45卷-列傳5-乙巴素]

巴素는 비록 나라에 몸을 바쳐 헌신하기로 하였으나 맡은 바 직위가 일을 하기에는 부족하다 여겨 이내 대답해 말하였다. "신이 둔하고 느려 감히 존엄하신 명령을 감당할 수 없습니다. 원컨대 대왕께서는 현량한 사람을 택하여 높은 관직을 주어 위업을 완수하시옵소서!" 왕이 그의 뜻을 짐작하고 곧 國相으로 삼아 정사를 맡겼다. 이때 조정의 신하들과 외척들은 乙巴素가 새로운 것으로써 옛 것에 틈을 생기게 만든다고 여겨 그를 미워하였다. 왕은 교서를 내려 말하였다. "귀천을 막론하고 만약 國相에게 복종하지 않는 자는 일족을 멸하리라."라고 하자 乙巴素가 물러 나와 사람들에게 말하였다. "때를 만나지 못하면 숨어 살고, 때를 만나면 벼슬을 하는 것이 선비로서 떳떳한 일입니다. 이제 임금께서 나를 후의로 대해주시니 어찌 전일과 같이 은거생활을 생각하겠습니까?" 하고는 곧 至誠으로 나라에 봉사하여 政教를 밝히고 賞罰을 신중하게 처리하자, 백성들이 편안하고 나라 안팎이 무사하였다. 왕이 晏留에게 말하였다. '만약 그대의 한 마디 말이 없었다면, 내가 乙巴素를 얻어 그와 함

---

410) 族: 族滅. 滅族하다.
411) 其~乎: 豈~乎와 같은 뜻.
412) 孤: 임금.
413) 大使者: 高句麗의 고위 관직명.

께 다스리지 못하였을 것이다. 지금 모든 치적이 정돈된 것은 그대의 공로이다.'하며 곧바로 그를 大使者에 임명하였다. 山上王 7년 가을 8월에 乙巴素가 죽자 나라 사람들이 통곡하였다.

48

金后稷[414] 智證王之曾孫 事眞平大王 爲伊湌 轉兵部令 大王頗好田獵 后稷諫曰 古之王者 必一日萬機 深思遠慮 左右正士 容受直諫 孶孶矻矻 不敢逸豫 然後 德政醇美 國家可保 今 殿下日與狂夫獵士 放鷹犬 逐雉兎 奔馳山野 不能自止 老子曰 馳騁田獵 令人心狂 書曰 內作色荒 外作禽荒 有一于此 未或不亡 由是觀之 內則蕩心 外則亡國 不可不省也 殿下其念之 王不從 又切諫 不見聽 後 后稷疾病 將死 謂其三子曰 吾爲人臣 不能匡救君惡 恐大王遊娛不已 以至於亡敗 是吾所憂也 雖死 必思有以悟君 須瘞吾骨於大王遊畋之路側 子等皆從之 他日 王出行 半路有遠聲 若曰莫去 王顧問聲何從來 從者告云 彼后稷伊湌之墓也 遂陳后稷臨死之言 大王潸然流涕曰 夫子忠諫 死而不忘 其愛我也深矣 若終不改 其何顔於幽明之間耶 遂終身不復獵 [45卷-列傳5-金后稷]

金后稷은 智證王의 증손이다. 眞平大王을 섬겨 伊湌으로 있다가 兵部令으로 전임되었다. 대왕이 자못 사냥을 몹시 좋아하자 后稷이 간언하며 "예전 임금들은 반드시 하루에도 만 가지 정사를 보살핌으로써 깊이 생각하고 멀리 고려했습니다. 좌우에 올바른 선비를 두고 그들의 직언을 받아들여 부지런히 힘쓰느라 감히 안일한 마음을 두지 않았습니다. 이렇게 한 다음에야 도덕과 정치가 순후하고 아름다워져 국가가 보전되었습니다. 지금 전하는 매일 정신 나간 자들이나 사냥꾼을 데리고 매와 사냥개를 풀어 놓아 꿩과 토끼를 잡기 위하여 산과 들로 뛰어다니는 것을 스스로 멈추지 않고 있습니다. 『老子』는 '말 달리며 사냥하는 일은 사람 마음을 미치게 한다.' 하였고, 『書經』에서는 '안으로 여색에 빠지거나 밖으로 사냥에 탐닉하는 일, 이 중에 한 가지만 있어도 망하지 않을 수 없다.' 하였습니다. 이로 보면 사냥이란 안으로 마음을 방탕

414) 金后稷: 新羅 眞平王 때의 충신.

하게 하고, 밖으로 나라를 망치는 것이니 살피지 않을 수 없습니다. 전하께서는 이를 유념하시길 바랍니다." 그러나 왕이 듣지 않자 다시 간절히 간언하였고 역시 받아들이지 않았다. 후에 后稷의 병이 위중하여 죽음을 앞두자 자기의 세 아들에게 말하였다. "내가 신하된 자로 임금의 허물을 바로잡지 못하였다. 대왕께서 놀고 즐기는 일을 그치지 않아 패망에 이르게 될까 두려우니 이것이 내가 근심하는 것이다. 비록 죽어서라도 꼭 임금을 깨우쳐주고자 한다. 나의 뼈를 대왕이 사냥 다니시는 길옆에 묻어 달라."라고 하자 아들들이 모두 그 말대로 하였다. 다른 날 왕이 사냥을 가다가 도중에 아득한 소리가 들렸는데 마치 "가지 마시옵소서!"라고 하는 것 같았다. 왕이 돌아보며 묻기를, "소리가 어디서 나느냐?"라고 하자 종자가 "저 소리는 伊湌 后稷의 무덤에서 나는 것입니다."라 하며 드디어 后稷이 죽을 때 한 말을 아뢰었다. 대왕이 눈물을 흘리면서 "저 사람은 충성으로 간언하다가 죽어서도 잊지 않았으니, 나를 사랑하는 마음이 깊구나. 끝내 허물을 고치지 않는다면 살아서나 죽어서나 무슨 면목으로 그를 대하겠는가!" 하고는 마침내 생을 다하도록 다시는 사냥하지 않았다.

49

祿眞[415] 姓與字未詳 父秀奉一吉湌[416] 祿眞二十三歲始仕 屢經內外官 至憲德大王[417] 十年戊戌 爲執事侍郎[418] 十四年 國王無嗣子 以母弟[419] 秀宗[420] 爲儲貳[421] 入月池宮 時 忠恭角干[422] 爲上大等[423] 坐政事堂[424] 注擬內外官 退公感疾 召國醫[425] 診脈 曰 病在心臟 須服龍齒湯 遂告暇三七日 杜門不見賓客

---

415) 祿眞: 9세기 新羅의 直臣.
416) 秀奉一吉湌: 一吉湌 秀奉.
417) 憲德大王: 新羅 제41대 왕. 재위 809~826.
418) 執事侍郎: 新羅의 관직.
419) 母弟: 同腹의 아우.
420) 秀宗: 憲德王의 친동생.
421) 儲貳: 皇太子.
422) 忠恭角干: 角干 忠恭. 新羅의 정치가. 元聖王의 손자. 閔哀王의 아버지.
423) 上大等: 新羅 때의 관직.
424) 政事堂: 新羅 초기에 신료들이 모여서 국사를 의논하던 政廳.
425) 國醫: 나라 안에서 가장 뛰어난 의사. 上醫.

祿眞의 姓과 字는 자세하지 않으나 아버지는 一吉湌 秀奉이다. 祿眞은 23세에 비로소 관직에 올라 여러 차례 내외 관직을 역임하다가 憲德大王 10년 戊戌에 執事侍郎이 되었다. 14년, 국왕이 대를 이을 아들이 없자 친아우 秀宗을 태자로 삼아 月池宮에 들였다. 그때 각간 忠恭이 上大等이 되어 政事堂에 앉아 내외의 관리들을 심사했다. 하루는 퇴근하여 병이 들었다. 國醫를 불러 진맥하니 말하였다. "병이 심장에 있습니다. 반드시 龍齒湯을 복용해야 합니다."라고 하자 드디어 21일 간의 휴가를 얻어 문을 닫아걸고 손님을 만나지 않았다.

於是 祿眞造而請見 門者拒焉 祿眞曰 下官[426)]非不知相公移疾謝客 須獻一言於左右 以開鬱悒之慮 故此來耳 若不見 則不敢退也 門者再三復之 於是引見 祿眞進曰 伏聞寶體不調 得非早朝晩罷 蒙犯風露 以傷榮衛[427)]之和 失支體之安乎 曰 未至是也 但昏昏嘿嘿 精神不快耳 祿眞曰 然則公之病 不須藥石[428)] 不須針砭[429)] 可以至言高論 一攻而破之也 公將聞之乎 曰 吾子不我遐遺 惠然光臨 願聽玉音 洗我胸臆

이때 祿眞이 가서 만나기를 청했으나 문지기가 막았다. 祿眞이 말하였다. "나는 상공께서 병을 옮길까 손님을 사절하는 것을 모르는 바 아닙니다. 모름지기 한 마디 말씀을 좌우에 드려서 답답한 마음을 풀어드려야 하겠기에 일부러 이렇게 온 것입니다. 만나지 않고는 물러나지 않겠습니다."라고 하자 문지기가 두세 번 반복해 전하고서야 이에 불러들여 만나주었다. 祿眞이 들어가 말하였다. "제가 듣건대 귀한 몸이 편치 않다 하셨습니다. 아침 일찍 조정에 나가 저녁 늦게 퇴청하다 찬바람과 이슬을 맞아 혈기의 조화를 해치고 사지의 평안을 잃은 것이 아니겠습니까?"라고 하였다. 그러자 "아직 그렇게까지 되지는 않았소. 다만 어질어질하여 정신이 상쾌하지 못할 뿐이라오."라고 하였다. 祿眞이 "그렇다면 공의 병은 약이나 침으로가 아니라 지극한 말과 고상

426) 下官: 祿眞을 말한다.
427) 榮衛: 榮은 血, 衛는 氣. 血氣.
428) 藥石: 병을 치료하는 方藥과 침.
429) 針砭: '針'은 쇠로 만든 침, '砭'은 돌로 만든 침으로, 병을 치료하던 方術을 말한다.

한 담론으로 단번에 쳐서 고칠 수 있을 것입니다. 공께서는 이를 들어주시겠습니까?"라고 하자 말하였다. "그대가 나를 멀리 여기지 않고 고맙게 이렇게 와주었으니, 귀중한 말로 들려주어 내 가슴 속을 씻어 주기 바란다오."

祿眞曰 彼梓人[430)]之爲室也 材大者爲梁柱 小者爲椽榱 偃者植者各安所施 然後 大廈成焉 古者 賢宰相之爲政也 又何異焉 才巨者 置之高位 小者授之薄任 內則六官[431)]百執事[432)] 外則方伯[433)]連率[434)]郡守[435)]縣令[436)] 朝無闕位 位無非人 上下定矣 賢不肖分矣 然後 王政成焉 今則不然 徇私而滅公 爲人而擇官 愛之則雖不材 擬送於雲霄[437)] 憎之則雖有能 圖陷於溝壑 取捨混其心 是非亂其志 則不獨[438)]國事溷濁 而爲之者 亦勞且病矣 若其當官淸白 蒞事恪恭 杜貨賂之門 遠請託之累 黜陟只以幽明 予奪不以愛憎 如衡焉 不可枉以輕重 如繩焉 不可欺以曲直 如是 則刑政允穆 國家和平 雖曰開孫弘[439)]之閤 置曹參[440)]之酒 與朋友故舊 談笑自樂可也 又何必區區於服餌之間 徒自費日廢事爲哉[441)]

祿眞이 말하였다. "목수가 집을 지을 때 재목으로 큰 것은 들보와 기둥을 만들고 작은 것은 서까래를 만듭니다. 굽은 것과 바른 것을 각각 적당한 곳에 자리 잡게 한 뒤에야 큰 집을 짓을 수 있습니다. 옛날에 어진 재상이 정치를 하는 것도 또한 무엇이 이것과 달랐겠습니까? 재주가 큰 자는 높은 자리에

430) 梓人: 목수의 우두머리.
431) 六官: 周代의 행정조직.
432) 執事: 행정조직.
433) 方伯: 한 지방의 통치 책임을 맡은 관료.
434) 連率: 太守의 별칭.
435) 郡守: 新羅의 縣에 두었던 少守인 듯.
436) 縣令: 작은 縣에 파견된 지방관.
437) 雲霄: 높은 지위.
438) 不獨: 다만(단지) ~뿐만 아니라.
439) 孫弘: 公孫弘. 중국 漢나라 武帝 때의 政丞. 자기 집을 개방하여 정치에 대한 자문을 구한 것으로 유명하다.
440) 曹參: 曹參. 중국 漢나라 惠帝 때의 政丞. 다른 사람이 정치에 대한 의견을 내려고 하면 술을 취하도록 먹여서 아무 말도 못하게 한 것으로 유명하다.
441) 何必~哉: 反語의 뜻.

앉히고 재주가 작은 자는 가벼운 임무를 주었습니다. 안으로는 六官과 온갖 執事들로부터 밖으로는 方伯, 連率, 郡守, 縣令에 이르기까지 朝廷에 비어있는 직위가 없고 직위마다 적임자가 아닌 경우가 없었습니다. 위아래가 정해지고 현명한 자와 어리석은 자가 구분되어 그렇게 한 뒤에야 王政이 이루어졌습니다. 그런데 지금은 그렇지 못하여 사정에 끌려 공적인 것을 그르치며 사람을 위하여 관직을 골랐습니다. 아끼는 사람이면 비록 재목감이 아니더라도 아주 높은 직을 주려하고 미워하는 사람이면 비록 유능하더라도 구렁텅이에 빠뜨리려 하였습니다. 택하고 버림에 있어서 그 마음이 혼란스럽고, 옳고 그름에 있어서 그 뜻이 이지러졌습니다. 그런즉 나라 일이 혼탁해질 뿐만 아니라 그 일을 담당하는 사람도 수고롭고 병이 났던 것입니다. 만약 관직을 맡아 청렴하게 하고 일에 있어서 삼가고 공손하게 하며, 뇌물이 오가는 문을 막고 청탁의 폐단을 멀리하며, 승진과 강등을 오로지 暗愚와 賢明에 따라 하며 관직을 주고 빼앗는 것을 愛憎에 의해서 하지 않는다면, 마치 저울처럼 가볍고 무거움을 왜곡할 리 없고 먹줄처럼 굽고 곧음을 속이지 않을 것입니다. 이와 같이 하면 형벌과 정치가 믿음직스럽고 국가가 화평질 것입니다. 비록 公孫弘과 같이 문을 활짝 열어 놓고, 曹參과 같이 잔치를 베풀어 벗들이나 오랜 친구들과 함께 담소하며 즐겨도 좋을 것입니다. 어찌하여 꼭 구구하게 服藥하기에만 몰두함으로써 부질없이 스스로 시일을 소비하고 정사를 폐하려 하십니까?"

角干 於是 謝遣醫官 命駕朝王室 王曰 謂卿剋日服藥 何以來朝 答曰 臣聞祿眞之言 同於藥石 豈止飮龍齒湯而已哉 因爲王一一陳之 王曰 寡人爲君 卿爲相 而有人直言如此 何喜如焉 不可使儲君不知 宜往月池宮 儲君聞之 入賀曰 嘗聞君明則臣直 此亦國家之美事也 後 熊川州都督憲昌[442]反叛 王擧兵討之 祿眞從事有功 王授位大阿湌 辭不受 [45卷-列傳5-祿眞]

---

442) 熊川州都督憲昌: 熊川州의 都督 憲昌. 憲貞이라고도 함. 太宗 武烈王의 7세손으로 아버지는 上大等을 지낸 周元이었다. 熊川州는 지금의 충남 공주시 일대.

角干이 그제야 醫官을 사례하여 보내고 수레를 준비하여 왕궁으로 入朝하자 왕이 말하였다. “나는 卿이 기일을 정해 약을 복용하리라 생각하였는데 무엇 까닭으로 入朝하였는가?” 忠恭이 대답하기를, “신이 祿眞의 말을 들으니 약과 침과 같았습니다. 어찌 龍齒湯을 마시는 것에 비교할 수 있겠습니까!” 그리고는 왕에게 祿眞의 말을 일일이 아뢰자 왕이 말하였다. “寡人이 임금으로 있고 卿이 宰相으로 있으면서, 이와 같이 바른 말 하는 사람이 있으니 얼마나 기쁜 일이겠는가? 太子에게 알리지 않을 수 없어 의당 月池宮으로 가야 하겠다.” 太子가 이 말을 듣고 들어와 경하하며 “일찍이 듣건대, 임금이 밝으면 신하가 정직하다고 합니다. 이 역시 나라의 아름다운 일입니다.” 그 후 熊川州都督 金憲昌이 반란을 일으키자 왕이 군사를 일으켜 토벌했는데, 祿眞이 종군하여 공이 있었다. 왕이 大阿飡 벼슬을 주었지만, 사양하고 받지 않았다.

50

密友紐由[443)]者 並高句麗人也 東川王二十年 魏幽州[444)]刺史[445)]毌丘儉[446)]將兵來侵 陷丸都城 王出奔 將軍王頎[447)]追之 王欲奔南沃沮 至于竹嶺[448)]軍士奔散殆盡 唯東部[449)]密友 獨在側 謂王曰 今追兵甚迫 勢不可脫 臣請決死而禦之 王可遁矣 遂募死士 與之赴敵力戰 王僅得脫而去 依山谷 聚散卒自衛 謂曰 若有能取密友者 厚賞之 下部劉屋句前對曰 臣試往焉 遂於戰地見密友伏地 乃負而至 王枕之以股 久而乃蘇

密友와 紐由는 모두 高句麗 사람이다. 東川王 20년, 魏의 幽州刺史 毌丘儉이 군사를 거느리고 침입하여 丸都城을 함락시키자 왕이 성을 나와 달아나자 장군 王頎가 뒤를 좇았다. 왕이 南沃沮로 달아나기 위해 竹嶺에 이르렀을 때,

---

443) 密友紐由: 高句麗 東川王 때의 두 충신인 密友와 紐由.
444) 幽州: 지금의 중국 北京市 부근.
445) 刺史: 唐나라 때 州의 행정을 담당한 長官.
446) 毌丘儉: 중국 三國시대 魏의 武將. 毌丘儉은 오랫동안 ‘관구검’으로 읽어 왔으나 ‘毋丘氏造像碑(무구씨조상비)’의 발견으로 ‘무구검’임이 밝혀졌다. ‘毋丘(무구)’가 姓이다. ‘관’으로 읽어 온 것은 ‘毌(관)’과 ‘毋(무)’가 모양이 거의 비슷한 글자인데서 비롯되었다.
447) 王頎: 중국 東萊人. 毋丘儉의 명에 따라 왕을 일천리까지 추격하였다.
448) 南沃沮~竹嶺: 지금의 위치는 未詳이다.
449) 東部: 高句麗 수도의 5부 중의 하나.

군사들이 거의 다 흩어지고 오직 東部의 密友만이 혼자 왕 옆을 지키고 있었다. 그가 왕에게 아뢰었다. "이제 추격해오는 병사가 매우 가까이 있어 형세를 가히 벗어날 수 없습니다. 신이 결사적으로 막겠으니 왕께서는 도망가시옵소서." 드디어 결사대를 모아 그들과 함께 적진으로 달려가 힘껏 싸웠다. 왕은 이 틈을 타서 겨우 탈출하고 가다가, 산골짜기에 의지하여 흩어진 병졸들을 모아 스스로를 방위하였다. 그리고는 "만약 密友를 찾아올 수 있는 자가 있다면 후한 상을 줄 것이다." 하니 下部 사람 劉屋句가 앞으로 나와 대답하기를, "신이 가보겠습니다." 하였다. 마침내 싸움터로 가서 땅에 쓰러져 있는 密友를 발견하고는 즉시 업고 왔다. 왕이 그를 다리에 눕히자 한참을 지나서야 소생하였다.

王間行轉輾 至南沃沮 魏軍追不止 王計窮勢屈 不知所爲 東部人紐由進曰 勢甚危迫 不可徒死 臣有愚計 請以飮食 往犒魏軍 因伺隙 刺殺彼將 若臣計得成 則王可奮擊決勝 王曰 諾 紐由入魏軍 詐降曰 寡君獲罪於大國 逃至海濱 措躬無地矣 將以請降於陣前 歸死司寇[450] 先遣小臣 致不腆之物 爲從者羞 魏將聞之 將受其降 紐由隱刀食器 進前拔刀 刺魏將胸 與之俱死 魏軍遂亂 王分軍爲三道 急擊之 魏軍擾亂 不能陳 遂自樂浪而退 王復國論功 以密友紐由 爲第一 賜密友巨谷青木谷 賜屋句鴨綠豆訥河原 以爲食邑 追贈紐由爲九使者[451] 又以其子多優爲大使者 [45卷-列傳5-密友紐由]

왕은 샛길로 이리저리 헤매다가 南沃沮에 이르렀지만 魏軍은 추격을 멈추지 않았다. 왕은 계책이 다하고 형세도 꺾여 어쩔 할 줄 몰랐다. 東部 사람 紐由가 나와 말하였다. "형세가 매우 위급하나 헛되이 죽을 수 없습니다. 신에게 어리석은 계책이 있는데, 음식을 가지고 가서 魏軍을 대접하는 척 하다가 틈을 보아 저들의 장수를 찔러 죽이고자 합니다. 만약 신의 계책이 성공한다면 왕께서 떨쳐 공격해 승리를 결판내시옵소서."라고 하자 왕이 "좋다." 하였다. 紐由가 魏의 군중에 들어가서 거짓으로 항복하고 말하였다. "우리 임금이

---

450) 司寇: 형벌을 맡은 관리.
451) 九使者: 高句麗의 官等 이름.

大國에 죄를 짓고 도망하여 바닷가에 이르렀지만 몸 둘 곳이 없습니다. 장차 貴國 진영 앞에 나와 항복하고 司寇에게 목숨을 맡기려 합니다. 먼저 저를 보내 변변치 않은 음식으로 從軍하는 사람들을 대접하겠습니다." 魏의 장수가 이 말을 듣고 항복을 받아들이려고 했다. 紐由가 칼을 음식 그릇에 숨겼다가 앞으로 달려들어 칼을 뽑아 魏將의 가슴을 찌르고 그와 함께 죽자, 魏나라 군중이 갑자기 소란스러워졌다. 왕은 군대를 세 길로 나누어 급히 그들을 공격하였다. 魏軍이 요란해지며 진을 치지도 못하자, 드디어 樂浪으로부터 물러갔다. 왕은 서울로 돌아와 戰功을 논의하여 密友와 紐由를 제일로 삼아 密友에게 巨谷과 青木谷을 하사하였고, (劉)屋句에게 鴨綠의 豆訥河原을 하사하여 食邑으로 삼게 하였다. 紐由에게는 九使者를 추증하였고, 또한 그의 아들 多優를 大使者로 삼았다.

51

明臨荅夫[452] 高句麗人也 新大王時 爲國相 漢玄菟郡太守耿臨[453] 發大兵欲攻我 王問群臣戰守執便 衆議曰 漢兵 恃衆輕我 若不出戰 彼以我爲怯 數來 且我國山險而路隘 此所謂一夫當關 萬夫莫當者也 漢兵雖衆 無如我何[454] 請出師禦之 荅夫曰 不然 漢國大民衆 今以强兵遠鬪 其鋒不可當也 而又兵衆者宜戰 兵少者宜守 兵家之常也 今 漢人千里轉糧 不能持久 若我深溝高壘 清野[455]以待之 彼必不過旬月 饑困而歸 我以勁卒迫之 可以得志 王然之 嬰城固守 漢人攻之不克 士卒饑餓引還 荅夫帥師數千騎 追之 戰於坐原 漢軍大敗 匹馬不反 王大悅 賜荅夫坐原及質山 爲食邑 十五年秋九月 卒 年百十三歲 王自臨慟 罷朝七日 以禮葬於質山 置守墓二十家

[45卷-列傳5-明臨荅夫]

---

452) 明臨荅夫: 明臨答夫. 高句麗의 귀족.
453) 漢玄菟郡太守耿臨: 漢나라 玄菟郡 太守 耿臨. 耿臨은 중국 後漢 때의 인물.
454) 如~何: ~를 ~어떻게 하나?
455) 清野: 들의 작물을 거두거나 가옥을 철거하여 쳐들어오는 적에게 양식, 또는 宿舍의 편의를 주지 아니함.

明臨荅夫는 高句麗 사람이다. 新大王 때 國相이 되었다. 漢나라 玄菟郡 太守 耿臨이 대군을 일으켜 우리를 공격하였다. 왕이 여러 신하들에게 '공격과 방어 중 어느 것이 유리한가?'를 묻자, 여러 사람들이 의논하여 말하였다. "漢나라 군사는 병사의 수가 많은 것을 믿고 우리를 업신여깁니다. 만약 나아가 싸우지 않는다면 저들이 우리를 비겁하다 하여 자주 올 것입니다. 또한 우리나라는 산이 험하고 길이 좁아 이는 한 명이 관문을 지켜도 만 명이 당해낼 수 없는 형국입니다. 漢나라 군사가 비록 많다고 하지만 우리에게 어떻게 할 수는 없을 것입니다. 청컨대 군대를 출동시켜 막으시옵소서."라고 하자 荅夫가 말하였다. "그렇지 않습니다. 漢은 나라가 크고 백성은 많습니다. 지금 强兵으로 멀리서 쳐들어왔으니 그 예봉을 당해낼 수 없습니다. 또한 병사가 많은 경우에는 마땅히 싸워야 하고, 병사가 적은 경우에는 지켜야 하는 것이 兵家의 법칙입니다. 이제 漢나라 사람들은 천릿길로 군량을 운반해 왔기 때문에 오래 버티지 못할 것입니다. 만약 우리가 도랑을 깊이 파고, 보루를 높이 쌓으며, 들판의 곡식을 모두 비워놓고 기다린다면 저들은 반드시 한 달도 안 되어 굶주리고 지쳐서 돌아갈 것입니다. 그때 우리가 굳센 병사들로 들이닥친다면 뜻대로 될 수 있을 것입니다." 왕이 그렇다고 여겨 성문을 닫고 굳게 지켰다. 漢나라 사람들이 공격하였지만 이기지 못하고 장수와 병졸들이 굶주리자 군대를 이끌고 돌아갔다. 荅夫가 수천의 기병을 거느리고 그들을 추격하여 坐原에서 싸우자, 漢軍이 대패하여 한 필의 말도 돌아가지 못하였다. 왕이 크게 기뻐하여 荅夫에게 坐原과 質山을 하사하여 食邑으로 삼게 하였다. 그가 15년 가을 9월에 죽었는데 나이가 113세였다. 왕이 친히 가서 애통해하고 7일간 조정의 업무를 중지하였으며, 예를 갖추어 質山에 장사 지내고 20가의 묘지기를 두었다.

53

朴堤上[456] 始祖赫居世之後 婆娑尼師今五世孫 祖 阿道葛文王[457] 父 勿品波珍飡[458] 堤上仕爲歃良州干[459] 先是 實聖王[460]元年壬寅 與倭國講和 倭

---

456) 朴堤上: 新羅 訥祗王 때의 충신.
457) 阿道葛文王: 阿道 葛文王. 新羅의 眞骨 귀족. 朴堤上의 할아버지.

王請以奈勿王之子未斯欣[461]爲質 王嘗恨奈勿王使己質於高句麗 思有以釋憾於其子 故不拒而遣之 又十一年壬子 高句麗亦欲得未斯欣之兄卜好[462]爲質 大王又遣之 及訥祇王卽位 思得辯士 往迎之 聞水酒村干[463]伐寶靺一利村干[464]仇里迺利伊村干[465]波老三人有賢智 召問曰 吾弟二人 質於倭麗[466]二國 多年不還 兄弟之故 思念不能自止 願使生還 若之何而可 三人同對曰 臣等聞歃良州干堤上 剛勇而有謀 可得以解殿下之憂

朴堤上은 始祖 赫居世의 후손이고, 婆娑尼師今의 5세손이다. 할아버지는 阿道葛文王이며, 아버지는 波珍湌 勿品이다. 堤上은 벼슬길에 나아가 歃良州干이 되었다. 이보다 앞서 實聖王 元年 壬寅, 倭國과 화친을 맺을 때, 倭王이 奈勿王의 아들 未斯欣을 볼모로 요구하였다. 實聖王은 일찍이 奈勿王이 자신을 高句麗에 볼모로 보낸 것에 대해 한스럽게 여겨 奈勿王의 아들에게 분풀이하려는 마음을 먹고 있었기 때문에, 거절하지 않고 보냈다. 또한 11년 壬子, 高句麗에서도 未斯欣의 형 卜好를 볼모로 삼으려 할 때 대왕이 또 그를 보냈다. 訥祇王은 즉위하자 말 잘하는 사람을 구해 그들을 데려오려고 하였다. 대왕은 水酒村 干 伐寶靺, 一利村 干 仇里迺, 利伊村 干 波老 등 세 사람이 어질고 지혜가 있다는 말을 듣고 그들을 불러 물었다. “나의 두 아우가 倭와 高句麗 두 나라에 볼모로 가서 여러 해 동안 돌아오지 못하고 있다. 형제인 까닭에 그리운 생각을 스스로 억제할 수 없다. 그들을 살아 돌아오게 하고 싶은데 어떻게 하면 좋겠느냐?” 세 사람이 다 같이 아뢰었다. “신들은 歃良州 干 堤上이 굳세고 용감하며 지모가 있다 들었습니다. 그가 전하의 근심을 풀어 드릴 수 있을 것입니다.”라고 하였다.

---

458) 勿品波珍湌: 波珍湌 勿品. 朴堤上의 아버지.
459) 歃良州干: 歃良州의 지배자. 歃良州는 지금의 경상남도 양상시.
460) 實聖王: 新羅 제18대 왕.
461) 未斯欣: 美海 또는 未叱喜라고 한다. 奈勿王의 아들. 訥祇王의 동생.
462) 卜好: 寶海라고도 한다. 奈勿王의 아들. 訥祇王의 동생.
463) 水酒村干: 水酒村의 우두머리.
464) 一利村干: 一利村의 우두머리.
465) 利伊村干: 利伊村의 우두머리.
466) 倭麗: 倭와 高句麗.

於是 徵堤上使前 告三臣之言 而請行 堤上對曰 臣雖愚不肖 敢不唯命祗承 遂以聘禮入高句麗 語王曰 臣聞交隣國之道 誠信而已 若交質子 則不及五霸[467] 誠末世之事也 今 寡君之愛弟在此 殆將十年 寡君以鶺鴒在原[468]之意 永懷不已 若大王惠然歸之 則若九牛之落一毛[469] 無所損也 而寡君之德大王也 不可量也 王其念之 王曰 諾 許與同歸 及歸國 大王喜慰曰 我念二弟 如左右臂 今只得一臂 奈何

이에 堤上을 불러 오게 하여 세 신하의 말을 일러주고 갈 것을 요청하자 堤上이 대답하였다. "신이 비록 어리석고 불초하나 감히 명을 따르지 않겠습니까?" 드디어 방문의 예를 갖추어 高句麗로 들어가서 왕에게 말했다. "신이 듣건대 이웃나라와 교유하는 도리는 정성과 믿음뿐이라고 합니다. 자식을 볼모로 교환하는 것과 같은 일은 五霸만도 못한 것이니 진실로 말세의 일입니다. 지금 우리 임금의 사랑하는 아우가 여기에 있은 지 거의 10년이나 됩니다. 우리 임금은 鶺鴒이 들판에 있는 듯이 오랫동안 잊지 못하고 있습니다. 만일 대왕께서 은혜롭게 그를 돌려보내 주신다면 마치 아홉 마리 소에서 터럭이 하나 빠진 정도와 같아 손해 될 것이 없고, 저희 임금도 대왕께 입는 은덕은 헤아릴 수 없게 될 것입니다. 왕께서는 이를 생각해 보시옵소서!" 왕은 "좋다."고 하면서 함께 돌아가는 것을 허락하였다. 그들이 귀국하자 대왕은 기뻐하면서 노고를 위로하며 말했다. "나의 두 아우에 대한 생각이 마치 두 팔과 같은데, 지금 다만 한 팔만 찾았으니 어쩌면 좋을 것인가?"

堤上報曰 臣雖奴才 旣以身許國 終不辱命 然 高句麗大國 王亦賢君 是故 臣得以一言悟之 若倭人 不可以口舌諭 當以詐謀 可使王子歸來 臣適彼 則 請以背國論使彼聞之 乃以死自誓 不見妻子 抵栗浦[470] 汎舟向倭 其妻聞之

467) 五霸: 중국 春秋시대의 封建諸侯로서 霸權을 장악하였던 다섯 諸侯를 말함. 齊 桓公, 晉 文公, 秦 穆公, 宋 襄公, 楚 莊王. 또 秦 穆公, 宋 襄公 대신에 吳 夫差와 越 句踐을 이르기도 한다.

468) 鶺鴒在原: 鶺鴒은 首尾가 서로 응하므로, 형제가 급한 일이나 어려운 일을 당하여 서로 돕는 비유로 쓰인다.

469) 九牛之落一毛: 많은 수에서 극소한 일부분이라는 뜻.

470) 抵栗浦: 抵栗浦. 栗浦는 지금의 울산광역시 울주군.

奔至浦口 望舟大哭曰 好歸來 堤上回顧曰 我將命入敵國 爾莫作再見期 遂徑入倭國 若叛來者 倭王疑之 百濟人 前入倭 讒言新羅與高句麗謀侵王國 倭遂遣兵 邏戍新羅境外 會高句麗來侵 幷擒殺倭邏人 倭王乃以百濟人言爲實 又聞羅王囚未斯欣堤上[471)]之家人 謂堤上實叛者

堤上이 아뢰었다. "신은 비록 재주가 우둔하나 이미 몸을 나라에 바쳤으니 끝까지 명을 욕되게 하지 않겠습니다. 그러나 高句麗는 큰 나라이고 왕 또한 어진 임금이라 이런 이유로 신이 한 마디 말로써 그를 깨닫게 할 수 있었으나, 倭人 같은 경우는 말로써 깨우칠 수 없습니다. 속임수를 써야 왕자를 돌아오게 할 수 있을 것입니다. 신이 저 곳에 가거든 나라를 배반하였다는 이야기를 퍼뜨려서 저들이 그 소문을 듣게 하시옵소서." 이에 堤上은 죽기를 맹세하고 처자식도 만나지 않은 채 栗浦로 가서 배를 띄워 倭로 향하였다. 그의 아내가 이 소식을 듣고 포구로 달려와 배를 바라보며 크게 통곡하고 말했다. "잘 다녀오십시오."라고 하자 堤上이 돌아보면서 말했다. "내가 명을 받들어 적국으로 들어가는 것이다. 그대는 다시 만날 것을 기대하지 마오." 드디어 곧바로 倭國에 들어가 마치 반역하고 오는 사람처럼 하였지만, 倭王이 그를 의심하였다. 百濟 사람이 앞서 倭에 들어와 터무니없는 말로, '新羅와 高句麗가 왕의 나라를 침입하려고 모의한다.'고 하였다. 倭가 드디어 군사를 보내 新羅 국경 밖에서 순행하며 지키게 하자, 마침 高句麗가 침입하여 아울러 倭의 순찰병을 잡아 죽였다. 倭王은 이에 百濟人의 말을 사실로 여겼다. 또한 新羅王이 未斯欣과 堤上의 집안사람들을 가두었다는 소식을 듣게 되자, 堤上을 정말 배반자라고 생각하였다.

於是 出師將 襲新羅 兼差堤上與未斯欣爲將 兼使之鄕導 行至海中山島[472)] 倭諸將密議 滅新羅後 執堤上未斯欣妻孥以還 堤上知之 與未斯欣乘舟遊 若捉魚鴨者 倭人見之 以謂無心喜焉 於是 堤上勸未斯欣潛歸本國 未斯欣曰 僕奉將軍如父 豈可獨歸 堤上曰 若二人俱發 則恐謀不成 未斯欣抱堤上項 泣辭而歸 堤上獨眠室內 晏起 欲使未斯欣遠行 諸人問 將軍何起之晚

---

471) 未斯欣堤上: 未斯欣과 朴堤上.
472) 海中山島: 현재의 對馬島.

答曰 前日 行舟勞困 不得夙興 及出 知未斯欣之逃 遂縛堤上 行舡追之 適煙霧晦冥 望不及焉

이에 倭는 군사를 내어 新羅를 습격하기로 하고, 堤上과 未斯欣을 장수로 삼아 그들을 길잡이가 되게 하였다. 행렬이 바다 한 가운데 섬에 이르자 倭의 여러 장수들은 은밀히 의논하기를, '新羅를 멸한 뒤에 堤上과 未斯欣의 처자를 잡아오자.'고 하였다. 堤上이 이를 알고 未斯欣과 함께 배를 타고 놀며 마치 물고기와 오리를 잡는 것처럼 하였다. 倭人들은 이를 보고 딴 마음이 없다 여기며 기뻐하였다. 이때 堤上이 未斯欣에게 본국으로 몰래 돌아갈 것을 권하자 堤上이 말했다. "제가 장군을 아버지처럼 받들고 있는데 어찌 저 혼자 돌아갈 수 있겠습니까?" 堤上이 말했다. "만약 두 사람이 함께 떠난다면 일이 이루지 못할까 염려됩니다." 未斯欣은 堤上의 목을 끌어안고 울며 하직하고 新羅로 돌아왔다. 堤上은 방안에서 혼자 자고 늦게 일어나면서, 未斯欣이 멀리 도망갈 수 있도록 하였다. 여러 사람들이, '장군은 어찌 일어나시는 게 늦느냐?'고 묻자, 堤上이 대답하였다. "어제 뱃놀이로 피곤하여 일찍 일어날 수 없었다." 하였다. 섬을 떠날 때에 이르러야 未斯欣이 도망한 것을 알았다. 드디어 堤上을 포박하고 배를 달려 추격하였으나, 마침 안개가 연기처럼 어두컴컴하게 끼어 바라볼 수가 없었다.

歸堤上於王所 則流於木島[473] 未幾 使[474]人以薪火燒爛支體 然後 斬之 大王聞之哀慟 追贈大阿飡 厚賜其家 使未斯欣 娶其堤上之第二女爲妻 以報之 初 未斯欣之來也 命六部[475]遠迎之 及見 握手相泣 會兄弟置酒極娛 王自作歌舞 以宣其意 今 鄕樂憂息曲[476] 是也 [45卷-列傳5-朴堤上]

堤上을 倭王이 있는 곳에 돌려보내자 木島에 유배시켰다가 얼마 안 있어 사람을 시켜 장작불로 온 몸을 태운 뒤에 목을 베었다. 대왕이 이 소식을 듣고 애통해하면서 大阿飡을 추증하고 그의 가족들을 후하게 상을 내렸다. 未斯欣

473) 木島: 新羅와 日本 사이에 있는 섬으로 추정.
474) 使: 使役의 뜻.
475) 六部: 新羅의 귀족이 살던 慶州.
476) 憂息曲: 考慮 중엽까지 鄕樂으로 전했으나 지금은 전해지지 않는다.

에게는 堤上의 둘째 딸을 데려다가 아내로 삼게 하여 은혜에 보답하였다. 처음에 未斯欣이 돌아왔을 때 6部에 명하여 멀리 나가서 그를 맞게 하였고, 만나게 되자 손을 붙잡고 서로 울었다. 형제들이 모여 술을 마시면서 마음껏 즐기다가 왕이 스스로 가무를 짓고 그 뜻을 펼쳐 보였는데, 지금의 鄕樂 憂息曲이 그것이다.

55

溫達[477] 高句麗平岡王[478]時人也 容貌龍鍾[479]可笑 中心則曉然 家甚貧 常乞食以養母 破衫弊履 往來於市井間 時人目之爲愚溫達 平岡王少女兒好啼 王戱曰 汝常啼聒我耳 長必不得爲士大夫妻 當歸之愚溫達 王每言之

溫達은 高句麗 平岡王 때 사람이다. 용모는 비씩 마르고 꾀죄죄하여 우십게 생겼지만 마음씨는 빛이 났다. 집안이 몹시 가난하여 항상 밥을 빌어다 어머니를 봉양하였다. 떨어진 옷과 해진 신발을 신고 저자거리를 왕래하여, 당시 사람들이 그를 '바보 溫達'이라 일컬었다. 平岡王의 어린 딸이 울기를 잘하자 왕은 놀래며 말했다. "네가 항상 울어대 내 귀를 시끄럽게 하는구나. 성장하면 반드시 사대부의 아내가 못되고 바보 溫達에게나 시집보내야겠다."며 왕은 매번 이런 말을 하였다.

及女年二八 欲下嫁於上部高氏[480] 公主對曰 大王常語 汝必爲溫達之婦 今何故改前言乎 匹夫猶不欲食言[481] 況至尊乎[482] 故曰 王者無戱言 今大王之命 謬矣 妾不敢祗承 王怒曰 汝不從我敎 則固不得爲吾女也 安用同居 宜從汝所適矣

---

477) 溫達: 高句麗 平原王 때의 平壤 출신 장군. 부인은 平原王의 딸 平岡公主.

478) 平岡王: 高句麗 제25대 平原王. 재위 559~590.

479) 龍鍾: 龍鐘. 龍鐘은 龍을 새긴 鐘인데, 龍이 노쇠하여 눈물을 흘리고 있는 모양이라 한다. 때문에 龍鐘은 보통 늙고 병들어 수족을 놀리는 것도 여의치 못함을 나타낸다. 여기서는 아마도 잘 못 먹어 마르고, 핏기 없는 몸에 옷도 변변하게 걸치지 못한 상거지 모양을 표현하려 한 것으로 보인다.

480) 上部高氏: 高句麗 5部 중 上部에 속하는 高氏.

481) 食言: 한번 입 밖으로 냈던 말을 다시 입속에 넣는다는 뜻.

482) 況~乎: 反語의 뜻.

딸이 나이 16세가 되자 上部의 高氏에게 시집보내고자 하였다. 公主가 왕에게 말하였다. "대왕께서 항상 이르시길, '너는 반드시 溫達의 아내가 될 것이다.'라 하셨는데, 이제 무슨 이유로 전날의 말씀을 바꾸십니까? 匹夫도 오히려 거짓말을 하지 않는데 하물며 至尊께서야 더 말할 나위가 있겠습니까? 그러하기에 '왕은 실없는 소리를 하지 않는다.'라 하였는데, 지금 대왕의 명이 잘못되었으니 저는 감히 받들지 못하겠습니다."라고 하자 왕이 노하여 말했다. "네가 나의 가르침을 따르지 않는다면 진실로 내 딸이 될 수 없다. 어찌 더불어 살 수가 있겠느냐? 마땅히 너는 네 갈 길로 가거라."

於是 公主以寶釧數十枚繫肘後 出宮獨行 路遇一人 問溫達之家 乃行至其家 見盲老母 近前拜 問其子所在 老母對曰 吾子貧且陋 非貴人之所可近 今聞子之臭 芬馥異常 接子之手 柔滑如綿 必天下之貴人也 因誰之侜 以至於此乎 惟我息 不忍饑 取楡皮[483]於山林 久而未還 公主出行 至山下 見溫達負楡皮而來 公主與之言懷 溫達悖然曰 此非幼女子所宜行 必非人也 狐鬼也 勿迫我也 遂行不顧 公主獨歸 宿柴門下 明朝 更入 與母子備言之 溫達依違未決 其母曰 吾息至陋 不足爲貴人匹 吾家至窶 固不宜貴人居 公主對曰 古人言 一斗粟猶可舂 一尺布猶可縫 則苟爲同心 何必富貴然後 可共乎[484] 乃賣金釧 買得田宅奴婢牛馬器物 資用完具

이에 公主는 보석 팔찌 수십 개를 팔꿈치에 걸고 궁궐을 나와 혼자 길을 가다가 길에서 어떤 사람을 만나 溫達의 집을 물었다. 이에 그의 집에 다다라 눈먼 老母를 보자 가까이 다가가 인사하며 아들이 있는 곳을 물었다. 늙은 어머니가 대답하였다. "내 아들은 가난하고 또 보잘 것 없으니 貴人이 가까이 할 사람이 못됩니다. 지금 그대의 냄새를 맡으니 향내가 보통이 아니고, 그대의 손을 만지니 매끄럽기가 솜과 같아서, 반드시 天下의 貴人인 듯합니다. 누구의 꼬임으로 인해서 이곳까지 오게 되었습니까? 내 자식은 굶주림을 못 참아 산 속에 느릅나무 껍질을 벗기러 간 지 오래되었는데 아직 돌아오지 않

483) 楡皮: 느릅나무 껍질로, 救荒 식료.
484) 何必~乎: 反語의 뜻.

았습니다." 公主가 집을 나와 산 밑에 이르자, 溫達이 느릅나무 껍질을 짊어지고 오는 것을 보았다. 公卅가 그에게 자기의 생각을 이야기하자 溫達이 성을 내며 말했다. "이는 어린 여자의 마땅한 행동이 아닐 것이니, 필시 사람이 아니라 여우나 귀신이다. 나에게 가까이 오지 말라!" 溫達은 마침내 돌아보지도 않고 가버렸다. 公主는 혼자 돌아와 사립문 밖에서 자면서, 다음날 아침에 다시 들어가 母子에게 자세한 사정을 말하였다. 溫達이 우물쭈물 결정을 못 내리자 그의 어머니가 말하였다. "내 자식은 지극히 비루하여 貴人의 짝이 될 수 없습니다. 우리 집도 몹시 가난하여 진실로 貴人이 거처하기에 마땅치 않습니다."라고 하자 公主가 대답하였다. "옛 사람의 말에 '한 말의 곡식도 방아를 찧을 수 있고, 한 자의 베도 바느질할 수 있다.'고 하였습니다. 그러니 단지 마음만 맞으면 될 것이지 어찌 꼭 富貴한 디음에야 함께할 수 있겠습니까?" 이에 公主가 금팔찌를 팔아 밭과 집, 노비와 소, 말과 기물 등을 사서 살림살이를 모두 갖추었다.

初 買馬 公主語溫達曰 愼勿買市人馬 須擇國馬病瘦而見放者 而後換之 溫達如其言 公主養飼甚勤 馬日肥且壯 高句麗常以春三月三日 會獵樂浪之丘 以所獲猪鹿 祭天及山川神 至其日 王出獵 群臣及五部兵士皆從 於是 溫達以所養之馬隨行 其馳騁 常在前 所獲亦多 他無若者 王召來 問姓名 驚且異之

처음 말을 살 때 公主가 溫達에게 말하였다. "부디 시장 사람의 말을 사지 말고, 나라에서 키우던 말에서 병들고 수척해져 버려진 말을 사십시오." 溫達이 그 말대로 하였다. 公主가 부지런히 기르고 먹이자, 말은 날로 살찌고 건장해졌다. 高句麗에서는 해마다 봄 3월 3일이면 樂浪 언덕에 모여 사냥해서, 잡은 돼지와 사슴으로 하늘과 산천의 신에게 제사를 지냈다. 그 날이 되어 왕이 사냥을 가는데 여러 신하와 5부의 병사들이 모두 따라 나섰다. 이때 溫達도 자기가 기른 말을 타고 수행하는데, 말달리는 게 항상 선두이고, 잡은 짐승 또한 많아 다른 사람은 그와 같지 못하였다. 왕이 불러서 성명을 묻자 놀라며 기이하게 여겼다.

時 後周[485]武帝[486]出師伐遼東 王領軍逆戰於肄山之野 溫達爲先鋒 疾鬪斬數十餘級 諸軍乘勝奮擊大克 及論功 無不以溫達爲第一 王嘉歎之曰 是吾女壻也 備禮迎之 賜爵爲大兄[487] 由此 寵榮尤渥 威權日盛 及陽岡王[488]卽位 溫達奏曰 惟新羅 割我漢北之地[489] 爲郡縣 百姓痛恨 未嘗忘父母之國 願大王不以愚不肖 授之以兵 一往必還吾地 王許焉 臨行誓曰 鷄立峴[490]竹嶺[491]已西 不歸於我 則不返也 遂行 與羅軍戰於阿旦城[492]之下 爲流矢所中[493] 路而死 欲葬 柩不肯動 公主來撫棺曰 死生決矣 於乎[494] 歸矣 遂擧而窆 大王聞之悲慟 [45卷-列傳5-溫達]

이때 後周의 武帝가 군사를 내어 遼東을 침략하자, 왕이 군대를 거느리고 拜山의 들에서 맞아 싸웠다. 溫達이 선봉이 되어 날렵하게 싸워 수십여 명의 목을 베었고, 모든 군사들도 승세를 타 돌연 떨쳐 공격하여 크게 이겼다. 공로를 논할 때 溫達을 제일이라 하지 않는 사람이 없었다. 왕이 그를 가상히 여겨 감탄해 하며 "이야말로 내 사위다."라 하며, 예를 갖추어 그를 영접하고 벼슬을 주어 大兄으로 삼았다. 이로부터 총애와 영광이 더욱 두터워졌고, 위엄과 권세가 날로 성하였다. 陽岡王이 즉위하자 溫達이 아뢰었다. "지금 新羅가 우리의 漢水 이북의 땅을 점령하여 자기들의 郡縣으로 삼았습니다. 백성들이 애통하고 한스럽게 여겨 일찍이 부모의 나라를 잊은 적이 없습니다. 원하건대 대왕께서 저를 어리석고 不肖하다 하지 마시고 병사를 내어주신다면 한번 쳐들어가 반드시 우리 땅을 도로 찾아오겠습니다."라고 하자 왕이 이를 허락하였다. 溫達이 길을 떠날 때 맹세하며 말했다. "鷄立峴과 竹嶺 서쪽의 땅을 되돌리지 못한다면 돌아오지 않겠다!" 마침내 출정하여 阿旦城 아래에서

485) 後周: 중국 北周(557~581).
486) 武帝: 중국 北周의 황제. 재위 561~578.
487) 大兄: 高句麗의 14관등 중 일곱 번째에 해당하는 관직.
488) 陽岡王: 嬰陽王. 高句麗 제26대왕. 재위 590~618.
489) 漢北之地: 한강 이북 지역.
490) 鷄立峴: 지금의 새재. 鳥嶺. 경북 문경시와 충북 괴산군 사이에 있는 고개.
491) 竹嶺: 지금의 죽령. 경북 영주시 풍기읍과 충북 단양군 대강면 사이에 있는 고개.
492) 阿旦城: 阿且山城. 지금의 충북 단양군 영춘면. 또 경기 구리시로 보기도 한다.
493) 爲~所: 被動의 뜻.
494) 於乎: 오호. 嗚呼와 같다.

新羅軍과 싸우던 중 날아오는 화살에 맞아 넘어져 죽었다. 장사를 지내려 할 때 관이 움직이지 않자 公主가 와서 관을 어루만지면서 말했다. "죽고 사는 것이 이미 결정되었습니다. 아아! 돌아가십시다."라고 하자 (움직이어) 드디어 관을 들어 묻었다. 대왕이 이를 듣고 비통해하였다.

56

强首[495] 中原京[496]沙梁人[497]也 父昔諦奈麻 其母 夢見人有角 而妊身及生 頭後有高骨 昔諦以兒就當時所謂賢者 問曰 此兒頭骨如此 何也 答曰 吾聞之 伏羲[498]虎形 女媧[499]蛇身 神農[500]牛頭[501] [502]皐陶馬口 則聖賢同類 而其相亦有不凡者 又觀兒首有黶子 於相法 面黶無好 頭黶無惡 則此必奇物乎

强首는 中原京의 沙梁 사람으로 아버지는 奈麻 昔諦이다. 그 어머니가 꿈에 뿔이 있는 사람을 보고 회임하여 낳았는데 머리 뒤쪽에 불거진 뼈가 있었다. 昔諦가 아이를 안고 당시의 소위 현자라는 사람에게 가서 물었다. "이 아이의 두골이 이와 같으니 어떻습니까?"라고 하자 그가 대답하였다. "내 듣자하니 伏羲氏는 범의 형상, 女媧氏는 뱀의 몸, 神農氏는 소의 머리 모양, 皐陶는 입이 말과 같았다고 합니다. 성현들도 다 같은 사람이지만 그 생김새 역시 범상치 않은 데가 있습니다. 또한 이 아이의 머리를 보아하니 사마귀가 있는데, 觀相法에 얼굴의 사마귀는 좋지 않지만 머리의 사마귀는 나쁘지 않다 합니다. 이 아이는 반드시 기이한 인물이 될 것입니다."라고 하였다.

父還謂其妻曰 爾子非常兒也 好養育之 當作將來之國士也 及壯 自知讀書 通曉義理 父欲觀其志 問曰 爾學佛乎 學儒乎 對曰 愚聞之 佛世外敎也 愚

495) 强首: 7세기 新羅의 유학자이며 문장가.
496) 中原京: 지금의 충청북도 충주시.
497) 沙梁人: 新羅 6部의 하나인 沙梁部의 사람.
498) 伏羲: 중국 上古시대의 임금.
499) 女媧: 중국 上古시대 임금 伏羲의 同母 女弟.
500) 神農: 중국 上古시대의 임금.
501) 牛頭: 소의 머리. 이로 인해 强首 또한 牛頭라는 이름을 지녔다.
502) 皐陶: 音 고요. 중국 上古시대의 인물.

人間人 安用學佛爲 願學儒者之道 父曰 從爾所好 遂就師讀孝經[503]曲禮[504]爾雅[505]文選[506] 所聞雖淺近 而所得愈高遠 魁然[507]爲一時之傑 遂入仕歷官爲時聞人[508]

아버지가 돌아와 아내에게 말했다. "이 아이는 보통 아이가 아닙니다. 잘 길러서 마땅히 장래의 인재로 만들어야 할 것입니다." 强首는 자라면서 스스로 글을 읽을 줄 알고 문장의 뜻에 통달하였다. 아버지가 그의 뜻을 보고자 물었다 "너는 佛道를 배우겠느냐?, 儒學을 공부하겠느냐?" 대답하기를, "제가 듣기로 佛道는 세속을 떠난 가르침이라 합니다. 저는 인간세계의 사람인데 어찌 佛道를 공부할 수 있겠습니까? 儒家의 도를 배우고 싶습니다."라고 하자 아버지가 말하였다. "너 좋을 대로 하여라." 드디어 스승에게 나아가 『孝經』, 『曲禮』, 『爾雅』, 『文選』을 읽었다. 배운 것은 비록 변변치 못했지만 깨달은 바는 한층 고상하고 원대함으로써 당대의 걸출한 인물이 되었다. 마침내 벼슬길에 나아가 관직을 두루 거쳐서 당시의 유명한 인물이 되었다.

强首嘗與釜谷冶家之女野合 情好頗篤 及年二十歲 父母媒邑中之女有容行者 將妻之 强首辭不可以再娶 父怒曰 爾有時名 國人無不知 而以微者爲偶[509] 不亦可恥乎 强首再拜曰 貧且賤非所羞也 學道而不行之 誠所羞也 嘗聞古人之言曰 糟糠之妻 不下堂 貧賤之交 不可忘 則賤妾所不忍棄者也

[46卷-列傳6-强首]

强首가 일찍이 釜谷의 대장장이 집 딸과 정을 통하여 좋아하는 마음이 자못 돈독하였다. 나이 20세가 되자 부모가 고을의 처녀들 가운데 용모와 행실이 좋은 자를 중매하여 아내로 삼게 하였다. 强首는 두 번 장가들 수 없다며 사

503) 孝經: 孔子가 제가 曾參과 더불어 효에 대하여 문답한 것을 증삼이 기록한 책. 하지만 편자에 대해서는 異說이 많다.
504) 曲禮: 禮記 20권 중의 제1권. 예절의 기본 정신이 기록되어 있다.
505) 爾雅: 뜻이 같은 자를 모아 그 뜻은 어느 자와 같다고 서술한 字典.
506) 文選: 양나라 昭明太子 蕭統이 유명한 문학작품을 문체별로 분류한 책.
507) 魁然: 壯大한 모양.
508) 聞人: 이름이 널리 알려진 사람.
509) 以~爲: ~를 ~로 삼다.

양하였다. 아버지가 노하여 말했다. "너는 세상에 이름이 나서 나라 사람들 중에 모르는 사람이 없는데, 미천한 여자를 배우자로 삼는다면 또한 수치스러운 일이 아니겠느냐?" 强首가 두 번 절을 하며 말했다. "가난하고 천한 것은 부끄러운 일이 아닙니다. 도를 배우고도 실행하지 않는 것이 정말로 부끄러운 일입니다. 일찍이 옛 사람의 말을 들으니, '고생을 같이 했던 아내는 쫓지 아니하고, 빈천한 시절의 친구는 잊어서 안 된다.'고 하였습니다. 그런 즉 천한 아내라고 해서 차마 버릴 수는 없습니다."라고 하였다.

57

崔致遠[510] 字孤雲[或云海雲] 王京沙梁部[511]人也 史傳泯滅 不知其世系 致遠少 精敏好學 至年十二 將隨海舶入唐求學 其父謂曰 十年不第 卽非吾子也 行矣勉之 致遠至唐 追師學問無怠

崔致遠은 자가 孤雲[혹은 海雲이라고도 한다.]이며 서울 沙梁部 사람이다. 역사의 전함이 없기 때문에 그의 집안 내력을 알 수 없다. 致遠은 어려서부터 세밀하고 민첩하였으며 학문을 좋아하였다. 나이 12세가 되어 배편을 따라 唐에 들어가 유학할 때 그의 아버지가 말했다. "10년 안에 과거에 급제하지 못하면 곧 내 아들이 아니다. 가서 힘써 노력해라!" 하였다. 致遠은 唐에 도착하여 스승을 좇아 학문을 게을리 하지 않았다.

乾符元年甲午[512] 禮部侍郎裴瓚下 一擧及第 調授宣州溧水縣尉 考績爲承務郎[513]侍御史內供奉 賜紫金魚袋[514] 時黃巢[515]叛 高駢[516]爲諸道行營兵馬都

---

510) 崔致遠: 新羅 말기 6頭品의 학자. 자는 孤雲 또는 海運. 857~?.
511) 沙梁部: 지금의 경북 경주 일대.
512) 乾符元年: 唐 僖宗 元年. 新羅 景文王 14년. 874년.
513) 承務郎: 唐나라 從8品이하의 文散階.
514) 紫金魚袋: 唐나라 고관이 차던 魚袋의 일종.
515) 黃巢: 중국 山東 寃句 지역 사람. 唐나라 말기의 群雄 가운데 한 사람(?~884). 王仙芝가 난을 일으키자 그를 따랐고, 그가 죽은 뒤에는 중국 땅 대부분을 공략하였고, 한때 長安을 점령하여 스스로 皇帝라 일컫고 국호를 '大齊'라 하였으나, 뒤에 李克用 등의 관군에게 패하여 자살하였다.
516) 高駢: 唐나라 말기의 문신.

統以討之 辟致遠爲從事 以委[517]書記之任 其表狀書啓傳之至今 及年二十八歲 有歸寧之志 僖宗知之 光啓[518]元年 使將詔書來聘 留爲侍讀[519] 兼翰林[520]學士守兵部侍郎知瑞書監[521] 致遠自以西學[522]多所得 及來將行己志 而衰季多疑忌 不能容 出爲大山郡大守[523]

乾符 元年 甲午, 禮部侍郎 裴瓚 아래에서 단번에 급제하여 宣州 溧水縣尉에 임명되었고, 공적의 평가에 따라 承務郞侍御史內供奉이 되어 紫金魚袋를 받았다. 이때 黃巢가 반란을 일으키자, 高駢이 諸道行營兵馬都統이 되어 그를 토벌하였다. 致遠을 뽑아 從事官으로 삼아 書記의 임무를 맡겼다. 그가 지은 表文, 表啓, 書翰, 啓辭가 지금까지 전하고 있다. 나이 28세가 되어 귀국할 뜻이 있자, 唐 僖宗이 그의 뜻을 알고 光啓 元年, 그에게 조서를 가지고 新羅를 예방하게 하였다. 본국에 머물면서 侍讀이 되었고 翰林學士守兵部侍郎知瑞書監事가 되었다. 致遠은 중국에 유학한 이래 얻은 것이 많다고 생각하여 돌아온 뒤에는 장차 자기의 뜻을 펼치려고 하였다. 그러나 왕조의 말기여서 의심하고 시기하는 자가 많아지며 능히 용납되지 못하자 외직으로 나가 大山郡 太守가 되었다.

唐昭宗景福二年 納旌節使[524]兵部侍郎金處誨[525] 沒於海 卽差橘城郡大守金峻[526]爲告奏使[527] 時致遠爲富城郡大守 祗召爲賀正使[528] 以比歲饑荒 因之盜賊交午 道梗不果行 其後致遠亦嘗奉使如唐 但不知其歲月耳 故其文集有上大師[529]侍中[530]狀云 伏聞 東海之外有三國 其名馬韓卞韓辰韓 馬韓則高

---

517) 委: 丞. '맡기다'의 뜻이다.
518) 光啓: 唐 僖宗 때의 年號.
519) 侍讀: 侍講. 임금 또는 東宮 앞에서 經書 등의 강의를 하는 일.
520) 翰林: 君主의 글을 짓는 職.
521) 知瑞書監: 瑞書監 知事로 '事'字가 빠진 것으로 보고 있다.
522) 西學: 서쪽으로 가서 학문을 하다. 여기서는 唐나라 유학을 말한다.
523) 大守: 太守. 軍의 장관. '太'를 '大'로 쓴 사례는 흔히 발견된다.
524) 納旌節使: 旌節을 반납하기 위하여 파견된 使臣.
525) 金處誨: 新羅 하대의 官吏.
526) 金峻: 新羅 眞聖女王 때의 관리.
527) 告奏使: 국내의 문제를 보고하는 임무를 띠고 唐나라에 파견된 使臣.
528) 賀正使: 새해를 축하하기 위하여 정월 1일에 맞추어 唐나라에 파견되는 使臣.

麗 卞韓則百濟 辰韓則新羅也 高麗百濟 全盛之時 强兵百萬 南侵吳越 北撓幽燕齊魯 爲中國巨蠹 隋皇失馭 由於征遼 貞觀中 我唐太宗皇帝 親統六軍渡海 恭行天罰 高麗畏威請和 文皇受降廻蹕

唐 昭宗 景福 2년, 旌節을 바치는 使臣 兵部侍郎 金處誨가 바다에 빠져 죽자 곧 橘城郡 太守 金峻을 告奏使로 삼아 보냈다. 이때 致遠은 富城郡 太守로 있다가 부름을 받아 賀正使가 되었다. 그러나 해마다 흉년이 들고 이로 인해 도적이 사방에서 일어나 길이 막혔기에 가지 못하였다. 그 후에 致遠은 唐에 사신으로 간 일이 있었으나, 어느 해인지 잘 알 수가 없다. 그런 까닭에 그의 文集에는 太師侍中에게 올리는 편지가 있는데, 다음과 같이 쓰여 있다. “엎드려 듣건대 東海 밖 세 나라가 있는데, 그 이름이 馬韓, 卞韓, 辰韓입니다. 馬韓은 高句麗, 弁韓은 百濟, 辰韓은 新羅입니다. 高句麗와 百濟가 전성기에는 강한 군사가 백만 명이나 되어 남으로는 吳, 越을 침범하였고, 북으로는 幽, 燕, 齊, 魯를 괴롭혀 중국의 커다란 고민거리가 되었습니다. 隋 皇帝가 세력을 잃은 것도 遼東 정벌에 기인 된 것입니다. 貞觀 年間, 우리 唐 太宗 皇帝께서 친히 6軍을 거느리고 바다를 건너 하늘의 징벌을 집행하자, 高句麗가 그 위엄에 두려워 화친을 청하였으므로 文皇帝가 항복을 받아주고 되돌아갔습니다.

此際我武烈大王 請以犬馬之誠 助定一方之難 入唐朝謁 自此而始 後以高麗百濟 踵前造惡 武烈七{王}朝請爲鄕導[531] 至高宗皇帝顯慶五年 勅蘇定方統十道强兵樓舡萬隻 大破百濟 乃於其地 置扶餘都督府 招緝遺氓 蒞以漢官 以臭味不同 屢聞離叛 遂徙其人於河南

이즈음 우리 武烈大王이 犬馬의 정성을 다해 한 지방의 어려움을 평정하는데 도와줄 것을 요청하자, 唐에 들어가 조회한 것이 이로부터 시작되었습니다.

529) 太師: 최고위 官吏를 우대하기 위하여 설치한 三師.
530) 侍中: 唐나라의 門下侍中.
531) 鄕導: 嚮導.

그 후에도 高句麗와 百濟가 이전처럼 흉악한 행위를 계속하기에, 武烈王이 唐으로 가서 길잡이가 될 것을 청하였습니다. 高宗 皇帝 顯慶 5년에 이르러 蘇定方에게 명하여 10道의 强兵과 兵船 만 척을 거느리고 百濟를 크게 깨뜨렸습니다. 이에 그 땅에 扶餘都督府를 두어 유민을 부르고 중국 관리가 다스리게 하였지만, 생활 습속이 맞지 않아 자주 배반한다는 말이 들려 마침내 그 사람들을 河南으로 옮겼습니다.

摠章元年 命英公徐勣[532] 破高句麗 置安東都督府 至儀鳳三年 徙其人於河南隴右 高句麗殘孽類聚 北依大白山下 國號爲渤海 開元二十年 怨恨天朝將兵掩襲登州[533] 殺刺史韋俊 於是 明皇帝大怒 命內史高品何行成[534]大卿金思蘭[535] 發兵過海攻討 仍就加我王金某 爲正大尉持節充寧海軍事雞林州大都督 以冬深雪厚 蕃漢苦寒 勅命廻軍 至今三百餘年 一方無事 滄海晏然 此乃我武烈大王之功也 今某儒門末學[536] 海外凡村[537] 謬奉表章 來朝樂土

摠章 元年, 英公 李勣에게 명하여 高句麗를 격파하고 安東都督府를 설치하였으며, 儀鳳 3년에 이르러 그 사람들을 河南과 隴右에 옮겼습니다. 高句麗의 남은 무리들을 모아 북으로 太白山 아래를 근거지로 하여 나라를 세우고 국호를 渤海라 했습니다. 開元 20년에는 唐에 원한을 품어 군사를 거느리고 登州를 습격하여 刺史 韋俊을 죽였습니다. 이에 明皇帝가 크게 노하여 內史 高品、何行成과 太僕卿 金思蘭에게 명하여 군사를 거느려 바다를 건너 토벌하게 했습니다. 그로 인하여 우리 임금 金 아무개에게 벼슬을 더하여 正大尉持節充寧海軍事雞林州大都督으로 삼았지만, 한 겨울 눈이 많이 쌓여 蕃·漢 양국 군사가 추위에 시달렸으므로 詔勅을 내려 回軍케 하셨습니다. 그 때로부터 지금까지 3백여 년 동안 한 지방이 무사하고 東方이 편안하게 지낸 것은

532) 徐勣: 李勣. 唐나라 초기의 장군.
533) 登州: 漢의 東萊郡을 登州로 고쳤다.
534) 何行成: 宦官 출신.
535) 大 卿 金思蘭: '大 卿'은 한 글자가 빠져 있는데, 太僕卿임. 太僕卿은 唐나라 9寺 가운데 하나인 太僕寺의 장관, 金思蘭은 遣唐使로 入唐하였던 인물.
536) 未學: 末學.
537) 凡村: 凡材.

바로 우리 武烈大王의 공입니다. 지금 저는 儒家의 말단 학자요, 해외의 평범한 사람으로 외람되게 表章을 받들고 태평한 나라에 오게 되었습니다.

凡有誠懇 禮合披陳 伏見 元和十二年 本國王子 金張廉[538]風飄 至明州[539]下岸 浙東[540]某官 發送入京 中和二年 入朝使金直諒[541] 爲叛臣作亂 道路不通 遂於楚州[542]下岸 邐迤至楊州[543] 得知聖駕幸蜀[544] 高大尉[545]差都頭張儉 監押送至西川[546] 已前事例分明 伏乞 大師侍中 俯降台恩 特賜水陸券牒 令所在供給舟舡 熟食及長行驢馬草料 幷差軍將 監送至駕前 此所謂太師侍中 姓名亦不可知也

무릇 진실로 간청이 있어 예에 맞게 말씀드리려 합니다. 엎드려 살펴보건대, 元和 12년에 본국의 왕자 金張廉이 풍랑을 만나 明州 해안에 이르러 상륙하였을 때 浙東의 어떤 관리가 서울로 들여보내 주었습니다. 中和 2년에는 조회하러 간 사신 金直諒이 역적의 반란으로 길이 막혀 할 수 없이 楚州에 상륙하여 헤매다가 楊州에 이르러서야 皇帝의 행차가 蜀으로 거동하신 것을 알았습니다. 이 때 高太尉가 都頭 張儉을 보내 호위하여 西川까지 호송하였습니다. 이전의 사례가 이처럼 분명하니 엎드려 바라옵건대, 太師侍中께서는 높은 은혜를 베풀어 특별히 뱃길과 육로의 증명서를 내려 주시옵시고, 저희들의 있는 곳에 선박, 음식물 및 먼 길에서 사용되는 말과 사료를 공급하여 주시옵소서. 또한 군관을 보내 御駕에 이르기까지 호송하도록 하여 주시옵소서."라고 하였다. 여기에서 말한 太師侍中의 성명은 또한 알 수 없다.

---

538) 金張廉: 新羅 憲德王 王子. 憲德王 9년(817)에 宿衛王子 金張廉을 唐에 보내 新羅人을 奴婢로 삼는 것을 금지하도록 요청한 바 있다.

539) 明州: 지금의 중국 절강성 寧波市.

540) 浙東: 浙江(省) 東部.

541) 金直諒: 新羅 憲康王 때 唐나라에 파견된 사신.

542) 楚州: 지금의 중국 강소성 淮安市.

543) 楊州: 지금의 중국 강소성 楊州市.

544) 蜀: 後漢 말에 劉備가 건국한 곳으로 지금의 사천성 지방.

545) 高大衛: 太衛 高騈.

546) 西川: 蜀 지방.

致遠自西事大唐 東歸故國 皆遭亂世 屯邅蹇連 動輒得咎 自傷不偶[547] 無復仕進意 逍遙自放 山林之下江海之濱 營臺榭植松竹 枕藉書史 嘯詠風月 若慶州南山剛州氷山[548]陜州[549]清凉寺智異山雙溪寺合浦縣[550]別墅 此皆遊焉之所 最後 帶家隱伽耶山海印寺 與母兄浮圖賢俊及定玄師 結爲道友 棲遲偃仰 以終老焉 始西遊時 與江東詩人羅隱[551]相知 隱負才自高 不輕許可人 示致遠所製歌詩五軸

致遠은 서쪽에서 大唐을 섬길 때부터 東으로 고국에 왔을 때에도 모두 어지러운 시절을 만나 처신하기가 곤란하였고 걸핏하면 죄에 걸렸다. 스스로 때를 만나지 못한 것을 한탄하면서 다시는 벼슬길에 나아갈 뜻을 두지 않았다. 유유자적 노닐며 자유로운 몸으로, 산림이나 강과 바닷가에 누각과 정자를 짓고 소나무와 대나무를 심어놓고 책을 베개 삼아 읽고 자연을 노래하며 읊조렸다. 慶州의 南山, 剛州의 氷山, 陜州의 淸凉寺, 智異山의 雙溪寺, 合浦縣의 별장과 같은 곳이 다 그가 노닐던 곳이다. 마지막에는 가족을 데리고 伽耶山 海印寺에 은거하면서, 형으로 승려가 된 賢俊 및 定玄大師와 道友를 맺고 한가롭게 은거하다가 노년을 마쳤다. 처음 서쪽으로 가서 유학할 때 江東 시인 羅隱과 서로 알게 되었다. 그는 자기의 재주를 믿고 스스로 잘난 체하여 좀처럼 다른 사람을 인정해 주지 않았으나 致遠만은 자기가 지은 노래와 시 다섯 묶음을 보여 주었다.

又與同年顧雲[552]友善 將歸 顧雲以詩送別 略曰 我聞海上三金鼇 金鼇頭戴山高高 山之上兮 珠宮 貝闕 黃金殿[553] 山之下兮 千里萬里之洪濤 傍邊一點雞林碧 鼇山孕秀生奇特 十二乘船渡海來 文章感動中華國 十八橫行戰詞苑 一箭射破金門策[554] 新唐書藝文志云 崔致遠四六集[555]一卷 桂苑筆耕二

547) 不偶: 不遇.
548) 剛州氷山: 지금의 경북 의성군 춘산면 빙계동.
549) 陜州: 지금의 경남 합천.
550) 合浦縣: 지금의 경남 마산.
551) 羅隱: 唐나라 말기의 시인.
552) 顧雲: 唐나라 말기의 시인으로 崔致遠과 같은 해에 과거에 급제하였다.
553) 珠宮, 貝闕, 黃金殿: 神仙이 거처하는 곳.

十卷 注云 崔致遠高麗人 賓貢及第爲高駢從事 其名聞上國如此 又有文集三十卷 行於世 初我太祖作興 致遠知非常人 必受命開國 因致書問有雞林黃葉 鵠嶺[556]青松之句 其門人等 至國初來朝 仕至達官者非一 顯宗在位 爲致遠密贊祖業 功不可忘 下教 贈內史令 至十四歲大平二年壬戌[557]五月 贈謚文昌侯 [46卷-列傳6-崔致遠]

또한 같은 해에 급제한 顧雲과도 잘 사귀었다. 장차 돌아오려 할 때 顧雲이 시를 지어 송별하였는데, 대략 다음과 같다.

> 내 들으니 바다 위 금자라 셋 있어
> 높고 높은 산을 머리에 이었다지.
> 구슬과 자개 궁궐, 황금전각 산마루처럼 솟았고
> 산 아래는 천만리 넓은 바다로다.
> 그 곁에 자리 잡은 점 하나 푸른 鷄林 땅
> 자라산 정기 어려 기특한 인재 태어났지.
> 열두 살 배를 타고 바다 건너
> 문장으로 온 중국 감동시켰고,
> 열여덟에 과거장 휩쓸고 다녀
> 첫 화살로 金門策 깨뜨렸다지.

『新唐書』「藝文志」에 "崔致遠의 『四六集』 1권과 『桂苑筆耕』 20권이 있다."고 기록되어 있고, 그 注에는 "崔致遠이 高麗人으로서 賓貢科에 及第하여 高駢의 從事官이 되었다." 하였다. 그의 이름이 이같이 중국에 알려져 있었다. 또한 『文集』 30권이 세상에 전해지고 있다. 처음 우리 太祖께서 나라를 일으킬 때, 致遠은 비상한 인물로 반드시 天命을 받아 開國할 것을 알았다. 그로 인해 太祖에게 글을 보내 문안하였는데, 그 글에 '雞林은 누른 잎이고, 鵠嶺은

554) 金門策: 과녁, 합격.
555) 四六集: 崔致遠이 唐에서 지은 騈驪文의 글을 실은 책이나 지금은 전하지 않는다.
556) 鵠嶺: 경기도 開城에 있는 松嶽山의 異稱.
557) 大平二年壬戌五月: 실제로는 太平三年癸亥二月.

푸른 솔이다.'라는 구절이 있었다. 그의 제자들이 개국 초 조정에 와서 높은 벼슬에 이른 자가 적지 않았다. 顯宗이 왕위에 있을 때, '致遠이 은밀히 太祖의 왕업을 찬조하자 공로를 잊을 수 없다.' 하며 教書를 내려 內史令을 追贈했고, 14년 太平 二年 壬戌 五月[太平 3년 癸亥 2월의 잘못]에는 文昌侯라는 諡號를 追贈하였다.

58

薛聰[558] 字聰智 祖談捺奈麻 父元曉 初爲桑門 掩[559]該佛書 旣而返本 自號小性居士 聰性明銳 生知道待[560] 以方言[561]讀九經[562] 訓導後生 至今學者宗之 又能屬文 而世無傳者 但今南地 或有聰所製碑銘[563] 文字鈌[564]落不可讀 竟不知其何如也 神文大王以仲夏之月 處高明之室 顧謂聰曰 今日 宿雨初歇 薰風微凉 雖有珍饌哀音 不如高談善謔 以舒伊鬱 吾子必有異聞 盍爲我陳之

薛聰의 字는 聰智이다. 할아버지는 奈麻 談捺이며 아버지는 元曉이다. 처음에는 중이 되어 佛書에 통달하였으나 얼마 후에 俗人이 되어 스스로 小性居士라 불렀다. 聰은 본성이 총명하고 예리하여 태어나면서부터 道術을 알았으며, 우리말로 9經을 해독하여 후학들을 가르쳤는데 지금도 배우는 자들은 그를 宗主로 삼고 있다. 또한 글을 잘 지었지만 세상에 전하는 것이 없다. 다만 지금 남쪽 지방에 그가 지은 碑銘이라 하는 것이 있으나 글자가 이지러지고 떨어져서 읽을 수 없으므로 끝내 그것이 어떠한 내용인지 알 수 없다. 神文大王이 여름 5월에 높고 밝은 방에 처하면서 聰을 돌아보며 말하였다. "오늘은 오랜 비가 비로소 개이고, 훈훈한 바람도 조금 서늘하구나. 아무리 맛있는 음식과 애절한 음악이 있다한들 고상한 담론과 재미있는 해학으로써 울

558) 薛聰: 8세기 전반 新羅의 유학자.
559) 掩: 淹.
560) 道待: 道術.
561) 方言: 우리나라에서 사용되는 언어.
562) 經: 孔子가 문헌을 바르게 산정한 후, 그 가르침이 바른 전적이란 뜻에서 사용되었다.
563) 碑銘: 비석에 새기는 글.
564) 鈌: 缺.

적한 마음을 푸는 것만 같지 못할 것이다. 그대는 필시 다른 소문도 알고 있을 것이니 나를 위하여 말해주지 않겠는가?"라고 하였다.

聰曰 唯 臣聞昔花王[565]之始來也 植之以香園 護之以翠幕 當三春[566]而發艶 凌百花而獨出 於是 自邇及遐 艶艶[567]之靈 夭夭[568]之英 無不奔走上謁 唯恐不及 忽有一佳人 朱顔玉齒 鮮粧靚服 伶俜而來 綽約而前曰 妾履雪白之沙汀 對鏡淸之海而[569]沐春雨以去[570] 快[571]淸風而自適 其名曰薔薇 聞王之令德 期薦枕於香帷 王其容我乎 又有一丈夫 布衣韋帶 戴白持杖 龍鍾[572]而步 傴僂[573]而來曰 僕在京城之外 居大道之旁 下臨蒼茫[574]之野景 上倚嵯峨[575]之山色 其名曰白頭翁[576] 竊謂左右供給雖足 膏梁以充腸 茶酒以淸神 巾衍儲藏 須有良藥以補氣 惡石[577]以蠲毒 故曰雖有絲麻 無棄菅蒯 凡百君子 無不代匱 不識 王亦有意乎 或曰 二者之來 何取何捨 花王[578]曰 丈夫之言 亦有道理 而佳人難得 將如之何 丈夫進而言曰 吾謂王聰明識理義 故來焉耳[579] 今則非也 凡爲君者 鮮不親近邪侫[580] 疎遠正直 是以 孟軻[581]不遇以終身 馮唐[582]郎潛而皓首 自古如此 吾其奈何 花王曰 吾過矣 吾過矣 於是王愀然作色曰 子之寓言 誠有深志 請書之 以謂[583]王者之戒 遂擢聰以高秩

565) 花王: 꽃 중의 왕이라는 뜻으로 牡丹의 美稱.
566) 三春: 음력 정월부터 음력 3월까지.
567) 艶艶: 아리따운 모양.
568) 夭夭: 나이가 젊고 아름다운 모양.
569) 而: 面.
570) 去: 垢.
571) 快: 袂.
572) 龍鍾: 龍鐘. 노쇠한 모양.
573) 傴僂: 곱사등이.
574) 蒼茫: 넓고 멀어서 푸르고 아득한 모양.
575) 嵯峨: 산 같은 것이 우뚝 솟은 모양.
576) 白頭翁: 할미꽃.
577) 石: 돌침.
578) 花王: 牧丹.
579) 焉耳: ~할 뿐이다.
580) 侫: 佞.
581) 孟軻: 孟子.
582) 馮唐: 宿衛官으로 낮은 관직을 지낸 漢나라 사람.

薛聰이 이렇게 말했다. “네. 제가 들은 것은 옛날 花王이 처음 왔을 때, 이를 향기로운 동산에 심고 푸른 장막으로 보호하였는데 봄철이 되어 곱게 피어나 온갖 꽃들을 능가하며 홀로 빼어났습니다. 이에 가까운 곳으로부터 먼 곳에 이르기까지 곱고 아름다운 꽃의 정령들이 분주히 달려와 花王을 알현하며 오직 뒤떨어지지나 않을까 염려했습니다. 홀연 한 미인이 붉은 얼굴과 옥 같은 이에 곱게 화장을 하고 말쑥하게 차려입고는 간들간들 걸어오면서 공손하게 다가가 ‘저는 눈처럼 흰 물가의 모래를 밟고, 거울처럼 맑은 바다를 마주보며, 봄비로 목욕하여 때를 씻고, 맑은 바람을 상쾌하게 쐬며 유유자적하는데, 이름을 薔薇라 합니다. 왕의 아름다운 덕을 듣고 향기로운 휘장 속에서 잠자리를 모시고자 하니 왕께서는 저를 받아주시옵소서?’라고 하였습니다. 또한 한 丈夫가 베옷에 가죽 띠를 매고 백발에 지팡이를 짚은 채 비틀거리는 걸음으로 구부정하게 걸어와서 ‘저는 서울 밖 큰길가에 거하면서, 아래로는 푸르고 넓은 들판의 경치를 내려 보고 위로는 우뚝 솟은 산 빛에 의지하여 있는데, 이름을 白頭翁이라 합니다. 가만히 생각해보니, 좌우에서 받들어 올리는 것들이 비록 넉넉하여 기름진 음식으로 배를 불리고 차와 술로 정신을 맑게 하며 장롱 속에 의복이 쌓여 있을지라도, 모름지기 좋은 약으로 기운을 돋우고 독한 침으로 병독을 없애야 하는 것입니다. 그런 이유로 명주실과 삼실이 있다 해도 왕골과 띠 풀 같은 물건을 버리지 않아야, 무릇 모든 君子들이 모자람에 대비하지 않는 일이 없다고 하였습니다. 왕께서도 또한 이런 생각을 갖고 계신지는 모르겠습니다.’라고 했습니다. 어떤 이가 ‘두 사람이 왔는데 누구를 취하고 누구를 버리시겠습니까?’ 하니, 花王이 ‘丈夫의 말도 도리 있지만 아름다운 여인은 얻기 어렵다. 이 일을 어찌 해야 할까?’라고 말했습니다. 丈夫가 나아와서 ‘저는 대왕이 총명하여 이치를 잘 알 것이라 생각하여 왔을 뿐인데, 지금 보니 그렇지가 않습니다. 무릇 임금된 자로 간사하고 아첨하는 이를 가까이하고 정직한 이를 멀리하지 않는 자가 드물기에 孟子는 불우하게 일생을 마쳤고, 馮唐은 郎署에 머물러 백발이 되었던 것입니다. 예로부터 이러했으니 제가 어찌 할 수 있겠습니까?’라고 하자, 花王이 ‘내가 잘못했다, 내

583) 謂: 爲.

가 잘못했다.'라고 했답니다." 이에 왕이 낯빛을 고치며 말했다. "그대가 한 비유의 말은 진실로 깊은 뜻이 담겨있다. 글로 써서 왕이 된 자들의 경계로 삼기 바란다." 하고는 薛聰을 높은 관직에 발탁하였다.

世傳日本國眞人[584] 贈新羅使薛判官詩序云 嘗覽元曉[585]居士所著 金剛三昧論[586] 深恨不見其人 聞新羅國使薛 卽是居士之抱孫 雖不見其祖 而喜遇其孫 乃作詩贈之 其詩至今存焉 但不知其子孫名字耳 至我顯宗在位十三歲 天禧五年辛酉[587] 追贈爲弘儒侯 或云 薛聰嘗入唐學 未知然不[588]

[46卷-列傳6-薛聰]

세상에 전하는 말에 의하면, 日本의 眞人이 新羅 使臣 薛判官에게 준 詩의 서문에 이르기를, "일찍이 元曉居士가 지은 『金剛三昧論』을 본 적이 있으나, 그 사람을 보지 못했음을 매우 한스럽게 여겼다. 듣건대 新羅國의 使臣 薛이 바로 居士의 孫子라 하니, 비록 그의 할아버지는 보지 못했지만 그의 孫子를 만난 것에 기뻐하여 이에 詩를 지어 그에게 준다."라고 하였다. 그 詩는 지금도 남아 있지만 다만 그 子孫의 이름은 알 수 없다. 우리 顯宗이 왕위에 오른 13년 天禧 5년 辛酉에 薛聰에게 弘儒侯를 追贈하였다. 혹자는 '薛聰이 일찍이 唐에 들어가 留學하였다고 하지만, 그러했는지는 알 수 없다.'고 했다.

59

階伯[589] 百濟人 仕爲達率 唐顯慶五年庚申 高宗以蘇定方爲神丘道大摠管[590] 率師濟海 與新羅伐百濟 階伯爲將軍 簡死士五千人拒之 曰 以一國之人 當唐羅之大兵 國之存亡 未可知也 恐吾妻孥 沒爲奴婢 與其生辱 不如死快[591] 遂盡殺之 至黃山之野 設三營 遇新羅兵將戰 誓衆曰 昔句踐[592]以

584) 眞人: 日本의 氏姓.
585) 元曉: 新羅의 불승. 617~686.
586) 金剛三昧論: 元曉가 쓴 金剛三昧經에 대한 주석서.
587) 天禧五年辛酉: 실제로는 乾興元年壬戌.
588) 然不: 然否.
589) 階伯: 黃山(지금의 충남 논산)벌에서 660년 金庾信의 5만 군사를 방어하다가 전사하였다.
590) 神丘道大摠管: 唐將 蘇定方이 百濟를 공격할 때 받은 직함.

五千人 破吳七十萬衆 今之日 宜各奮勵決勝 以報國恩 遂鏖戰 無不以一當千 羅兵乃却 如是進退 至四合 力屈以死 [47卷-列傳7-階伯]

階伯은 百濟 사람으로 벼슬이 達率이었다. 唐 顯慶 5년 庚申, 高宗이 蘇定方을 神丘道大摠管으로 삼아 출군하고 바다를 건너 新羅와 함께 百濟를 쳤다. 階伯은 장군이 되어 결사대 5천을 뽑아 이를 막으며 말하였다. "한 나라의 사람으로 唐과 新羅의 많은 병사를 감당하자니, 나라의 존망을 가히 알 수가 없다. 내 처자식이 붙잡혀 노비가 될까 염려되지만, 살아서 치욕을 당하는 것보다 흔쾌히 죽는 것이 더 낳다." 하며 마침내 처자식을 다 죽였다. 黃山의 들에 이르러 세 개의 진영을 설치하고는 신라 병사들과 만나 싸울 때에 여러 사람들에게 맹세하며 말했다. "옛날 越王 句踐은 5천의 군사로 吳의 70만 대군을 격파하였다. 오늘 마땅히 각자 분발해서 승리를 쟁취하여 나라의 은혜에 보답해야 할 것이다!" 하고 드디어 처절하게 싸웠다. 한 명이 천 명을 당해내지 못하는 사람이 없자, 新羅軍이 끝내 퇴각하였다. 이와 같이 진퇴를 네 번이나 거듭하다가 힘이 빠져 전사하였다.

60

百結先生[593] 不知何許人 居狼山[594]下 家極貧 衣百結若懸鶉[595] 時人號爲東里[596]百結先生 嘗慕榮啓期[597]之爲人 以琴自隨 凡喜怒悲歡不平之事 皆以琴宣之 歲將暮 隣里舂粟 其妻聞杵聲曰 人皆有粟舂之 我獨無焉 何以卒歲 先生仰天嘆曰 夫死生有命 富貴在天 其來也不可拒 其往也不可追 汝何傷乎 吾爲汝 作杵聲以慰之 乃鼓琴作杵聲 世傳之 名爲碓樂

[48卷-列傳8-百結先生]

---

591) 與其~不如: ~하는 것 보다는 ~하는 것이 낳다. 비교의 뜻.
592) 句踐: 春秋時代 말기 越나라의 왕. 재위 서기전 496~465.
593) 百結先生: 신라 자비왕 때의 음악가로 琴의 명수.
594) 狼山: 지금의 경북 경주시 일대.
595) 懸鶉: 메추리를 거꾸로 매달은 것. 옷이 해져 너덜거리는 모양을 말한다.
596) 東里: 그가 산 마을이 東里였는지 혹은 경주의 동쪽 마을인지 확실하지 않다.
597) 榮啓期: 춘추시대 공자와 동시대에 산 賢人.

百結先生은 어떠한 사람인지 내력을 알 수 없다. 狼山 아래에 살았는데 집이 매우 가난하여 옷을 백 군데나 기워 마치 메추라기를 달아맨 것 같아, 당시 사람들이 東里 百結先生이라 불렀다. 일찍이 榮啓期의 인품을 흠모하여 거문고를 가지고 다니며 기쁘고 성나고 슬프고 즐거운 일과 불평스러운 일을 모두 거문고로 표현하였다. 한 해가 저물 무렵 이웃에서 곡식을 찧자, 그의 아내가 방아소리를 듣고 말했다. "다른 사람들은 모두 곡식이 있어 방아를 찧는데 우리만 유독 없으니 무엇으로 설을 쇠겠습니까?" 百結先生이 하늘을 우러러 탄식하며 말했다. "무릇 죽고 사는 것은 운명이 있고 부귀는 하늘에 달려 있습니다. 그것이 오더라도 막을 수 없고 그것이 가더라도 좇을 수 없습니다. 그대는 어찌하여 마음 상해하십니까? 내가 당신을 위해 방아소리를 내어 위로하겠소." 이에 거문고를 타서 방아 찧는 소리를 내었는데, 세상에 이것이 전해져 碓樂이라 하였다.

61

劒君[598] 仇文大舍[599]之子 爲沙梁宮舍人[600] 建福四十四[601]年丁亥秋八月 隕霜殺諸穀 明年春夏大飢 民賣子而食 於時 宮中諸舍人同謀 盜唱翳倉[602]穀分之 劒君獨不受 諸舍人曰 衆人皆受 君獨却之 何也 若嫌小 請更加之 劒君笑曰 僕編名於近郎[603]之徒 修行於風月之庭[604] 苟非其義 雖千金之利 不動心焉 時大日伊湌之子 爲花郎 號近郎 故云爾 劒君出至近郎之門 舍人等密議不殺此人 必有漏言 遂召之 劒君知其謀殺 辭近郎曰 今日之後 不復相見 郎問之 劒君不言 再三問之 乃略言其由 郎曰 胡不言於有司 劒君曰 畏己死 使衆人入罪 情所不忍也 然則盍逃乎 曰 彼曲我直 而反自逃 非丈夫也 遂往 諸舍人置酒謝之 密以藥置食 劒君知而强食 乃死 君子曰 劒君死非其所 可謂輕泰山[605]於鴻毛者也 [48卷-列傳8-劒君]

598) 劒君: 新羅 眞平王 때의 花郎 출신. ?~628.
599) 大舍: 新羅 12등의 官等.
600) 舍人: 宮中에서 숙직하며 보살피던 벼슬.
601) 四: 九의 잘못.
602) 唱翳倉: 新羅 王宮의 곡식 저장 창고.
603) 近郎: 新羅 眞平王 때의 花郎의 이름.
604) 風月之庭: 風月은 花郎徒의 별칭으로, 花郎徒가 뛰노는 뜰.

劍君은 大舍 仇文의 아들로 沙梁宮 舍人으로 있었다. 建福 44년 丁亥 가을 8월, 서리가 내려 모든 곡식을 해쳤다. 이듬해 봄과 여름에 큰 기근이 들어 백성들이 자식을 팔아 끼니를 이었다. 이때 宮中의 여러 舍人들이 함께 모의하여 唱翳倉의 곡식을 훔쳐 나누어 주었지만, 劍君만이 홀로 받지 않았다. 모든 舍人들이 말했다. "모든 사람이 받는데 그대만이 유독 거절하니 무슨 일인가? 만약 몫이 적어서 꺼린다면 더 주겠다."라고 하자 劍君이 웃으며 말했다. "나는 近郎의 무리에 이름을 두었고 風月의 뜰에서 수행을 하였다. 실로 의로운 것이 아니면 비록 천금의 이익이라도 내 마음을 움직일 수 없다." 하였다. 이때 伊湌 大日의 아들이 花郎이 되어 近郎이라 불렸기 때문에 이렇게 말한 것이다. 劍君은 그곳을 나와 近郎의 집에 갔는데 舍人들이 은밀히 논의하기를, '이 사람을 죽이지 않으면 반드시 말이 새어나갈 것이다.' 하며 드디어 그를 불렀다. 劍君은 그들이 자기를 죽이고자 모의하고 있음을 알고 近郎에게 작별하며 말했다. "오늘 이후로는 다시 뵙지 못하겠습니다." 近郎이 이유를 물었지만 劍君은 말하지 않았다. 두세 번 거듭 묻자 그 이유를 대략 말하였다. 近郎이 말했다. "어찌하여 담당 관청에 말하지 않는가?"라고 하자 劍君이 말했다. "자신이 죽는 것이 두려워 여러 사람을 죄에 걸리게 하는 것은 인정상 차마 할 수 없는 일입니다." 近郎이 말하였다. "그렇다면 왜 도망하지 않느냐?"라고 하자 劍君이 말했다. "저들은 잘못되고 저는 바른데 도리어 제가 도망한다면 장부가 아닙니다." 하고는 드디어 舍人들에게로 갔다. 여러 舍人들이 술자리를 벌여놓고 사과하면서 몰래 음식에 약을 넣었다. 劍君은 이를 알고도 꿋꿋이 먹고 그만 죽고 말았다. 君子가 말했다. "劍君은 죽을 자리가 아닌데서 죽었으니 태산같이 소중한 목숨을 새털보다 가볍게 여긴 사람이라 하겠다."

62

薛氏女[606] 栗里民家女子也 雖寒門單族 而顏色端正 志行脩整 見者無不歆艶 而不敢犯 眞平王時 其父年老 番當防秋[607]於正谷 女以父衰病 不忍遠別

605) 泰山: 중국 山東省에 있는 名山으로 중국 皇帝가 祭天행사를 하던 신령한 산.
606) 薛氏女: 신라 진평왕 때의 烈女.

又恨女身不得待行[608] 徒自愁悶 沙梁部少年嘉實 雖貧且窶 而其養志貞男子也 嘗悅美薛氏 而不敢言 聞薛氏憂父老而從軍 遂請薛氏曰 雖一懦夫 而嘗以志氣自許 願以不肖之身 代嚴君之役 薛氏甚喜 入告於父 父引見曰 聞公欲代老人之行 不勝喜懼 思所以報之 若公不以愚陋見棄 願薦幼女子 以奉箕箒[609] 嘉實再拜曰 非敢望也 是所願焉 於是 嘉實退而請期 薛氏曰 婚姻人之大倫 不可以倉猝 妾旣以心許 有死無易 願君赴防 交代而歸 然後卜日成禮 未晩也 乃取鏡分半 各執一片云 此所以爲信 後日當合之 嘉實有一馬謂薛氏曰 此 天下良馬 後必有用 今我徒行 無人爲養 請留之 以爲用耳 遂辭而行

薛氏女는 栗里 民家의 딸이다. 비록 미천한 가문에 외로운 집안이지만 용모가 단정하고 마음과 행실을 잘 닦았으므로, 보는 사람마다 아름다움을 흠모하면서도 감히 범접하지 못했다. 眞平王 때 그의 아버지가 늙은 나이에 군에 편입되어 正谷으로 변경을 지키게 되었다. 딸은 아버지가 노쇠하고 병들어서 차마 멀리 보낼 수가 없었고, 또한 여자의 몸으로 대신 할 수도 없음을 한스러워하며, 다만 홀로 근심과 고민에 싸여있었다. 沙梁部 소년 嘉實은 비록 가난하고 궁핍하나 의지를 곧게 기른 자였다. 일찍부터 薛氏의 아름다움을 좋아하였으나 감히 말을 못하였다. 薛氏가 아버지가 늙으심에도 군에 가게 되었음을 걱정한다는 말을 듣고 마침내 薛氏에게 말했다. "(내) 비록 일개 나약한 사나이지만 일찍부터 의지와 기개가 있음을 자부하고 있습니다. 보잘것 없는 몸이지만 그대 아버지의 군역을 대신하기 원합니다."라고 하자 薛氏가 매우 기뻐하며 들어가 아버지에게 이를 알렸고, 아버지가 그를 불러 보고 말했다. "그대가 이 늙은이를 대신해 가려 한단 말을 들으니 기쁘고도 송구스러운 마음을 금할 수가 없소. 보답하고자 하니, 만약 그대가 어리석고 누추하다고 버리지 않는다면 어린 딸아이에게 그대를 받들게 하고 싶네." 嘉實이 두 번 절하며 말했다. "감히 바랄 수 없으나 이것이야말로 원하는 바입니다." 이

---

607) 防秋: 국방을 지키는 수자리.
608) 待行: 代行.
609) 箕箒: 妻妾이 되어 남편을 섬김.

에 嘉實이 물러나와 혼인할 기일을 청하자 薛氏가 말했다. “혼인은 인간의 대사이니 갑작스럽게 할 수는 없습니다. 제가 이미 마음으로 허락하였으니 죽는 한이 있더라도 변함이 없을 것입니다. 그대가 군역에 나갔다가 교대하여 돌아온 이후 날을 받아 혼례를 치르더라도 늦지 않을 것입니다.” 이어 거울을 절반으로 쪼개서 각각 한 쪽씩 가지고는 “이것을 믿음의 징표로 삼아 뒷날 맞추어 봅시다.”라 하였다. 嘉實에게는 말이 한 필 있었는데, 薛氏에게 일러 말했다. “이것은 천하의 좋은 말입니다. 훗날 반드시 쓸 데가 있을 것입니다. 지금 내가 가고 나면 기를 사람이 없을 것이기에 여기에 두고 부리길 바랍니다.”하며 드디어 작별하고 길을 떠났다.

會 國有故 不使人交代 淹六年未還 父謂女曰 始以三年爲期 今旣踰矣 可歸于他族矣 薛氏曰 向以安親 故强與嘉實約 嘉實信之 故從軍累年 飢寒辛若[610] 況迫賊境 手不釋兵 如近虎口 恒恐見咥 而棄信食言 豈人情乎 終不敢從父之命 請無復言 其父老且耄 以其女壯而無伉儷 欲强嫁之 潛約婚於里人 旣定日引其人 薛氏固拒 密圖遁去而未果 至廐 見嘉實所留馬 大息流淚 於是嘉實代來 形骸枯槁 衣裳藍縷 室人不知 謂爲別人 嘉實直前 以破鏡投之 薛氏得之呼泣 父反[611]室人失喜 遂約異日相會 與之偕老

[48卷-列傳8-薛氏]

때마침 나라에 변고가 있어서, 다른 사람으로 교대를 시키지 않자 嘉實은 6년이 지나도록 돌아오지 못했다. 아버지가 딸에게 말했다. “처음에 3년을 기한으로 하였는데 지금 이미 기한을 넘겼다. 다른 집으로 시집을 가야 하겠다.”라고 하자 薛氏가 말했다. “지난날 아버지를 편안하게 해드리고자 어쩔 수 없이 嘉實과 약속하였고, 嘉實은 그것을 믿었기에 여러 해 동안 從軍하며 배고픔과 추위에 고생하고 있습니다. 하물며 적의 국경에 가까이 있어 손에 兵器를 놓지 못하고 있습니다. 마치 호랑이 입 가까이 있는 것과 같아 항상 물릴까 염려가 됩니다. 그런데도 신의를 저버리고 말을 어기면 어찌 사람의 情이라 할

610) 若: 苦.
611) 反: 及.

수 있겠습니까? 아무리 하여도 아버지의 명을 따를 수 없으니 다시는 말씀 말아 주십시오." 하였다. 아버지는 늙고 정신이 맑지 않아 딸이 다 자라서도 짝이 없다하여 억지로 시집보내려고 몰래 마을 사람과 혼인 약속을 하였다. 이미 날을 정해 그 사람을 맞아들였지만, 薛氏가 완강히 거절하며 몰래 도망을 가려 하였으나 뜻을 이루지 못하였다. 마구간에 가서 嘉實이 두고 간 말을 바라보며 한숨을 쉬면서 눈물을 흘렸다. 이때 마침 嘉實이 교대되어 돌아왔다. 형상이 비쩍 말라 초췌하고 의상이 남루하여 집안사람들도 알아보지 못해 다른 사람이라 하였다. 嘉實이 앞으로 나아가 깨진 거울 한쪽을 던지자 薛氏가 이것을 받아들고는 소리 내어 울었다. 아버지와 집안사람들도 기뻐서 어쩔 줄을 몰랐다. 마침내 다른 날을 잡아 혼례를 치르고 그와 함께 偕老하였다.

63

蓋蘇文[612] [或云蓋金] 姓泉氏 自云生氷[613] 中 以惑衆 儀表雄偉 意氣豪逸 其父東部[或云西部]大人[614] 大對盧死 蓋蘇文當嗣 而國人以性忍暴 惡之不得立 蘇文頓首謝衆 請攝職 如有不可 雖廢無悔 衆哀之 遂許

蓋蘇文[혹은 蓋金이라고 한다.]은 姓이 泉氏이다. 자신을 물속에서 태어났다며 사람들을 현혹하였다. 생김새가 씩씩하고 뛰어났으며 의기가 호방하였다. 그의 부친 東部[혹은 西部라고 한다.]大人 大對盧가 죽자 蓋蘇文이 지위를 마땅히 이어받아야 했지만, 나라 사람들은 그의 성품이 잔인하고 포악하다며 미워했기에 자리에 오르지는 못하였다. 蘇文은 머리를 조아리고 뭇 사람들에게 사죄하면서 그 직을 임시로 맡을 것을 청하며, '만약 옳지 않은 일이 있다면 비록 쫓겨나도 후회하지 않겠다.'고 하였다. 여러 사람들이 불쌍히 여겨 마침내 허락하였다.

---

612) 蓋蘇文姓泉氏: 蓋蘇文은 高句麗 말의 재상 겸 무장. ?~666. 東部大人으로 大對盧가 되었다. 榮留王을 죽이고 寶藏王을 추대하여 스스로 大莫離支가 되어 國權을 장악하였다. 그의 생전에 唐軍은 高句麗를 이기지 못하였다. 이름은 蓋金이라고도 전한다. 姓氏는 '淵'인데, 唐高祖의 이름을 피하여 漢人들이 '泉'이라 한 것이다.

613) 氷: 水.

614) 東部大人: 順奴部 大人. 大人은 고유관직이 아니라, 권력자라는 뜻.

嗣位而凶殘不道 諸大人與王 密議欲誅 事洩 蘇文悉集部兵 若將校閱者 幷盛陳酒饌於城南 召諸大臣共臨視 賓至 盡殺之 凡百餘人 馳入宮弑王 斷爲數段 棄之溝中 立王弟之子臧爲王 自爲莫離支 其官如唐兵部尙書兼中書令職也

직위를 잇게 되자 흉포하고 잔인하기가 이루 말할 수 없었다. 여러 대인들이 왕과 은밀하게 논의하여 죽이고자 하였지만, 일이 누설되고 말았다. 蘇文은 자기 部의 병사를 모두 모아 마치 검열하려는 것처럼 하였다. 아울러 성 남쪽에 술과 음식을 성대히 베풀고 여러 대신들을 불러서 함께 구경하자고 하였다. 손님들이 도착하자 그들을 모조리 죽여 버렸으니 무릇 백여 명에 달하였다. 이어 궁궐로 달려 들어가 왕을 시해한 다음 몇 동강으로 잘라 도랑에 버렸다. 그렇게 하고는 왕의 동생의 아들 臧을 왕으로 세우고 스스로 莫離支가 되었다. 이 관직은 唐나라의 兵部尙書兼中書令의 직에 해당한다.

於是 號令遠近 專制國事 甚有威嚴 身佩五刀 左右莫敢仰視 每上下馬 常令貴人武將伏地 而履之 出行 必布隊伍 前導者長呼 則人皆奔迸 不避坑谷 國人甚苦之

이에 전국을 호령하며 나랏일을 제멋대로 처리하니 위엄이 대단하였다. 몸에 칼을 다섯 자루나 차고 다니니 주위에서는 감히 쳐다보지도 못하였다. 매번 말에 오르내릴 때 항상 貴人과 武將들을 땅에 엎드리게 하여 발판으로 삼았다. 나가 다닐 때에도 반드시 대오를 지어 앞에서 인도하는 사람이 길게 외치면 사람들이 모두 급히 흩어져 달아났다. 구덩이나 골짜기를 가리지 않자, 나라 사람들이 이를 몹시 고통스럽게 여겼다.

唐穆宗[615]聞蓋蘇文弑君而專國 欲伐之 長孫無忌[616]曰 蘇文自知罪大 畏大國之討 設其守備 陛下姑爲之隱忍 彼得以自安 愈肆其惡 然後取之 未晚也 帝從之

---

615) 穆宗: 太宗의 잘못.
616) 長孫無忌: 唐나라 초기의 功臣.

唐 穆宗은 '蓋蘇文이 임금을 시해하고 나라를 제멋대로 한다.'는 말을 듣고 그를 치려하자, 長孫無忌가 말했다. "蘇文은 자신의 죄가 큰 줄을 스스로 알았기에 大國의 정벌을 두려워하여 지킬 준비를 갖출 것입니다. 陛下께서는 잠시 계시다가 그가 스스로 안심하여 나쁜 짓을 더욱 방자하게 하고 난 후에 나라를 빼앗아도 늦지 않을 것입니다." 皇帝가 그의 말을 따랐다.

蘇文告王曰 聞中國三教[617]並行 而國家道教尙缺 請遣使於唐求之 王遂表請唐遣道士叔達[618]等八人 兼賜道德經 於是 取浮屠寺館之

蘇文이 왕에게 아뢰었다. "듣자옵건대 中國에는 세 가지 教가 병행한다고 하는데, 우리나라에는 道教가 아직 없습니다. 唐에 使臣을 보내 구해오시기 바랍니다."라고 하지 왕이 마침내 表를 올려 청하였다. 唐에서 道士 叔達 등 8인을 보내었고 아울러 『道德經』을 보내주었다. 이에 佛教의 寺刹을 빼앗아 그곳을 道觀으로 쓰게 하였다.

會新羅入唐 告百濟攻取我四十餘城 復與高句麗連兵 謀絶入朝之路 小國不得已出師 伏乞天兵救援 於是 太宗命司農丞相聖玄奬[619]賫璽書[620] 勅王曰 新羅委眞[621]國家 朝貢不闕 爾與百濟 宜各戢兵 若更攻之 明年 發兵討爾國矣

이때 新羅가 唐에 가서 고하기를, '百濟가 공격하여 우리 40여 城을 빼앗고 또한 高句麗와 병사를 연합하여 朝貢하는 길을 끊으려 하고 있습니다. 新羅가 부득이 출군할 밖에 없으니, 엎드려 唐兵의 구원을 비옵니다.'라고 하였다. 이에 唐 太宗이 司農丞 相里玄奬에게 명하여 璽書를 가지고 가서 (高句麗)王에게 勅命을 전하게 하였다. 말하기를 "신라는 우리의 맹방으로 朝貢을 빠뜨리지 않았다. 너희와 백제는 의당 각각 병사를 거두어야 마땅할 것이다. 만약 다시 신라를 공격한다면 내년에는 병사를 내어 너희 나라를 토벌할 것이다."라고 하였다.

---

617) 三教: 儒教, 佛教, 道教.
618) 叔達: 唐나라 太宗이 寶藏王 2년 高句麗에 보낸 道士.
619) 相聖玄奬: 相里玄奬의 잘못. 相里玄奬은 唐나라 초기의 인물.
620) 璽書: 옥새를 찍은 문서.
621) 委眞: 委質(委贄)의 잘못. 방문할 때에 예물을 가지고 가서 경의를 표함을 뜻한다.

初玄奬入境 蘇文已將兵擊新羅 王使召之乃還 玄奬宣勅 蘇文曰 往者 隋人侵我 新羅乘釁 奪我城邑五百里 自此怨隙已久 若非還我侵地 兵不能已 玄奬曰 旣往之事 焉可追論 今遼東 本皆中國郡縣 中國尙不言 句麗豈得必求故地 蘇文不從

처음 玄奬이 高句麗 국경에 왔을 때, 蘇文이 이미 병사를 거느리고 新羅를 공격하였기에 왕이 사람을 보내 불러서야 돌아왔다. 玄奬이 勅書를 선포하자 蘇文이 말했다. “옛날 隋나라가 우리를 침략하였을 때, 新羅가 그 틈을 타서 우리의 城邑 5백 리를 빼앗았다. 이것으로 원한이 이미 오래되었으니, 만약 우리에게 앗아간 땅을 주지 않는다면 전쟁을 그만 둘 수 없다.”라고 하자 玄奬이 말했다. “이미 지나간 일을 어찌 거슬러 논할 수 있겠는가? 지금의 遼東은 본래 모두 중국의 郡縣이었지만 오히려 말하지 않았다. 高句麗는 어찌 반드시 옛 땅을 찾으려 하는 것인가?” 그러나 蘇文은 이 말을 따르지 않았다.

玄奬還具言之 太宗曰 蓋蘇文弑其君 賊其大臣 殘[622]其民 今又違我詔命 不可以不討 又遣使蔣儼[623]諭旨 蘇文竟不奉詔 乃以兵脅 使者不屈 遂囚之窟室中 於是 太宗大擧兵 親征之 事具句麗本紀

玄奬이 돌아가 모두 보고하자 太宗이 말했다. “蓋蘇文이 그의 임금을 弑害하고 그 大臣들을 해쳤다. 백성들에게 잔인하고 포악하게 할 뿐만 아니라, 지금은 또 나의 명령을 어겼으니 토벌하지 않을 수 없다.” 하였다. 太宗은 또 사신 蔣儼을 보내 타일렀으나 蘇文은 끝내 詔書를 받들지 않고 도리어 무력으로 使臣을 위협하였다. 使者가 굴하지 않자 마침내 그를 동굴 속에 가두어 버렸다. 이에 太宗이 크게 출병하여 친히 정벌하였는데, 이 일이 모두 『高句麗本紀』에 실려 있다.

---

622) 殘 : 빠진 글자는 ‘虐’으로 보인다. 殘虐.
623) 蔣儼: 중국 常州 義興人.

蘇文至乾封元年死 子男生[624] 字元德 九歲以父任爲先人 遷中裏小兄 猶唐謁者[625]也 又爲中裏大兄 知國政 凡辭令皆男生主之 進中裏位頭大兄 久之爲莫離支兼三軍大將軍 加大莫離支[626] 出按諸部 而弟男建男産[627] 知國事 或曰 男生惡君等逼己 將除之 建産未之信

蘇文은 乾封 元年에 죽었다. 아들 男生은 字가 元德이다. 9세에 아버지의 임명으로 先人이 되었다가 中裏小兄으로 옮겼다. 이는 唐의 謁者에 해당하는 벼슬이다. 다시 中裏大兄이 되어 國政을 처리하는데 모든 관리의 임명을 男生이 주관하였다. 中裏位頭大兄으로 승진하여 오래 있다가 莫離支가 되었고 三軍大將軍을 겸하다가 大莫離支의 관직이 더하여졌다. 그가 여러 部를 살피러 나가게 되자 그의 아우 男建과 男産이 나랏일을 처리하였다. 어떤 이가 말하였다. "男生은 그대들이 자기의 지위를 침범하는 것을 싫어하여 장차 당신들을 없애려 합니다." 하였으나 男建과 男産은 믿지 않았다.

又有謂男生 將不納君 男生遣諜往 男建捕得 卽矯王命召之 男生懼不敢入 男建殺其子獻忠 男生走保國內城 率其衆 與契丹靺鞨[628]兵附唐 遣子獻誠[629]訴之 高宗拜獻誠右武衛將軍 賜乘輿馬瑞錦寶刀 使還報 詔契苾何力[630]率兵援之 男生乃免

또 어떤 이가 男生에게 말하였다. "장차 그대를 받아들이지 않을 것입니다." 그러자 男生이 첩자를 보냈는데 男建이 첩자를 잡고 즉시 왕명을 거짓으로 꾸며 男生을 불러들였다. 男生이 두려워 감히 들어가지 못하자 男建이 男生의 아들 獻忠을 죽였다. 男生은 도주하여 國內城에 웅거하면서 그의 무리를 거느리고 契丹과 靺鞨 병사와 함께 唐에 붙어서는 아들 獻誠을 보내 처지를

---

624) 男生: 淵蓋蘇文의 장남. 634~679.
625) 謁者: 應接을 맡은 벼슬.
626) 莫離支: 군사권을 장악한 관직.
627) 男建 · 男産: 男建은 淵蓋蘇文의 둘째, 男産은 셋째 아들.
628) 靺鞨: 후일의 女眞族. 唐나라 때 靺鞨이라 칭하였다.
629) 獻誠: 唐나라에서 활동한 高句麗 출신 귀족. 651~701.
630) 契苾何力: 설필하력. 唐나라의 將帥이다. 突厥系인 鐵勒部 사람이다.

하소연하였다. 唐 高宗이 獻誠에게 右武衛將軍을 除授하고 수레, 말, 비단, 보검을 내려주면서 돌아가 보고하게 하였다. 契苾何力에게 조서를 내려 병사를 거느리고 그를 구원하게 하였으니, 男生이 그제야 화를 모면하게 되었다.

授平壤道行軍大摠管 兼持節安撫大使 擧哥勿南蘇倉巖等城以降 帝又命西臺舍人李虔繹 就軍慰勞 賜袍帶[631] 金釦七事[632] 明年 召入朝 遷遼東大都督玄菟郡公 賜第京師 因詔還軍 與李勣攻平壤 入禽王 帝詔遣子 卽遼水勞賜還 進右衛大將軍卞國公 年四十六卒 男生純厚有禮 奏對敏辯 善射藝 其初至 伏斧鑕[633] 待罪 世以此稱焉

高宗이 男生에게 平壤道行軍大摠管 겸 持節安撫大使를 除授하자 그는 哥勿·南蘇·倉巖 등의 성을 바쳐 항복하였다. 황제가 또 西臺舍人 李虔繹에게 명하여 男生의 군중에 가서 위로하게 하면서 도포와 띠, 금그릇 등 일곱 가지를 하사하였다. 이듬해에 그를 조정에 불러 遼東大都督玄菟郡公으로 옮겨주고 서울에 집 한 채를 하사하였다. 조서를 받고 郡으로 돌아가 李勣과 함께 平壤을 공격하고 들어가 왕을 사로잡았다. 황제는 조서를 내려 아들을 遼水로 보내 위로하였고 상을 하사하였으며 돌아오자 右衛大將軍卞國公으로 진급시켰다. 나이 마흔여섯에 죽었는데, 男生은 순후하고 예의가 있었으며, 아뢰고 대답함에 있어 민첩하게 말을 잘하였고 활도 잘 쏘았다. 그가 처음 唐에 갔을 때 도끼 밑에 엎드려 죄를 기다렸는데, 세상에서는 이 일을 가지고 그를 칭찬하였다.

獻誠 天授中以右衛大將軍兼羽林衛 武后嘗出金幣 於文武官內 擇善射者五人 中者以賜之 內史張光輔先讓獻誠 爲第一 獻誠後讓右王鈐衛大將軍薛吐摩支 摩支又讓獻誠 旣而 獻誠奏曰 陛下擇善射者 然多非華人 臣恐唐官以

631) 枹帶: 袍帶.
632) 七事: 唐나라 때 軍中의 필수 휴대품.
633) 斧鑕: 죄인을 죽이는 데 쓰이는 도끼와 쇠 모탕.

射爲恥 不如罷之 后嘉納 來俊臣嘗求貨 獻誠不答 乃誣其謀叛 縊殺之 后後知其寃 贈右羽林衛大將軍 以禮改葬

獻誠은 天授 年間, 右衛大將軍으로 羽林衛를 겸하고 있었다. 武后가 한번은 금화를 내어 문무관리 중 활 잘 쏘는 사람 다섯 명을 가려, 맞히는 이에게 상으로 주기로 하였다. 內史 張光輔가 먼저 獻誠에게 양보하여 그가 제일이 되었다. 獻誠은 다시 右王鈐衛大將軍 薛吐摩支에게 양보하자, 摩支는 다시 獻誠에게 양보하였다. 조금 있다가 獻誠이 아뢰었다. "폐하께서 활 잘 쏘는 사람을 가리려 하나 다수는 중국 사람이 아닙니다. 신은 唐의 관리들이 활 쏘는 것으로 수치를 당할까 염려되니 그만두는 것만 같지 못할 것입니다."라고 하자 武后가 옳게 여겨 받아들였다. 來俊臣이 일찍이 뇌물을 요구했지만 獻誠이 응대하지 않자, 이에 그가 반역을 꾀한다고 誣告하여 목매달아 죽였다. 武后가 후에 獻誠의 원통함을 알고 右羽林衛大將軍을 追贈하고 예를 갖추어 다시 장사 지냈다.

論曰 宋神宗與王介甫論事曰 太宗伐高句麗 何以不克 介甫曰 蓋蘇文 非常人也 然則蘇文 亦才士也 而不能以直道奉國 殘暴自肆 以至大逆 春秋君弑賊不討 謂之國無人 而蘇文保腰領 以死於家 可謂幸而免者 男生獻誠 雖有聞於唐室 而以本國言之 未免爲叛人者矣 [49卷-列傳9-蓋蘇文]

의견을 말하자면 이러하다. 宋의 神宗이 王介甫와 정사를 논하며 말했다. "太宗이 高句麗를 쳤을 때 어찌하여 이기지 못했는가?" 介甫가 대답하였다. "蓋蘇文이 비상한 인물이기 때문입니다." 그런즉 蓋蘇文도 역시 재주 있는 인물이었지만, 능히 곧은 道로써 나라를 받들지 못하고 잔인하고 포악함으로서 제 멋대로 행동하다가 大逆에 이른 것이다. 『春秋』에는 "임금이 弑害되었는데도 逆賊을 討伐하지 못한다면 나라에 사람이 없다고 이른다."라고 하였다. 蘇文이 一身을 보존하여 집에서 죽은 것은 僥倖으로 免한 것이라고 할 수 있을 것이다. 男生과 獻誠은 비록 唐 황실에 알려지긴 했지만, 本國의 입장에서 말을 한다면 叛逆者임을 면할 수는 없을 것이다.

旣出問題

1. 特級
2. 特級Ⅱ

01

古典 漢文의 理解

第107回
特級 漢文 問題

問 181-200 다음 글을 읽고 물음에 답하시오.

○ 子①謂子産, 有君子之道四(②). 其③行己也恭, 其事上也(④), 其養民也(⑤), 其⑥使民也(⑦). 〈논어〉

○ 有顔回者, (⑧), ⑨不遷怒, 不(⑩)過, 不幸(⑪)死矣. 〈논어〉

○ ⑫天下之無道也久矣, 天⑬將以⑭夫子爲(⑮). 〈논어〉

○ 金蛙有七子, 常(⑯)朱蒙遊戱, ⑰其伎能皆不及朱蒙. 其長子帶素言於王曰, "朱蒙非人所生, ⑱其爲人也勇. 若不(⑲), 恐有後患, 請除之." 王不⑳聽. 〈삼국유사〉

[181] ①謂의 뜻에 가장 가까운 것은?

(가) 알려주다　　(나) 평가하다

(다) 생각하다　　(라) 직접 말하다

[182] (②)에 들어갈 한자를 쓰시오.

[183] ③行己也恭의 뜻을 풀이하시오.

[184] (④)에 들어갈 한자를 사용하고 있는 것은?

㈎ 仁者無敵　　㈏ 至誠無息

㈐ 敬以直內　　㈑ 孝弟忠信

[185] (⑤)에 들어갈 한자를 사용한 한자어는?

㈎ 容恕　　㈏ 慈惠

㈐ 虔恪　　㈑ 和平

[186] ⑥ 使民의 뜻으로 적절한 것은?

㈎ 사람을 심부름 보내다　　㈏ 백성을 대신하여 맡기다

㈐ 백성에게 사람을 보내다　　㈑ 백성을 동원하여 일을 시키다

[187] (⑦)에 들어갈 한자를 쓰시오.

[188] (⑧)에 들어갈 두 글자의 한자어를 사용한 것은?

㈎ 歲寒然後知松柏之後彫也.

㈏ 子謂子夏曰, 女爲君子儒, 無爲小人儒.

㈐ 多聞, 擇其善者而從之, 多見而識之, 知之次也.

㈑ 十室之邑, 必有忠信, 如丘者焉, 不如丘之好學也.

[189] ⑨ 不遷怒의 뜻을 풀이하시오.

[190] (⑩)에 들어갈 한자를 쓰시오.

[191] 빈칸 (⑪)에 들어갈 한자어로 가장 적절한 것은?

㈎ 短命　　㈏ 殞命

㈐ 崩御　　㈑ 逝去

[192] ⑫ 天下之無道也久矣의 뜻을 풀이하시오.

[193] ⑬ 將과 같은 뜻으로 사용한 것은?

㈎ 將領　　㈏ 扶將

㈐ 將次　　㈑ 將帥

[194] ⑭ 夫子가 가리키는 말은?

(가) 子路　　(나) 孔子

(다) 曾參　　(라) 顔淵

[195] (⑮)에 들어갈 말로 가장 적합한 한자어는?

(가) 冠冕　　(나) 琴瑟

(다) 鐘鼓　　(라) 木鐸

[196] (⑯)에 들어갈 한자를 쓰시오.

[197] ⑰ 其伎能皆不及朱蒙의 뜻을 풀이하시오.

[198] ⑱ 其爲人也勇의 뜻을 풀이하시오.

[199] (⑲)에 들어갈 한자어는?

(가) 早圖　　(나) 解約

(다) 追跡　　(라) 盟誓

[200] ⑳ 聽의 뜻과 가장 가까운 한자어는?

(가) 聽診　　(나) 聽力

(다) 聽納　　(라) 聽政

第82回 特級 漢文 模範答案

181. ㈏
182. 焉
183. 몸가짐이 공손하다
184. ㈐
185. ㈏
186. ㈑
187. 義
188. ㈑
189. 노여움을 다른 사람에게 옮기지 않는다
190. 貳
191. ㈎
192. 천하에 도가 없는 지 오래되었다
193. ㈐
194. ㈏
195. ㈑
196. 與
197. 그 기량과 재능이 모두 주몽에게 미치지 못했다
198. 그 사람됨이 용맹하다
199. ㈎
200. ㈐

01

古典 漢文의 理解

第108回
特級 漢文 問題

問 181-200 다음 글을 읽고 물음에 답하시오.

○ 在陳①<u>絶糧</u>, 從者病, 莫能(②). 子路(③)見曰, 君子亦有窮乎?
子曰, 君子, ④<u>固窮</u>. 小人, 窮斯(⑤)矣. 〈論語〉

[181] ① <u>絶糧</u>의 뜻을 풀이하시오.

[182] (②)에 들어갈 한자를 사용한 한자어는?

(가) 追蹤　　(나) 興起
(다) 疾走　　(라) 奮發

[183] (③)에 들어갈 한자로 적절한 것은?

(가)突　　(나)怨
(다)慍　　(라)遜

[184] ④ <u>固窮</u>의 뜻을 풀이하시오.

[185] (⑤)에 들어갈 한자어를 쓰시오.

○ 曰, ①不憂不懼, 斯謂之君子矣乎? 子曰, 內省(②)不疚, 夫何憂何懼? 〈論語〉

[186] ①不憂不懼의 뜻을 풀이하시오.

[187] (②)에 들어갈 한자어로 가장 적합한 것은?

㈎ 不疚　　㈏ 泰然
㈐ 恭謙　　㈑ 洽足

○ 商聞之矣, ①死生有命, 富貴(②)天. 君子③敬而無失, (④)人恭而(⑤), ⑥四海之內, (⑦)兄弟也, 君子⑧何患乎無兄弟也

[188] ①死生有命의 뜻을 풀이하시오.

[189] (②)에 들어갈 한자를 쓰시오.

[190] ③敬而無失과 가장 가까운 말은?

㈎ 格致　　㈏ 頌禱
㈐ 愼獨　　㈑ 窮理

[191] (④)에 들어갈 한자를 쓰시오.

[192] (⑤)에 들어갈 한자어로 적합한 것은?

㈎ 有禮　　㈏ 信賴
㈐ 和諧　　㈑ 推奬

[193] ⑥四海와 바꾸어 쓸 수 없는 말은?

㈎ 八荒　　㈏ 天下
㈐ 宇內　　㈑ 畿甸

[194] (⑦)에 들어갈 한자를 적으시오.

[195] ⑧何患乎無兄弟也의 뜻을 풀이하시오.

○ 公主果有(①)，生薛聰. 聰生而睿敏，(②)經史，新羅十賢中一也. 以③<u>方音通會華夷方俗物名</u>，訓解六經文學，至今海東業明經者，傳受不絕. 曉旣(④)，生聰已後，⑤<u>易俗服</u>，自號小姓居士.

〈三國遺事〉

[196] (①)에 들어갈 한자를 사용한 한자어는?

㈎ 胎盤　　㈏ 娩娠
㈐ 沈澱　　㈑ 膨脹

[197] (②)에 들어갈 한자어로 가장 적합한 것은?

㈎ 撰述　　㈏ 輯佚
㈐ 解惑　　㈑ 博通

[198] ③ <u>方音通會華夷方俗物名</u>의 뜻을 풀이하시오.

[199] (④)에 들어갈 한자어로 가장 적합한 것은?

㈎ 失戒　　㈏ 傳鉢
㈐ 薦度　　㈑ 剃髮

[200] ⑤ <u>易俗服</u>과 의미상 가장 가까운 성어는?

㈎ 以理服人　　㈏ 不稱其服
㈐ 寤寐思服　　㈑ 白龍魚服

第83回 特級 漢文 模範答案

181. 양식이 떨어지다
182. ㈏
183. ㈐
184. 본시(본디) 곤궁하다
185. 濫
186. 근심하지 않고 두려워하지 않는다
187. ㈎
188. 죽음과 삶에는 정해진 운명이 있다
189. 在
190. ㈐
191. 與
192. ㈎
193. ㈑
194. 皆
195. 어찌 형제가 없음을 걱정하겠습니까?
196. ㈏
197. ㈑
198. 우리말로 중국과 이민족의 각 지방 풍속과 품물 이름을 꿰뚫어 이해하다
199. ㈎
200. ㈑

01

古典 漢文의 理解

第109回
特級 漢文 問題

問 181-200 다음 글을 읽고 물음에 답하시오.

○ 學而時習之 不亦說(①).

○ 知者②樂水 仁者樂山.

○ 君子務本 本立而道生 孝(③)也者 其爲仁之本與.

○ 吾日三省吾身 爲人謀而不(④)乎 與朋友交而不信乎 傳不習乎.

○ 詩三百 一言以(⑤)之 曰思無邪.

○ 吾十有五而志于學 三十而立 四十而(⑥).

○ 生事之以禮 死葬之以禮 祭之以(⑦).

○ 君子求諸己 小人求⑧諸人.

○ 溫故而知新 可以爲(⑨)矣.

○ 知之爲知之 不知爲不知 是(⑩)

○ 禮與其奢也 寧儉 喪與其易也 ⑪寧戚

○ 不仁者 不可以久處⑫約 不可以長處樂.

○ 朝聞(⑬) 夕死可矣.

○ 人之生也直 ⑭罔之生也 幸而免.

○ 可以託⑮六尺之孤 可以寄百里之命.

○ 興於(⑯) 立於禮 成於樂. 〈논어〉

[181] (①)에 알맞은 漢字를 고르시오.

㈎ 乎 ㈏ 也

㈐ 矣 ㈑ 也已

[182] ②樂의 訓과 音을 쓰시오.

[183] (③)에 알맞은 漢字를 고르시오.

㈎ 弟 ㈏ 恭

㈐ 聖 ㈑ 仁

[184] (④)에 들어갈 1음절 漢字를 쓰시오.

[185] (⑤)에 들어갈 1음절 漢字를 쓰시오.

[186] (⑥)에 들어갈 2음절 漢字語를 漢字로 쓰시오.

[187] (⑦)에 들어갈 1음절 漢字를 쓰시오.

[188] ⑧諸와 같은 의미를 가진 2음절 漢字語를 漢字로 쓰시오.

[189] (⑨)에 들어갈 1음절 漢字를 쓰시오.

[190] (⑩)에 들어갈 1음절 漢字를 쓰시오.

[191] ⑪寧戚을 풀이하시오.

[192] ⑫約과 같은 의미의 2음절 漢字語를 漢字로 쓰시오.

[193] (⑬)에 들어갈 1음절 漢字를 쓰시오.

[194] ⑭罔과 같은 의미의 2음절 漢字語를 漢字로 쓰시오.

[195] ⑮ 六尺之孤를 풀이하시오.

[196] (⑯)에 들어갈 1음절 漢字를 쓰시오.

○ 溫達 高句麗平岡王時人也 容貌①龍鍾可笑 中心則曉然 家甚貧 常乞食以養母 ②破衫弊履 往來於市井間 時人目③之爲愚溫達 平岡王少女兒好啼 王戲曰 汝常啼聒我耳 長必不得爲士大夫妻 當④歸之愚溫達 王每言之 〈삼국사기〉

[197] ① 龍鍾의 뜻을 쓰시오.

[198] ② 破衫弊履를 풀이하시오.

[199] ③ 之의 品詞를 쓰시오.

[200] ④ 歸와 같은 의미를 가진 1음절 漢字를 쓰시오.

第84回 特級 漢文 模範答案

181. ①
182. 좋아할 요
183. ①
184. 忠
185. 蔽
186. 不惑
187. 禮
188. 之於
189. 師
190. 知
191. 차라리 슬퍼하다
192. 困窮
193. 道
194. 不直
195. 15세 정도의 고아
196. 詩
197. 늙고 꾀죄죄하다
198. 떨어진 옷과 해진 신발
199. 대명사
200. 嫁

01

古典 漢文의 理解

第110回
特級 漢文 問題

問 181-200 다음 漢文을 읽고 물음에 답하시오.

○ 子貢曰: ①貧而無諂, 富而無驕, 何如? 子曰: ②可也. (③)若貧而樂, 富而④好禮者也. 子貢曰: 詩云如切如磋, 如琢如(⑤), 其⑥斯之謂與! 子曰: 賜也, 始可(⑦)言詩已矣. 告諸往而知⑧來者. 〈論語〉

○ 商聞之矣, 死生(⑨), 富貴在天. 君子敬而⑩無失, 與人恭而(⑪), 四海之內, 皆兄弟也. ⑫君子何患乎無兄弟也? 〈論語〉

○ 弟子入則孝, 出則弟, (⑬)而信, 汎愛衆而⑭親仁. 行有餘力, 則以(⑮). 〈論語〉

○ 高麗本記云: 始祖東明聖帝, 姓⑯言氏, 諱朱蒙. (⑰)北扶餘王解夫婁, 旣避地于東扶餘. 及夫婁薨, 金蛙⑱嗣位. 于時得一女子於太伯山南優渤水. 問之, 云: "我是河伯之女名柳花, 與諸弟(⑲)時, 有一男子, 自言天帝子解慕漱, 誘我於熊神山下鴨綠邊, ⑳室中知之, 而往不返." 〈三國遺事〉

[181] ① 貧而無諂의 뜻을 풀이하시오.

[182] ② 可也의 속뜻으로 알맞은 것은?

㈎ 할 수 있다. ㈏ 아주 좋다.

㈐ 괜찮기는 하다. ㈑ 그럴 수 있을까?

[183] (③)에 들어갈 한자를 사용한 한자어는?

㈎ 無念 ㈏ 未然

㈐ 不詳 ㈑ 勿忘

[184] ④ 好禮와 같은 짜임의 한자어는?

㈎ 雪冤 ㈏ 侍立

㈐ 孱弱 ㈑ 怠惰

[185] (⑤)에 들어갈 한자를 쓰시오.

[186] ⑥ 斯가 가리키는 뜻을 해설하시오.

[187] (⑦)에 들어갈 한자를 쓰시오.

[188] ⑧ 來者의 뜻으로 가장 적절한 것은?

㈎ 오는 사람 ㈏ 오도록 청하는 것

㈐ 종래부터 있어온 것 ㈑ 아직 말하지 않은 것

[189] (⑨)에 들어갈 두 글자를 쓰시오.

[190] ⑩ 無失의 뜻을 풀이하시오.

[191] (⑪)에 들어갈 한자어로 적합한 것은?

㈎ 調和 ㈏ 有禮

㈐ 敦厚 ㈑ 格致

[192] ⑫ 君子何患乎無兄弟也?를 번역하시오.

[193] (⑬)에 들어갈 한자와 뜻이 가장 가까운 한자어는?

㈎ 愼　　㈏ 訥

㈐ 毅　　㈑ 溫

[194] ⑭ 親仁의 뜻을 풀이하시오.

[195] (⑮)에 들어갈 한자어로 적합한 것은?

㈎ 問學　　㈏ 造道

㈐ 學文　　㈑ 博學

[196] ⑯ 言은 무슨 글자의 잘못인지, 추정되는 글자를 적으시오.

[197] 서술이나 화제를 앞의 사건으로 되돌릴 때 (⑰)에 들어갈 가장 적당한 한자어는?

㈎ 先是　　㈏ 然而

㈐ 但只　　㈑ 雖然

[198] ⑱ 嗣位의 뜻이 가장 가까운 것은?

㈎ 賓天　　㈏ 靡寧

㈐ 卽祚　　㈑ 夙宵

[199] (⑲)에 들어갈 가장 적절한 말은?

㈎ 出遊　　㈏ 弄丸

㈐ 緩步　　㈑ 戱謔

[200] ⑳ 室中知之를 풀이하시오.

第85回 特級 漢文 模範答案

181. 가난해도 아첨하지 않는다
182. (다)
183. (나)
184. (가)
185. 磨
186. 터득한 바가 있다고 하여도 자족해서는 안된다는 사실
187. 與
188. (라)
189. 有命
190. 과실이 없다
191. (나)
192. 군자가 어찌 형제가 없음을 걱정하겠습니까?
193. (가)
194. 어진 이를 친근히 한다
195. (다)
196. 高
197. (가)
198. (다)
199. (가)
200. 방 속에서 사통하다

01

古典 漢文의 理解

第111回
特級 漢文 問題

問 181-200 다음 漢文을 읽고 물음에 답하시오.

○ 割鷄①<u>焉</u>用牛刀.

○ 子曰 ②<u>後生可畏 焉知來者之不如今也? 四十五十而無聞焉 斯亦不足畏也已</u>.

○ 君子之過也 ③<u>如</u>日月之食焉.

○ 君子有三變 望之儼然 ④<u>卽之也溫</u> 聽其言也厲.

○ 博學而篤志 切問而近思 (⑤)在其中矣.

○ 往者不可諫 來者猶可(⑥).

○ 生而知之者 上也 學而知之者 次也 ⑦<u>困</u>而學之 又其次也.

○ 過而不改 是謂(⑧)矣.

○ 君子⑨<u>矜</u>而不爭 群而不黨.

○ 君子求諸己 小人求⑩<u>諸</u>人.

○ 益者三友 友直友諒友(⑪) 益友.

○ 事君 敬其事而後其⑫<u>食</u>.

○ 衆⑬惡之 必察焉 衆好之 必察焉.

○ 見利思義 見危授命 ⑭久要 不忘平生之言 亦可以爲成人矣.

〈논어〉

[181] ①焉의 용법과 같은 의미로 쓰인 문장을 고르시오.

(가) 人焉廋哉? 人焉廋哉?　(나) 天下之父歸之 其子焉往?

(다) 未能事人 焉能事鬼?　(라) 見賢思齊焉 見不賢而內自省也.

[182] ②後生可畏 焉知來者之不如今也? 四十五十而無聞焉 斯亦不足畏也已의 문장과 관계가 있는 사자성어를 고르시오.

(가) 手不釋卷　(나) 他山之石

(다) 竹馬故友　(라) 表裏不同

[183] ③如와 같은 용법으로 쓰인 문장을 고르시오.

(가) 學問如逆水行舟 不進則退.　(나) 如或知爾 則何以哉.

(다) 文公如齊 惠公如秦.　(라) 公如大夫入其門.

[184] ④卽之也溫을 풀이하시오.

[185] (⑤)에 들어갈 1음절 漢字를 쓰시오.

[186] (⑥)에 들어갈 1음절 漢字를 쓰시오.

[187] ⑦困과 같은 의미의 2음절 漢字語를 漢字로 쓰시오.

[188] (⑧)에 들어갈 1음절 漢字를 쓰시오.

[189] ⑨矜과 같은 의미의 1음절 漢字를 쓰시오.

[190] ⑩諸와 같은 의미의 2음절 漢字語를 漢字로 쓰시오.

[191] (⑪)에 들어갈 2음절 漢字語를 漢字로 쓰시오.

[192] ⑫食과 같은 의미의 2음절 漢字語를 漢字로 쓰시오.

[193] ⑬惡과 같은 음이 아닌 것은?

㈎ 惡心　　㈏ 惡阻

㈐ 惡寒　　㈑ 惡物

[194] ⑭久要와 같은 의미의 2음절 漢字語를 漢字로 쓰시오.

○ 强首嘗與釜谷冶家之女①野合 情好頗篤 及年二十歲 父母媒邑中之女有容行者 ②將妻之 强首辭不可以再娶 父怒曰 ③爾有時名 國人無不知 而以微者爲偶 不亦可恥(④) 强首再拜曰 貧且賤非所羞也 學道而不行之 ⑤誠所羞也 嘗聞古人之言曰 糟糠之妻 不下堂 貧賤之交 (⑥)則賤妾所不忍棄者也 〈삼국사기〉

[195] ①野合의 뜻을 쓰시오.

[196] ②將妻之를 풀이하시오.

[197] ③爾有時名을 풀이하시오.

[198] (④)에 들어갈 한자로 알맞은 것은?

㈎ 乎　　㈏ 也

㈐ 矣　　㈑ 哉

[199] ⑤誠所羞也가 무엇인지 본문에서 찾아 한자로 쓰시오.

[200] (⑥)에 들어갈 漢字를 쓰시오.

第86回 特級 漢文 模範答案

181. ㈐
182. ㈎
183. ㈎
184. 나아가 보면 온화해 보인다
185. 仁
186. 追
187. 不通
188. 過
189. 莊
190. 之於, 之乎
191. 多聞
192. 俸祿
193. ㈑
194. 舊約
195. (혼인 전) 정을 통하다
196. 장차 아내로 삼으려 하다
197. 세상에 이름이 알려지다
198. ㈎
199. 學道而不行之
200. 不可忘

02

古典 漢文의 理解

第107回
特級Ⅱ 漢文 問題

問 181–200 다음 漢文을 읽고 물음에 답하시오.

○ 出門㉠如見大賓 ㉡使民如㉢承大祭 ㉣己所不欲 ㉤勿施於人 在㉥邦無怨 在家無怨

[181] 이 문장에서 ㉠如의 용법은?

(1) 비교　　(2) 단정
(3) 가정　　(4) 의문

[182] ㉡使民을 해석하시오.

[183] ㉢承과 같은 의미를 지닌 한자로 적절한 것은?

(1) 乘　　(2) 行
(3) 奉　　(4) 敬

[184] ㉣己所不欲을 해석하시오.

[185] ㉤勿의 문법적 기능을 쓰시오.

[186] ㉥邦이 뜻하는 곳을 쓰시오.

○ 女人謂郎曰 始吾恥㉠君子之辱臨㉡弊族 故辭禁爾 今旣㉢無隱 敢㉣布腹心 且賤妾之於郞君 雖曰㉤非類 得倍一夕之歡 義重㉥結褵* 之好三兄之焉 天旣厭之 一家之殃 予欲當㉦之 與其死於㉧等閑人之手

*褵 : 향주머니 리

[187] ㉠ 君子는 누가 누구를 지칭하는 말인가를 쓰시오.

[188] ㉡ 弊族의 해석으로 가장 적절한 것을 고르시오.

(1) 낡은 집 (2) 귀한 집 (3) 나쁜 집 (4) 우리 집

[189] ㉢ 無隱을 해석하시오.

[190] ㉣ 布와 같은 의미를 지닌 한자로 적절한 것을 고르시오.

(1) 表 (2) 言 (3) 辭 (4) 歌

[191] ㉤ 非類를 해석하시오.

[192] ㉥ 結褵는 무엇을 의미하는지 쓰시오.

[193] ㉦ 之가 뜻하는 바를 쓰시오.

[194] ㉧ 等閑人은 누구를 말하는지 쓰시오.

○ 二年二月二十日㉠昧爽已前 犯㉡五逆 罪死㉢已下 今見囚禁者 ㉣罪無小大 悉皆放出 其前赦已後犯罪㉤奪爵者 竝令㉥依舊 盜賊人 但放其身

[195] ㉠ 昧爽은 어느 시각을 일컫는 것인지 쓰시오.

[196] ㉡ 五逆에 해당하지 않는 사람으로 알맞은 것을 고르시오.

(1) 부모 (2) 조부모 (3) 왕 (4) 형제

[197] ㉢ 已下가 뜻하는 바를 쓰시오.

[198] ㉣ 罪無小大를 해석하시오.

[199] ㉤ 奪爵은 무엇을 의미하는지 쓰시오.

[200] ㉥ 依舊는 어떻게 하라는 것인지 쓰시오.

第82回 特級Ⅱ 漢文 模範答案

181. (1)
182. 백성을 다스리다
183. (3)
184. 자신이 하고자 하지 않는 것
185. 부정(사)
186. 나라, 국가
187. 아내가 남편을 가리키는 말
188. (4)
189. 감출 것이 없음
190. (2)
191. 부류가 다르다
192. 혼인(결혼)
193. 집안의 재앙
194. 일반 사람
195. 새벽
196. (4)
197. (사형)이하
198. 죄의 크고 작음을 막론하고
199. 벼슬을 빼앗긴
200. 예전으로 되돌리다

02

古典 漢文의 理解

第108回
特級Ⅱ 漢文 問題

問 181-200 다음 漢文을 읽고 물음에 답하시오.

○ ㉠事君敬其㉡事而後其㉢食. 虎兕* 出㉣於柙* 龜玉毁於㉤櫝* 中 是誰之㉥過㉦與 〈論語〉

*兕 : 외뿔들소 시 *柙 : 우리 합 *櫝 : 함 독

[181] ㉠事와 ㉡事의 뜻을 쓰시오.

[182] ㉢食을 대체할 수 있는 한자를 쓰시오.

[183] ㉣於의 용법으로 적절한 것을 고르시오.

① ~이면 ② ~로부터
③ ~ 보다 ④ ~에서

[184] ㉤櫝과 訓이 같은 한자를 고르시오.

① 仝 ② 函
③ 盂 ④ 耂

[185] ㉥過의 뜻을 우리말로 바꿔 쓰시오.

[186] ㉦與의 문법적 기능을 쓰시오.

○ ㉠此卽我有大德於南人也 豈期歃*血未㉡乾 凶威復㉢作 ㉣蜂蠆*之毒侵害於㉤生民 狼虎之狂爲㉥梗於㉦畿甸 金城㉧窘忽 ㉨黃屋震驚 〈三國遺事〉

*歃 : 마실 삽 *蠆 : 전갈 채

[187] ㉠此卽의 해석으로 가장 알맞은 것을 고르시오.

① 이런 것을 ② 이것이라면
③ 이것은 ④ 이렇다면

[188] ㉡乾의 뜻을 쓰시오.

[189] ㉢作과 동일한 뜻을 지닌 한자를 고르시오.

① 爲 ② 立
③ 設 ④ 成

[190] ㉣蜂蠆之毒을 직역하시오.

[191] ㉤生民은 누구를 나타내는 한자어인지 쓰시오.

[192] ㉥梗의 訓과 音을 쓰시오.

[193] ㉦畿甸을 현대적 용어로 바꾸어 쓰시오.

[194] ㉧窘忽을 해석하시오.

[195] ㉨黃屋은 무엇을 의미하는 것인지 쓰시오.

○ ㉠辟[*]致遠爲從事以㉡姿書記之任 其㉢表狀書啓傳之至今 ㉣及年二十八歲 有㉤歸寧之志 〈三國史記〉

*辟 : 부를 벽

[196] ㉠辟은 누구를 이르는 한자인지 쓰시오.

[197] ㉡姿가 이 문장에서 뜻하는 바를 쓰시오.

[198] ㉢表狀書啓를 통틀어 무엇을 말하는지 쓰시오.

[199] ㉣及과 동일한 의미를 가진 한자를 쓰시오.

[200] ㉤歸寧之志를 해석하시오.

第83回 特級Ⅱ 漢文 模範答案

181. ㉠ 섬기다, ㉡ 일
182. 俸 혹은 祿
183. ④
184. ②
185. 잘못
186. 의문(사)
187. ③
188. 마르다
189. ①
190. 벌과 전갈의 독
191. 백성
192. 막힐 경
193. 수도권
194. 위급해지다
195. 왕실
196. 임금
197. 맡기다
198. 문장의 여러 종류
199. 當
200. 고국으로 돌아갈 의지

02

古典 漢文의 理解

第109回
特級Ⅱ 漢文 問題

問 181–200 다음 漢文을 읽고 물음에 답하시오.

○ ㉠上好禮 則民莫敢不(㉡) 上好義 則民莫敢不(㉢) 上好信 則民莫敢不用情 ㉣夫如是 則四方之民 ㉤襁負其子而至矣 焉㉥用稼

〈論語〉

[181] ㉠上은 누구를 지칭하는지 쓰시오.

[182] (㉡)에 들어갈 한자를 쓰시오.

[183] (㉢)에 들어갈 한자를 쓰시오.

[184] ㉣夫如是를 해석하시오.

[185] ㉤襁을 우리말로 쓰시오.

[186] ㉥用稼의 뜻과 유사하게 대체할 수 있는 한자어를 쓰시오.

○ 海龍忽㉠攬夫人入海 公顚倒㉡躄*地 ㉢計無所出 又有一老告曰 ㉣衆口鑠*金 今海中㉤傍生 何不畏衆口㉥乎 宣進㉦界內民 作歌唱之 以杖打岸 則可見夫人㉧矣 〈三國遺事〉

* 躄 : 앉은뱅이 벽 * 鑠 : 쇠녹일 삭

[187] ㉠攬의 음과 훈을 쓰시오.

[188] ㉡躄地을 우리말로 표현하시오.

[189] ㉢計無所出을 해석하시오.

[190] ㉣衆口의 뜻을 쓰시오.

[191] ㉤傍生이 의미하는 바를 쓰시오.

[192] ㉥乎의 용법을 쓰시오.

[193] ㉦界內民의 뜻을 쓰시오.

[194] ㉧矣의 용법을 쓰시오.

○ 溫達奏曰 百姓痛恨 ㉠未嘗忘父母之國 願大王不以愚㉡不肖 授㉢之以兵 一往必還㉣吾地 王許焉 ㉤臨行誓曰 鷄立峴竹嶺已西 ㉥不歸於我 則不返地 〈三國史記〉

[195] ㉠未嘗을 우리말로 쓰시오.

[196] ㉡不肖의 뜻을 쓰시오.

[197] ㉢之가 가리키는 바를 쓰시오.

[198] ㉣吾地의 땅은 어디인지 쓰시오.

[199] ㉤臨行이 뜻하는 바를 쓰시오.

[200] ㉥不歸於我를 해석하시오.

第84回 特級Ⅱ 漢文 模範答案

181. 윗사람
182. 敬
183. 服
184. 무릇 이와 같이 된다면
185. 포대기
186. 농사(農事)
187. 잡을 람
188. 땅에 주저앉다
189. 아무 대책이 없다
190. 여러 사람의 발
191. 바다 속에 살다
192. 의문 종결사
193. 지역백성들
194. 단정 종결사
195. 일찍이
196. 자기를 낮춰 부르는 말
197. 병력
198. 고구려
199. 전투
200. 나는 돌아오지 않는다

02

古典 漢文의 理解

第110回 特級Ⅱ 漢文 問題

問 181~200 다음 漢文을 읽고 물음에 답하시오.

○ 君子㉠懷德 小人懷(㉡) 君子懷刑 小人懷㉢惠 ㉣不患無位 患所以立 不患㉤莫己知 求爲㉥可知也 〈論語〉

[181] ㉠懷의 해석으로 알맞은 것을 고르시오.

(가) 품다 (나) 생각하다

(다) 구하다 (라) 기억하다

[182] (㉡)에 들어갈 한자로 적절한 것을 고르시오.

(가) 金 (나) 財

(다) 物 (라) 土

[183] ㉢惠가 뜻하는 바를 쓰시오.

[184] ㉣不患을 해석하시오.

[185] ㉤莫의 문법적 용법으로 알맞은 것을 고르시오.

(가) ~이 아니다　　(나) ~만 같지 못하다

(다) ~하지 말라　　(라) ~이 없다.

[186] ㉥可知를 해석하시오.

○ 時㉠國仙 瞿旵* 公㉡嘗往其郊縱獵 一日㉢宿 出於㉣道左 ㉤攬轡* 而請曰 ㉥庸僧亦願隨 從可乎 公許㉦之 ㉧於是 縱橫馳突 ㉨裸袒相先 〈三國遺事〉

* 旵 : 햇살비칠 참　* 轡 : 고삐 비

[187] ㉠國仙과 동일한 명칭을 쓰시오.

[188] ㉡嘗의 뜻과 동일한 우리말을 쓰시오.

[189] ㉢宿의 품사를 고르시오.

(가) 상태동사　　(나) 고유명사

(다) 보통명사　　(라) 동작동사

[190] ㉣道左를 해석하시오.

[191] ㉤攬의 음과 훈을 쓰시오.

[192] ㉥庸僧이 뜻하는 바를 쓰시오.

[193] ㉦之는 무엇을 지칭하는가를 쓰시오.

[194] ㉧於是에 해당하는 용법을 고르시오.

(가) 이로써　　(나) 이밖에

(다) 이에　　(라) 이때

[195] ㉨裸袒을 해석하시오.

○ 王㉠薨 ㉡無子 國人立德曼 上號㉢聖祖皇姑 前王時 得自唐來 ㉣牡丹花圖幷㉤花子以示德曼 〈三國史記〉

[196] ㉠薨의 음과 훈을 쓰시오.

[197] ㉡無子를 해석하시오.

[198] ㉢聖祖皇姑는 누구를 지칭하는가를 문장에서 찾아 쓰시오.

[199] ㉣牡丹의 우리말 고유어로 쓰시오.

[200] ㉤花子를 우리말로 쓰시오.

第85回 特級Ⅱ 漢文 模範答案

181. ㈏
182. ㈑
183. 이익(이득)
184. 근심하지 말라
185. ㈐
186. 알려지는 것
187. 화랑
188. 일찍이
189. ㈏
190. 길가
191. 잡을 람
192. 중이 자신을 낮추는 말
193. 사냥
194. ㈐
195. 옷을 벗다
196. 죽을 홍
197. 후손(자식)이 없다
198. 덕만
199. 모란
200. 꽃씨

02

古典 漢文의 理解

第111回
特級Ⅱ 漢文 問題

問 181-200 다음 漢文을 읽고 물음에 답하시오.

○ 君子之㉠過也 如日月之㉡食焉 過也 人皆見之 ㉢更也 人皆仰㉣之
○ ㉤寬則得衆 信則民㉥任焉 敏則有功 ㉦公則㉧說 〈論語〉

[181] ㉠過의 뜻을 쓰시오.

[182] ㉡食을 대체할 수 있는 한자를 한자로 쓰시오.

[183] ㉢更의 뜻으로 알맞은 것은?
(가) 다시 함 (나) 고침
(다) 새롭게 함 (라) 반복함

[184] ㉣之의 문법적 기능을 쓰시오.

[185] ㉤寬則得衆을 해석하시오.

[186] ⓑ任의 뜻에 알맞은 한자어는?

(가) 君臨 (나) 任命
(다) 選擇 (라) 依支

[187] ⓢ公의 뜻을 쓰시오.

[188] ⓞ說을 대체할 수 있는 한자를 漢字로 쓰시오.

○ ㉠同至百濟 出王后所贈金 將謀計㉡活 ㉢薯童大笑曰 ㉣此何物也 ㉤主曰 此是黃金 可致百年之富 薯童曰 吾自㉥小掘薯之地 ㉦委積如泥土 〈三國遺事〉

[189] ㉠同의 뜻으로 알맞은 것은?

(가) 똑같이 (나) 같은 해
(다) 함께 (라) 같은 날

[190] ㉡活의 뜻을 쓰시오.

[191] ㉢薯의 음과 훈을 쓰시오.

[192] ㉣此何物也를 해석하시오.

[193] ㉤主는 누구인가?

(가) 왕 (나) 공주
(다) 집주인 (라) 신하

[194] ㉥小의 뜻을 쓰시오.

[195] ㉦委의 해석으로 알맞은 것은?

(가) 맡겨지다 (나) 내버려지다
(다) 메워지다 (라) 막히다

○ 秋九月　王命爲上將軍　㉠<u>使</u>領兵百濟加兮城省熱城同火城等七城 ㉡<u>大克</u>之　㉢<u>因開加兮之津</u>　歸㉣<u>未</u>見王㉤<u>封人</u>急報百濟大軍來攻我買利浦城　〈三國史記〉

[196] ㉠<u>使</u>의 뜻을 쓰시오.

[197] ㉡<u>大克</u>을 해석하시오.

[198] ㉢<u>因開加兮之津</u>을 해석하시오.

[199] ㉣<u>未</u>의 용법을 고르시오.

㈎ 이미 ~하지 않다　㈏ 이미 ~하다

㈐ 아직 ~하다　㈑ 아직 ~하지 않다

[200] ㉤<u>封人</u>은 어떤 사람인지 쓰시오.

第86回 特級Ⅱ 漢文 模範答案

181. 허물(과오 잘못 등)
182. 蝕
183. ㈏
184. 지시대명사
185. 너그러우면 대중의 민심을 얻는다
186. ㈑
187. 공평
188. 悅
189. ㈐
190. 살림(생활, 생계)
191. 감자 서
192. 이것은 어떤 물건인가
193. ㈏
194. 어릴 적
195. ㈏
196. 使役(시키다, 거느리다)
197. 크게 이기다
198. 인하여 가혜성에 나루를 개설하다
199. ㈑
200. 국경을 수비하는 사람

편저자 남기탁(南基卓)
약력 강원대학교 인문대학 국어국문학과 교수
한국어문교육연구회 편찬위원장
사단법인 한국어문회 이사
한국한자능력검정회 회장

古典 漢文의 理解

초판 발행 2015年 09月 01日
3판 발행 2026年 07月 20日

발행인 한국어문교육연구회
발행처 한국어문교육연구회
주소 서울시 서초구 사임당로 64, 501호 (서초동, 한국어문회관)
전화 1566-1400
등록번호 제22-1555호
ISBN 979-11-91238-91-4 13700

정가 21,000원

공급처
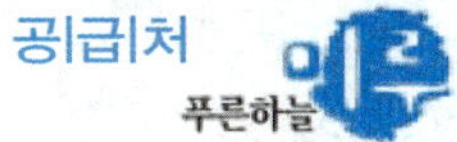

전화 02)332-1275,1276 팩스 02)332-1274
www.skymiru.co.kr